Burkhard von Freyberg, Sabrina Zeugfang, Laura Schmidt
Strategisches Management für die Hotellerie

Burkhard von Freyberg, Sabrina Zeugfang, Laura Schmidt

Strategisches Management für die Hotellerie

Theorie und Praxisbeispiele

2., vollständig aktualisierte und erweiterte Auflage

ISBN 978-3-11-057574-3
e-ISBN (PDF) 978-3-11-057579-8
e-ISBN (EPUB) 978-3-11-057593-4

Library of Congress Control Number: 2018963678

Bibliografische Information der Deutschen Nationalbibliothek
Die Deutsche Nationalbibliothek verzeichnet diese Publikation in der Deutschen Nationalbibliografie; detaillierte bibliografische Daten sind im Internet über http://dnb.dnb.de abrufbar.

© 2019 Walter de Gruyter GmbH, Berlin/Boston
Umschlaggestaltung: The Fontenay, Hamburg
Satz: le-tex publishing services GmbH, Leipzig
Druck und Bindung: CPI books GmbH, Leck

www.degruyter.com

Vorbemerkungen zur 2. Auflage

Globalisierung, hoher Wettbewerbsdruck, Überkapazitäten und ein verändertes Gästeverhalten sind in der deutschen Hotellerie von aktueller Relevanz. Um unter diesen Bedingungen nachhaltige Erfolge erzielen zu können, gewinnt das Strategische Hotelmanagement zunehmend an Bedeutung: Chancen der Unternehmensumwelt müssen wahrgenommen, Bedrohungen für den Unternehmenserfolg vermieden, die Stärken des Unternehmens auf- und dessen Schwächen abgebaut werden. Des Weiteren gilt es, Wettbewerbsvorteile gegenüber der Konkurrenz zu schaffen.

Obwohl das Strategische Management noch eine relativ junge Forschungsdisziplin darstellt, existieren bereits unzählige Werke, die dieses Themenfeld behandeln. Im Gegensatz dazu gibt es nur eine begrenzte Anzahl an Literatur zum Strategischen Management in der Hotellerie. Diese ist zumeist nur in englischer Sprache verfasst und auf den weltweiten oder amerikanischen Markt ausgelegt. Zudem wird die gesamte Hospitality-Branche und somit neben der Hotellerie auch die Gastronomie sowie der Freizeitpark- und Kreuzfahrtmarkt eingebunden, weswegen diese Literatur weniger spezifisch ist und sich nicht auf konkrete strategische Überlegungen in der Hotellerie beschränkt.

Die vorliegende 2. Auflage dieses Buches setzt an dieser Stelle an und bietet einen nach wie vor einzigartigen Überblick über den State of the Art zum Thema des Strategischen Hotelmanagements und den damit verbundenen wesentlichen Gestaltungs- und Handlungsfeldern. Sie zielt primär darauf ab, die in der Literatur bestehenden Ansätze weiter zu entwickeln, an die Gegebenheiten der Hotelbranche anzupassen sowie einen Beitrag hinsichtlich der praxisorientierten Darstellung zu liefern. Dabei liegt der Fokus auf der Betrachtung der einzelnen Kernphasen des Strategischen Managementprozesses im Hinblick auf die Besonderheiten der Hotelbranche. Das Buch baut auf den theoretischen Grundlagen auf, versucht diese jedoch durch zahlreiche Beispiele, v. a. Fallbeispiele aus dem deutschen Hotelmarkt, zu veranschaulichen. Der in diesem Buch dargestellte Strategische Managementprozess kann somit auch als Leitfaden für den individuellen Aufbau des Strategischen Managements und die Entwicklung von Strategien in Hotelunternehmen dienen.

Das Buch richtet sich v. a. an Studierende an Berufsakademien, Hochschulen und Universitäten, die sich mit Fragen des Strategischen Hotelmanagements beschäftigen, aber auch an Führungskräfte und Unternehmer im Hotelgewerbe – sowohl der Ketten- als auch der Individualhotellerie – die an betriebswirtschaftlichem Managementwissen interessiert sind.

Der Aufbau dieses Buches leitet sich aus der dargestellten Problemstellung und den anzustrebenden Zielen ab. Es setzt sich im Wesentlichen aus zwei Blöcken zusammen:

Im ersten Block wird auf die theoretische Abgrenzung und Definitionen zur Strategie und zum Strategischen Management eingegangen. Im zweiten Block werden die Kernphasen des Strategischen Managements in der Hotellerie dargestellt. Hierbei wird neben theoretischen Erläuterungen ein Praxisbezug hergestellt, indem Einblicke in einzelne Hotelketten, -kooperationen und Privathotels im deutschsprachigen Raum gegeben werden.

In Kapitel 1 wird zunächst ein allgemeiner Überblick über das Strategische Management gegeben. Dieses Kapitel setzt sich mit den für das Buch notwendigen Grundlagen auseinander. Zunächst wird deswegen der Strategiebegriff näher bestimmt und festgelegt, was unter Management zu verstehen ist. Darauf aufbauend erfolgt die begriffliche Darstellung des Strategischen Managements. Ferner wird das Strategische vom Operativen Management abgegrenzt. In Kapitel 2 werden die Besonderheiten der Hotellerie gekennzeichnet und Implikationen für das Strategische Management aufgezeigt. Kapitel 3 soll einen Überblick über den Strategischen Managementprozess geben, bevor in den darauffolgenden Kapiteln dessen Kernphasen beschrieben werden. Basierend auf den Ausführungen in Kapitel 1 bis 3 werden die einzelnen Phasen des Strategischen Managementprozesses in den Kapiteln 4 bis 7 dargelegt und anhand zahlreicher Beispiele praxisnah erläutert. Ausgangspunkt bildet dabei die Situationsanalyse, auf die die Phase der Strategischen Ausrichtung folgt. Sind die Richtung und die strategischen Unternehmensziele definiert, können darauf aufbauend Strategien formuliert werden, die anschließend zu bewerten und in der Phase der Strategieimplementierung umzusetzen sind. Die Strategische Kontrolle und das Strategische Controlling spielen in jeder Phase des Prozesses, v. a. bei dessen Abschluss und ggf. einem anschließenden Neustart eine entscheidende Rolle.

Da das Strategische Management ein sehr umfangreiches Themengebiet darstellt und eine Vielzahl an Strategien existiert, können im Rahmen dieses Buches nicht alle Teilbereiche und Aspekte in ganzer Detailtiefe erfasst werden. Die Konzentration auf die Kernprozessphasen sowie auf die wichtigsten Instrumente und Strategien soll trotzdem einen umfassenden Einblick in das Strategische Management von Hotelunternehmungen ermöglichen. Um dem Leser eine Selbstkontrolle des erlangten Wissens zu ermöglichen, sind am Ende jedes Kapitels Fragen und Aufgaben zu finden.

Für die 2. Auflage wurden sämtliche Praxisbeispiele aktualisiert. Auch neueste Literatur wurde berücksichtigt. Darüber hinaus wurden sowohl weitere Beispiele eingearbeitet als auch die Theorie weiter ausgebaut. So finden sich zum einen Ergänzungen im Kapitel zu den Besonderheiten der Hotellerie, zum anderen wurden die Strategische Kontrolle und das Strategische Controlling aufgenommen.

Die Neuauflage dieses Buches wäre sicherlich nicht entstanden, wenn nicht Kollegen durch Gespräche und hilfreiche Anregungen daran mitgewirkt hätten. Dafür möchten wir uns bei ihnen bedanken, insbesondere bei Sara Abbruzzese, Petra Bierwirth, Vanessa Borkmann, Prof. Dr. Celine Chang, Matthias Knappe, Alexander Pesch, Lukas Waldschütz, Harald Witulski und Pelin Yilmaz.

Ebenso möchten die Autoren Frau Janine Conrad, Editor Economics & Social Sciences beim Walter de Gruyter Verlag, Dank für die Begleitung dieser Auflage aussprechen.

München, im Dezember 2018 Burkhard von Freyberg, Sabrina Zeugfang und Laura Schmidt

Inhalt

Vorbemerkungen zur 2. Auflage —— V

Abbildungsverzeichnis —— XII

Tabellenverzeichnis —— XIV

Abkürzungsverzeichnis —— XV

1 Grundlagen des Strategischen Managements —— 1
1.1 Begriffsbestimmung „Strategie" —— 1
1.1.1 Historische Entwicklung des Strategiebegriffs —— 1
1.1.2 Strategieverständnisse —— 1
1.1.3 Strategiedefinition —— 4
1.2 Definition „Management" —— 4
1.3 Begriffliche Darstellung „Strategisches Management" —— 5
1.3.1 Entwicklung des Strategischen Managements —— 6
1.3.2 Theoretische Ansätze des Strategischen Managements —— 8
1.3.3 Definition des Strategischen Managements —— 11
1.3.4 Zielsetzung des Strategischen Managements —— 14
1.3.5 Abgrenzung des Strategischen Managements —— 18
Fragen und Aufgaben zu Kapitel 1 —— 19

2 Besonderheiten der Hotellerie und Implikationen für das Strategische Management —— 20
2.1 Abgrenzung, Struktur und Besonderheiten der Hotellerie —— 20
2.1.1 Definitorische Abgrenzung der Hotellerie —— 20
2.1.2 Struktur des Beherbergungsgewerbes in Deutschland —— 21
2.1.3 Besonderheiten der Hotellerie —— 22
2.2 Herausforderungen für die Hotellerie —— 26
2.2.1 Gästeerwartungen —— 26
2.2.2 Einbindung des Gastes in den Dienstleistungsprozess —— 27
2.2.3 Qualitätssicherung —— 27
2.2.4 Ausgleich von Nachfrageschwankungen —— 28
2.3 Einfluss von äußeren Entwicklungen auf die Hotellerie —— 29
2.4 Implikationen für das Strategische Management in der Hotellerie —— 31
2.4.1 Qualitätsmanagement —— 32
2.4.2 Personalmanagement —— 34
2.4.3 Prozessmanagement —— 35
Fragen und Aufgaben zu Kapitel 2 —— 36

3 Die Kernphasen des Strategischen Managementprozesses —— 37
Fragen und Aufgaben zu Kapitel 3 —— 39

4 Die Situationsanalyse als Basis für das Strategische Management —— 40
4.1 Umweltanalyse —— 41
4.1.1 Analyse der globalen Umwelt —— 42
4.1.2 Analyse der Aufgabenumwelt —— 44
4.1.3 Ermittlung von Chancen und Bedrohungen —— 51
4.2 Unternehmensanalyse —— 52
4.3 Datenquellen für die Situationsanalyse —— 59
4.4 Ergebnis der Situationsanalyse —— 60
4.5 SWOT-Analyse —— 62
Fragen und Aufgaben zu Kapitel 4 —— 64

5 Strategische Richtung/Ausrichtung —— 65
5.1 Mission und Vision —— 67
5.1.1 Mission —— 67
5.1.2 Vision —— 69
5.1.3 Entwicklung von Mission und Vision —— 72
5.2 Unternehmenspolitik —— 73
5.2.1 Unternehmensverfassung —— 74
5.2.2 Unternehmenskultur —— 74
5.2.3 Leitbild —— 82
5.3 Strategische Unternehmensziele —— 87
5.4 Zusammenfassung der Strategischen Ausrichtung —— 91
Fragen und Aufgaben zu Kapitel 5 —— 92

6 Strategieformulierung und -bewertung —— 93
6.1 SWOT-Normstrategien —— 94
6.2 Systematisierung von Strategien —— 96
6.3 Unternehmensstrategien —— 100
6.3.1 Entwicklungsstrategien —— 101
6.3.2 Portfolio-Strategien —— 103
6.3.3 Markenstrategien —— 113
6.3.4 Produkt-Markt-Strategien —— 120
6.3.5 Gebietsstrategien —— 133
6.3.6 Strategien in Bezug auf den Grad der Eigenständigkeit —— 138
6.3.7 Ressourcenstrategien —— 147
6.4 Geschäftsbereichsstrategien —— 149
6.4.1 Marktbearbeitungsstrategien —— 150
6.4.2 Wettbewerbsstrategien —— 152
6.4.3 Timing-Strategien —— 176
6.4.4 Strategien in Bezug auf das Verhalten im Wettbewerb —— 180

6.5	Funktionsbereichsstrategien —— **180**	
6.6	Bewertung von Strategien —— **187**	
6.6.1	Bewertungskriterien und -methoden —— **187**	
6.6.2	Hilfsmittel —— **190**	
6.6.3	Strategiewahl —— **191**	

Fragen und Aufgaben zu Kapitel 6 —— **192**

7 **Strategieimplementierung, Strategische Kontrolle und Strategisches Controlling —— 194**
- 7.1 Strategieimplementierung —— **194**
- 7.1.1 Aufgaben der Strategieimplementierung —— **195**
- 7.1.2 Modelle und Instrumente der Strategieimplementierung —— **200**
- 7.1.3 Changemanagement —— **206**
- 7.2 Strategische Kontrolle —— **207**
- 7.2.1 Bestandteile eines strategischen Kontrollsystems —— **208**
- 7.2.2 Ebenen der Strategischen Kontrolle —— **209**
- 7.2.3 Strategische Kontrollarten —— **210**
- 7.2.4 Umgang mit den Ergebnissen der Strategischen Kontrolle —— **212**
- 7.3 Strategisches Controlling —— **212**

Fragen und Aufgaben zu Kapitel 7 —— **213**

Literatur —— 215

Stichwortverzeichnis —— 230

Abbildungsverzeichnis

Abb. 1.1	Mintzbergs Strategietypologie	3
Abb. 1.2	Entwicklung des Strategischen Managements	7
Abb. 1.3	Grundverständnis des Strategischen Managements	14
Abb. 1.4	Zielsetzung des Strategischen Managements	15
Abb. 1.5	Strategisches Dreieck	17
Abb. 2.1	Sachgüter- vs. Dienstleistungsmodell	22
Abb. 2.2	Besonderheiten von Dienstleistungen	23
Abb. 2.3	GAP-Modell der Dienstleistungsqualität	33
Abb. 2.4	Beispielhafte Interaktionskette zwischen Mitarbeitern und Gästen	34
Abb. 3.1	Prozess des Strategischen Managements	37
Abb. 3.2	Prozessmodell des Strategischen Managements	39
Abb. 4.1	Unternehmensumwelt	42
Abb. 4.2	Stakeholder-Map	45
Abb. 4.3	Die fünf wettbewerbsbestimmenden Kräfte einer Branche	47
Abb. 4.4	Strategische Gruppen in der Hotellerie	49
Abb. 4.5	Konkurrentenanalyse	50
Abb. 4.6	Wertkette für die Hotellerie	55
Abb. 4.7	Zusammenhang von Umwelt- und Unternehmensanalyse und -prognose	61
Abb. 4.8	Situationsanalyse als Basis der Strategieformulierung	62
Abb. 5.1	Elemente der Strategischen Ausrichtung	66
Abb. 5.2	Defining the Business	69
Abb. 5.3	Mögliche Perspektiven von Visionen	70
Abb. 5.4	Modell der Unternehmenskultur nach Schein	75
Abb. 5.5	Zielpyramide im Strategischen Management	88
Abb. 5.6	Grundzielsystem eines Hotelunternehmens	89
Abb. 5.7	Elemente der Strategischen Ausrichtung	91
Abb. 6.1	Grundverständnis des Strategischen Managements	93
Abb. 6.2	Vorgehensweise bei der Entwicklung von Strategien	94
Abb. 6.3	TOWS-Matrix mit den SWOT-Normstrategien	95
Abb. 6.4	Strategiesystem	97
Abb. 6.5	Strategiearten nach organisatorischen Ebenen	99
Abb. 6.6	Unternehmensstrategien	100
Abb. 6.7	BCG-Matrix	105
Abb. 6.8	Marktattraktivitäts-/Wettbewerbsvorteils-Portfolio	108
Abb. 6.9	Marktattraktivitäts-/Wettbewerbsvorteils-Portfolio des Schindlerhofs	109
Abb. 6.10	Markenkombinationen	118
Abb. 6.11	Kombination von Einzel-, Familien- und Dachmarke	118
Abb. 6.12	Accor Markenstruktur der Ibis Familie	119
Abb. 6.13	Das Spektrum der Markenbeziehungen am Beispiel der Hotellerie	119

Abb. 6.14	Produkt-Markt-Matrix —— 121	
Abb. 6.15	Möglichkeiten der Diversifikation —— 127	
Abb. 6.16	Produkt-Markt-Schema der Wachstumsalternativen —— 132	
Abb. 6.17	Z-Folge —— 133	
Abb. 6.18	Strategische Kooperationsformen —— 139	
Abb. 6.19	Kompetenz-Markt-Portfolio —— 147	
Abb. 6.20	Geschäftsbereichsstrategien —— 150	
Abb. 6.21	Wettbewerbsstrategien nach Porter —— 154	
Abb. 6.22	Wettbewerbsstrategien nach Porter —— 173	
Abb. 6.23	Markteintrittszeitpunkte auf dem Budget-Design-Markt —— 179	
Abb. 6.24	Funktionsbereichsstrategien —— 181	
Abb. 6.25	Koordination und Abstimmung funktionaler Strategien —— 182	
Abb. 7.1	Strategie und Strategieimplementierung im Zusammenhang —— 195	
Abb. 7.2	Strategieimplementierung —— 195	
Abb. 7.3	Deming-Kreis —— 198	
Abb. 7.4	7-S-Modell —— 200	
Abb. 7.5	Balanced Scorecard —— 202	
Abb. 7.6	Vorgehensweise bei der Strategischen Kontrolle —— 210	
Abb. 7.7	Arten der Strategischen Kontrolle —— 211	

Tabellenverzeichnis

Tab. 1.1	Abgrenzung des Strategischen und Operativen Managements	18
Tab. 2.1	Anzahl der Beherbergungsstätten, -einheiten und der angebotenen Betten in Deutschland (Stand: 2017)	21
Tab. 2.2	Dimensionen der Hotelqualität	28
Tab. 4.1	Instrumente der Situationsanalyse	41
Tab. 4.2	Kriterien für strategische Ressourcen	53
Tab. 4.3	Interne und externe Informationsquellen	60
Tab. 5.1	Gemeinsame Funktionen der Instrumente der Strategischen Ausrichtung	66
Tab. 5.2	Fragestellungen in Bezug auf Mission und Vision	72
Tab. 5.3	Checkliste zu Mission und Vision	72
Tab. 5.4	Elemente der Corporate Identity	77
Tab. 5.5	Mögliche Bausteine eines Unternehmensleitbilds	84
Tab. 6.1	Vor- und Nachteile der Pionierstrategie	176
Tab. 6.2	Vor- und Nachteile der frühen Folgerstrategie	178
Tab. 6.3	Vor- und Nachteile der späten Folgerstrategie	179
Tab. 6.4	Beispiel für die Bewertung alternativer Strategien mittels Nutzwertanalyse	191

Abkürzungsverzeichnis

ADR	Average Daily Rate (durchschnittliche Tagesrate)
AHGZ	Allgemeine Hotel- und Gaststätten Zeitung
ARR	Average Room Rate (durchschnittliche Zimmerrate)
BCG	Boston Consulting Group
BSC	Balanced Scorecard
CI	Corporate Identity
DEHOGA	Deutscher Hotel- und Gaststättenverband
DZ	Doppelzimmer
EFQM	European Foundation for Quality Management
EVA	Economic-Value-Added
EZ	Einzelzimmer
F&B	Food and Beverage (Speisen und Getränke)
FF&E	Furnishings, Fixtures and Equipments
GDS	Global Distribution System
HG	Herausgeber
IHA	Hotelverband Deutschland
IHG	InterContinental Hotels Group
KMU	Kleine und mittelständische Unternehmen
MBV	Market Based View
OTA	Online Travel Agency
PIMS	Profit Impact of Market Strategy
RBV	Resource Based View
RevPAR	Revenue per Available Room (durchschnittlicher Zimmererlös)
ROE	Return on Equity (Eigenkapitalrendite)
ROI	Return on Investment (Gesamtkapitalrendite)
ROS	Return on Sales
SGE	Strategische Geschäftseinheit
SGF	Strategisches Geschäftsfeld
SOP	Standard Operating Procedure
TQM	Total-Quality-Management

1 Grundlagen des Strategischen Managements

Da in Zusammenhang mit Strategie und Strategischem Management eine Vielzahl an Termini verwendet wird, ist eine begriffliche Abgrenzung schwierig und nicht eindeutig. Um das Strategische Management definieren zu können, muss einleitend geklärt werden, was unter einer *Strategie* sowie unter *Management* verstanden wird. Darauf aufbauend erfolgt im Anschluss eine begriffliche Darstellung des Strategischen Managements.

1.1 Begriffsbestimmung „Strategie"

1.1.1 Historische Entwicklung des Strategiebegriffs

Der Strategiebegriff findet seinen sprachlichen Ursprung im altgriechischen *strategos*, was die *Kunst der Heerführung* bezeichnet und aus den Worten *stratos* (= Heer) und *agein* (= führen) gebildet wird. Als erstes bekanntes Werk über Strategie gilt „Die Kunst des Krieges" von Sun Tzu (um 500 v. Chr.) (vgl. Sun Tzu, 2007). Carl von Clausewitz führte den Ausdruck im 19. Jahrhundert mit folgender Definition in die Militärwissenschaft ein: Die Strategie ist „die Lehre vom Gebrauch der Gefechte zum Zweck des Krieges" (von Clausewitz, 1867). Von Clausewitz setzte mit seinen Überlegungen zum Wesen der Strategie Maßstäbe und unterschied erstmalig zwischen Strategie und Taktik als „die Lehre vom Gebrauch der Streitkräfte im Gefecht" (von Clausewitz, 1867).[1] In die Wirtschaftslehre gelangte der Begriff Mitte des 20. Jahrhunderts über die Spieltheorie, bei der eine Strategie einen vollständigen Plan darstellt, der für alle möglichen Situationen und Informationen eine geeignete Wahlmöglichkeit beinhaltet und sowohl die eigenen Aktionen als auch die Aktionen des Gegners berücksichtigt (vgl. von Neumann/Morgenstern, 1973, S. 79 ff). Durch die Arbeiten von Chandler (1962), Ansoff (1965) und Andrews (1971) fand der Strategiebegriff in der Betriebswirtschaftslehre Verbreitung.[2]

1.1.2 Strategieverständnisse

Der Begriff „Strategie" kann bis heute nicht eindeutig definiert werden, da in Praxis und Theorie Uneinigkeit darüber herrscht, was eine Strategie ausmacht. Daher haben

---

[1] Vgl. zu näheren Ausführungen über Carl von Clausewitz' Begriff der Strategie und dessen Einfluss auf die Strategielehre von Oetinger in Ringlstetter/Henzler/Mirow, 2003, S. 3–23.
[2] Vgl. zur historischen Entwicklung des Strategiebegriffs: Evered, 1983; Kreikebaum/Gilbert/Behnam, 2018, S. 23 ff; Dillerup/Stoi, 2016, S. 172 ff; Hungenberg, 2014, S. 5; Welge/Al-Laham/Eulerich, 2017, S. 17 f.

sich unterschiedliche Strategieverständnisse entwickelt, wobei sich v. a. die folgenden zwei Sichtweisen erkennen lassen.

Das *klassische Strategieverständnis* ist durch die Veröffentlichungen verschiedener Autoren geprägt. Hierbei seien stellvertretend die grundlegenden Überlegungen von Chandler (1962), Ansoff (1965) und Andrews (1971) genannt.

Klassischerweise definiert Chandler Strategie als: „[...] the determination of the basic long-term goals and objectives of an enterprise, and the adoption of courses of action and the allocation of resources necessary for carrying out these goals" (Chandler, 1962, S. 13). Damit beinhaltet Strategie die Festlegung der langfristigen Ziele sowie die Wahl der Vorgehensweisen und die Verteilung der Ressourcen zur Zielerreichung.

Ansoff versteht unter einer Strategie hingegen Folgendes: „[...] strategy is a rule for making decisions" (Ansoff, 1965, S. 119). „Strategy is one of several sets of decision-making rules for guidance of organizational behaviour" (Ansoff, 1988, S. 78). Ansoff sieht Strategien folglich als richtungsweisende Entscheidungshilfen.

Andrews formuliert ebenfalls eine Definition von Strategie, die bereits 1965 veröffentlicht wurde (vgl. Learned et al., 1965). In seinem Werk „The Concept of Corporate Strategy" ist Strategie: „[...] the pattern of major objectives, purposes, or goals and essential policies and plans for achieving these goals, stated in such a way as to define what business the company is in or is to be in and the kind of company it is or is to be" (Andrews, 1971, S. 28). Somit werden nach Andrews mit einer Strategie nicht nur die Ziele sowie die Grundsätze, Verhaltensweisen und Pläne zur Zielerreichung festgelegt, sondern auch das Geschäftsfeld und der Zweck des Unternehmens bestimmt.

Strategien im weiteren Sinn umfassen nach dem klassischen Verständnis nicht nur den „Weg zum Ziel", sondern auch die Zielplanung (vgl. hierzu auch Becker, F., 2011a, S. 52). Werden Strategien nach dem klassischen Verständnis im engeren Sinn betrachtet, sind sie als ein geplantes Maßnahmenbündel zur Erreichung der langfristigen Ziele zu sehen. Dieser Maßnahmenplan enthält Aussagen zur Positionierung des Unternehmens und zur Gestaltung und Verteilung der Ressourcen (vgl. Welge/Al-Laham/Eulerich, 2017, S. 18 ff).

Im Gegensatz zum klassischen Verständnis von Strategie entwickelt Mintzberg auf der Grundlage empirischer Beobachtungen folgende *fünf Strategieverständnisse* (The Five P's for Strategy) (vgl. Mintzberg, 1987, S. 11–24; Mintzberg/Ahlstrand/Lampel, 1999, S. 22 ff):

1. Strategie als Plan (plan):
   Diese Definition entspricht dem klassischen Strategieverständnis, bei dem eine Strategie den Aktionskurs zur Zielerreichung beschreibt.
2. Strategie als List (ploy):
   Hierbei wird eine Strategie im Sinne einer Kriegslist verstanden, also als eine Art Manöver, um den Gegner zu überlisten.

3. **Strategie als Muster (pattern):**
   In den Entscheidungen und Handlungen der Unternehmung lässt sich ein konsistentes Verhalten ablesen, das im Nachhinein ein Entscheidungsmuster erkennen lässt. Strategien in diesem Sinne sind bereits realisierte Strategien, die erst rückblickend offensichtlich werden.
4. **Strategie als Positionierung (position):**
   Strategie wird hier eingeschränkt als die Positionierung des Unternehmens in der Umwelt bzw. am Markt begriffen.
5. **Strategie als Denkhaltung (perspective):**
   Strategie kann auch als übergeordnete Philosophie oder Perspektive, als grundlegende Einstellung, wie ein Unternehmen agiert, charakterisiert werden.

Aus diesen Strategieverständnissen ergeben sich nach Mintzberg folgende Grundmuster von Strategietypen (vgl. Mintzberg, 1978, S. 945):

- Beabsichtigte Strategien (intended strategies) sind geplante Strategien, unabhängig davon, ob sie realisiert werden oder nicht.
- Realisierte Strategien (realized strategies) sind die tatsächlich umgesetzten Strategien.
- Unrealisierte Strategien (unrealized strategies) sind die Strategien, die zwar beabsichtigt, jedoch nicht realisiert wurden.
- Durchdachte Strategien (deliberate strategies) sind beabsichtigte Strategien, die auch tatsächlich umgesetzt werden.
- Unbeabsichtigte Strategien (emergent strategies) sind realisierte Strategien, die nicht geplant waren und sich dennoch herausgebildet haben.

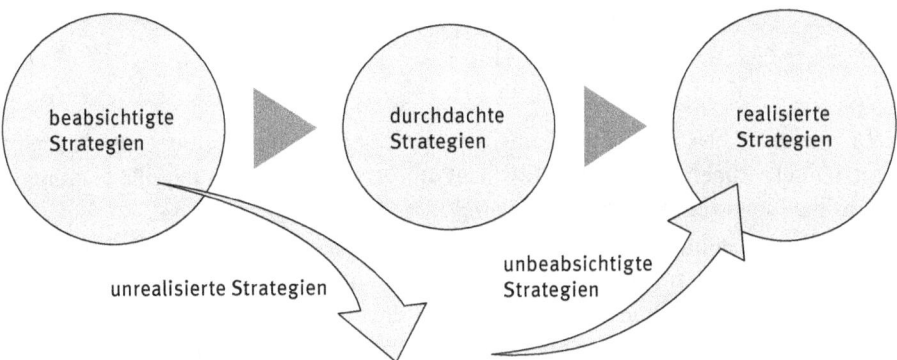

Abb. 1.1: Mintzbergs Strategietypologie (Quelle: Eigene Darstellung in Anlehnung an Mintzberg, 1978, S. 945).

Mintzbergs Ausführungen zum Strategiebegriff enthalten Aspekte des klassischen Strategieverständnisses und beziehen in der Realität beobachtbare Situationen ein. In der Praxis sind Strategien nach Welge/Al-Laham/Eulerich (2017, S. 23) eine Kombination aus geplanten und ungeplanten Verhaltensweisen. Um Strategien verstehen zu können, sind beide Sichtweisen notwendig: das Beabsichtigte, Geplante, welches im klassischen Strategieverständnis vorherrscht, und das Beobachtbare, das bei der Schule um Mintzberg im Mittelpunkt steht (vgl. Hungenberg, 2014, S. 14 sowie die dort genannte Literatur).

1.1.3 Strategiedefinition

Aufgrund der Unterschiedlichkeit der Strategieverständnisse kann festgestellt werden, dass es keine einheitliche Auffassung von Strategie gibt, weder in der wissenschaftlichen Literatur noch in der Praxis. Somit ist es Aufgabe jedes Unternehmens, Bedeutung und Inhalt des Begriffs „Strategie" festzulegen.

Um Strategisches Management erklären zu können, wird diesem Buch in Anlehnung an das klassische Strategieverständnis folgende Strategiedefinition zugrunde gelegt:

Eine **Strategie** soll als geplante Maßnahmenkombination zur langfristigen Ausrichtung und Erreichung der grundlegenden Ziele eines Unternehmens verstanden werden.

Um auf Basis dieser Definition den Begriff des Strategischen Managements zu bestimmen, wird nachfolgend zunächst der Begriff des Managements näher erläutert.

1.2 Definition „Management"

„Management" beschreibt im allgemeinen Sprachgebrauch die Leitung bzw. Führung eines Unternehmens bzw. einer Organisation. Daher werden die Begriffe „Leitung", „Führung" sowie „Unternehmensführung" häufig synonym verwendet.

Der Begriff stammt vom englischen Verb *to manage*, welches je nach Zusammenhang unterschiedlich übersetzt werden kann, u. a. mit handhaben, leiten, erledigen, bewältigen oder verwalten. Etymologisch lässt sich das Wort „Management" nicht eindeutig ableiten, jedoch auf folgende mögliche Wurzeln zurückführen:
- Vom lat. *manus agere* für „an der Hand führen", zusammengesetzt aus den Worten *manus* (= Hand) und *agere* (= handeln, führen).
- Vom lat. *mansionem agere* für „das Haus (für einen Eigentümer) bestellen"[3].

---

3 Vgl. ähnliche Herleitungen des Managementbegriffs z. B. Staehle, 1999, S. 71; Dillerup/Stoi, 2016, S. 9; Jung/Bruck/Quarg, 2011, S. 3.

Üblicherweise gibt es zwei Betrachtungsweisen des Managementbegriffs: Management im funktionalen und im institutionellen Sinn (so z. B. Hungenberg/Wulf, 2015, S. 19 ff; Schreyögg/Koch, 2015, S. 6 f; Staehle, 1999, S. 71).

Aus der *institutionellen Perspektive* stellt das Management die Gruppe von Personen dar, die das Unternehmen leitet und damit die Managementaufgaben erfüllt (vgl. Steinmann/Schreyögg/Koch, 2013, S. 6 und S. 8; Staehle, 1999, S. 89).

Der *funktionale Managementbegriff* umfasst die Aufgaben und Tätigkeiten, die bei der Führung eines Unternehmens anfallen und damit „[…] alle Aufgaben und Handlungen zur zielorientierten Gestaltung, Lenkung und Entwicklung eines Unternehmens" (Dillerup/Stoi, 2016, S. 11).

Aus verschiedenen Konzepten[4] herausgebildet und mittlerweile zum Standard entwickelt haben sich folgende fünf klassische Managementfunktionen (vgl. Koontz/O'Donnell, 1955, S. 34 ff):

1. Planung
2. Organisation
3. Personaleinsatz
4. Führung
5. Kontrolle

Koordination und Entscheidung sind funktionsübergreifende Aufgaben des Managements (vgl. Steinmann/Schreyögg/Koch, 2013, S. 10). Das Management ist als eine Querschnittsfunktion zu sehen, die sicherstellt, „[…] dass das Zusammenspiel zwischen allen betrieblichen Funktionen [(Sachfunktionen wie Beschaffung, Leistungserstellung, Vertrieb)] effizient erfolgt" (Becker, F., 2011b, S. 28).

Hahn/Hungenberg sehen die Funktionen des Managements in der zielgerichteten Planung, Steuerung und Kontrolle des Unternehmens (vgl. Hahn/Hungenberg, 2001, S. 28, S. 46 f).

Ausgehend von dieser allgemeinen Definition von Management sowie der grundlegenden Begriffsbestimmung von „Strategie" (vgl. Kap. 1.1) kann im Folgenden das Strategische Management begrifflich dargelegt werden.

1.3 Begriffliche Darstellung „Strategisches Management"

Ebenso wie die Termini „Strategie" und „Management" lässt sich auch das Strategische Management nicht eindeutig definieren, da eine Vielzahl an Begriffsauffassungen existiert. Zur Annäherung an den Begriff „Strategisches Management"

---

[4] Zum Beispiel formulierte Henri Fayol 1929 erste, allgemeine Funktionen des Managements (éléments d'administration): Vorschau und Planung (prévoir), Organisation (organiser), Anweisung (commander), Koordination (coordonner), Kontrolle (contrôler). Auf dieser Basis entwickelte Gulick 1937 das POSDCORB-Konzept (vgl. hierzu Steinmann/Schreyögg/Koch, 2013, S. 9).

sollen zunächst dessen Entwicklung sowie verschiedene theoretische Perspektiven betrachtet werden.

1.3.1 Entwicklung des Strategischen Managements

Bereits 1911 wurden Kurse zum Thema Business Policy an der Harvard Business School angeboten, doch erst in den 1960er-Jahren fanden Forschungsaktivitäten in Bezug auf Strategisches Management statt (vgl. Müller-Stewens/Lechner, 2016, S. 8). Das Strategische Management ist somit eine vergleichsweise junge wissenschaftliche Disziplin, deren Ausgangspunkt in den grundlegenden Arbeiten „Strategy and Structure" von Chandler (1962), „Corporate Strategy" von Ansoff (1965) und „The Concept of Corporate Strategy" von Andrews (1971) zu suchen ist. Ansoff/Declerck/Hayes stellten 1976 erstmalig die Schwerpunktverlagerung von der Strategischen Planung hin zum Strategischen Management fest (vgl. Ansoff/Declerck/Hayes, 1976). Als Geburtsstunde des Strategischen Managements als eigenständiges Forschungsfeld gilt eine Konferenz an der Universität Pittsburgh (vgl. Welge/Al-Laham/Eulerich, 2017, S. 11), die 1977 stattfand und deren Beiträge im Sammelband „Strategic Management" von Schendel/Hofer (1979) veröffentlicht wurden.[5]

Die Entwicklung des strategischen Denkens wird üblicherweise in vier Phasen gegliedert (so z. B. Hungenberg, 2014, S. 48 ff; Welge/Al-Laham/Eulerich, 2017, S. 11 ff; Dillerup/Stoi, 2016, S. 168 f):

- In der Phase der *Finanzplanung (Budgetplanung)* konzentriert sich die Unternehmensführung auf die Planung von finanziellen Größen. Das Ergebnis dieser Planung sind Jahresbudgets mit vorgegebenen Soll-Werten für das kommende Jahr (vgl. Hungenberg, 2014, S. 49). Abweichungen von den Vorgaben der Jahresbudgets werden analysiert und als Grundlage für die nächsten Budgets verwendet. Die Finanzplanung ist damit eine vergangenheitsorientierte Planung (vgl. Lombriser/Abplanalp, 2015, S. 32 f).
- Die *Langfristplanung* zeichnet sich durch einen längeren Planungshorizont von drei bis fünf Jahren aus. Dabei werden durch die Fortschreibung derzeitiger Trends Mehrjahresbudgets erarbeitet, auf deren Basis Entscheidungen getroffen werden (vgl. Lombriser/Abplanalp, 2015, S. 33; Hungenberg, 2014, S. 50).
- In der Phase der *Strategischen Planung* erfolgt eine sprunghafte Entwicklung des strategischen Denkens. Das Planungsdenken wird auf das Umfeld ausgeweitet (vgl. Hungenberg, 2014, S. 50). Statt der bloßen Fortschreibung von Trends sollen durch die Umweltanalyse Entwicklungen und damit zukünftige Chancen und Risiken erkannt werden (vgl. Dillerup/Stoi, 2016, S. 169). Aus den Erkenntnissen

---

[5] Vgl. zur Entwicklungsgeschichte des Strategischen Managements z. B. Schendel/Hofer, 1979; Knyphausen-Aufsess, 1995, S. 14–32; Müller-Stewens/Lechner, 2016, S. 8 ff; Hungenberg, 2014, S. 54 ff; Bea/Haas, 2017, S. 12 ff.

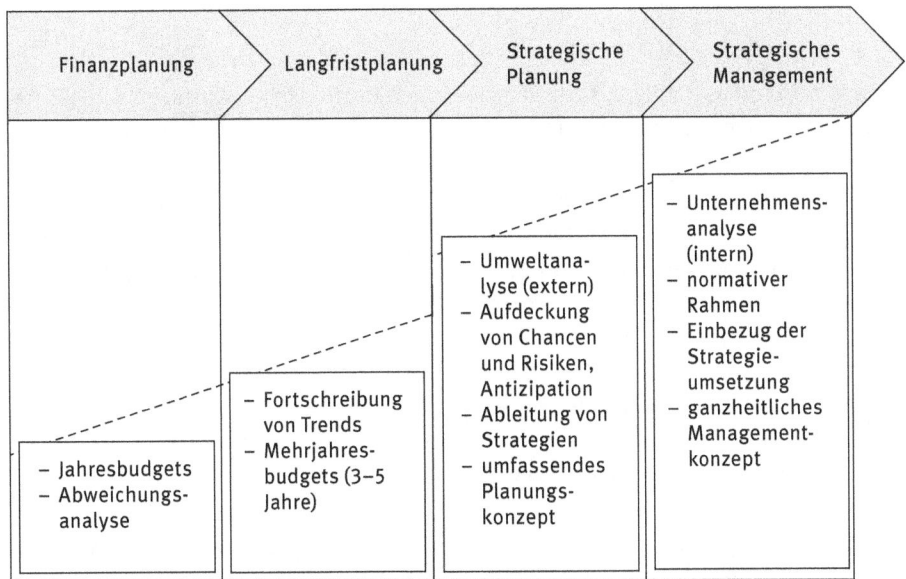

Abb. 1.2: Entwicklung des Strategischen Managements (Quelle: Eigene Ausarbeitung in Anlehnung an Hungenberg, 2014, S. 49; Gluck/Kaufman/Walleck, 1980, S. 157).

der Umfeldanalyse werden Strategien abgeleitet, mit deren Hilfe die Umwelt langfristig gestaltet und die Reaktion auf Umweltveränderungen erleichtert werden soll. Als Ergebnis der Strategischen Planung entsteht ein umfassendes Planungskonzept mit detaillierten Strategieplänen (vgl. Welge/Al-Laham/Eulerich, 2017, S. 13 f).

- Im Vergleich zur Strategischen Planung, die sich auf die Planung von Strategien beschränkt, wird beim *Strategischen Management (Strategische Unternehmensführung)* ein ganzheitliches Managementkonzept entwickelt. Dabei werden neben der Formulierung von Strategien auch die Steuerung und Kontrolle der Strategieumsetzung einbezogen. Außerdem werden neben der Betrachtung der externen Beziehungen im Rahmen der Umweltanalyse ebenfalls die internen Strukturen und Systeme berücksichtigt (vgl. Welge/Al-Laham/Eulerich, 2017, S. 14). Somit werden auch die Führungsfunktionen Organisation und Personal strategisch relevant (vgl. Dillerup/Stoi, 2016, S. 169; Hungenberg, 2014, S. 51). Die konzeptionelle Gesamtsicht, die das Strategische Management ausmacht, enthält u. a. Aussagen über Ziele, Grundsätze, Strategien und Managementsysteme (vgl. Bamberger/Wrona, 2004, S. 39).

Diese vier Phasen beschreiben vereinfacht die Entwicklung des strategischen Denkens, die jedoch keinesfalls abgeschlossen ist. Neuere Entwicklungen bauen auf den hier dargestellten Phasen auf, erweitern und ergänzen diese.

1.3.2 Theoretische Ansätze des Strategischen Managements

Eine Auseinandersetzung mit den verschiedenen theoretischen Ansätzen zum Strategischen Management ist auch für die Praxis sinnvoll, da so die Grundlage zu dessen Verständnis geschaffen wird und alternative Ansätze aufgezeigt werden, wie das Strategische Management im eigenen Unternehmen gestaltet werden kann.

Wie bereits in Kapitel 1.3.1 erwähnt, hat sich das Strategische Management erst in jüngerer Zeit als eigenständiges Forschungsfeld durchgesetzt, dessen Ursprung in diversen wissenschaftlichen Disziplinen (u. a. Betriebswirtschaft, Volkswirtschaft, Sozialwissenschaft) zu suchen ist (vgl. Welge/Al-Laham/Eulerich, 2017, S. 27). Maßgebend für die Entwicklung der Theorie des Strategischen Managements waren die Beiträge von Chandler (1962), Ansoff (1965) und Andrews (1971), die in ihren Werken erste umfassende Konzepte entwarfen und bereits Fragen ansprachen, die für das Strategische Management nach wie vor von Bedeutung sind (vgl. Hungenberg, 2014, S. 55).

Durch das Fehlen einer einheitlichen Denkweise, einer gemeinsamen, forschungsleitenden Lehrmeinung zum Strategischen Management, bildeten sich unterschiedliche theoretische Strömungen heraus, die zu einer Vielzahl an Perspektiven, Ansätzen und Konzepten führten (vgl. Welge/Al-Laham/Eulerich, 2017, S. 28 f).[6]

Das breite Feld des Strategischen Managements lässt sich auf unterschiedliche Weise systematisieren. In diesem Zusammenhang lassen sich zwei Forschungszweige unterscheiden:
- Die *Strategieprozessforschung* versucht, die zentralen Fragen zu beantworten, wie Strategien entstehen und wie sich der Strategieprozess gestaltet. Untersucht werden die Bildung von Strategien und die „[...] Beschreibung, Erklärung und Gestaltung strategischer Prozesse" (Bamberger/Wrona, 2004, S. 26). Das sog. Planungsmodell von Ansoff (vgl. Ansoff, 1965), bei dem der strategische Entscheidungsprozess als Folge von Aktivitäten verstanden wird, gibt Empfehlungen für die Gestaltung eines möglichst wirkungsvollen Prozesses des Strategischen Managements und ist damit ein präskriptiver Ansatz (vgl. Hungenberg, 2014, S. 57). Mintzberg sowie Quinn entwickelten im Gegensatz dazu das sog. Inkrementalmodell (vgl. Mintzberg, 1978; Quinn, 1980), das einen deskriptiven Ansatz verfolgt. Die Beobachtung von strategischen Entscheidungsprozessen liefert dabei keine eindeutige Abfolge von Teilschritten, sondern zeigt, dass Strategien auf unterschiedliche Weise entstehen können (vgl. Hungenberg, 2014, S. 57). Daraus leiten sich zehn Denkschulen ab, die den Prozess der Strategieentwicklung jeweils aus einem speziellen Blickwinkel betrachten (vgl. Mintzberg/Ahlstrand/Lampel, 1999, S. 17).

---

[6] Vgl. zur Theorie des Strategischen Managements z. B. Knyphausen-Aufsess, 1995; Hungenberg, 2014, S. 54 ff; Bea/Haas, 2017, S. 25–39; ausführlich hierzu Welge/Al-Laham/Eulerich, 2017, S. 27–166.

– Die *Strategieinhaltsforschung* versucht hingegen die Frage nach den Inhalten einer Strategie zu klären und bezieht neben der Ausgestaltung von Strategien auch deren Einflussgrößen und Auswirkungen auf den Unternehmenserfolg ein (vgl. Dillerup/Stoi, 2016, S. 172). Nach Welge/Al-Laham/Eulerich (2017, S. 167) steht dabei die Strategie selbst, als Ergebnis des Strategieprozesses, im Zentrum.

Auch in Artikeln in Managementjournalen wie „Harvard Business Review" und später auch in speziellen Journalen wie „Long Range Planning" und „Strategic Management Journal" werden unterschiedliche Forschungsbewegungen diskutiert (vgl. Müller-Stewens/Lechner, 2016, S. 9).

In der wissenschaftlichen Diskussion zur theoretischen Konzeption des Strategischen Managements herrschen die zwei nachfolgend beschriebenen, traditionellen Perspektiven vor: der marktorientierte Ansatz und die ressourcenorientierte Sichtweise (vgl. Zahn/Foschiani/Tilebein in Hammann/Freiling, 2000, S. 49).

Marktorientierter Ansatz

Der sog. Market Based View (MBV) basiert auf dem Structure-Conduct-Performance-Paradigma der Industrieökonomik[7] und wurde zu Beginn der 1980er-Jahre durch die Arbeiten von Porter, „Competitive Strategy" (1980) und „Competitive Advantage" (1985), geprägt (vgl. hierzu Camphausen, 2013, S. 6). Bestimmt wird die marktorientierte Sichtweise durch die Outside-in-Perspektive: Strategien (inside) werden anhand der Chancen und Risiken abgeleitet, die bei der Analyse des Marktes (outside) aufgedeckt werden (vgl. Becker, F., 2011a, S. 29). Nach Porter wird der Unternehmenserfolg von der Branchenattraktivität und der Positionierung des Unternehmens in der Branche bestimmt. Da hierbei der Markt in den Mittelpunkt der Überlegungen gestellt wird, werden besonders Markt, Branche und Wettbewerb genau analysiert. Hierzu wird u. a. die Branchenstrukturanalyse eingesetzt, welche mithilfe des sog. Five-Forces-Modells erfolgt (vgl. hierzu ausführlich Kap. 4.1.2). Porter unterscheidet fünf Wettbewerbskräfte, die die Branchenattraktivität beeinflussen (vgl. Porter, 1983, S. 25 f). Die sog. generischen Wettbewerbsstrategien (vgl. hierzu Kap. 6.4.2) zielen auf die Erreichung einer nachhaltigen Wettbewerbsposition zur Schaffung von Wettbewerbsvorteilen (vgl. Porter, 1983, S. 31).

Der marktorientierte Ansatz stellt somit zwar Bedingungen für den Erfolg von Unternehmen heraus, sucht dessen Ursachen jedoch hauptsächlich im Unternehmensumfeld. Dass der Erfolg auch von internen Ressourcen abhängig sein kann, bleibt dabei weitgehend unberücksichtigt. Dieser Kritik fügen Bea/Haas (2017, S. 30) hinzu, dass Strategien, die die Grenzen der Branche durchbrechen, unbeachtet bleiben, da sich der MBV nur an bestehenden Branchen orientiert.

---

[7] Nach dem SCP-Paradigma ist der Unternehmenserfolg (Performance) v. a. von der Branchenstruktur (Structure) und dem Verhalten der Marktteilnehmer (Conduct) abhängig (vgl. Mason, 1939; Bain, 1968).

Ressourcenorientierter Ansatz

Aufbauend auf der Vorstellung von Edith Penrose, die das Unternehmen als Bündel von Ressourcen[8] sieht (vgl. Penrose, 1959), entstand als Gegenperspektive zum MBV der ressourcenorientierte Ansatz (vgl. Dillerup/Stoi, 2016, S. 17).[9] Mit „A Resource-Based View of the Firm" veröffentlichte Wernerfelt hierzu 1984 einen Artikel im Strategic Management Journal und machte den Ansatz damit populär (vgl. Wernerfelt, 1984). Die Grundannahme des Resource Based View (RBV) ist, dass der Unternehmenserfolg v. a. von den Ressourcen und deren Verwertung abhängt (vgl. Hungenberg, 2014, S. 61). Im Fokus stehen hierbei die unternehmensinternen Ressourcen, womit eine Inside-out-Perspektive eingenommen wird, bei der Strategien auf Grundlage der internen Ressourcen gebildet werden (vgl. Becker, F., 2011a, S. 32).

Unterteilen lassen sich Ressourcen im Allgemeinen in materielle, immaterielle und personelle Ressourcen (vgl. Kap. 4.2).

Um auf Basis von Ressourcen Wettbewerbsvorteile zu erlangen, müssen sie durch entsprechende Fähigkeiten nutzbar gemacht bzw. effektiv eingesetzt werden (vgl. Hungenberg/Wulf, 2011, S. 192 f). 1990 entwarfen Prahalad/Hamel das Konzept der Kernkompetenzen (Core Competences), womit besonders erfolgskritische Kompetenzen gemeint sind (vgl. Prahalad/Hamel, 1990). Einzigartige, begrenzt verfügbare, schwer imitier- und substituierbare Ressourcen und Fähigkeiten sollen so kombiniert werden, dass Kernkompetenzen entstehen, die zu einem nachhaltigen Wettbewerbsvorteil führen (vgl. Hahn in Hahn/Taylor, 2006, S. 64 f; Becker, F., 2011a, S. 33). Die Aufgabe des Managements liegt im Aufbau sowie in der Entwicklung, Nutzung und Sicherung von Ressourcen, Fähigkeiten und Kernkompetenzen (vgl. Becker, F., 2011a, S. 32 f).[10]

Eine Weiterentwicklung des ressourcenorientierten Ansatzes stellt der sog. Knowledge Based View dar, bei dem das Wissen als Kernressource die Grundlage für die Schaffung von Wettbewerbsvorteilen darstellt (vgl. Bamberger/Wrona, 2004, S. 49).

Der ressourcenorientierte Ansatz nimmt zwar eine gegensätzliche Sichtweise im Vergleich zum marktorientierten Ansatz ein – in Bezug darauf, wovon der Erfolg von Unternehmen abhängt –, sollte jedoch eher als Ergänzung zum MBV verstanden werden. Bei der Gewinnung von Wettbewerbsvorteilen spielen beide Aspekte eine Rolle: die Betrachtung des Marktes durch die Außenperspektive des MBV und die Innenorientierung des RBV, der sich auf die internen Stärken des Unternehmens konzentriert (vgl. auch Camphausen, 2013, S. 28 ff). Durch die kombinierte Betrachtung beider Perspektiven können Wettbewerbsvorteile erreicht und Erfolge erzielt werden. So kann z. B. eine attraktive Marktposition erlangt werden, wenn das Unternehmen über über-

---

8 Vgl. ausführlich zum Begriff „Ressource" Kap. 4.2.
9 Vgl. ausführlich zur Ressourcen- und Kompetenzperspektive des Strategischen Managements Hammann/Freiling, 2000.
10 Vgl. ausführlich zu den Begriffen „Fähigkeiten", „Kompetenzen" und „Kernkompetenzen" Kap. 4.2.

legene Ressourcen verfügt. Ferner kann sich der Aufbau von Ressourcen an den externen Gegebenheiten ausrichten (vgl. Zahn/Foschiani/Tilebein in Hammann/Freiling, 2000, S. 51).

In der Literatur zum Strategischen Management existieren, neben den bereits dargestellten Ansätzen, zahlreiche weitere theoretische Ansätze. Darunter finden sich u. a. Ansätze der Institutionenökonomik (Transaktionskostentheorie, Property-Rights-Theorie, Principal-Agent-Theorie) oder Evolutionstheorien wie die Konzeption der evolutionären Theorie der Strategischen Führung von Kirsch (vgl. Kirsch, 1997).[11] Auch das Konzept der wertorientierten Unternehmensführung (Value Based View), die den Schwerpunkt auf die Steigerung des Unternehmenswertes, ausgedrückt im Shareholder Value, legt (Rappaport, 1999), findet sich in zahlreichen Werken zum Strategischen Management.[12] Matzler/Stahl/Hinterhuber führen die Ansätze des MBV, des RBV und der wertorientierten Unternehmensführung zusammen und integrieren sie in ihr Konzept des Customer Based View, der sich aus diesen drei Perspektiven zusammensetzt und die Kundenzufriedenheit als wesentlichen Erfolgsfaktor sieht (vgl. Matzler/Stahl/Hinterhuber in Hinterhuber/Matzler, 2009, S. 4–31).

Sowohl die Entwicklung des Strategischen Managements als auch der theoretischen Ansätze ist keinesfalls abgeschlossen. Es entstehen kontinuierlich neue Konzepte, welche das Strategische Management aus anderen Perspektiven beleuchten.

1.3.3 Definition des Strategischen Managements

Der Begriff „Strategisches Management" findet, wie bereits erwähnt, weite Verbreitung und wird dabei sehr unterschiedlich verwendet, weshalb er nicht eindeutig definiert werden kann. Oftmals wird auch diskutiert, ob die Begriffe „Strategische Unternehmensführung" und „Strategisches Management", wie in diesem Buch, synonym verwendet werden können.[13]

Zurückführen lässt sich der Begriff vermutlich auf Ansoff, der 1976 erstmals den Ersatz des Konzepts der Strategischen Planung durch das Konzept des Strategischen Managements anregte (vgl. Ansoff/Declerck/Hayes, 1976). Eine klassische Definition des Strategischen Managements als Prozess findet sich bei Schendel/Hofer (1979): „Strategic Management is a process that deals with the entrepreneurial work of the organization, with organizational renewal and growth, and more particularly, with developing and utilizing the strategy which is to guide the organization's operations" (Schendel/Hofer, 1979, S. 11).

---

[11] Vgl. ausführlich zu theoretischen Ansätzen des Strategischen Managements Welge/Al-Laham/Eulerich, 2017, S. 27–166; Bamberger/Wrona, 2004, S. 39–92.
[12] Vgl. ausführlich zur wertorientierten Unternehmensführung Dillerup/Stoi, 2016, S. 192–233.
[13] So bspw. auch Knyphausen-Aufsess, 1995, S. 15. Im Gegensatz dazu unterscheiden einige Autoren beide Begriffe wie z. B. Bamberger/Wrona, 2004, S. 30.

Der Betrachtung des Strategischen Managements als Prozess schließen sich etliche Autoren an, u. a. Hungenberg (2014) und Kreikebaum/Gilbert/Behnam (2018). So definieren auch Welge/Al-Laham/Eulerich Strategisches Management als einen „[…] Prozess, in dessen Mittelpunkt die Formulierung und Umsetzung von Strategien in Unternehmungen steht" (Welge/Al-Laham/Eulerich, 2017, S. 24). Die Autorin Cathy Enz beschreibt in der 2010 veröffentlichten, zweiten Auflage ihres Buches „Hospitality Strategic Management" den Begriff ausführlicher: „Strategic management is a process through which organizations analyze and learn from their internal and external environments, establish strategic direction, create strategies that are intended to move the organization in that direction, and implement those strategies, all in an effort to satisfy key stakeholders" (Enz, 2010, S. 4).

Im Wesentlichen konzentriert sich Strategisches Management als Prozess folglich auf die Festlegung einer strategischen Richtung sowie auf die Entwicklung und Umsetzung von Strategien, die das Unternehmen in diese Richtung führen. Diese Betrachtungsweise deckt sich auch mit der Definition von Strategie als geplantes Maßnahmenbündel zur langfristigen Ausrichtung und Erreichung der grundlegenden Unternehmensziele, die diesem Buch zugrunde liegt (vgl. Kap. 1.1.3).

Da „Management" alle Aufgaben und Tätigkeiten zur zielorientierten Gestaltung, Lenkung und Entwicklung eines Unternehmens umfasst (vgl. Kap. 1.2), kann auch das Strategische Management als eine Führungsaufgabe verstanden werden (vgl. Hungenberg, 2014, S. 18). Diese Aufgabe liegt in der umfassenden, zielorientierten Gesamtsteuerung aller Managementfunktionen (Planung, Organisation, Personaleinsatz, Führung und Kontrolle) (vgl. Jung/Bruck/Quarg, 2011, S. 115) und schließt zudem deren Gestaltung sowie deren Abstimmung ein. Das Strategische Management verlangt also die Koordination aller Führungssubsysteme (Bea/Haas, 2017, S. 14), welche auf drei Ebenen erfolgt (vgl. Bea/Haas, 2017, S. 19):
- Innerhalb des Unternehmens müssen die Subsysteme untereinander abgestimmt werden (Intra-System-Fit), z. B. Planung und Organisation.
- Innerhalb eines Subsystems müssen verschiedene Komponenten koordiniert werden (Intra-Planungs-Fit), z. B. Ziele und Strategien.
- Das Unternehmen selbst muss mit seiner Umwelt abgestimmt werden (System-Umwelt-Fit).

Dabei müssen Entscheidungen über Strategien, Strukturen und Systeme getroffen werden. Die Strategien stehen im Mittelpunkt und geben die Richtung vor, während Strukturen (v. a. Organisationsstruktur) und Systeme (u. a. Informations-, Führungs-, Kontrollsysteme) grundlegende Regelungen und Führungsinstrumente zur Koordination darstellen (vgl. Hungenberg, 2014, S. 8 f). Strategisches Management kann also als Entscheidungsprozess (vgl. Heinen, 1971 zitiert in Hungenberg, 2014, S. 9) beschrieben werden, der im engeren Sinn die Phasen der Strategischen Analyse, Strategieformulierung und -auswahl und die Strategieimplementierung umfasst (vgl. Hungenberg, 2014, S. 9 f; ausführlich hierzu Kap. 3).

Beim Strategischen Management wird ein ganzheitliches Managementkonzept entwickelt (vgl. Welge/Al-Laham/Eulerich, 2017, S. 15). Verschiedene Autoren haben unterschiedliche Ansichten, aus welchen Komponenten diese Gesamtkonzeption besteht.[14]

Ansoff entwarf erstmals ein ganzheitliches Konzept zum Strategischen Management (vgl. Ansoff, 1965; Ansoff/Decleck/Hayes, 1976).

Die Beratungsgesellschaft McKinsey gestaltete zu Beginn der 1980er-Jahre ein praxisorientiertes Modell, das sog. 7-S-Modell, bei dem die Gesamtheit der Subsysteme das Strategische Management bildet (vgl. Bea/Haas, 2017, S. 17). Dessen Hauptaufgabe liegt in der Abstimmung der sieben Faktoren, die den Erfolg eines Unternehmens bestimmen (vgl. Peters/Waterman, 1982 sowie 2006, S. 8 ff). Unterteilt werden diese üblicherweise in drei „harte" Faktoren (strategy, structure und systems) und vier „weiche" Faktoren (shared values, skills, staff und style) (vgl. Peters/Waterman, 2006, S. 10).

Auch in der deutschsprachigen Literatur sind zahlreiche Modelle bzw. Konzepte des Strategischen Managements zu finden. Beispielhaft sind hierbei die Modelle von Hinterhuber und Hahn zu nennen. Hinterhuber integriert die Elemente Vision, Unternehmenspolitik und Ziele, Strategien, Aktionspläne, Organisation, Umsetzung, Unternehmenskultur/-identität/Marke, Strategisches Controlling sowie Prozesse und Leadership in ein Gesamtsystem der Strategischen Unternehmensführung (vgl. Hinterhuber, 2015, S. 7). Für Hahn besteht das Strategische Management aus den Komponenten Unternehmenskultur, Unternehmensphilosophie, Ziele, Strategien, Systeme, Strukturen und umfasst deren Planung, Steuerung und Kontrolle (vgl. Hahn in Hahn/Taylor, 2006, S. 34).

Welche Elemente ein Konzept des Strategischen Managements enthält, ist folglich nicht festgeschrieben und kann daher von jedem Unternehmen individuell bestimmt werden.

Zusammenfassend lassen sich folgende Merkmale und Zielsetzungen mit der Eigenschaft „strategisch" und damit mit Strategischem Management verknüpfen (vgl. Johnson/Scholes/Whittington, 2011, S. 21 f; Hungenberg, 2014, S. 4 ff):
– übergeordnete Perspektive
– grundsätzliche Ausrichtung
– Positionierung im Umfeld
– Ausgestaltung der Ressourcenbasis
– Aufbau, Erhalt und Entwicklung von Erfolgspotenzialen
– Schaffung von Wettbewerbsvorteilen
– Sicherung des langfristigen Erfolgs

---

[14] Vgl. verschiedene Konzepte zum Strategischen Management in Eschenbach/Eschenbach/Kunesch, 2003.

Die Kernaufgaben des Strategischen Managements lassen sich auf Basis der vorangegangenen Betrachtungen wie folgt zusammenfassen:
- Festlegung der strategischen Richtung
- Zielbestimmung
- Entwicklung und Umsetzung von Strategien
- Entscheidungen über Strukturen und Systeme
- Gesamtsteuerung und Koordination aller Managementfunktionen
- Planung und Gestaltung eines ganzheitlichen Managementkonzepts

In Anlehnung an das Prozessverständnis des Strategischen Managements soll diesem Buch folgende Definition zugrunde gelegt werden:

Strategisches Management ist die zielorientierte Planung, Gestaltung und Steuerung von Unternehmen, die auf die Schaffung und Erhaltung von Wettbewerbsvorteilen gerichtet ist, um langfristig die Überlebensfähigkeit des Unternehmens zu sichern. Das Strategische Management bestimmt die grundlegende Ausrichtung des Unternehmens, entwickelt Strategien, die das Unternehmen in diese Richtung führen und setzt diese Strategien so um, dass langfristig Erfolge erzielt werden können.

1.3.4 Zielsetzung des Strategischen Managements

Anhand dieser Definition wird deutlich, welche Zielsetzungen verfolgt werden. Strategisches Management soll die langfristige Überlebensfähigkeit sichern. Ziel ist es, die Marktposition und die Ressourcen so zu gestalten, dass das Unternehmen Wettbewerbsvorteile aufbauen und langfristig Erfolge erzielen kann (vgl. Hungenberg, 2014, S. 18).

Abb. 1.3: Grundverständnis des Strategischen Managements (Quelle: Eigene Ausarbeitung in enger Anlehnung an Dillerup/Stoi, 2016, S. 174).

Durch den Aufbau, die Entwicklung und die Nutzung von Erfolgspotenzialen sollen im Rahmen des Strategischen Managements Wettbewerbsvorteile geschaffen werden. Den Erfolgspotenzialen liegen die Erfolgsfaktoren zugrunde, im Besonderen die strategischen Erfolgsfaktoren.

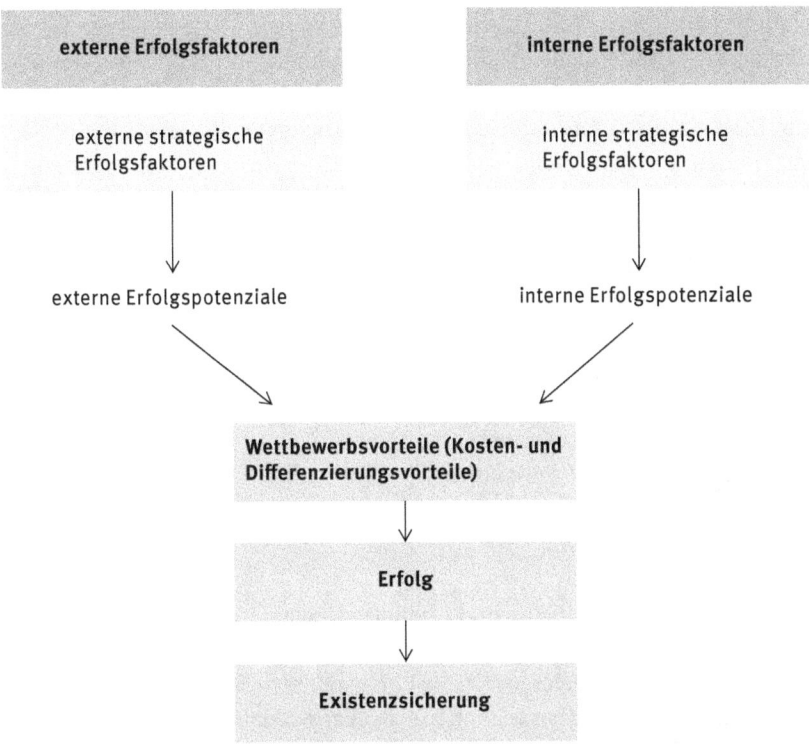

Abb. 1.4: Zielsetzung des Strategischen Managements (Quelle: Eigene Ausarbeitung).

„Erfolgsfaktoren sind alle Faktoren, die den Erfolg [...] eines Unternehmens direkt beeinflussen" (Dillerup/Stoi, 2016, S. 183). Unter *Erfolgsfaktoren* sind folglich diejenigen „[...] Ausprägungen oder Strukturen des Unternehmens (bzw. der Unternehmensumwelt) [zu verstehen], die den betrieblichen Erfolg positiv beeinflussen" (Daschmann, 1994, S. 1).

Die Einflussfaktoren auf den Unternehmenserfolg sind sehr vielfältig und reichen von internen, unternehmensbezogenen Faktoren wie Qualifikation des Personals und Kapitalstruktur bis hin zu externen, umweltbezogenen Faktoren wie Gesetzgebung und Marktvolumen (vgl. hierzu eingehend Welge/Al-Laham/Eulerich, 2017, S. 223).

Die Kriterien, die dabei einen entscheidenden Einfluss auf das Erfolgspotenzial haben, werden auch als kritische oder strategische Erfolgsfaktoren bezeichnet (vgl. Dillerup/Stoi, 2016, S. 183). Diese Schlüsselerfolgsfaktoren unterscheiden sich je Branche und je Unternehmen (vgl. Paul/Wollny, 2014, S. 165). Zur Bestimmung der jeweils kritischen Erfolgsfaktoren können zahlreiche Methoden zu Hilfe genommen werden (vgl. hierzu Paul/Wollny, 2014, S. 166):

- Eine Studie von Peters/Waterman (1982) stellt sieben Merkmale heraus, die eine erfolgreiche Unternehmensführung auszeichnen und fasst diese im sog. 7-S-Modell zusammen (vgl. hierzu Peters/Waterman, 2006).
- Mit der PIMS-Studie (Profit Impact of Market Strategy) sollen die Faktoren bestimmt werden, die den Erfolg, gemessen am ROI (Return on Investment) oder am ROS (Return on Sales), bestimmen (vgl. hierzu Buzzell/Gale, 1987).

Auf Basis allgemeiner Erfolgsfaktorenforschung wird vielfach branchenspezialisiert Forschung betrieben. So wurde bspw. für die Hotellerie (und im Speziellen für die Privathotellerie) ein umfassendes Modell entwickelt, das sog. SUCCESS-Modell (vgl. hierzu ausführlich von Freyberg/Gruner/Lang, 2018, S. 156 f):
- **S**taff (Personal)
- **U**nique Positioning (Positionierung)
- **C**ustomer Relationship (Gästebindung)
- **C**ontrolling
- **E**ntrepreneurship (Unternehmertum)
- **S**ales (Verkauf)
- **S**et of Values and Quality (Werte- und Qualitätssystem)

In den Erfolgsfaktoren konkretisieren sich die Erfolgspotenziale eines Unternehmens, wodurch diese mess- und steuerbar werden (vgl. Becker/Fallgatter, 2007, S. 154). Durch die Gestaltung der Erfolgsfaktoren sowie ihrer Beziehungen und Abhängigkeiten, z. B. durch Strategien, sollen die Erfolgspotenziale des Unternehmens aufgedeckt und ausgeschöpft werden (vgl. Welge/Al-Laham/Eulerich, 2017, S. 224).

Erfolgspotenziale sind die produkt- und marktspezifischen Voraussetzungen für langfristigen Erfolg (vgl. Gälweiler, 2005 zitiert in Welge/Al-Laham/Eulerich, 2017, S. 220). Sie sind als Obergrenzen für den erreichbaren Erfolg anzusehen (vgl. Welge/Al-Laham/Eulerich, 2017, S. 221). Die Erfolgspotenziale lassen sich in interne Potenziale (Kosten- und Leistungspotenziale) und externe Potenziale (Marktpotenziale) untergliedern (vgl. Welge/Al-Laham/Eulerich, 2017, S. 220 sowie die dort genannte Literatur sowie weiterführend S. 223). Das Strategische Management hat die Aufgabe, neue Erfolgspotenziale zu schaffen und bestehende Erfolgspotenziale zu erhalten oder weiter zu entwickeln, denn sie bilden die Grundlage für Wettbewerbsvorteile (vgl. Welge/Al-Laham/Eulerich, 2017, S. 220).

Im Allgemeinen ist ein *Wettbewerbsvorteil* ein Vorteil eines Anbieters gegenüber der Konkurrenz im Wettbewerb, d. h. wenn ein Unternehmen einen Vorsprung gegenüber seinen Mitbewerbern erreichen kann. „Ein Unternehmen hat [...] einen Wettbewerbsvorteil, wenn es [...] außergewöhnliche Leistungen anbietet, für welche die Kunden bereit sind, einen Mehrwert zu bezahlen oder [...] [wenn es] ein höheres Preis-Leistungs-Verhältnis bieten kann" (Dillerup/Stoi, 2016, S. 179 nach Porter, 1989, S. 31).

Porter unterscheidet zwei Grundtypen von Wettbewerbsvorteilen: Kostenvorteile oder Differenzierungsvorteile (vgl. Porter, 1986, S. 21). Auf Porters Verständnis beruht auch das sog. Strategische Dreieck, welches drei Akteure bilden:

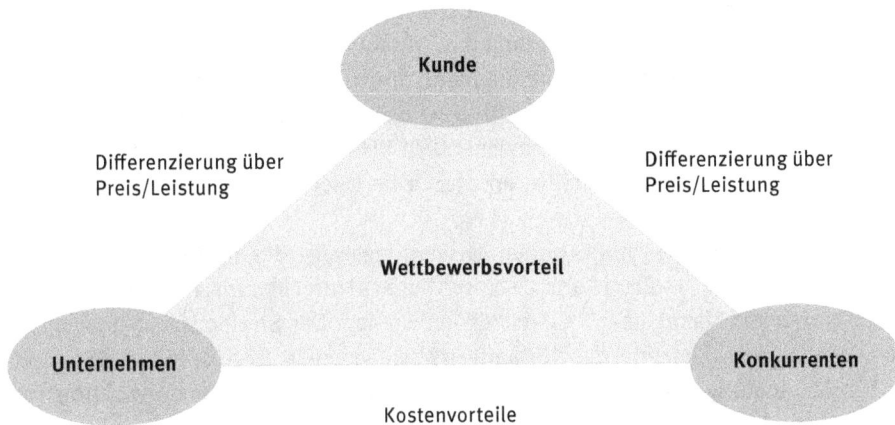

Abb. 1.5: Strategisches Dreieck (Quelle: Eigene Darstellung in Anlehnung an Dillerup/Stoi, 2016, S. 178 und Hungenberg, 2014, S. 195).

Die Wettbewerbsvorteile für das Unternehmen entstehen durch Kostenvorteile gegenüber der Konkurrenz und durch eine Differenzierung über Preis und Leistung, welche von den Kunden in Form von Preis- oder Leistungsunterschieden wahrgenommen werden. Preisvorteile ergeben sich bspw. daraus, dass ein besseres Preis-Leistungs-Verhältnis geboten werden kann, als beim Kauf über andere Anbieter. Eine besondere Produktqualität, ein positives Image, ein einzigartiger Standort, eine hohe Verfügbarkeit, spezielle Kompetenzen und weitere Alleinstellungsmerkmale sind Leistungsvorteile, die das Produkt positiv von anderen Anbietern abheben (vgl. hierzu auch Dillerup/Stoi, 2016, S. 179; Abplanalp/Lombriser, 2013, S. 138).

Um strategisch relevant zu sein, müssen Wettbewerbsvorteile folgende Kriterien erfüllen (vgl. Camphausen, 2013, S. 27):
- Erkennbarkeit (Wahrnehmung durch den Kunden)
- Werthaltigkeit (Beeinflussung der Kaufentscheidung, Kundennutzen)
- Dauerhaftigkeit (langfristige Aufrechterhaltung und geringe Anfälligkeit)
- Einzigartigkeit (Vorteil gegenüber der Konkurrenz mit schwerer Imitierbarkeit)

Durch die Gestaltung von Marktposition und Ressourcenbasis versucht das Strategische Management solche Wettbewerbsvorteile zu schaffen, zu nutzen und zu erhalten, um langfristigen Erfolg und damit die Existenz des Unternehmens zu sichern.

1.3.5 Abgrenzung des Strategischen Managements

Einige Autoren, so z. B. Dillerup/Stoi (2016, S. 42 ff) und Hungenberg/Wulf (2015, S. 23 f), nehmen eine Abgrenzung von Normativem, Strategischem und Operativem Management vor. Im Rahmen dieser Unterscheidung gibt das Normative Management den Handlungsrahmen vor und enthält u. a. Mission, Vision, oberste Unternehmensziele und Unternehmenskultur, die die Identität des Unternehmens bestimmen. Das Strategische Management versucht mithilfe von Strategien, Strukturen und Systemen die Vorgaben des Normativen Managements in übergeordnete Ziele und Vorgehensweisen zu verwandeln, die anschließend durch das Operative Management umgesetzt werden.

Auf Grundlage einer umfassenden Betrachtungsweise des Strategischen Managements (vgl. Kap. 1.3.3) soll im Rahmen dieses Buches lediglich zwischen Strategischem und Operativem Management unterschieden werden. Das Strategische Management schließt dabei die Elemente des Normativen Managements mit ein, die in der Strategischen Ausrichtung ihren Ausdruck finden und die Grundlage für die Entwicklung von Strategien bilden.

Bei der Abgrenzung von Strategischem und Operativem Management können folgende Merkmale gemäß Tabelle 1.1 unterschieden werden:

Tab. 1.1: Abgrenzung des Strategischen und Operativen Managements (Quelle: Eigene Ausarbeitung in Anlehnung an Pfohl, 1981, S. 123; mit Elementen von Drucker, 1999, S. 44).

Merkmale	Strategisches Management	Operatives Management
Zeithorizont	langfristig	kurzfristig
Detailgrad	übergeordnete Ziele und Aktionspläne	konkrete Ziele und Maßnahmen
Ziele	qualitativ und quantitativ	quantitativ
Gegenstand	Entwicklung und Sicherung von Erfolgspotenzialen	Nutzung von Erfolgspotenzialen
Orientierung	zukunftsorientiert	gegenwartsorientiert
Verhaltensweise	antizipativ	reaktiv
Ebene	Unternehmens-, Geschäftsfeld-, Funktionsbereichsebene	Funktionsbereichsebene
Zuständigkeit	Unternehmensleitung	Bereichsleitung
Zweck	Erfolgspotenziale aufbauen und erhalten **„Die richtigen Dinge tun"** = effektiv sein	Erfolge erzielen **„Die Dinge richtig tun"** = effizient sein

In der Praxis ist diese Unterscheidung nicht immer problemlos möglich. Dennoch ist sie sinnvoll, da die Wechselbeziehungen zwischen den beiden Ebenen beachtet werden sollten, damit langfristige Ziele nicht zugunsten des kurzfristigen Erfolgs gefährdet werden (vgl. Lombriser/Abplanalp, 2005, S. 34).

Fragen und Aufgaben zu Kapitel 1

1. Wie hat sich der Strategiebegriff historisch entwickelt?
2. Wie lässt sich Strategie definieren?
3. Wie lauten die fünf Strategieverständnisse, die Mintzberg aufgezeigt hat?
4. Welche Grundmuster von Strategietypen lassen sich nach Mintzberg unterscheiden?
5. Definieren Sie Management.
6. Benennen Sie die fünf klassischen Managementfunktionen.
7. Was versteht man unter Strategischem Management?
8. In welche vier Phasen lässt sich die Entwicklung des strategischen Denkens gliedern?
9. Welche zwei Forschungszweige des Strategischen Managements lassen sich unterscheiden?
10. Skizzieren Sie die Inhalte dieser beiden Forschungszweige.
11. Beschreiben Sie den marktorientierten und den ressourcenorientierten Ansatz des Strategischen Managements.
12. Was sind die Kernaufgaben des Strategischen Managements?
13. Welche Zielsetzung verfolgt das Strategische Management?
14. Definieren Sie Erfolgsfaktoren, Erfolgspotenziale und Wettbewerbsvorteile.
15. Grenzen Sie Strategisches Management von Operativem Management ab.

2 Besonderheiten der Hotellerie und Implikationen für das Strategische Management

Im Rahmen dieses Kapitels sollen die Implikationen für das Strategische Management in der Hotellerie herausgestellt werden. Dies macht es notwendig, zuvor hotelleriespezifische Begrifflichkeiten abzugrenzen, einen Überblick über die strukturellen Gegebenheiten des Hotelmarktes zu geben sowie die Besonderheiten, Herausforderungen und Trends der Hotellerie aufzuzeigen. Hierbei wird auf die deutsche Hotellerie Bezug genommen.

2.1 Abgrenzung, Struktur und Besonderheiten der Hotellerie

2.1.1 Definitorische Abgrenzung der Hotellerie

Die Hotellerie stellt das Kernstück des Beherbergungsgewerbes dar, welches in Verbindung mit der Gastronomie im Wesentlichen das Gastgewerbe ausmacht (vgl. Henschel/Gruner/von Freyberg, 2018, S. 3 ff). Neben der Hotellerie ist die Parahotellerie (z. B. Campingplätze, Ferienwohnungen, Sanatorien) Teil des Beherbergungsgewerbes.

Eine konkrete Begriffsdefinition für „Hotellerie" existiert nicht, sie kann jedoch als die Gesamtheit der Betriebe angesehen werden, die den Bedarf nach Beherbergungs-, Bewirtungs- und Komplementärleistungen von Reisenden decken (vgl. Henschel/Gruner/von Freyberg, 2018, S. 3; Gruner, 2008, S. 159).

Innerhalb der Hotellerie kann in Abhängigkeit von der Betriebsform eine Unterscheidung in Individual- und Markenhotellerie vorgenommen werden, wobei zudem eine Vielzahl von Mischformen aus beiden Bereichen existiert (vgl. von Freyberg/Gruner/Lang, 2018, S. 11).

Der Begriff „Hotel" ist betriebswirtschaftlich und rechtlich nicht eindeutig definiert. Der Deutsche Hotel- und Gaststättenverband (DEHOGA) versteht unter einem Hotel jedoch das Folgende: „Ein Hotel ist ein Beherbergungsbetrieb, in dem eine Rezeption, Dienstleistungen, tägliche Zimmerreinigung, zusätzliche Einrichtungen und mind. ein Restaurant für Hausgäste und Passanten angeboten werden. Ein Hotel sollte über mehr als 20 Gästezimmer verfügen" (DEHOGA, 2012).

Erbringt ein klassisches Hotel somit in jedem Fall eine Bewirtungsleistung in einem Restaurant und im Regelfall eine ganze Reihe von weiteren komplementären Dienstleistungen, so beschränkt sich bspw. bei einem Hotel garni die Bewirtungsleistung auf ein Frühstück. Bei der Parahotellerie sind die Bewirtungs- und Komplementärleistungen vielfach deutlich eingeschränkt oder nicht vorhanden.

2.1.2 Struktur des Beherbergungsgewerbes in Deutschland

Die Anzahl bzw. Verteilung der einzelnen Betriebsformen der Hotellerie und Parahotellerie inklusive Anzahl an Gästezimmern und angebotenen Betten für Deutschland zeigt Tabelle 2.1:

Tab. 2.1: Anzahl der Beherbergungsstätten, -einheiten und der angebotenen Betten in Deutschland (Stand: 2017) (Quelle: IHA, 2018, S. 47 nach Statistischem Bundesamt).

Betriebsart	Betriebe insgesamt	geöffnete Betriebe	Gästezimmer	angebotene Betten
Hotels	13.219	12.575	605.457	1.124.759
Hotels garnis	7.277	6.668	206.761	379.104
Gasthöfe	6.978	6.513	90.791	165.061
Pensionen	5.230	4.591	60.681	109.492
Hotels, Hotels garnis, Gasthöfe, Pensionen	*32.704*	*30.347*	*963.690*	*1.778.452*
Erholungs-/Ferienheime	1.658	81.426	k.A.	102.527
Ferienzentren	117	99	k.A.	55.256
Ferienhäuser/-wohnungen	10.739	89.153	k.A.	315.350
Hütten, Jugendherbergen	1.932	81.602	k.A.	137.252
Campingplätze	2.995	81.358	k.A.	381.248
Ferienunterkünfte und ähnliche Beherbergungsstätten	*14.446*	*12.280*	*k.A.*	*610.385*
Vorsorge-/Reha-Kliniken	883	864	k.A.	152.947
Schulungsheime	888	852	k.A.	77.442
Gesamtzahl der Beherbergungsstätten	*51.916*	*45.701*	*k.A.*	*3.000.474*

Es wird deutlich, dass die Hotels den größten Anteil an den deutschen Beherbergungsbetrieben einnehmen. Mit einer durchschnittlichen Anzahl von 45 Zimmern ist der Großteil dieser Betriebe eher klein bis mittelständisch strukturiert und wird mehrheitlich als Privathotel geführt. Der Anteil der markengebundenen Hotels belief sich im Jahr 2017 auf 12,9 Prozent, die markengebundenen Zimmer erreichten bereits 45 Prozent (vgl. IHA, 2018, S. 232).

Unter den zehn größten Gesellschaften der Markenhotellerie befinden sich internationale Hotelketten/Hotelkonzerne[1] sowie Hotelkooperationen. Zu den erfolgreichsten Einzelhotels nach Umsatz zählen sowohl Privathotels (z. B. Bayerischer Hof, München) als auch Niederlassungen großer Hotelkonzerne (z. B. Sheraton Frankfurt Hotel & Towers).

---

[1] In diesem Buch werden die Begriffe der Hotelkonzerne, Hotelketten und Hotelgesellschaften synonym verwendet und lediglich gegenüber Individualhotels und Hotelkooperationen abgegrenzt.

2.1.3 Besonderheiten der Hotellerie

Die Hotellerie weist eine Reihe von Besonderheiten auf. Diese können in allgemeine dienstleistungsspezifische Eigenschaften und in Besonderheiten, die das Hotelleriegeschäft gegenüber anderen Dienstleistungsbereichen aufweist, eingeteilt werden.

Dienstleistungsmerkmale

Im Gegensatz zur Sachgüterproduktion, bei der die Produktion vor dem Verkauf und der Konsum erst nach dem Kauf erfolgen, fallen bei der Erbringung von Dienstleistungen Produktion und Konsum zusammen:

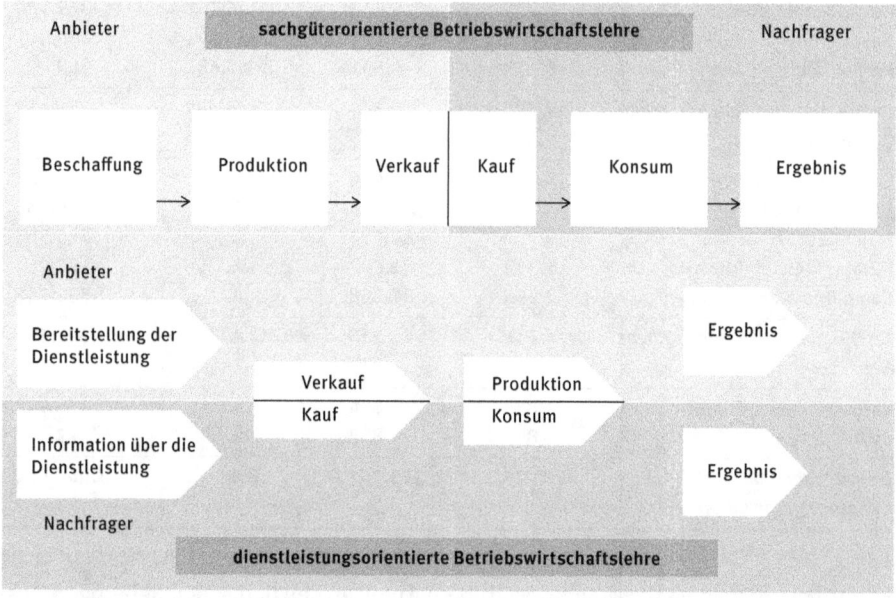

Abb. 2.1: Sachgüter- vs. Dienstleistungsmodell (Quelle: Eigene Ausarbeitung in enger Anlehnung an Freyer, 2011, S. 253).

Die Dienstleistungsproduktion verläuft i. d. R. in zwei Phasen. Bei der Vorkombination entsteht die Leistungsbereitschaft, d. h. die Bereitstellung der Dienstleistung (z. B. das Hotel mit seinem Gebäude, seinen Betten, seinem Personal). Die Endkombination (Produktion) erfordert das Zusammenspiel der internen Faktoren (z. B. Einrichtung, Personal) und des externen Faktors (Kunde) (vgl. Gardini, 2014, S. 27).

Dienstleistungen weisen daher spezielle Merkmale im Vergleich zu Sachleistungen auf (vgl. Gewald, 2001, S. 4; Hofstetter, 2012, S. 9; Kotler/Keller/Bliemel, 2007, S. 552 ff; Barth/Theis, 1998, S. 6 ff; Gardini, 2014, S. 26 ff sowie die dort genannte Literatur):

- Immaterialität (Intangibilität):
  Die Dienstleistung ist eine immaterielle Leistung, die nicht greifbar ist. Der Kauf einer Dienstleistung erfolgt unter Unsicherheit über deren Qualität, da die Leistung im Vorfeld nicht überprüfbar ist, sondern erst im Nachhinein bewertet werden kann.
- Uno-Actu-Prinzip:
  Die Leistungserstellung und deren Konsum fallen zusammen. Die Dienstleistung ist nicht lagerbar, d. h. sie kann nicht auf Vorrat produziert werden. Wenn sie nicht abgesetzt wird, kann sie nicht eingelagert und zu einem späteren Zeitpunkt verkauft werden.
- Integrativität:
  Der Kunde wird in den Prozess der Leistungserstellung einbezogen. Die Einbindung des externen Faktors in Person des Kunden (oder seiner Objekte) bestimmt den Umfang und den Zeitpunkt der Leistungserbringung sowie die Qualität der Leistung.
- Volatilität und Heterogenität:
  Die Ausführung der Dienstleistung ist stark davon abhängig, wer sie wann, wo und an wen erbringt. Dadurch entsteht eine gewisse Heterogenität der Leistung, die deren Standardisierung erschwert.

Abb. 2.2 verdeutlicht, dass die speziellen Merkmale von Dienstleistungen es den Kunden deutlich schwerer machen, Eigenschaften und Qualität des Produkts zu bewerten, als dies bei Sachgütern der Fall ist (vgl. Gardini, 2014, S. 27 f; Hofstetter, 2012, S. 10). Dies führt dazu, dass mit dem Kauf der Dienstleistung ein erhöhtes Qualitätsrisiko einhergeht (vgl. Hofstetter, 2012, S. 10):

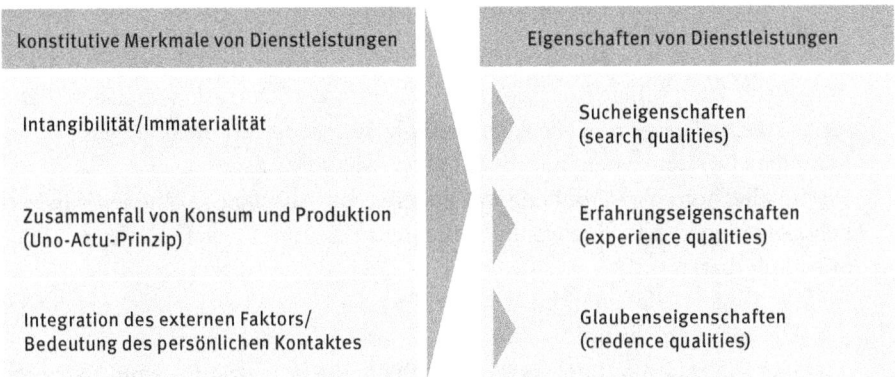

Abb. 2.2: Besonderheiten von Dienstleistungen (Quelle: Eigene Darstellung in Anlehnung an Gardini, 2015, S. 21).

- Sucheigenschaften sind Eigenschaften, die vor dem Kauf überprüft werden können. Die Immaterialität von Dienstleistungen führt dazu, dass sie einen Mangel an Sucheigenschaften aufweisen.
  (Beispiel: Probefahrt beim Autokauf)
- Erfahrungseigenschaften können erst nach dem Kauf beurteilt werden. Die Mehrzahl an Dienstleistungen wird durch diese Eigenschaften bestimmt.
  (Beispiel: Essensqualität beim Restaurantbesuch)
- Vertrauenseigenschaften entstehen, wenn der Erbringer einer Dienstleistung einen Wissensvorsprung gegenüber dem Kunden hat. Dieser kann sich auch nach der Nutzung der Leistung kein sicheres Werturteil hinsichtlich der Ergebnisqualität bilden und muss auf den Produzenten der Dienstleistung und seine Aussagen vertrauen.
  (Beispiel: Diagnose beim Arztbesuch oder Ratschlag beim Rechtsanwaltsbesuch)

Spezifische Charakteristika der Hotellerie

Auf Grundlage von und zusätzlich zu den bisher dargestellten Dienstleistungsmerkmalen ergeben sich weitere Eigenschaften für die Hotelleistung (vgl. Henschel/Gruner/von Freyberg, 2018, S. 63 ff; Gewald, 2001, S. 4 f; Barth/Theis, 1998, S. 17 ff):

- Abhängigkeit vom Gast:
  Der Gast muss bei der Erstellung der Hotelleistung persönlich anwesend sein. Er beeinflusst den Prozess der Leistungserbringung, indem er Leistungsumfang, -zeitpunkt und -qualität bestimmt.
- Standortgebundenheit:
  Hotelleistungen können nur am Standort des Hotelbetriebs in Anspruch genommen werden. Dort werden die Voraussetzungen für die Leistungserstellung wie Bettenkapazitäten und Personal zur Verfügung gestellt.
- Standortabhängigkeit:
  Die Hotelleistung ist meist abhängig von den Gegebenheiten der Umwelt des Hotelbetriebs. Dazu zählen u. a. natürliche Faktoren wie Schneesicherheit oder Lärm sowie kulturelle Faktoren wie Sehenswürdigkeiten oder Veranstaltungen.
- Komplementarität zu dem Angebot anderer Leistungsträger:
  Die Hotelleistung ist verbunden mit anderen touristischen Leistungen wie Verkehrsleistungen (z. B. Flugleistung) oder Beratungsleistungen (z. B. Reisebüro).
- Substituierbarkeit:
  Hotelleistungen können in mehrfacher Hinsicht substituiert werden. Erstens ist der Gast nicht an ein bestimmtes Hotelunternehmen gebunden, sondern kann aus einer Vielzahl von Hotelangeboten wählen. Die Hotelleistung kann aber auch durch andere Beherbergungsformen ersetzt werden, bspw. durch (Ferien-)Wohnungen (Angebote auf dem Land oder in der Stadt, z. B. über Airbnb, Wimdu) oder Campingplätze. Schließlich kann eine Hotelleistung auch durch andere Dienstleistungen oder durch Sachgüter substituiert werden, z. B. wenn eine Geschäftsreise durch eine Videokonferenz ersetzt wird.

- Hohe Wettbewerbsintensität:
  Durch Entwicklungen auf Nachfrage- und Angebotsseite kommt es zu einem verstärkten Wettbewerbsdruck. Das gestiegene Anspruchsniveau der Gäste, die zunehmende Individualisierung der Leistung sowie die ansteigende Erlebnisorientierung der Gäste führen zu neuen Anforderungen an die Hotellerie.
- Permanente Leistungsbereitschaft:
  Die Leistungsbereitschaft wie verfügbare Betten, Personal und Ware muss ständig vorhanden sein.
- Nicht-Lagerfähigkeit und Nicht-Transportfähigkeit:
  Die Hotelleistung, die zu einem bestimmten Zeitpunkt erbracht werden soll, kann nicht gelagert oder transportiert werden. Wird die Leistung zu diesem Zeitpunkt nicht genutzt, verfällt sie. Sind zum nachgefragten Zeitpunkt keine Kapazitäten mehr vorhanden, kann keine Nachlieferung erfolgen.
- Hoher Anteil an Anlagevermögen:
  Die Hotelbranche zeichnet sich durch einen hohen Anteil an Anlagevermögen aus, da die Vermögenswerte langfristig angelegt sind, u. a. in den Hotelanlagen und deren Ausstattung.
- Hoher Fixkostenanteil:
  Die Kosten, die unabhängig davon entstehen, ob die Hotelleistung in Anspruch genommen wird oder nicht, sind als Fixkosten zu bezeichnen. Die Hotelbranche ist durch einen hohen Anteil an Fixkosten, hauptsächlich Raum- und Personalkosten, gekennzeichnet.
- Nachfrageschwankungen:
  Die Nachfrage nach Hotelleistungen ist starken Schwankungen unterworfen und von einer Vielzahl an externen Faktoren abhängig. So beeinflussen etwa bestimmte Veranstaltungen wie Messen und (Groß-)Veranstaltungen, das Wetter, Trends oder Konjunkturschwankungen die Nachfrage. Dies führt dazu, dass diese z. B. täglich, wöchentlich, monatlich oder saisonal stark variiert. Dadurch kommt es in Spitzenzeiten zu Kapazitätsengpässen aufgrund der begrenzten Bettenzahl, in Leerzeiten dagegen zu Überkapazitäten, die hohe Kosten verursachen.
- Gewinninstabilität:
  Die Nachfrageschwankungen und der hohe Fixkostenanteil führen zu einer Gewinninstabilität, d. h. dass Hotelunternehmungen keine gleichmäßig hohen Gewinne erwarten können.
- Personalintensität und hohe Personalkosten:
  Die Hotelleistung ist eine personalintensive Dienstleistung, da ein großer Teil der Leistung durch die Interaktion mit dem Gast bestimmt wird (z. B. Check-in, Bedienung im Restaurant, Zimmerservice). Die Personalintensität führt zu einem hohen Aufwand, der in der Hotellerie im Regelfall zwischen 25 und 35 Prozent vom Umsatz liegt.
- Schwankende Personalbeanspruchung:
  Die vielfach unregelmäßige Nachfrage hat zur Folge, dass die Beanspruchung des Personals stark schwankt und schwer planbar ist.

- Hohe Korrelation zwischen Personal und Qualität:
  Da das Personal die Dienstleistung im Hotelbetrieb erbringt, hängt auch die Qualität der Leistung stark vom Personal ab.

2.2 Herausforderungen für die Hotellerie

Die Ausführungen zum Markt sowie zu den Besonderheiten von hotelleriespezifischen Dienstleistungen zeigen die Komplexität der Branche, die Vielzahl externer Einflussfaktoren und die enge Verbindung der Dienstleistung mit der Wahrnehmung durch den Kunden. Hieraus ergeben sich bestimmte Herausforderungen.

2.2.1 Gästeerwartungen

Aufgrund der Immaterialität und der fehlenden Sucheigenschaften der Dienstleistung entsteht bei den Gästen eine Unsicherheit über die zu erwartende Leistung und gleichzeitig herrscht ein hohes Informationsbedürfnis seitens der Gäste. Diese versuchen über verschiedene Medien, z. B. Online-Bewertungsportale, aber v. a. durch den Austausch mit ihrem Umfeld sowie mit anderen Reisenden, Informationen über die Hotelleistung einzuholen. Das führt dazu, dass sie verschiedene Vorstellungen von der Leistung entwickeln, welche sie dementsprechend auch unterschiedlich bewerten (vgl. Henschel/Gruner/von Freyberg, 2018, S. 63 und S. 89; Gardini, 2014, S. 34 f). Die wahrgenommene Qualität entspricht dabei nicht immer den Vorstellungen des Gastes. Dies liegt u. a. daran, dass jeder Gast andere Auffassungen über die Hotelleistung und ein anderes Qualitätsempfinden hat, wodurch die Leistung sehr subjektiv bewertet werden kann.

Die Beurteilung der Dienstleistung ist abhängig von den Erwartungen des Gastes, welche entweder (vgl. von Freyberg/Gruner/Lang, 2018, S. 90 f):
- nicht erfüllt werden, wobei es zu einer negativen Bewertung, Reklamation, Abwanderung und negativen Äußerungen (z. B. in sozialen Medien oder Bewertungsportalen) kommen kann.
- erfüllt werden, was zur Kundenzufriedenheit führt und damit Nachverkäufe nicht ausgeschlossen sind.
- übertroffen werden, was die Begeisterung der Gäste, Wiederkäufe, positive Mundpropaganda und ggf. auch Loyalität zur Folge hat.

Es gilt folglich, die Gäste zu begeistern oder zumindest zufrieden zu stellen. Ziel sollten begeisterte Gäste sein, die zu „Anwälten" (Advocates) oder „Missionaren" (Priests) des Hotelbetriebs werden. Deshalb muss die Sicherung der Qualität eine wesentliche Rolle im Unternehmen einnehmen.

Um die Unsicherheit der Gäste abzubauen, muss ein Hotelunternehmen daher versuchen, seinen Gästen ausreichend Informationen zur Verfügung zu stellen und die Kommunikation der angebotenen Leistung eindeutig zu gestalten, damit der Gast eine klare Vorstellung über die zu erwartende Leistung aufbauen kann. Ferner sollte angestrebt werden, die Dienstleistungsqualität derart zu sichern, dass die Erwartungen der Gäste weitestgehend erfüllt, die Gäste zufrieden gestellt werden können und eine positive Mundpropaganda angeregt werden kann. Des Weiteren kann auch der Aufbau einer Marke die Sicherheit der Gäste fördern, da das Markenversprechen ein gewisses Maß an Qualität gewährleistet (vgl. hierzu Kotler/Keller/Bliemel, 2007, S. 552 ff).

2.2.2 Einbindung des Gastes in den Dienstleistungsprozess

Die Einbindung des Gastes in den Dienstleistungsprozess ist abhängig vom Willen des Kunden zur Mitwirkung. Bei der Zuordnung von z. B. Aufgaben an den Kunden muss daher beachtet werden, ob er die Bereitschaft und die Fähigkeit zur Erfüllung dieser Aufgaben besitzt. Die angestrebte Rollenverteilung zwischen Gast und Hotelunternehmen (z. B. Check-in am Automaten) muss vorab kommuniziert werden, damit beim Gast keine Unsicherheiten bzgl. des erforderlichen Ausmaßes und der Art der Beteiligung im Leistungserstellungsprozess entstehen (vgl. hierzu Gardini, 2014, S. 36 f; Kotler/Keller/Bliemel, 2007, S. 555).

2.2.3 Qualitätssicherung

Die Heterogenität von Dienstleistungen entsteht, wie bereits erwähnt, da deren Ausführung stark davon abhängig ist, wer sie wann, wo und an wen erbringt. Dies macht eine Standardisierung schwierig und verursacht Qualitätsschwankungen. Der Gast, das äußere Umfeld, Prozesse, aber v. a. die Mitarbeiter haben einen großen Einfluss auf die Qualität der Dienstleistung. Diese Qualität wird durch materielle Faktoren (Tech Dimension) und immaterielle Faktoren (Touch Dimension) bestimmt, wobei in der Hotellerie besonders der immateriellen Ebene der Qualitätsdimension eine große Bedeutung zukommt (vgl. von Freyberg/Gruner/Lang, 2018, S. 151).

Wie bereits anhand von Tabelle 2.2 deutlich wird, hat das Personal eine große Wirkung auf die Qualität der Dienstleistung und die Zufriedenheit der Gäste, da es in direktem Kontakt zu den Gästen steht. Die Dienstleistungsqualität wird mitunter an der Qualität der Interaktion zwischen Gast und Kontaktpersonal festgemacht (vgl. Kotler/Keller/Bliemel, 2007, S. 558). Daher gilt es, durch ein umfassendes Personalmanagement dafür Sorge zu tragen, dass alle Mitarbeiter versuchen, die Qualität der Hotelleistung zu steigern und den Gästen einen zufriedenstellenden Aufenthalt zu ermöglichen.

Tab. 2.2: Dimensionen der Hotelqualität (Quelle: Eigene Darstellung in Anlehnung an von Freyberg/Gruner/Lang, 2018, S. 151 nach Dreyer, 1998).

Qualitätsdimensionen		
Teilqualitäten	Tech Dimension	Touch Dimension
Qualitätsaspekte vor dem Hotelaufenthalt (Potenzialqualität)	– Erreichbarkeit – Hotelarchitektur – Kommunikationsmedien	– kommunikative Vorbetreuung (Angebot, Reservierung, Beratung) – Persönlichkeit und äußeres Erscheinungsbild der Mitarbeiter
Qualitätsaspekte während des Hotelaufenthalts (Prozessqualität)	– Anzahl der Mitarbeiter – Freizeiteinrichtungen – Gastronomieangebot – Lage der Zimmer – allgemeine Sauberkeit – Tagungseinrichtungen – Zimmerangebot und -einrichtung	– Betriebsklima – Atmosphäre in den einzelnen Leistungsbereichen (Zimmer, Gastronomieeinrichtungen etc.) – Einstellung, Serviceorientierung, Hilfsbereitschaft, Diskretion und Freundlichkeit der Mitarbeiter – Verlässlichkeit, Kompetenz, Reaktionsfähigkeit, Einfühlungsvermögen der Mitarbeiter
Qualitätsaspekte nach dem Hotelaufenthalt (Ergebnisqualität)	– Check-out – Transfer zum Bahnhof/Flughafen – Folgebuchungen	– Beschwerdemanagement – kommunikative Nachbetreuung

2.2.4 Ausgleich von Nachfrageschwankungen

Angesichts von Nachfrageschwankungen in der Hotellerie muss versucht werden, Möglichkeiten zur Nachfrage- und Angebotsgestaltung zu finden. Die Nachfrage kann über die Gestaltung von Preisen und Leistungsangeboten gesteuert werden oder über den Einsatz von Buchungs- und Reservierungssystemen. Der Einsatz von unterschiedlichen Preisen kann einen Teil der Nachfrage von Spitzenzeiten auf Zeiten schwächerer Nachfrage verschieben. Diese Methode kommt bspw. in den Saisonpreisen der Hotellerie zur Anwendung, wobei niedrigere Preise für die Nebensaison verlangt werden als für die Hauptsaison. Andererseits kann auch darauf abgezielt werden, die Nachfrage außerhalb der Spitzenzeiten bzw. in Leerzeiten anzukurbeln, indem spezielle Angebote entwickelt werden (z. B. Wochenendangebote in Business Hotels). Um das Angebot bzw. die Betriebsbereitschaft anzupassen, können Teile der Leistungserstellung auf andere Betriebe übertragen (Outsourcing, insbesondere im Housekeeping üblich) und die Arbeitszeiten flexibler gestaltet werden. Außerdem können auch Teile des Leistungserbringungsprozesses auf die Gäste übertragen werden (z. B. Selbstbedienung im Restaurant, Honesty Bars, Getränkeautomaten). In Spitzenzeiten können Teilzeit- bzw. Aushilfskräfte eingesetzt werden oder Mitarbeiter übernehmen Aufgaben anderer Stellen (Multitasking). Durch diese Maßnahmen besteht die Möglichkeit, Nachfrage und Angebot zumindest teilweise an den Nachfrageschwankungen auszurichten und diese ggf. auszugleichen (vgl. hierzu Kotler/Keller/Bliemel, 2007, S. 555; Hänssler in Hänssler, 2011, S. 82 f).

2.3 Einfluss von äußeren Entwicklungen auf die Hotellerie

Hotelbetriebe sind keine autarken Gebilde, sondern sind ständigen Einflüssen von Außen ausgesetzt. Verantwortliche in der Privat- und Kettenhotellerie sind kontinuierlich herausgefordert, zu prüfen, inwieweit eine Reaktion auf Veränderungen erfolgen muss. Um marktfähig zu bleiben, muss der Frage nachgegangen werden, ob eine Entwicklung für die eigene Unternehmung Relevanz besitzt.

Folgende Entwicklungen sind aktuell diejenigen, denen die höchste Bedeutung beigemessen wird (vgl. zu folgenden Trends u. a. IHA, 2018, S. 82 ff):

- Globalisierung: Die weitreichende Verflechtung der verschiedenen Gesellschaften, Kulturen und Volkswirtschaften sowie die Liberalisierung des Handels und die technologischen Veränderungen ermöglichen weltweit schnell erreichbare Reiseziele. Die Zunahme der globalen Mobilität bietet für Hoteliers einerseits die Möglichkeit, neue Zielgruppen zu erschließen und führt zu neuen Chancen der Expansion. Andererseits besteht die Herausforderung, sich kontinuierlich mit unterschiedlichen kulturellen Gästewünschen in zielführender Art und Weise auseinanderzusetzen.
- Demografischer Wandel: Im Jahr 2016 wurden in Deutschland rund 792.000 Menschen geboren, während die Zahl der Sterbefälle sich auf knapp 910.000 belief. Laut Prognose zur Entwicklung der Gesamtbevölkerung des Statistischen Bundesamtes werden im Jahr 2060 nur noch 73,08 Millionen Menschen in Deutschland leben. Die demografischen Veränderungen, insbesondere auch die Verschiebung der gesellschaftlichen Altersstruktur und die zunehmende Lebensstilsegmentierung, können für viele Übernachtungsbetriebe von Relevanz sein. In Zukunft werden ältere Menschen, v. a. Senioren, eine der wichtigsten Konsumgruppen darstellen. Hotelunternehmen müssen prüfen, ob sie konkrete Dienstleistungen für ältere Menschen anbieten oder sich gar auf diese Zielgruppe spezialisieren möchten.
- Sicherheit: Aufgrund der im internationalen Rahmen herrschenden Spannungen (z. B. regionale Konflikte und Terroranschläge) entwickelt sich ein deutlicher Sicherheitstrend in der deutschen Gesellschaft. Dies hat zur Folge, dass Reisen häufiger kurzfristig gebucht werden, Touristen sich zunehmend bei der Wahl des Reiseziels nach dem Sicherheitsaspekt richten und vermehrt im eigenen Land Urlaub machen. Immer mehr Hotels befassen sich daher intensiver mit ihren Sicherheitsstandards, um den Anforderungen der Gäste gerecht zu werden.

- Gesundheit: Einen der wachstumsintensivsten Bereiche der Wirtschaft bildet der Gesundheitsmarkt. Das stetig wachsende Gesundheitsbewusstsein von Verbrauchern gewinnt auch in der Hotellerie zunehmend an Bedeutung, v. a. im Hinblick auf Ernährung und Sport. Das Gesundheitsthema gilt als wichtiges Verkaufsargument. Durch Wellness und aktive Gesundheitsvorsorge wollen Reisende einen Ausgleich zum Alltag schaffen. Der demografische Wandel fordert in diesem Bereich Veränderungen in Richtung Barrierefreiheit sowie medizinische und therapeutische Grundversorgung in Destinationen.
- Nachhaltigkeit: Das kontinuierlich steigende Bewusstsein für Nachhaltigkeit und Eigenverantwortung führt zu einer gesteigerten Nachfrage nach ökologischem, sozialem und wirtschaftlichem Verantwortungsbewusstsein. Diese Entwicklung lässt sich in verschiedenen Lebensbereichen und somit auch im Tourismus beobachten. Folglich wird sich die Hotellerie zukünftig noch intensiver mit einer langfristig nachhaltigen Entwicklung unter Berücksichtigung ökologischer, ökonomischer, sozialer, kultureller und ethischer Aspekte, auch hinsichtlich zukünftiger Generationen, auseinandersetzen müssen. Diesbezügliche Maßnahmen mit dem Ziel der Imageförderung sowie der Kostensenkung können die Verwendung regionaler Produkte, die Reduktion von CO_2-Emissionen sowie von Ressourcenverbrauch und Abfall und das Zeigen sozialer Verantwortung sein. Wichtige Erfolgsfaktoren hierbei sind Transparenz, Authentizität und Kommunikation der Maßnahmen.
- Erlebnisökonomie: Häufig wollen Reisende heutzutage die Kultur ihrer Destination erleben, aktiv sein und ihr Wissen erweitern. Der Erlebnismarkt bietet insbesondere durch eine Vielzahl an Möglichkeiten ein hohes Wachstumspotenzial. In einer Zeit, in der sich bei Dienstleistungen und Produkten qualitativ immer weniger Unterschiede erkennen lassen, entscheiden Verbraucher somit zunehmend nach anderen Auswahlfaktoren. Sog. weiche Faktoren (z. B. Design) sowie das kreative Zusammenspiel von Produkten und Dienstleistungen gewinnen vermehrt an Bedeutung. Vor allem der Zusatznutzen (emotional oder auch materiell) eines Produkts nimmt bei Konsumenten einen hohen Stellenwert ein. Es geht häufig nicht mehr nur um die Befriedigung von Bedürfnissen, sondern um die Schaffung von Erlebnissen. Hierzu müssen Gestaltung, Konzeption und Positionierung aufeinander abgestimmt werden, indem eine ganzheitliche, authentisch wirkende Geschichte erzählt wird. In der Hotellerie erkennen Entscheidungsträger, dass Gäste im Hinblick auf Erlebnisse preisunsensibler sind als bei althergebrachten klassischen Dienstleistungen. Darüberhinaus bietet die Schaffung von Erlebnissen die Möglichkeit, sich klar von den Mitbewerbern abzugrenzen.
- Digitalisierung: Sie verändert und prägt zunehmend Arbeit und Alltagsleben. Jedes Unternehmen ist darin involviert, vom einfachen Handwerksbetrieb über Handels- oder Dienstleistungsunternehmen bis zum großen Industriebetrieb. Neben Einzelhandel, Verlagen, der Musikindustrie und dem Bankenwesen hat auch der Tourismus erhebliche Veränderungen erfahren (vgl. IHA, 2018, S. 83). Mit

dem Internet der Dinge, der umfassenden Vernetzung über das Internet, wird die nächste Stufe der digitalen Revolution erreicht, die in absehbarer Zeit in ein Internet-of-Everything münden wird. Dies bedeutet, dass die Wertschöpfungskette über den gesamten Lebenszyklus von Produkten neu organisiert und gesteuert werden kann. Prozesse können effizienter gestaltet, Ressourcen geschont und Kosten gespart werden. Durch die Verbindung von Menschen, Maschinen und modernen Informations- und Kommunikationstechnologien entstehen dynamische, echtzeitoptimierte und sich selbst organisierende, unternehmensübergreifende Wertschöpfungsnetzwerke (vgl. IHA, 2018, S. 82). Mit fortgeschrittener Digitalisierung sind grundlegende Veränderungen in der Vermarktung von Hotelprodukten und -dienstleistungen sowie in der Kundenbindung erkennbar. Der Buchungsprozess und der Check-in wandeln sich sowohl für Gäste als auch für Mitarbeiter. Außerdem ermöglichen neue Kommunikationskanäle (Hotel-Apps, digitale Gästemappen) einen zunehmend individuellen und zielgerichteten Austausch mit dem Gast. Grundsätzlich birgt die Digitalisierung die Chance, Ressourcen und Kosten einzusparen und Prozesse effizient zu gestalten. Die Herausforderung für die Hotellerie liegt darin, strategisch vorzugehen, indem nützliche Technologien identifiziert werden, die dann in die vorhandenen Infrastrukturen eingebettet werden.

Neben den genannten Entwicklungen, die für viele Branchen von Relevanz sind, gibt es diverse brancheninterne Modeerscheinungen (kurzfristiger Natur) und Trends (langfristiger Natur), die Hoteliers aufgreifen können. Ein Beispiel ist der seit 2016 deutlich angestiegene Konsum von lokalen Gin-Getränken in Metropolen oder vegane Speiseangebote. Ob es für den einzelnen Hotelier sinnvoll erscheint, hängt von der Positionierung des Betriebs bzw. der Marke ab.

Generell wägen erfolgreiche Einzelhoteliers genauso wie Hotelgesellschaften vor dem Hintergrund der Wirtschaftlichkeit ab, welche Einflüsse berücksichtigt werden sollten.

2.4 Implikationen für das Strategische Management in der Hotellerie

Um den Herausforderungen zu begegnen bzw. Trends berücksichtigen zu können, sollte ein Hotelunternehmen versuchen, Zusammenhänge zwischen den Teilbereichen, Prozessen und Faktoren zu erkennen, die einzelnen Bereiche aufeinander abzustimmen und dadurch eine stimmige und qualitativ hochwertige Leistung zu entwickeln. Mithilfe des Strategischen Managements können sowohl marktorientierte, externe als auch ressourcenorientierte, interne Faktoren herangezogen werden, um ein ganzheitliches Konzept zu entwickeln, in das alle Teilbereiche eingebunden werden.

Der Großteil der Strategischen Managementmodelle, Techniken, Instrumente und Theorien wurde zwar für die Fertigungsindustrie entwickelt (vgl. Okumus/Altinay/Chathoth, 2010, S. 32 und S. 35; Enz, 2010, S. 32), sie können jedoch an die Besonderheiten der Hotelbranche angepasst werden. Allerdings ist eine Modifizierung notwendig, da die Annahmen für die Fertigungsbranche z. T. nicht mit den Gegebenheiten in der Hotellerie übereinstimmen.

In den folgenden Kapiteln wird der Strategische Managementprozess daher basierend auf einer allgemeinen Betrachtung von Unternehmen dargestellt. Die einzelnen Komponenten und Phasen des Prozesses werden durch gewisse Anpassungen auf die Gegebenheiten der Hotellerie abgestimmt und anhand von zahlreichen Beispielen aus der Hotelbranche veranschaulicht.

Wichtig erscheint für Hotels im Rahmen des Strategischen Managements insbesondere der Fokus auf die Qualität des Produkts, das Personal als zentralen Erbringer der Leistung sowie auf die Prozesse im Hotelbetrieb und deren Optimierung.

2.4.1 Qualitätsmanagement

Im Rahmen des Strategischen Managements muss u. a. ein umfassendes Qualitätsmanagement geplant werden. Es bedarf eines ganzheitlichen Konzepts, das Qualität als strategischen Wettbewerbsfaktor begreift (vgl. Gardini, 2015, S. 241). Parasuraman, Zeithaml und Berry entwickelten bspw. in diesem Zusammenhang das GAP-Modell der Dienstleistungsqualität, um die Ursachen für Qualitätsmängel aufzudecken. Das Modell zeigt fünf strategische Qualitätslücken. Die vier unternehmensinternen Lücken (Lücke 1–4) verursachen die fünfte Qualitätslücke, die die Diskrepanz zwischen erwarteter und erlebter Leistung des Gastes beschreibt (vgl. Gardini, 2014, S. 40).

Die in Abb. 2.3 dargestellten Qualitätslücken bedeuten (vgl. Gardini, 2014, S. 41 f; Kotler/Keller/Bliemel, 2007, S. 563):

- Lücke 1:
  Die Lücke zwischen den Erwartungen der Gäste und den Vorstellungen des Managements entsteht dadurch, dass Hotelunternehmen falsche Annahmen über die Gästeerwartungen treffen. So nimmt das Management bspw. an, dass den Gästen eine exklusive Ausstattung des Hotels wichtig ist, wobei diese in Wirklichkeit einen hohen Wert auf engagiertes Personal legen.
- Lücke 2:
  Die Lücke zwischen den Vorstellungen des Dienstleistungsanbieters und den Normen für die Servicequalität drückt einen Mangel der unternehmensinternen Qualitätsspezifikation, -normen und -standards aus. So soll bspw. ein schneller Service geboten werden, ohne dass ein Standard für „schnell" existiert. Außerdem führen falsche Annahmen über die Gästeerwartungen dazu, dass die Qualitätsstandards an den Bedürfnissen der Gäste vorbeigehen, bspw. wenn ein Check-out nur bis 10 Uhr möglich ist, obwohl die Gäste lieber ausschlafen, in Ruhe frühstücken und anschließend erst auschecken wollen.

2.4 Implikationen für das Strategische Management in der Hotellerie — 33

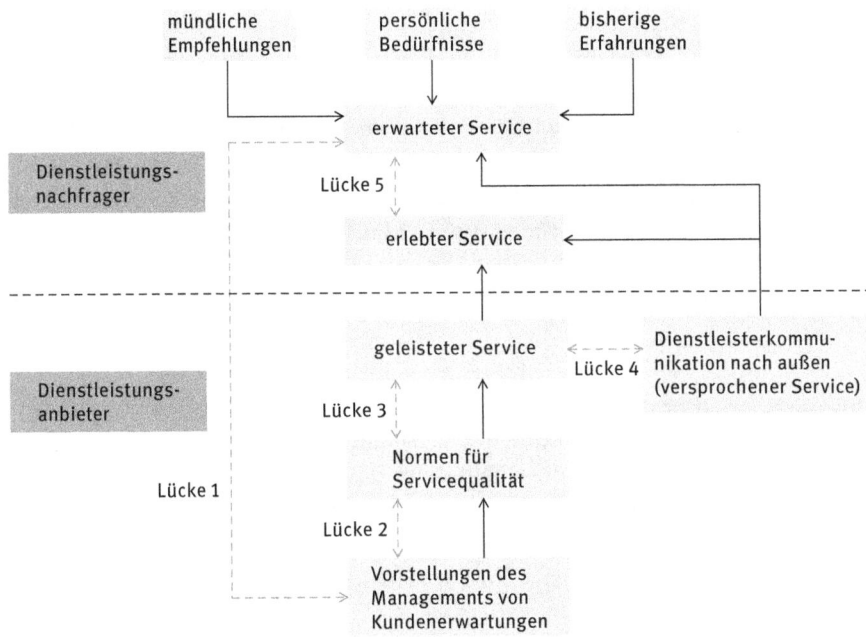

Abb. 2.3: GAP-Modell der Dienstleistungsqualität (Quelle: Eigene Darstellung in Anlehnung an Gardini, 2014, S. 41 nach Zeithaml et al., 1992).

- Lücke 3:
  Die Lücke zwischen Qualitätsnormen und tatsächlich geleisteter Qualität entsteht, da die Leistungsausführung von vielen Faktoren beeinflusst wird. Zumeist verursacht das Personal, aufgrund von schlechter Ausbildung, Überarbeitung, mangelnder Kommunikation des Managements oder einer schlechten Arbeitsmoral, eine solche Lücke. Dadurch werden die vorgegebenen Normen für die Qualität nicht ausreichend umgesetzt. So führen bspw. überlastete Reservierungszentralen dazu, dass die angestrebte prompte Bearbeitung von Gästeanfragen nicht gewährleistet ist.
- Lücke 4:
  Die Lücke zwischen der versprochenen Leistung und der tatsächlichen Leistungsausführung entsteht, wenn ein Unternehmen Versprechungen macht, die es in Wirklichkeit nicht oder nur unzureichend halten kann. Die Kommunikation der Hotelleistung weckt bestimmte Erwartungen des Kunden, welche die tatsächliche Leistung nicht erfüllen kann. So werben bspw. Hotelunternehmungen mit übertriebenen Fotos, die die Hotelleistung anders darstellen, als sie in der Realität ist.
- Lücke 5:
  Die Lücke zwischen erwarteter und erlebter Leistung entsteht, wenn eine oder mehrere der zuvor beschriebenen Lücken vorhanden sind. Sie stellt die entscheidende, wettbewerbsrelevante Lücke dar.

Die Ursachen für die zuvor beschriebenen Qualitätslücken liegen in einer unzureichenden Markt- und Kundenkenntnis, in Kommunikationsmängeln (vgl. Gardini, 2014, S. 42) und einer ungenügenden Abstimmung der einzelnen Bereiche des Unternehmens (z. B. zwischen Marketing, Personal und Management). Die Aufgabe des Hotelunternehmens liegt darin, die eigenen Qualitätslücken aufzudecken und die unternehmensinternen Lücken zu schließen, damit der vom Gast erlebte mit dem vom Gast erwarteten Service übereinstimmt (vgl. Gardini, 2015, S. 239 ff).

2.4.2 Personalmanagement

Ein umfassendes, übergreifendes Personalmanagement ist im Prozess des Strategischen Managements anzusiedeln, da das Personal, wie zuvor mehrfach angeführt, aufgrund seines Einflusses auf die Qualität der Dienstleistung am Gast, einen entscheidenden Erfolgsfaktor für Hotelunternehmungen darstellt. „Bei Betrachtung der Prozesse und Abläufe in einem Hotel wird klar, wie viel von der Hotelleistung über den Mitarbeiter an den Gast transferiert wird"(von Freyberg/Gruner/Lang, 2018, S. 57).

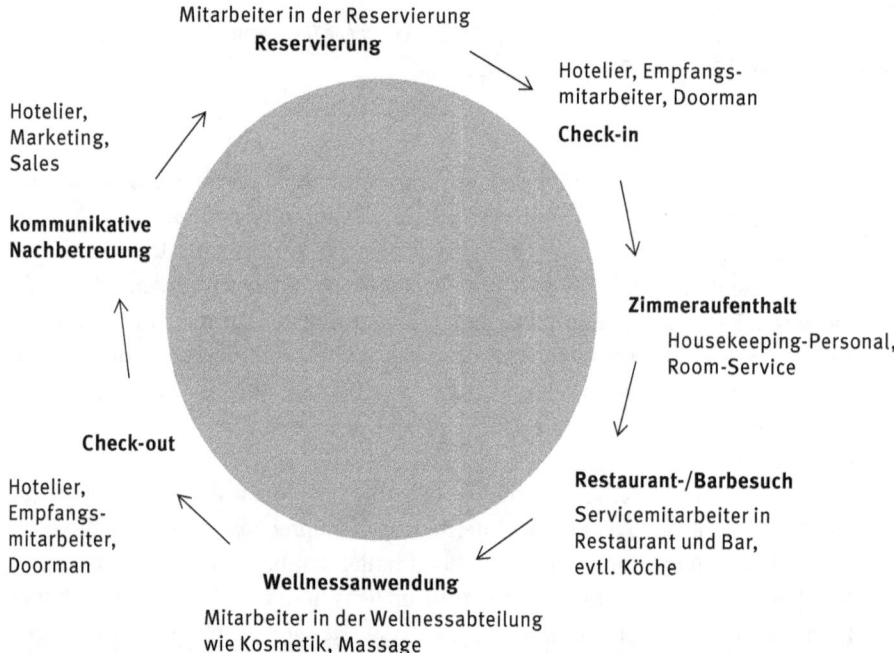

Abb. 2.4: Beispielhafte Interaktionskette zwischen Mitarbeitern und Gästen **(Quelle: Eigene Darstellung in Anlehnung an von Freyberg/Gruner/Lang, 2018, S. 57).**

Ob die Qualität der Hotelleistung durch den Gast positiv bewertet wird, wird oft durch das Verhalten, Engagement und die Fähigkeiten der Mitarbeiter entschieden (vgl. von Freyberg/Gruner/Lang, 2018, S. 58). Daher kommt dem Personalmanagement eine zentrale Bedeutung zu. Es gilt:
- qualifizierte Mitarbeiter zu finden und zu halten
- das vorhandene Personal fortzubilden und zu entwickeln, u. a. durch Weiterbildungsmaßnahmen
- die Kommunikation innerhalb des Unternehmens zu optimieren
- das Personal zu führen
- eine hohe Mitarbeiterzufriedenheit zu erreichen
- die Mitarbeiter zu motivieren, ihr Bestes zu geben

Daher sollte auch das Personalmanagement in den Prozess des Strategischen Managements eingebunden werden.

2.4.3 Prozessmanagement

Vor dem Hintergrund des Mangels an verfügbaren Mitarbeitern bei wachsender Anzahl an Hotelbetrieben und der Digitalisierung kommt dem Prozessmanagement eine besondere Relevanz zu (vgl. von Freyberg/Gruner/Lang, 2018, S. 28). Zunehmend analysieren Verantwortliche die sog. Customer Journey bzw. die Gästereise im Haus. Zum einen wird überlegt, welche Dienstleistungen für den Aufenthalt verzichtbar erscheinen, zum anderen wird die Frage gestellt, an welcher Stelle noch der Faktor Mensch zum Einsatz kommen muss. Effizienz und schlanke Strukturen können für den unternehmerischen Erfolg ein Mittel zum Zweck sein. Mittlerweile existiert eine ganze Reihe von digitalen und technischen Lösungen, die den Mitarbeiter ersetzbar machen können oder ihn in die Lage versetzen, mehrere Aufgaben im Rahmen seiner Arbeitszeit zu verrichten.

Diese Lösungen finden sich sowohl front of house als auch back of house, z. B. für den Check-in und in der Küche:
- Der Einsatz von Check-in-Terminals reduziert die Check-in-Arbeiten des Mitarbeiters deutlich. Die Hotelgesellschaft CitizenM setzt diese bspw. sehr erfolgreich ein und schafft die Position des *Ambassadors*. Diese vielfältig ausgebildeten Mitarbeiter können die gewonnene Zeit in die Betreuung der Gäste (Hilfe beim Gepäck und Erklärung des Zimmers, Auskunft über den Standort, Barservice) investieren (vgl. CitizenM, 2018). Das Zusammenlegen von mehreren Aufgaben verhindert Leerzeiten von Mitarbeitern und spart somit Personal ein. Zukünftig wird das automatisierte Einchecken des Gastes in den meisten Hotels zumindest parallel zum Einchecken beim klassischen Rezeptionisten möglich sein und in vielen Fällen, gerade im Budget-Segment, den bisherigen Check-in ersetzen.

– Die Küchentechnik hat sich dahingehend deutlich verbessert, dass Fertiggerichte schneller, einfacher und schonender regeneriert werden können. Somit kann auf ausgebildete Köche teilweise verzichtet werden. Der Einsatz von eingekauften Fertiggerichten, z. B. über Block Menü, ist über die letzten Jahre deutlich angestiegen (vgl. Block Menü, 2018).

Ein weiteres in der Hotellerie und Gastronomie vielfach eingesetztes Instrument des Prozessmanagements ist das „Service Manual" oder „Drehbuch", welches für die verschiedenen Gästebereiche kreiert wird. In Drehbüchern, die als Grundlage für Trainings genutzt werden, wird genau festgelegt, wie ein Prozess am Gast abzulaufen hat. Auch finden sich darin Hinweise, wie der Gast zum Kauf teurer oder weiterer Speisen und Getränke animiert werden kann. Vorteile in Drehbüchern werden somit sowohl in der Sicherstellung der gleichbleibenden Qualität wie auch im Zusatzverkauf gesehen (vgl. Hartauer/Grudda, 2012, S. 56).

Im Rahmen des Strategischen Managements sollte der Gedanke der für das jeweilige Hotelprodukt optimalen Prozesse verankert sein, da dieser Auswirkung auf diverse Fragestellungen im Rahmen der Entwicklung von Funktionsbereichsstrategien hat (bspw. Personalstrategie, Einkaufsstrategie).

Durch die ganzheitliche Betrachtungsweise und die Vorausplanung im Strategischen Management können die einzelnen Bereiche (Qualitäts-, Personal- und Prozessmanagement) aufeinander abgestimmt werden.

Fragen und Aufgaben zu Kapitel 2

1. Benennen Sie die spezifischen Merkmale von Dienstleistungen gegenüber Sachleistungen.
2. Benennen und beschreiben Sie Herausforderungen für die Hotellerie.
3. Erläutern Sie relevante äußere Entwicklungen, die sich auf die Hotellerie aktuell und zukünftig auswirken.
4. Kennzeichnen Sie die Dimensionen der Hotelqualität.
5. Skizzieren Sie das GAP-Modell der Dienstleistungsqualität.
6. Skizzieren Sie beispielhaft eine Interaktionskette zwischen Mitarbeitern und Gästen.
7. Welche Vorteile bieten im Rahmen des Prozessmanagements „Drehbücher"?

3 Die Kernphasen des Strategischen Managementprozesses

Im Wesentlichen konzentriert sich der Strategische Managementprozess auf die Festlegung einer strategischen Richtung sowie auf die Entwicklung und Umsetzung von Strategien, die das Unternehmen in diese Richtung führen (vgl. Kap. 1.3.3).

Grundsätzlich können zwei Ansätze unterschieden werden, die den Prozess des Strategischen Managements entweder als Planungsprozess oder als Erfahrungs- und Lernprozess verstehen (vgl. Paul/Wollny, 2014, S. 13). Das sog. Planungsmodell sieht den strategischen Entscheidungsprozess als Folge von Aktivitäten, während das sog. Inkrementalmodell davon ausgeht, dass Strategien auf verschiedene Weise entstehen können, u. a. durch Erfahrungen (vgl. Kap. 1.3.2). In der Praxis sind Strategien eine Kombination aus geplanten und ungeplanten Verhaltensweisen. Für das Verständnis des Strategischen Managements ist sowohl das Geplante als auch das Beobachtbare von Bedeutung (vgl. Kap. 1.1.2). Im Rahmen dieses Buches soll jedoch vorrangig das Strategische Management als Planungsprozess näher betrachtet werden. Der Prozess wird hierbei als idealtypischer Prozess bzw. als Idealkonzept verstanden. Auf diese Art werden dessen Besonderheiten und Zusammenhänge erkennbar und verständlich (vgl. hierzu auch Hungenberg, 2014, S. 14).

In der Literatur existieren viele unterschiedliche Ansichten darüber, welche Elemente ein Konzept des Strategischen Managements enthalten sollte (vgl. hierzu Kap. 1.3.3) und welche Phasen der Prozess des Strategischen Managements umfasst.

Andrews unterscheidet erstmalig die Phase der Strategieformulierung und der Strategieimplementierung (vgl. Andrews, 1971). Das sog. Harvard-Modell stellt die Grundlage für die Entwicklung zahlreicher Modelle dar, die jeweils die einzelnen Prozessschritte beschreiben (vgl. Hungenberg, 2011, S. 53 f; Kreikebaum/Gilbert/Behnam, 2018, S. 29). Bspw. bauen Schendel/Hofer darauf auf und schreiben dem Prozess die folgenden sechs Hauptaufgaben zu (vgl. Schendel/Hofer, 1979, S. 14 ff): Zielformulierung, Umweltanalyse, Strategieformulierung, Strategiebewertung, Strategieumsetzung und Strategische Kontrolle.

Auch in der aktuellen Literatur zeigen sich sehr vielfältige Modelle des Strategischen Managements, die verschiedene Phasen einschließen. So versteht z. B. Hungenberg das Strategische Management als einen Entscheidungsprozess, der im engeren Sinn die folgenden Phasen umfasst (vgl. Hungenberg, 2014, S. 9 f):

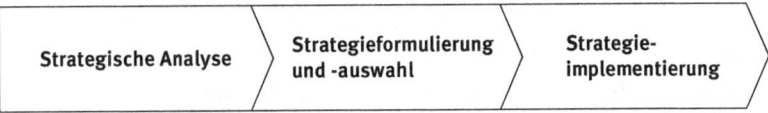

Abb. 3.1: Prozess des Strategischen Managements (Quelle: Eigene Darstellung in Anlehnung an Hungenberg, 2014, S. 9).

Eine umfassende Konzeption des Strategischen Managements entwerfen Welge/Al-Laham/Eulerich. Deren Prozessmodell umfasst folgende vier Phasen (vgl. Welge/Al-Laham/Eulerich, 2017, S. 194):
- Strategische Zielbildung
- Strategische Analyse und Prognose
- Strategieformulierung und -bewertung
- Strategieumsetzung

Aufgrund der Vielzahl der Phasenmodelle des Strategischen Managementprozesses sollte jedes Hotelunternehmen selbst entscheiden, welche Elemente relevant sind und in den Prozess eingebunden werden. Um die Grundlage für das Verständnis des Strategischen Managements zu schaffen und Empfehlungen für die Gestaltung des Prozesses in der Praxis zu geben, soll im Folgenden ein idealtypischer Prozessablauf beschrieben werden, der auf Basis des Prozessmodells von Enz (2010) entwickelt wurde.

Dieser idealtypische Strategische Managementprozess basiert auf der Situationsanalyse. Auf deren Ergebnissen wird die Strategische Ausrichtung, bestehend aus Mission, Vision, Unternehmenspolitik und strategischen Unternehmenszielen, aufgebaut bzw. angepasst. Die Analyse und die festgelegte Richtung dienen als Fundament für die Entwicklung von Strategien, welche schließlich in der Phase der Strategieimplementierung umgesetzt werden. Die einzelnen Phasen laufen in der Realität jedoch nicht zwingend aufeinanderfolgend ab, sondern variieren z. T. in der Reihenfolge oder erfolgen parallel (ausführlich zum Strategieprozess vgl. Venzin/Rasner/Mahnke, 2011).

Übergreifend sollten Maßnahmen zur Strategischen Kontrolle ergriffen werden, die alle Phasen des Strategischen Managementprozesses umspannen. Sie dienen der Leistungsmessung, die drei Aufgaben erfüllt (vgl. Venzin/Rasner/Mahnke, 2011, S. 28 f; Dillerup/Stoi, 2016, S. 414):
- Prämissenkontrolle (Früherkennung von Zielabweichungen und Veränderungen)
- Durchführungskontrolle (Überprüfung des Umsetzungsprozesses)
- Ergebniskontrolle (Soll-Ist-Vergleich der Vorgaben und der tatsächlichen Zielerreichung)

Des Weiteren sollten umfassende Aktivitäten des Strategischen Controllings durchgeführt werden, die den Strategischen Managementprozess begleiten, koordinieren und unterstützen. Das Controlling geht dabei über den Kontrollprozess hinaus und umfasst das „[...] Lenken, Regeln und Steuern von Entscheidungsprozessen" (Raps, 2008, S. 197 sowie die dort genannte Literatur).[1]

In den nachfolgenden Kapiteln sollen die in Abb. 3.2 dargestellten, idealtypischen Phasen des Strategischen Managementprozesses ausführlich beschrieben, auf die Hotellerie bezogen sowie anhand von zahlreichen Fallbeispielen verdeutlicht werden.

---
[1] Umfassend zum Hospitality-Controlling vgl. von Freyberg, 2014; insbesondere zum Strategischen Controlling vgl. Simon in: von Freyberg, 2014, S. 27 ff.

3 Die Kernphasen des Strategischen Managementprozesses — 39

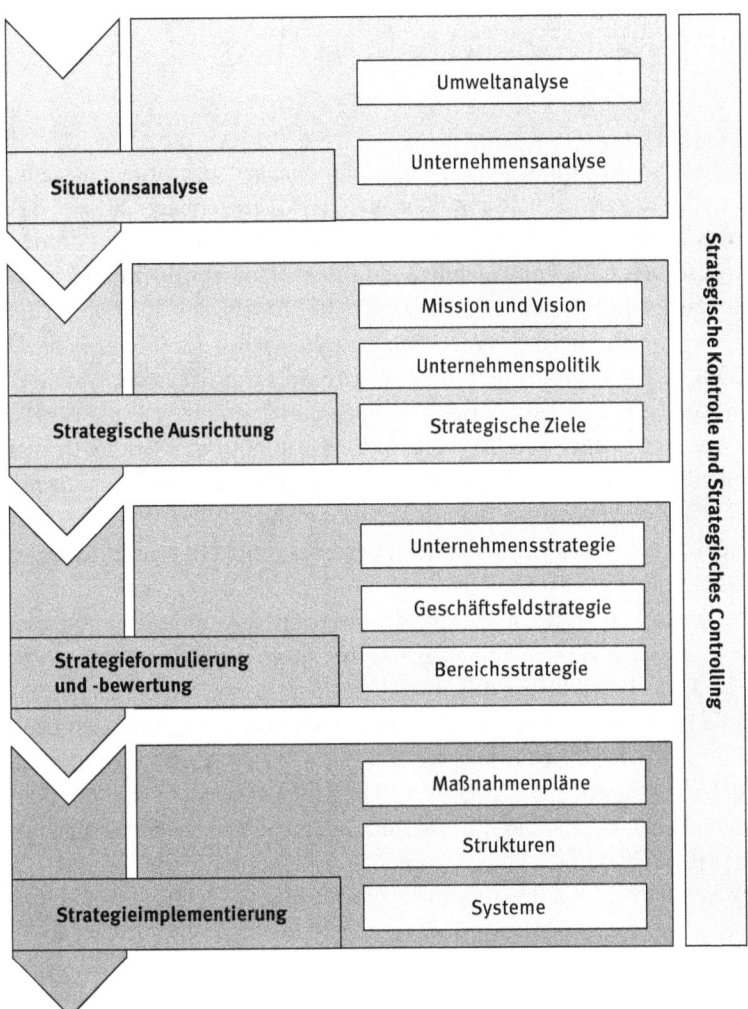

Abb. 3.2: Prozessmodell des Strategischen Managements (Quelle: Eigene Ausarbeitung auf Basis des Prozessmodells in Enz, 2010, S. 15).

Fragen und Aufgaben zu Kapitel 3

1. Welche Phasen umfasst das Prozessmodell des Strategischen Managements?
2. Skizzieren Sie den Prozess des Strategischen Managements.
3. Welche Maßnahmen sollten ergriffen werden, die alle Phasen des Strategischen Managementprozesses umspannen?

4 Die Situationsanalyse als Basis für das Strategische Management

Die Strategische Analyse „[…] dient dazu, die Informationsbasis zu erarbeiten, die für eine zielorientierte Strategieentscheidung notwendig ist" (Hungenberg, 2014, S. 85). In dieser Phase des Strategischen Managementprozesses werden die hierzu erforderlichen Informationen beschafft und bewertet. Die Untersuchungen beschreiben die gegenwärtige und zukünftige Situation, „[…] zeigen die strategische Position, in der sich das Unternehmen befindet und verdeutlichen strategischen Handlungsbedarf" (Dillerup/Stoi, 2016, S. 234). Umfang und Dichte der Analyse werden von den betrieblichen Gegebenheiten (z. B. Hotelgröße, Gästegruppen und Wettbewerber des Hotels) bestimmt (vgl. Henschel/Gruner/von Freyberg, 2018, S. 118) und müssen durch eine sinnvolle Eingrenzung beschränkt werden. Die Problematik bei der Situationsanalyse liegt in erster Linie in der schwierigen Datenbeschaffung und der Knappheit der Ressourcen. Personal, Zeit und Finanzmittel sind nur begrenzt verfügbar, was im Rahmen der Analyse zu berücksichtigen ist.

Um die Ausgangslage zu bestimmen, muss die interne und externe Situation analysiert und eine Prognose für deren zukünftige Entwicklung erarbeitet werden (vgl. Hungenberg, 2014, S. 85). Daher wird i. d. R. zwischen einer externen Analyse, der Umweltanalyse, und einer internen Analyse, der Unternehmensanalyse, unterschieden (vgl. hierzu ausführlich Wheelen/Hunger, 2012, S. 141–219; Welge/Al-Laham/Eulerich, 2017, S. 299–449; Camphausen, 2013, S. 31–99). Ziel der Umweltanalyse ist die Aufdeckung von Chancen und Bedrohungen für das Unternehmen, welche gemeinsam mit den Stärken und Schwächen, die bei der Unternehmensanalyse ermittelt werden, in die SWOT-Analyse einfließen, die die Ausgangsbasis für die Entwicklung von Strategien bildet.

Um eine Situationsanalyse durchzuführen, können verschiedene Instrumente eingesetzt werden. Da eine Vielzahl an analytischen Hilfsmitteln existiert (vgl. hierzu bspw. Welge/Al-Laham/Eulerich, 2017, S. 299–449; Müller-Stewens/Lechner, 2016, S. 139–216), sollen in Tabelle 4.1 die gängigsten und bedeutsamsten Analysemethoden vorgestellt werden (vgl. ebenfalls Gardini, 2015, S. 145).

Tab. 4.1: Instrumente der Situationsanalyse (Quelle: Eigene Ausarbeitung).

Instrumente der Situationsanalyse

Umweltanalyse

- PEST-Analyse bzw. STEEP-Analyse
- Stakeholder-Analyse
- Marktanalyse
- Branchenstrukturanalyse
- Analyse strategischer Gruppen
- Konkurrentenanalyse
- Kundenanalyse
- Szenario-Technik
- Strategische Frühaufklärung

Unternehmensanalyse

- Ressourcenanalyse
- Wertkettenanalyse
- Portfolio-Analyse
- Konkurrenzanalyse
- Benchmarking

SWOT-Analyse

4.1 Umweltanalyse

Die Umweltanalyse ist die Untersuchung der externen Faktoren, die auf ein Unternehmen einwirken. Gegenwärtige Situation, Entwicklungstendenzen und Veränderungen im Unternehmensumfeld sollen dabei erkannt und Anzeichen für Chancen und Risiken für das Unternehmen aufgedeckt werden (vgl. Steinmann/Schreyögg/Koch, 2013, S. 167). Erfolgreiche Unternehmen beobachten die Veränderungen ihrer Umwelt und sehen Gefahren und Trends voraus (vgl. Enz, 2010, S. 38). Nach Paul/Wollny (2014, S. 83) können die durch die Umweltanalyse ermittelten Trends unmittelbar als Chancen und Bedrohungen für das Unternehmen eingestuft werden und geben wichtige Anhaltspunkte für die Ableitung von Strategien.

Im Rahmen der Analyse werden Aufbau und Entwicklung der Unternehmensumwelt untersucht (vgl. Dillerup/Stoi, 2016, S. 239). Dadurch soll geklärt werden, wo das Unternehmen in seinem Umfeld steht, wie sich die Umwelt entwickelt und welchen Einfluss sie auf das Unternehmen hat (vgl. Dillerup/Stoi, 2016, S. 186). Das Umfeld eines Unternehmens lässt sich grob in zwei Bereiche gliedern: die globale, weite Umwelt und die enge Umwelt, die Aufgabenumwelt (vgl. Kaspar, 1995, S. 109; Becker/Fallgatter, 2007, S. 69 f).

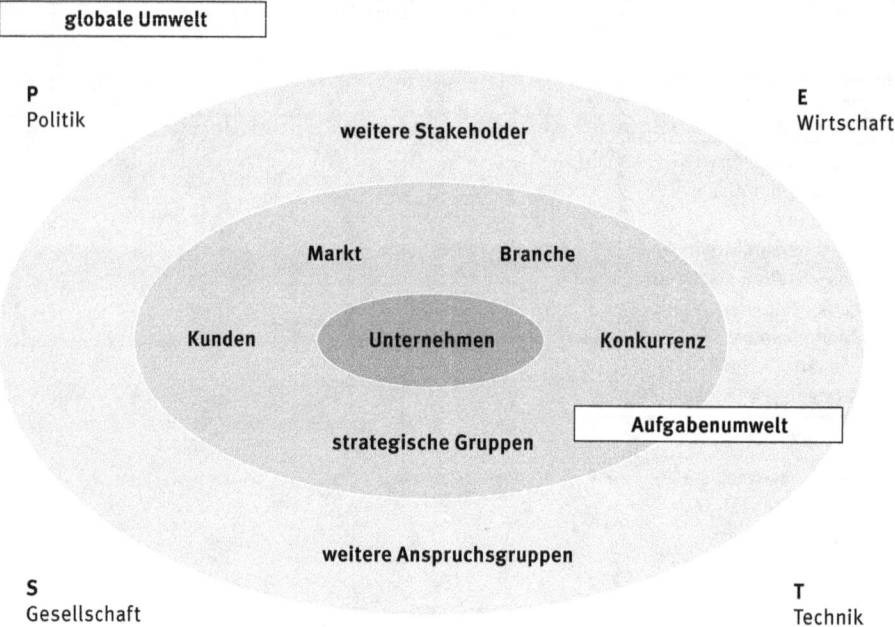

Abb. 4.1: Unternehmensumwelt (Quelle: Eigene Ausarbeitung in Anlehnung an Enz, 2010, S. 39).

4.1.1 Analyse der globalen Umwelt

Die globale Umwelt wird üblicherweise in vier Hauptbereiche unterteilt (vgl. Enz, 2010, S. 39 sowie Abb. 4.1):
- **P**olitical Influences (Politische Einflüsse)
- **E**conomic Influences (Ökonomische Einflüsse)
- **S**ociocultural Influences (Sozio-kulturelle, gesellschaftliche Einflüsse)
- **T**echnological Influences (Technologische Einflüsse)

Dieses sog. *PEST-Modell* wurde auf der Grundlage der Umweltdimensionen von Farmer/Richman (vgl. Farmer/Richman, 1965) entwickelt (vgl. Paul/Wollny, 2014, S. 103). Da ökologische Einflüsse, wie die Verfügbarkeit von Ressourcen oder die Einstellung zur Nachhaltigkeit eine immer größer werdende Rolle spielen, ist eine Erweiterung des Modells um die ökologische Perspektive sinnvoll (vgl. u. a. Steinmann/Schreyögg/Koch, 2013, S. 173; Henschel/Gruner/von Freyberg, 2018, S. 128 f). Das PEST-Modell wird somit zum sog. *STEEP-Modell* ausgebaut (vgl. Wheelen/Hunger, 2012, S. 149). Paul/Wollny (2014, S. 104 f) beschreiben das Modell folgendermaßen:

S	Sociocultural influences = Sozio-kulturelle Umwelt	
	z. B. Demografie, Lifestyle, Bildungstand, Konsum- und Freizeitverhalten	
T	Technological influences = Technologische Umwelt	
	z. B. Aufkommen von neuen Technologien, Digitalisierung, Virtual Reality	
E	Economic influences = Makroökonomische Umwelt	
	z. B. Wirtschaftslage, Arbeitsmarkt, Zinssätze, Einkommen, Inflation	
E	Ecological influences = Ökologische Umwelt	
	z. B. Ressourcenverfügbarkeit, Umweltzustand, Umweltschutzkosten	
P	Political influences = Politisch-rechtliche Umwelt	
	z. B. Regierung, Steuerrecht, Stabilität, Handel, Subventionspolitik	

Die Einflussfaktoren werden bei der Analyse der globalen Umwelt herangezogen. Bei der Durchführung einer PEST-Analyse bzw. STEEP-Analyse wird die Umwelt auf allgemeine Trends überprüft, die das Unternehmen betreffen könnten (vgl. zu den Einflüssen in der Hotellerie Kap. 2.3). Im Anschluss werden eine Reihe von Einflussfaktoren festgelegt (vgl. Kerth/Asum/Stich, 2011, S. 120 f), wobei das Unternehmen sich auf die wichtigsten externen Faktoren konzentrieren sollte.[1]

Die Vorgehensweise bei dieser Analyse kann folgendermaßen beschrieben werden (in Anlehnung an Enz, 2010, S. 40):

Schritt 1: Scanning
Betrachtung von generellen Indikatoren und allgemeinen Trends sowie Früherkennung von Warnsignalen.

Schritt 2: Monitoring
Beobachtung von spezifischen Indikatoren und Trends, die für das Unternehmen von Bedeutung sind.

Schritt 3: Projecting
Einschätzung des Einflusses von Schlüsseltrends, d. h. von spezifischen Trends, auf das Unternehmen. Prognose der Entwicklung der Schlüsseltrends.

Schritt 4: Adapting
Was muss im Unternehmen verändert werden, um sich an die Schlüsseltrends anzupassen, die die Strategie des Unternehmens beeinflussen?

Die Entwicklungen in der Umwelt müssen abgewogen und deren Bedeutung für das eigene Unternehmen beurteilt werden (vgl. Kerth/Asum/Stich, 2011, S. 118), um den Einfluss der wichtigsten Trends einschätzen, Chancen und Risiken ableiten und ggf. eine Anpassung der Strategien vornehmen zu können.

---

[1] Vgl. zu einer ausführlichen Anleitung zur Durchführung einer PEST-Analyse Kerth/Asum/Stich, 2011, S. 120 f und Paul/Wollny, 2014, S. 103 ff.

PEST-Analyse: Hotelmarkt Khartum

Um einen bestimmten Standort im Hinblick auf die Eignung für einen möglichen Neubau eines Hotels strukturiert zu beurteilen, ist für einen Business Developer einer Hotelgesellschaft die PEST-Analyse ein geeignetes Instrument. Ein Beispiel: Für ein mögliches neues JW Marriott am Standort Khartum fertigt die Projektentwicklerin von Marriott unter Rückgriff auf verschiedene Informationsquellen (z. B. www.auswaertiges-amt.de, www.cia.gov, www.sudantribune.com) folgende Aufstellung (auszugsweise und verkürzt) an, die eine Grundlage für die Entscheidung bildet:

Politische Faktoren:
- ambivalentes Verhältnis zu den USA
- Nachwirkungen des Bürgerkrieges
- aktuelle militärische Auseinandersetzungen
- vergleichsweise hohe Terrorismusgefahr

Wirtschaftliche Faktoren:
- Unterentwicklung des Landes
- vergleichsweise reich an Bodenschätzen und Arbeitskraft
- erkennbares Wirtschaftswachstum
- Entstehung von Luxushotels

Gesellschaftliche Faktoren:
- Verhaltensregeln des Islam
- hohe Kriminalitätsrate
- hohes HIV-Infektionsrisiko
- unzureichende Bildungssituation

Technologische Faktoren:
- unterentwickelte Infrastruktur
- aktuell mangelhafte medizinische Versorgung
- Schwierigkeiten beim bargeldlosen Bezahlen

Aus der Faktensammlung heraus erfolgt die Bewertung von Khartum im Hinblick auf seine Eignung als Hotelstandort. Es gilt herauszustellen, ob der Standort ein Hoffnungs- oder Abstinenzmarkt ist. Wichtig bei der Bewertung ist, kritisch zu hinterfragen, welche der genannten Aspekte bzw. Chancen und Risiken für die Betriebsführung erfolgsentscheidend sind.

Quelle: Eigene Ausarbeitung in Anlehnung an Welge/Al-Laham/Eulerich, 2017, S. 302 ff.

4.1.2 Analyse der Aufgabenumwelt

Wie bereits aus Abb. 4.1 hervorgeht, besteht die Aufgabenumwelt aus der näheren Wettbewerbsumwelt eines Unternehmens (u. a. Branche, Konkurrenz) sowie aus weiteren Anspruchsgruppen (z. B. Verbände, Medien, Kapitalgeber), die das Unternehmen und dessen Umfeld beeinflussen (vgl. hierzu Enz, 2010, S. 39).

Damit wird diesem Buch der sog. Stakeholder-Ansatz zugrunde gelegt, der Mitte der 1980er-Jahre als Gegenperspektive zum sog. Shareholder-Ansatz entstand (vgl.

Freeman, 1984), bei dem die Anteilseigner (Shareholder) im Mittelpunkt stehen und die Steigerung des Unternehmenswertes (Shareholder Value) das oberste Unternehmensziel darstellt (vgl. Hungenberg, 2014, S. 29 f). Im Gegensatz dazu werden beim Stakeholder-Ansatz verschiedene Bezugsgruppen berücksichtigt, die einerseits Einfluss auf das Unternehmen haben und andererseits selbst vom Unternehmen beeinflusst werden (vgl. Bea/Haas, 2009, S. 95). Unter Stakeholdern, englisch für Anspruchsberechtigter, werden im Allgemeinen die Anspruchs-, Einfluss-, Bezugs- oder Interessengruppen des Unternehmens verstanden. Neben den Shareholdern sind dies u. a. Mitarbeiter, Kunden, Lieferanten, Konkurrenten, Staat und Gesellschaft (vgl. hierzu auch Gruner, 2008, S. 313). In der Praxis sollte bei der Verfolgung des Stakeholder-Ansatzes bedacht werden, dass nicht alle Interessen der Anspruchsgruppen unterstützt werden können und dass die Steigerung des Shareholder Values ein bedeutendes Unternehmensziel ausmacht. Dennoch können die Erwartungen der Bezugsgruppen an das Unternehmen nicht ignoriert werden, denn um langfristig erfolgreich zu sein und den Shareholder Value zu maximieren, ist der Einbezug der Stakeholder unumgänglich (vgl. Hungenberg, 2014, S. 31).

Um die Anspruchsgruppen und deren Interessen zu untersuchen, kann eine *Stakeholder-Analyse* durchgeführt werden, bei der die Interessengruppen des Unternehmens bestimmt und anschließend ihrer Relevanz entsprechend bewertet werden (vgl. Becker/Fallgatter, 2007, S. 31).

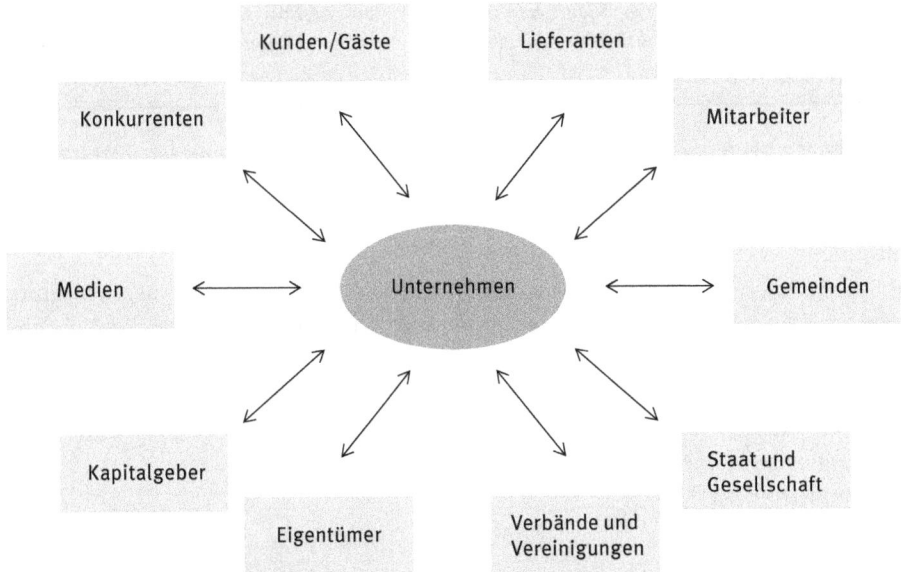

Abb. 4.2: Stakeholder-Map (Quelle: Eigene Ausarbeitung in enger Anlehnung an Schwerdtel/Haas in von Freyberg, 2014, S. 69; Enz, 2010, S. 13).

Diese Stakeholder haben eine gewisse Nutzenerwartung gegenüber dem Unternehmen und können gleichzeitig Wertbeiträge für das Unternehmen erzielen. So erwarten z. B. Hotelgäste (Kunden) ein gutes Preis-Leistungs-Verhältnis und guten Service, Kapitalgeber hingegen eine Rendite und die Sicherheit der Kapitalanlage. Die Gäste liefern dem Unternehmen im Gegenzug die Zahlung der Leistung und können eine Weiterempfehlung des Hotels aussprechen. Andere Stakeholder wie bspw. die Medien können Bekanntheit schaffen und das Image des Unternehmens verbessern und leisten somit einen Wertbeitrag für das Unternehmen (vgl. hierzu ausführlich Paul/Wollny, 2014, S. 113).

Eine Stakeholder-Analyse kann folgendermaßen durchgeführt werden (in Anlehnung an Becker/Fallgatter, 2007, S. 31 und Paul/Wollny, 2014, S. 112 ff):

Schritt 1: Erstellung einer Stakeholder Map
Bestimmung der relevanten Stakeholder, d. h. der wichtigsten Anspruchsgruppen des Unternehmens.

Schritt 2: Charakterisierung der Stakeholder
Ermittlung der Interessen und Erwartungen der Stakeholder, Erfassung ihrer Ziele und ihrer möglichen Wertbeiträge für das eigene Unternehmen.

Schritt 3: Beurteilung der Unternehmenslage
Einschätzung der Lage des Unternehmens: Wie ist sein Image? Inwieweit werden die Interessen und Erwartungen der Stakeholder erfüllt?

Schritt 4: Berücksichtigung der Stakeholder
Was muss im Unternehmen verändert werden, um die Interessen der wichtigsten Stakeholder zu wahren und dadurch Wertbeiträge zu gewinnen? Wie muss sich das Unternehmen gegenüber seinen Stakeholdern präsentieren?

Die Erwartungen der Stakeholder an das Unternehmen müssen eingeschätzt und deren Bedeutung beurteilt werden, um den Einfluss der wichtigsten Anspruchsgruppen abwägen sowie Chancen und Risiken für das Unternehmen prognostizieren zu können.

Die *Analyse der Wettbewerbsumwelt*, die neben der Analyse der Anspruchsgruppen zur Einschätzung der Aufgabenumwelt beiträgt, kann in die folgenden Bereiche gegliedert werden[2]:
- Markt
- Branche
- strategische Gruppen
- Konkurrenten
- Kunden

„Die Marktanalyse untersucht die Attraktivität und Dynamik innerhalb einer Branche" (Dillerup/Stoi, 2016, S. 247). Der *Markt* besteht dabei nicht nur aus den Anbie-

---

[2] Beispiele für verschiedene Analysen finden sich in Hinterhuber (2015).

tern und Nachfragern, sondern schließt auch deren Austauschbeziehungen mit ein (vgl. Thommen/Achleitner, 2009, S. 139). Um eine Analyse des Marktes vorzunehmen, muss dieser zunächst abgegrenzt werden. Der relevante Markt stellt einen „[...] Teil des Gesamtmarktes [dar], auf den das Unternehmen seine Aktivitäten konzentriert und abstimmt" (Dillerup/Stoi, 2016, S. 248). Dieser Marktbereich wird v. a. hinsichtlich seines Potenzials, seiner Struktur, seiner Dynamik und der Beschaffenheit der Produkte analysiert (vgl. Bea/Haas, 2017, S. 100 ff).

Um eine *Branche*, z. B. die Hotellerie, zu untersuchen, können verschiedene Branchenmerkmale wie das Marktvolumen, Marktwachstum, Eintrittsbarrieren oder die Branchenrentabilität herangezogen werden (vgl. Camphausen, 2013, S. 34). Des Weiteren kann zur näheren Beurteilung der Branchensituation eine Branchenstrukturanalyse durchgeführt werden. Diese Analyse kann mithilfe des sog. Five-Forces-Modells von Porter erfolgen, bei welchem fünf Wettbewerbskräfte unterschieden werden, die die Branchenattraktivität beeinflussen (vgl. Porter, 1983, S. 25 f):

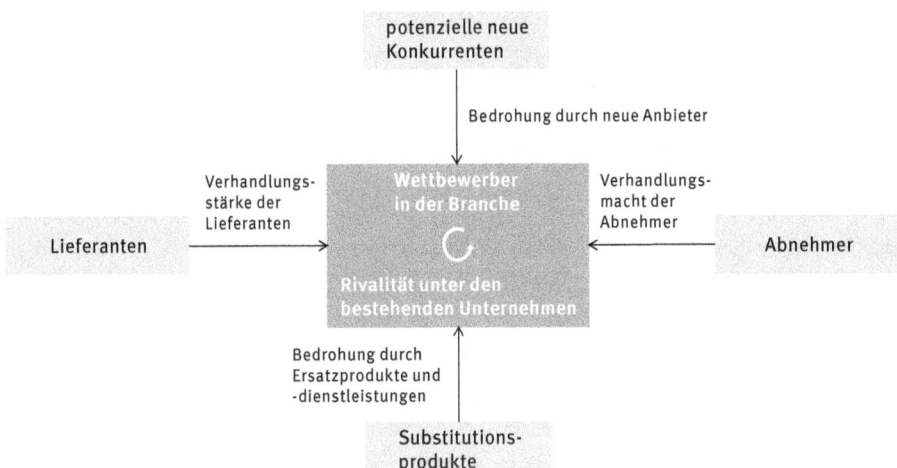

Abb. 4.3: Die fünf wettbewerbsbestimmenden Kräfte einer Branche (Quelle: Eigene Darstellung in Anlehnung an Porter, 1986, S. 23; Paul/Wollny, 2014, S. 119).

Die Untersuchung der Branchenstruktur (vgl. Beispielkasten „Branchenstrukturanalyse Budget-Hotelmarkt Deutschland") gibt Aufschluss über die Rentabilität einer Branche und stellt eine Hilfestellung für die Entscheidung des Unternehmens dar, wo es sich im Markt positionieren soll und welche Branchentrends besondere Möglichkeiten und Gefahren bergen (vgl. Porter, 1983, S. 26).[3] Des Weiteren können u. a. der

---

[3] Eine umfassende Beschreibung zur Branchenstrukturanalyse findet sich bspw. in Kerth/Asum/Stich, 2011, S. 160 ff; vgl. zur Branchenanalyse in der Hotellerie bspw. Gardini, 2015, S. 37 ff.

Branchenlebenszyklus oder die Dekonstruktionsanalyse herangezogen werden, um einen Überblick über die Branchensituation zu erhalten (vgl. hierzu bspw. Hungenberg, 2014, S. 114 ff).

Branchenstrukturanalyse: Budget-Hotelmarkt Deutschland

Die Branchenstrukturanalyse für den Budget-Hotelmarkt in Deutschland würde mitunter folgende Aspekte offenbaren:

Verhandlungsstärke der Lieferanten:
- vergleichsweise austauschbare Lieferanten (Ausnahme EDV-Infrastruktur)
- keine großen Abhängigkeiten von Zulieferern
- Hotelketten haben meist eine bessere Verhandlungsposition als Einzelhotels

Verhandlungsmacht der Kunden:
- verändertes Reiseverhalten bei Geschäftsreisenden und höheres Preisbewusstsein
- an einigen Standorten haben Kunden eine mittlerweile große Auswahl an Budget-Häusern und somit eine hohe Verhandlungsstärke
- Kunden fordern Lifestyle for Low Cost

Bedrohung durch neue Konkurrenten/Wettbewerber:
- da der Markteintritt noch vergleichsweise leicht möglich ist (im Gegensatz zur Luxushotellerie), ist eine Bedrohung durch neue Wettbewerber vorhanden
- Kostenvorteile der Etablierten durch Erfahrungskurveneffekte
- Markentreue schwächt neue Mitbewerber

Bedrohung durch Ersatzprodukte/-dienstleistungen:
- Bedrohung durch Angebot im Very-Low-Budget-Segment
- starke Bedrohung durch Privatanbieter (z. B. Airbnb)

Wettbewerbssituation in der Branche:
- vergleichsweise niedriger Kettenhotellerieanteil im deutschen Budget-Segment (im Vergleich zu Frankreich und Großbritannien)
- aktuelle Hauptakteure: Ibis, Ibis Budget, Motel One, Meininger, Express by Holiday Inn, B&B, Super8

Die Branchenstrukturanalyse konzentriert sich auf die Analyse der ganzen Branche, während die *Analyse der strategischen Gruppen* (vgl. Abb. 4.4) sich auf einen Teilbereich konzentriert. „Unternehmen innerhalb einer Branche, die ähnliche Strategien verfolgen, werden zu strategischen Gruppen zusammengefasst" (Paul/Wollny, 2014, S. 127). Die Untersuchung der strategischen Gruppen soll Aufschluss über das Gewinnpotenzial innerhalb der Branche, die Rivalität zwischen den Gruppen, strategische Trends und deren Entwicklung geben (vgl. Welge/Al-Laham/Eulerich, 2017, S. 353 f).[4]

---

4 Eine ausführliche Darstellung und Anleitung zur Durchführung einer Analyse der strategischen Gruppen liefern Paul/Wollny, 2014, S. 127 ff.

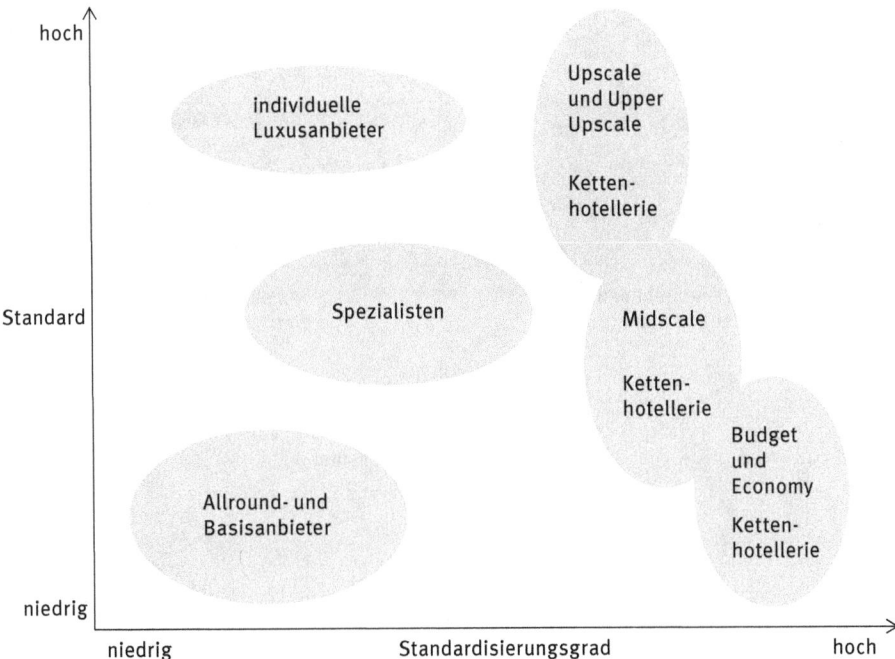

Abb. 4.4: Strategische Gruppen in der Hotellerie (Quelle: Eigene Darstellung in Anlehnung an Treugast, 2016, S. 7).

Die *Konkurrentenanalyse* (vgl. Abb. 4.5) engt den Betrachtungsbereich der Analyse weiter ein und beschränkt sich auf die Untersuchung der „[...] Unternehmen, die mindestens in einem Geschäftsfeld auf denselben Marktzweck wie das eigene Unternehmen ausgerichtet sind" (Kerth/Asum/Stich, 2011, S. 131). Mithilfe der Konkurrentenanalyse sollen aktuelle und potenzielle Konkurrenten identifiziert, analysiert und ein Reaktionsprofil der Konkurrenten erstellt werden, welches deren Verhalten vorauszusehen versucht (vgl. Welge/Al-Laham/Eulerich, 2017, S. 355 ff).[5]

Die *Kundenanalyse* (vgl. Beispielkasten „Der typische Gast der Designhotels") soll die Frage nach bestehenden und potenziellen Kunden, deren Erwartungen an das Unternehmen und deren Wert für das Unternehmen klären. Die Zielgruppe bzw. der Kunde stellt einen bedeutenden strategischen Faktor dar. Daher sollte sich ein Unternehmen an den Kundenbedürfnissen und -wünschen orientieren und versuchen, seine Kunden langfristig zu binden (vgl. Dillerup/Stoi, 2016, S. 253).

Mit den bisher in Kapitel 4.1 umschriebenen Analysen zur Untersuchung der Umweltsituation eines Unternehmens können i. d. R. die bedeutendsten Trends und Entwicklungen erfasst sowie ein grundlegendes Verständnis der Unternehmensumgebung erlangt werden.

---

[5] Vgl. zur Durchführung einer Konkurrentenanalyse Camphausen, 2013, S. 45 ff.

Abb. 4.5: Konkurrentenanalyse (Quelle: Eigene Darstellung in Anlehnung an Camphausen, 2013, S. 47 nach Porter, 1999, S. 88).

Der typische Gast der Designhotels

Die Hotelkooperation Design Hotels stellt 2012 in Zusammenarbeit mit Future Polls im Rahmen einer Kundenanalyse ($n = 3.000$) folgende Charakteristika eines typischen Designhotel-Gastes heraus:

Dieser ist zu rund 60 Prozent männlich, zwischen 30 und 49 Jahre alt (etwa 70 Prozent) und geht hauptsächlich der Beratung oder einer kreativen Tätigkeit wie Kunst oder Musik nach. Sein Lebensstil ist mit einem Haushaltseinkommen von durchschnittlich 106.000 Euro gehoben, was sich in seiner favorisierten Markenwahl (u. a. Audi, Rolex, Hugo Boss, Apple) und der Tatsache widerspiegelt, dass es sich hierbei zur Hälfte um First Class-, Business-, oder Premium-Economy-Reisende handelt.

Jedoch hat man es nicht mit jener Art Gast zu tun, der Luxus nur mit materiellen Gegenständen verbindet. Für ihn bedeutet Qualität v. a. Zuverlässigkeit – ausgedrückt in einem hohen Vertrauen in die Marke Design Hotels als Qualitätsanbieter (83 Prozent) sowie einer 80-prozentigen Präferenz für ein angemessenes Hotel anstelle eines preislich guten Angebotes. Im Durchschnitt verbringt er 2,8 Nächte in seinem gewählten Hotel, mit Ausgaben von rund 580 Euro.

Zusätzlich zur präferierten Qualität ist der meist urbane Designhotel-Gast sehr technikversiert, kulturell interessiert und gebildet. Es handelt sich zu 80 Prozent um Personen mit Hochschulabschluss, die häufig in einer klassischen Ehe leben (ca. 45 Prozent) und deren primäres Reisemotiv es ist, neue Städte zu erkunden.

Die Affinität zur Technik zeigt sich darin, dass rund 90 Prozent einen Laptop sowie ein Smartphone besitzen und auch größtenteils in sozialen Netzwerken aktiv sind. Laptops werden häufig zu Buchungszwecken (79 Prozent) bzw. zum Abrufen von Reisebewertungsplattformen (66 Prozent) verwendet.

Somit ist es nicht verwunderlich, dass neben den bevorzugten Eigenschaften eines Hotels – Freundlichkeit, Authentizität und ortskundiges Personal – auch freies WLAN eine große Rolle spielt (76 Prozent). Das Internet wird 90 Minuten täglich, neben 50 Minuten Offline-Medien (Zeitungen/Zeitschriften), zur Weiterbildung genutzt.

Quelle: Design Hotels, 2013, interne Erhebung, durchgeführt von Future Polls.

4.1.3 Ermittlung von Chancen und Bedrohungen

Um die Entwicklungen ganzheitlich zu betrachten, kann die sog. *Szenario-Technik* angewandt werden (vgl. Hungenberg, 2014, S. 181). Damit werden mögliche Zukunftsbilder entworfen, die alternative zukünftige Situationen abbilden (vgl. Welge/Al-Laham/Eulerich, 2017, S. 427). Dabei werden Schlüsselfaktoren bestimmt und Annahmen über denkbare Ausprägungen dieser Faktoren getroffen (vgl. Hungenberg, 2014, S. 182 f). Durch die Fortschreibung von Trends wird der Zustand unter normalen, realistischen Bedingungen (Trendszenario) beschrieben. Beim Eintreten von Störereignissen weicht das Szenario davon ab. Extremszenarios spiegeln eine besonders günstige (best case) oder ungünstige (worst case) Entwicklung wider. Diese gedankliche Auseinandersetzung mit verschiedenen Entwicklungsvarianten ermöglicht die Erkennung von Problemfeldern und Handlungsoptionen (vgl. Henschel/Gruner/von Freyberg, 2018, S. 124 f und weiterführend Paul/Wollny, 2014, S. 271 ff).

Des Weiteren sollte ein *strategisches Frühaufklärungssystem* zur Erkennung sog. schwacher Signale implementiert werden (vgl. hierzu eingehender Eschenbach/Eschenbach/Kunesch, 2003, S. 67 ff). Wichtige strategische Frühwarninstrumente sind die Gap-Analyse (Lückenanalyse), die Lebenszyklusanalyse sowie die Portfolio-Analyse (vgl. Probst, 2007, S. 71 ff; ausführlicher zur Portfolio-Analyse vgl. Kap. 6.3.2).

Insgesamt dient die Umweltanalyse der Identifizierung von Erfolgsfaktoren, die Quellen für Wettbewerbsvorteile sein können. Zum Abschluss der Umweltanalyse kann ein Chancen-Risiken-Profil erstellt werden (vgl. hierzu bspw. Henschel/Gruner/von Freyberg, 2018, S. 130), welches veranschaulichen soll, wie die Umweltfaktoren auf die unternehmerischen Aktivitäten wirken (vgl. Camphausen, 2013, S. 51). Hierbei werden den relevanten Umweltbedingungen die Möglichkeiten bzw. Bedrohungen für das Unternehmen zugeordnet. Die somit ermittelten Chancen und Risiken für das Unternehmen fließen anschließend, gemeinsam mit den Ergebnissen der Unternehmensanalyse, in die SWOT-Analyse ein (vgl. hierzu ausführlich Kap. 4.5).

4.2 Unternehmensanalyse

Die Strategische Analyse umfasst, neben der Analyse der Umwelt, die interne Analyse des Unternehmens, die dessen Stärken und Schwächen aufdecken soll. Diese Stärken und Schwächen bauen auf den Ressourcen und Fähigkeiten eines Betriebs auf (vgl. Hungenberg, 2014, S. 144). Die Unternehmensanalyse soll die Fragen klären, wie sich die interne Ressourcensituation gestaltet (vgl. Steinmann/Schreyögg/Koch, 2013, S. 192) und welchen strategischen Spielraum ein Unternehmen hat (vgl. Steinmann/Schreyögg/Koch, 2013, S. 173). Sie dient der Beschreibung des eigenen Unternehmens und seiner Geschäftsbereiche und liefert ein Gesamtbild der Unternehmenssituation (vgl. Dillerup/Stoi, 2016, S. 274). Durch die „[...] Sammlung, Verdichtung, Auswertung und Interpretation von Informationen über das eigene Unternehmen" (Dillerup/Stoi, 2016, S. 274) soll dieses Bild erstellt werden. Um die Stärken und Schwächen einer Hotelunternehmung zu bestimmen, sollten zunächst deren Ressourcen, Fähigkeiten, Kompetenzen und Prozesse analysiert werden. Hierzu können u. a. eine Ressourcenanalyse und eine Wertkettenanalyse durchgeführt werden (vgl. Gardini, 2015, S. 153 ff), aber auch Mystery-Checks können durchgeführt werden, um den Betrieb aus Sicht des Gastes zu beleuchten (vgl. Beispielkasten „Der Mystery-Check als Instrument der Ist-Analyse in der Hotellerie").

Die *Ressourcenanalyse* befasst sich damit, „[...] Ressourcen zu identifizieren und zu klassifizieren" (Dillerup/Stoi, 2016, S. 283). „Die Ressourcen eines Unternehmens bestimmen darüber, welche Leistungen es erbringen kann" (Dillerup/Stoi, 2016, S. 282).

„Die Ressourcenanalyse untersucht [...] die Ressourcenbasis des Unternehmens auf ihr Potenzial, dauerhaft Wettbewerbsvorteile zu produzieren" (Camphausen, 2013, S. 61). Zunächst wird eine Bestandsaufnahme der Ressourcen, Fähigkeiten und Kompetenzen durchgeführt, die anschließend auf ihre strategische Relevanz hin geprüft werden.[6] Dadurch ergibt sich das Ressourcenprofil des Unternehmens, welches als Ausgangsbasis für die Identifikation von Stärken und Schwächen dient.

Unterteilen lassen sich Ressourcen im Allgemeinen in (vgl. Grant/Nippa, 2006, S. 183 ff):
- materielle/tangible Ressourcen (z. B. Finanzmittel, Standort, Hotelanlage und -architektur, Hotelausstattung, Design, Konzept)

---

6 Bspw. kann hierzu der VRIO-Rahmen herangezogen oder ein Ressourcen- und Fähigkeits-Portfolio erstellt werden (vgl. hierzu ausführlich Paul/Wollny, 2014, S. 181–194).

- immaterielle/intangible Ressourcen (z. B. Marke, Image, Unternehmenskultur, spezielles Knowhow, Lizenzen und Patente)
- personelle Ressourcen (z. B. Mitarbeiter und deren Fähigkeiten, Wissen, Lernbereitschaft, Motivation)

Heutzutage werden Ressourcen wie Innendesign, Finanzstärke und Markenwert immer wichtiger für die Hotelbranche (vgl. Enz, 2010, S. 125). Die Serviceorientierung der Mitarbeiter spielt daneben weiterhin eine zentrale Rolle, da die Qualität der Hotelleistung stark von gutem Service und aufmerksamen Mitarbeitern abhängt (vgl. Beispielkasten „Die Human Stars im Schindlerhof").

Ressourcen mit einem hohen Erfolgspotenzial werden auch strategische Ressourcen genannt. Um strategisch relevant zu sein, müssen sie, wie in Tabelle 4.2 veranschaulicht, durch folgende Merkmale gekennzeichnet sein (vgl. Dillerup/Stoi, 2016, S. 283 f):

Tab. 4.2: Kriterien für strategische Ressourcen (Quelle: Eigene Ausarbeitung in Anlehnung an Dillerup/Stoi, 2016, S. 283 f).

Einzigartigkeit	Die Ressource ist schwer imitierbar (z. B. Knowhow, Patente, Markenimage)
Knappheit	Die Ressource ist nur begrenzt verfügbar
schwere Substituierbarkeit	Die Ressource ist schwierig zu ersetzen (z. B. durch andere Ressourcen)
Dauerhaftigkeit	Die Ressource ist langfristig verfügbar
Werthaltigkeit	Die Ressource liefert einen Kundennutzen
Überlegenheit	Die Ressource bietet einen Vorteil im Vergleich zur Konkurrenz
Nutzbarkeit	Das Unternehmen profitiert von der Ressource

Um aus diesen Ressourcen Wettbewerbsvorteile zu erlangen, müssen sie durch entsprechende Fähigkeiten nutzbar gemacht werden. „Der Begriff ‚Kompetenzen' beschreibt die Fertigkeiten und Fähigkeiten, mittels derer Ressourcen durch die Aktivitäten und Prozesse einer Organisation effektiv eingesetzt werden" (Johnson/Scholes/Whittington, 2011, S. 130).

Jene Ressourcen und Fähigkeiten, die besonders erfolgskritisch sind, werden als Kernkompetenzen (core competencies) bezeichnet (vgl. Prahalad/Hamel, 1990).

Einzigartige, begrenzt verfügbare, schwer imitier- und substituierbare Ressourcen und Fähigkeiten sollen so kombiniert werden, dass Kernkompetenzen entstehen, die zu einem nachhaltigen Wettbewerbsvorteil führen.

Die „Human Stars" im Schindlerhof

Der Schindlerhof sieht in qualifizierten und motivierten Mitarbeitern zu Recht einen der entscheidenden Erfolgspotenziale und richtet seine strategischen Ziele danach aus (vgl. Kobjoll in Gardini, 2009b, S. 699).

Das Fachwissen des Teams bildet die Basis, die Stimmung im Unternehmen ist die entscheidende Kraft, weshalb der Schindlerhof seine Mitarbeiter fordert und fördert. Die Mitarbeiter werden durch zahlreiche Seminare im Rahmen der sog. Schindlerhof-Akademie aus- und weitergebildet. Das Angebot reicht von Fachseminaren wie Wein- oder Kaffeeschulungen bis hin zu Managementseminaren (vgl. Kobjoll in Gardini, 2009b, S. 703). Die Kosten für die Fortbildung trägt der Schindlerhof, aber die Mitarbeiter können die Seminare nur in ihrer Freizeit besuchen, wodurch sichergestellt wird, dass das Team die Leistungen auch wirklich aus Interesse in Anspruch nimmt (vgl. Kobjoll in Gardini, 2009b, S. 703). Durch die Förderung der Mitarbeiter, den systematischen Aufbau von Fachwissen und Fähigkeiten sowie die Steigerung der Lernbereitschaft und Motivation wird die „Strahlkraft der Human Stars" des Schindlerhofs gestärkt.

Bild: Schindlerhof, 2018 (Presseabteilung).

Die *Wertkettenanalyse* (vgl. Porter, 1986, S. 59–92) kann ebenfalls eingesetzt werden, um Quellen von Wettbewerbsvorteilen im Unternehmen aufzudecken. Dabei wird das Unternehmen nicht als Ganzes betrachtet, sondern die Unternehmensprozesse werden in einzelne Wertaktivitäten unterteilt (vgl. Camphausen, 2013, S. 94). „Die Wertkette gliedert ein Unternehmen [somit] in strategisch relevante Tätigkeiten" (Porter, 1986, S. 59) und bildet es als Kette von Wertschöpfungsaktivitäten ab. Dadurch sollen die Bereiche identifiziert werden, die an der Wertschöpfung beteiligt sind und interne Quellen für Wettbewerbsvorteile sein können (vgl. Becker/Fallgatter, 2007, S. 111). Die Wertaktivitäten werden in fünf primäre und vier sekundäre bzw. unterstützende Aktivitäten aufgeteilt. Die primären Aktivitäten befassen sich direkt mit der Leistungserstellung (Eingangslogistik, Operationen, Marketing und Vertrieb, Ausgangslogistik, Kundendienst), während die unterstützenden Aktivitäten die Tätigkeiten, die zur Ausübung der primären Aktivitäten notwendig sind, umfassen (vgl. Camphausen, 2013, S. 95; Porter, 1986, S. 66 ff). In der Hotellerie ergeben sich, aufgrund der Besonderheiten der Dienstleistungsbranche, andere primäre Wertaktivitäten im Vergleich zu Sachgüterproduzenten (vgl. hierzu ausführlich Fantapié Altobelli/Bouncken in Meyer, A., 1998, S. 287 ff).

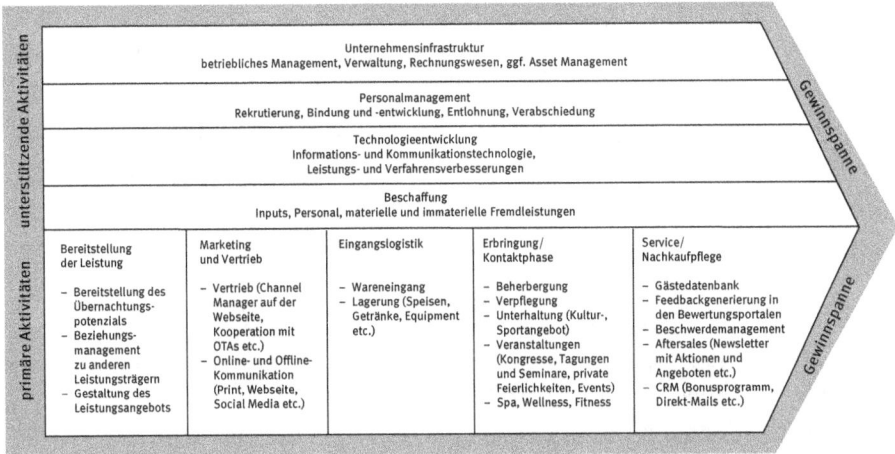

Abb. 4.6: Wertkette für die Hotellerie (Quelle: Eigene Ausarbeitung in Anlehnung an Porter, 1986, S. 62; Fantapié Altobelli/Bouncken in Meyer, A., 1998, S. 289 und S. 294; Freyer, 2011, S. 293).

Nachdem die einzelnen Wertaktivitäten ermittelt wurden, können sie auf ihre Kostenanteile, ihren jeweiligen Wertbeitrag und auf ihre Differenzierungsmöglichkeiten untersucht werden (vgl. Paul/Wollny, 2014, S. 194 ff). Des Weiteren werden die Verflechtungen der Aktivitäten untereinander und die Verknüpfungen der eigenen Wertkette zur Wertkette von Lieferanten und Vertriebskanälen sowie von Kunden analysiert (vgl. Fantapié Altobelli/Bouncken in Meyer A., 1998, S. 291 f). Die Analyse der Wertkette deckt deren aktuelle Schwerpunkte auf und zeigt, wo die Tätigkeiten oder deren Zusammenspiel verbessert werden können oder müssen (vgl. Paul/Wollny, 2014, S. 194). Die eigene Wertkette sollte zudem mit den Wertketten der Konkurrenz verglichen werden, um Kosten- und Differenzierungsvorteile des eigenen Betriebs aufzuzeigen, die die Basis für Wettbewerbsvorteile bilden (vgl. Camphausen, 2013, S. 94 ff). Ein Hotel sollte sich somit fragen, wie gut es seine Wertschöpfungsaktivitäten im Vergleich zu seinen Wettbewerbern ausführt (vgl. Enz, 2010, S. 123), denn es muss die Leistungen kostengünstiger oder nutzenbringender als die Konkurrenz erbringen, um einen Wettbewerbsvorteil zu erlangen (vgl. Kap. 1.3.5). Insgesamt trägt eine Wertkettenanalyse dazu bei, Wettbewerbsvorteile festzustellen oder zu ermöglichen. Außerdem können die einzelnen Prozesse und Aktivitäten des Betriebs auf die bestehende Strategie ausgerichtet werden, bzw. können Strategien verbessert oder entwickelt werden. Die Analyse der Wertkette dient somit auch der Ableitung von geeigneten Strategien (vgl. Becker/Fallgatter, 2007, S. 111 f; Paul/Wollny, 2014, S. 200 f).

Mystery-Check als Instrument zur Ist-Analyse in der Hotellerie

Ein wichtiges Element im Rahmen der Analyse von Hotels stellt der sog. Mystery-Check (oft auch Mystery-Guest-Check, Mystery Guesting) dar. Er dient dazu, einen Hotelbetrieb unter fachlichen Gesichtspunkten aus Gastsicht zu prüfen und insbesondere operative Problemquellen zu identifizieren. Die anonyme Testperson nimmt dabei die unterschiedlichen Leistungen des Hotels für einen bestimmten Zeitraum wahr und bewertet diese sowohl unter objektiven als auch unter subjektiven Gesichtspunkten. Die Bewertungskriterien sind häufig in einem Bewertungsformular in chronologischer Reihenfolge oder nach Leistungsbereichen festgelegt.

Die Bewertung umfasst sowohl die Produkt- als auch die Servicequalität eines Betriebs. Das zu prüfende Spektrum reicht dabei vom Informationsangebot auf der Webseite des Hotels und der Darstellung auf Bewertungsportalen und in den sozialen Medien, über den Buchungsprozess, die Anreise, den Aufenthalt im Zimmer, die Gastronomie und weitere Leistungsbereiche bis hin zum Check-out und zur Kommunikation nach dem Aufenthalt. Der Aufbau des Mystery-Checks ist häufig an die Leistungs- und Servicekette des Betriebs bzw. die sog. Customer Journey angelehnt. Auf diese Weise können eine ganzheitliche Betrachtung und eine prozessorientierte Bewertung vorgenommen werden.

Im Test finden sowohl quantitative als auch qualitative Aspekte Berücksichtigung:
- Die quantitativen Aspekte umfassen vorwiegend die konkrete Ausstattung und Produkt-Hardware des Hotels. Sie orientieren sich deshalb nicht selten an den Vorgaben der jeweils gültigen Hotelklassifizierung. Dies beinhaltet bspw. konkrete Angaben zur Ausstattung von Zimmer und Bad, das Vorhandensein spezifischer Services (Zimmerservice, Frühstück, Weckdienst etc.) sowie die Ausgestaltung von Gastronomie, Tagungsräumen und Spa.
- Die qualitativen Aspekte hingegen betrachten vorwiegend die Qualität nicht konkret messbarer Kriterien wie den Geschmack von Speisen und Getränken, das Ambiente von Zimmer und Restaurant, den Erlebnisfaktor oder die Freundlichkeit der Mitarbeiter.

Die Ergebnisse des Mystery-Checks werden i. d. R. im Rahmen eines standardisierten Fragebogens sowie ergänzender frei verfasster Anmerkungen dokumentiert und durch Fotos veranschaulicht. Häufig werden zudem konkrete Empfehlungen zur Behebung operativer Mängel ausgesprochen, um dem Hotelier einen konstruktiven Nutzen bieten zu können.

Anlässe für Mystery-Checks sind üblicherweise die Hotelklassifizierung, regelmäßige Qualitätstests von Hotelketten oder -kooperationen sowie Anlässe zur Überprüfung der Leistung im Rahmen des eigenen Qualitätsmanagements oder im Hinblick auf geplante Veränderungsprozesse.

Autor: Lukas Waldschütz, freier Hotel-Consultant und Hotelier (Hotel Ochsen in Überlingen).

Mithilfe der Ressourcen- und Wertkettenanalyse werden die Potenziale eines Unternehmens ermittelt, die anschließend strategisch bewertet werden müssen, um feststellen zu können, ob sie „[…] als Stärken oder als Schwächen anzusehen sind" (Welge/Al-Laham/Eulerich, 2017, S. 406). Diese strategische Bewertung kann nach Steinmann/Schreyögg/Koch (2013, S. 199) durch Vergleiche mit der Konkurrenz oder durch Benchmarking erfolgen.

Die *Konkurrenzanalyse in Bezug auf Potenziale* (vgl. Beispielkasten „Konkurrenzanalyse in Weikersheim") dient dem Vergleich der eigenen Situation mit den Hauptkonkurrenten eines Hotels oder einer Hotelkette. Dafür werden sowohl die derzeit wichtigsten Wettbewerber (z. B. mit ähnlichem Marktanteil, Wachstum) als auch potenzielle Konkurrenten einbezogen und deren Profile gegenübergestellt (vgl. Steinmann/Schreyögg/Koch, 2013, S. 199). Dabei „[…] kann auf die Daten der bereits beschriebenen Konkurrentenanalyse zurückgegriffen werden" (Welge/Al-Laham/Eulerich, 2017, S. 407; vgl. Konkurrentenanalyse Kap. 4.1.2).

Das *Benchmarking*[7] (vgl. Beispielkasten „Benchmarking: Literaturhotels") ist ein systematischer Vergleich mit den besten Unternehmen und kann innerhalb der eigenen Branche oder branchenübergreifend erfolgen (vgl. Welge/Al-Laham/Eulerich, 2017, S. 407). Die eigenen Leistungen (Produkte, Prozesse) werden dabei an den Unternehmen gemessen, die diese Leistungen am besten erbringen (vgl. Thommen/Achleitner, 2009, S. 947), sog. Best-Practice-Unternehmen. Durch den Vergleich mit der Konkurrenz und mit Best-Practice-Unternehmen können die Erfolgspotenziale des eigenen Unternehmens strategisch bewertet und entweder als Stärken oder Schwächen eingestuft werden.

Neben Mystery-Checks, der Analyse der Ressourcen und der Wertkette können zahlreiche weitere Analysen durchgeführt werden, um die interne Unternehmenssituation darzustellen und Stärken und Schwächen des Hotelbetriebs aufzudecken (vgl. hierzu detailliert Welge/Al-Laham/Eulerich, 2017, S. 360–405; Müller-Stewens/Lechner, 2016, S. 194–207; Becker/Fallgatter, 2007, S. 88–113). Eine der bedeutendsten weiteren Unternehmensanalysen ist die Portfolio-Analyse, die in Kapitel 6.3.2 nähere Beachtung findet.

Zum Abschluss der Unternehmensanalyse kann ein Stärken-Schwächen-Profil erstellt werden (vgl. hierzu bspw. Henschel/Gruner/von Freyberg, 2018, S. 128). Die somit ermittelten Stärken und Schwächen des Unternehmens fließen anschließend in die SWOT-Analyse ein (vgl. Kap. 4.5).

Um eine solche Analyse durchführen zu können, werden zahlreiche Informationen über Umwelt und Unternehmen benötigt, die aus verschiedenen Datenquellen bezogen werden können.

---

7 Der Begriff „Benchmarking" stammt vom englischen benchmark für Maßstab.

Konkurrenzanalyse in Weikersheim

Ein Hotel in Weikersheim hat sich einen Überblick über die direkten Wettbewerber in der Umgebung verschafft und eine Gegenüberstellung vorgenommen. Dies ermöglicht den Vergleich einzelner Aspekte. Durch die Einschätzung werden Abweichungen vom eigenen Produkt deutlich.

Hotel	Vier Jahreszeiten****S	Businesshotel Saar Garden****
Anschrift	Försterwaldstr. 10	Angelweg 36
Entfernung vom Hotel	3,3 km	4,1 km
Zimmeranzahl	72 Zimmer: 50 Einzelzimmer (EZ), 22 Doppelzimmer (DZ)	34 Zimmer: 21 Einzelzimmer, 10 Doppelzimmer, 1 Economy Room, 2 Suiten
Zimmerpreise (Rack Rates)	EZ: € 89 bis € 125 DZ: € 181 bis € 212 (inkl. Frühstück), Wochenendangebote	EZ: € 85, DZ: € 123 Economy: € 71 Suite: € 164 (inkl. Frühstück), Wochenendangebote
Preise über HRS	DZ: € 159 (inkl. Frühstück)	DZ: € 123 (inkl. Frühstück)
Tagungskapazitäten	Veranstaltungszentrum für bis zu 150 Personen	3 Räume für 40 bis 50 Personen
F&B-Angebot	Restaurant „Waldblick" (100 Plätze), Bistro „Seegarten" (50 Plätze)	Restaurant „Storchennest" (50 Plätze), Bar „Pipo" (25 Plätze)
Wellness-/ Sportangebot	Sauna, Dampfbad, Solarium, Whirlpool, Erlebnisduschen, Massagen	keine eigenen Wellnesseinrichtungen, aber Verweis auf nahegelegenes Wellnessbad
Einschätzung	standardisiertes Hotelprodukt; eher unspektakuläres Ambiente; umfangreiche Tagungseinrichtungen; durchschnittliches F&B-Angebot	angenehmes, warmes Ambiente durch florales Design in den Zimmern; Zimmer liegen ebenerdig und sind dunkel; ländlicher Charme

Quelle: Zarges von Freyberg Research.

Benchmarking: Literaturhotels

Für ein Literaturhotel in der Nähe von Dortmund wird im Rahmen einer Benchmarking-Analyse nachfolgende Tabelle von Hotels in Deutschland, die sich dem Thema Literatur verschrieben haben, angefertigt. Durch die Tabellierung werden Unterschiede und Gemeinsamkeiten zum eigenen Haus in strukturierter Form offengelegt.

Die Darstellung stellt eine Diskussionsgrundlage für die Frage dar, inwieweit sich das Literaturhotel von den genannten Häusern mit eigenen Alleinstellungsmerkmalen abheben kann:

Hotel	Hotel Friedenau	Insel Hotel Lindau***	Hotel Wedina
Anschrift	Fregestr. 68 12159 Berlin	Maximilianstr. 42 88131 Lindau	Gurlittstr. 23 20099 Hamburg
Entfernung vom Hotel	406 km	448 km	367 km
Zimmeranzahl	18 Zimmer	28 Zimmer	61 Zimmer
Zimmerpreise (Rack Rates)	EZ: € 95 bis € 110 DZ: € 120 bis € 140	EZ: ab € 84 DZ: € 119 bis € 143 III-Bett: ab € 173	EZ/DZ: € 125 bis € 145 III-Bett: € 165 bis € 185 IV-Bett: ab € 205
Preise über Booking.com	EZ: € 110 DZ: € 157 (inkl. Frühstück)	EZ: € 94 bis € 95 DZ: € 94 bis € 165 III-Bett: € 180 bis € 205	EZ: € 80 DZ: € 155 bis € 225 III-Bett: € 205 bis € 245 IV-Bett: ab € 205
Tagungskapazitäten	Biedermeiersalon (mit Lesungen)	3 Räume für bis zu 150 Personen	nicht vorhanden
F&B-Angebot	Frühstück	Frühstück, Bar	Frühstück
Bemerkungen	Literaturbezug ergibt sich aus der Lage in der Friedenau: Heimat vieler Schriftsteller; Auslage der Bücher, die in der Friedenau geschrieben wurden; Lesungen und literaturspezifische Veranstaltungen	kleine Bibliothek in allen Zimmern; Newsletter mit Neuerscheinungen und Rezensionen; „Literaturschmaus"; Lesungen	Hotel verbindet Literatur und Architektur; mehrere unterschiedlich thematisierte Gebäude; Hotelbibliothek; Themenzimmer, die Schriftstellern gewidmet sind; bekannte Schriftsteller haben schon hier übernachtet

Quelle: Zarges von Freyberg Research.

4.3 Datenquellen für die Situationsanalyse

Im Rahmen der Strategischen Analyse werden Informationen, die strategisch relevant sind, beschafft, bewertet und interpretiert (vgl. Hungenberg, 2014, S. 164). Umfang und Dichte der Analyse werden von den betrieblichen Gegebenheiten (z. B. Hotelgröße, Gästegruppen und Wettbewerber des Hotels) bestimmt (vgl. Henschel/Gruner/von Freyberg, 2018, S. 130).

Bei der Gewinnung von Informationen können zunächst Sekundärquellen (bereits vorhandene Informationen, die in einem anderen Zusammenhang gewonnen wurden) herangezogen werden. Reichen diese Informationen nicht aus, sind sie veraltet oder nicht für den gewünschten Zweck einsetzbar, müssen eigene Erhebungen durchgeführt werden (Primärquellen), um die fehlenden Daten zu erhalten (vgl. Hungenberg, 2014, S. 169).

Folgende, in Tabelle 4.3 aufgeführte interne und externe Datenquellen können bspw. zur Beschaffung von Informationen herangezogen werden:

Tab. 4.3: Interne und externe Informationsquellen (Quelle: Eigene Ausarbeitung in Anlehnung an Kaspar, 1995, S. 97; Gardini, 2015, S. 153 ff; Schrand/Schlieper in Hänssler, 2016, S. 242 ff; Kerth/Asum/Stich, 2011, S. 120 und S. 155; Bea/Haas, 2017, S. 289 f; Hungenberg, 2014, S. 169; Camphausen, 2013, S. 50 f).

externe Quellen
– statistische Ämter, Datenbanken (z. B. Statistisches Bundesamt)
– Industrie- und Handelskammern, Verbände, Ministerien, Handelsregister
– externe Forschungsinstitute (z. B. MAFO-Institut, Universitäten und Hochschulen)
– Wirtschaftsforschungsinstitute (z. B. Ifo-Institut) und Marktforschungsinstitute (z. B. GfK)
– Branchenreports, Branchenerhebungen, Hotelbetriebsvergleiche (z. B. IHA Hotelmarkt Deutschland)
– Hotelbewertungsportale (z. B. HolidayCheck)
– Broschüren, Kataloge, Preislisten, Internetauftritt, Werbeaktivitäten
– Geschäftsberichte, Firmenzeitungen, Prospekte
– Fachliteratur und Fachpresse (z. B. Fachzeitschriften, Online PR-Portale), Testberichte
– Vorträge, Tagungen, Kongresse, Messen (z. B. Deutscher Hotelkongress, ITB)
– eigene Erhebungen (z. B. Befragungen, Fallstudien, Mystery-Checks, Experimente)
interne Quellen
– Kennzahlen, Controlling, Rechnungswesen
– Anfrage-, Auftrags- und Umsatzstatistik
– Mitarbeiter (Gespräche, Befragungen, Vorschläge)
– Gäste (Kundendatenbank, Beobachtung, Befragungen, Beschwerden, Kundenserviceberichte)

Die gewonnenen Informationen müssen verarbeitet, d. h. sortiert, analysiert, geprüft, bewertet und schließlich zusammengefasst werden (vgl. hierzu Bea/Haas, 2017, S. 291 ff).

4.4 Ergebnis der Situationsanalyse

Mithilfe dieser Datenquellen können Informationen für die Umwelt- und Unternehmensanalyse gewonnen werden. Die Ergebnisse der Umweltanalyse, die u. a. in einem Chancen-Risiken-Profil abgebildet werden können, müssen mit den Erkenntnissen, die bei der Unternehmensanalyse gewonnen wurden, z. B. in Form eines Stärken-Schwächen-Profils, zusammengeführt werden (vgl. Abb. 4.8). „Die Gegenüberstellung der Chancen und Risiken mit den Stärken und Schwächen verdeutlicht die strategischen Handlungsoptionen" (Dillerup/Stoi, 2016, S. 235). Diese Gegenüberstellung

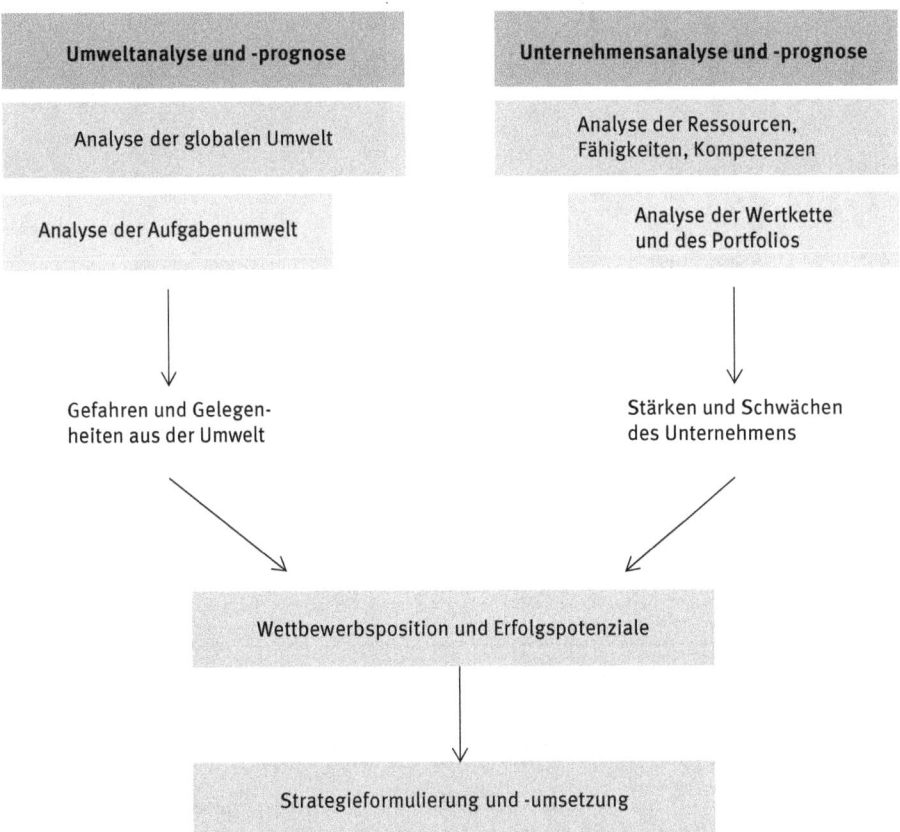

Abb. 4.7: Zusammenhang von Umwelt- und Unternehmensanalyse und -prognose (Quelle: Eigene Ausarbeitung inenger Anlehnung an Becker/Fallgatter, 2007, S. 68).

kann bspw. mithilfe einer SWOT-Analyse erfolgen (vgl. Kap. 4.5). Die Nutzung der Chancen und die Vermeidung der Risiken sind abhängig von den Stärken und Schwächen eines Betriebs (vgl. Hungenberg, 2014, S. 144). Trifft eine Umweltentwicklung auf eine Unternehmensstärke, kann das Unternehmen diese Entwicklung zu seinem Vorteil nutzen und bspw. eine Leistung besser als die Konkurrenz erbringen (vgl. Welge/Al-Laham/Eulerich, 2017, S. 416 und 419). Die Möglichkeiten und Gefahren der Umwelt müssen erkannt und können durch die internen Stärken und Schwächen genutzt werden. Daher besteht die Aufgabe des Managements darin, die „[…] Potenziale des Unternehmens mit den Anforderungen der Unternehmensumwelt abzustimmen" (Bea/Haas, 2017, S. 126). Bei einer Übereinstimmung der internen Stärken und Schwächen mit den externen Gegebenheiten, kann ein sog. strategischer Fit erreicht werden (vgl. Hungenberg, 2014, S. 149). Ziel des Strategischen Managements ist es, die Marktposition und die Ressourcen so zu gestalten, dass das Unternehmen Wettbewerbsvorteile aufbauen und langfristig Erfolge erzielen kann (vgl. Kap. 1.3.3). Die Erfolgspotenziale der Umwelt und des Hotelunternehmens bilden dabei die Grund-

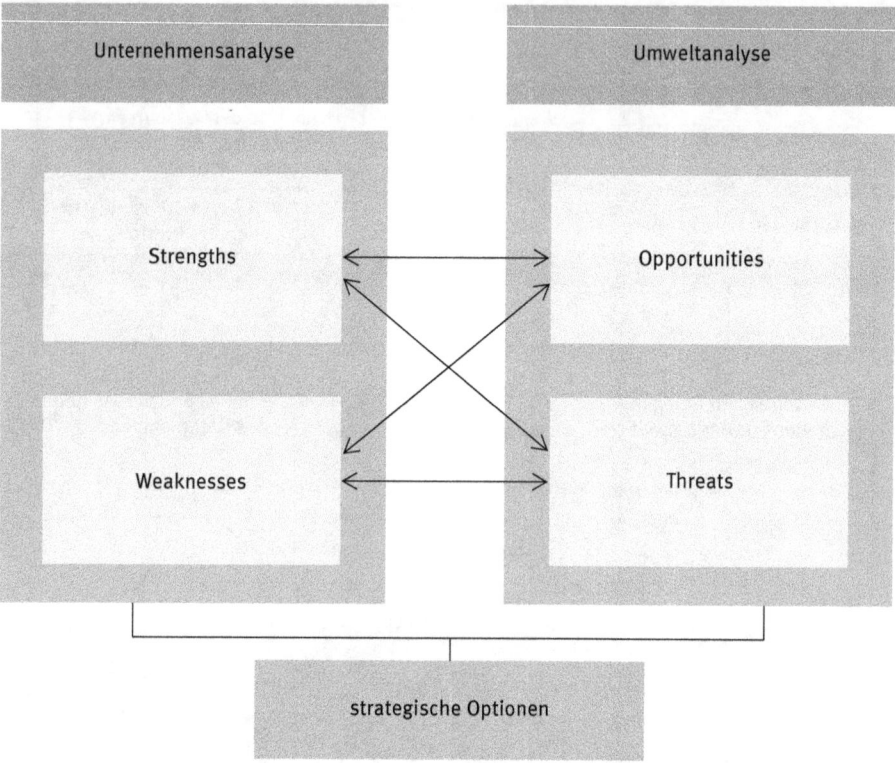

Abb. 4.8: Situationsanalyse als Basis der Strategieformulierung (Quelle: Eigene Darstellung in Anlehnung an Becker/Fallgatter, 2007, S. 60 nach Barney, 1991, S. 100).

lage für die Schaffung von Wettbewerbsvorteilen, die mithilfe geeigneter Strategien erreicht werden sollen (vgl. Grant/Nippa, 2006, S. 183).

Wie bereits erwähnt, kann die Gegenüberstellung der Chancen und Risiken mit den Stärken und Schwächen mit der SWOT-Analyse erfolgen.

4.5 SWOT-Analyse

In die SWOT-Analyse fließen die durch die Umweltanalyse aufgedeckten Chancen und Bedrohungen für das Hotelunternehmen, gemeinsam mit dessen Stärken und Schwächen, die bei der Unternehmensanalyse ermittelt wurden, ein.

Die SWOT-Analyse bündelt die Ergebnisse der Situationsanalyse und integriert beide Analyse-Bereiche (vgl. Müller-Stewens/Lechner, 2016, S. 207). Anhand der SWOT-Analyse können strategische Optionen abgeleitet werden, womit sie als Grundlage für die Strategische Ausrichtung und die Strategieformulierung dient (vgl. ausführlicher zu den sog. SWOT-Normstrategien Kap. 6.1).

4.5 SWOT-Analyse

SWOT im Schwarzwald

Im Rahmen von Fortführungsprognosen für den mittelständischen Hotelbetrieb Schwarzwaldkönig wurde die SWOT-Analyse durchgeführt, um anschließend Szenarien für die Zukunft zu entwickeln.

Stärken	Schwächen
- Vom Grundstück bietet sich ein weitläufiger, sehr attraktiver Ausblick auf die umliegende Naturlandschaft des Schwarzwalds. - Die meisten Zimmer bieten Aussicht und verfügen über einen eigenen Balkon oder eine Terrasse. - Das Hotel verfügt über freundliches und kompetentes Personal und bietet eine persönliche Atmosphäre. - Die etablierte Gastronomie mit sehr guter Küche erfreut sich auch bei Einheimischen und Ausflugsgästen einer hohen Beliebtheit. - Im Hinblick auf die Hotelgröße (40 Zimmer) und den Standard (3-Sterne-Superior) ist ein sehr breites Angebot (Gastronomie, Hallenschwimmbad, Saunabereich, Massage- und Beautyanwendungen, Kegelbahn, Freizeitraum, Seminarräume etc.) vorhanden.	- Das Hotel entspricht aufgrund der veralteten Produkt-Hardware nicht mehr den heutigen Erwartungen. - Im Bereich der Zimmer und öffentlichen Bereiche gibt es kaum Begeisterungsfaktoren. - Der Schwimm- und Saunabereich ist in die Jahre gekommen und wenig repräsentativ. - Das Hotel ist im Seminar- und Tagungsbereich verkaufsseitig nicht professionell aufgestellt und im Vergleich zu den direkten Wettbewerbern nicht konkurrenzfähig. - Den hohen Unterhaltskosten der Hoteleinrichtungen (v. a. Schwimmbad, Saunabereich) steht eine eher geringe Zimmeranzahl gegenüber, was sich negativ auf die Ergebnissituation auswirkt. - Die insgesamt schlechte Ertrags- und Aufwandsstruktur bietet geringen finanziellen Spielraum für neue Investitionen.
Chancen	**Risiken**
- Der Schwarzwald verfügt als etablierte Marke mit klarer Profilierung über eine gute Zukunftsperspektive. - Der Landkreis selbst gehört mit rund fünf Millionen Übernachtungen im Jahr und steigender Nachfrage zu einem der tourismusintensivsten Gebiete Deutschlands. - Die vergleichsweise geringe Auslastung des Hotels und niedrige Raten während der Hochsaison bieten erhebliches, bisher unausgeschöpftes Ertragspotenzial. - Es gibt nur wenige außergewöhnliche Betriebe in der Region. Mit innovativem Konzept und zeitgemäßer Hardware könnte sich der Betrieb im von 4-Sterne-Häusern geprägten Wettbewerberumfeld gut als Alternative positionieren. - Der Betrieb verfügt über eine lange Historie und einen guten Ruf.	- Der Hochschwarzwald ist vor allem bei älterem Publikum beliebt. Die Region ist zudem durch ein traditionelles, kleinbetriebliches Gastgewerbe mit offensichtlichem Investitionsstau geprägt, was sich langfristig in rückläufigen Gästezahlen widerspiegeln könnte. - Die fehlende Fokussierung des Hotels und kaum vorhandene Alleinstellungsmerkmale könnten zu einer sinkenden Attraktivität bei unterschiedlichen Zielgruppen führen. - Gleichzeitig lastet auf dem Hotel ein steigender Wettbewerbsdruck durch die umfassende Modernisierung der Produkt-Hardware bei den Mitbewerbern.

Quelle: Zarges von Freyberg Research.

Fragen und Aufgaben zu Kapitel 4

1. Definieren Sie die Strategische Analyse und benennen Sie Instrumente der Umwelt- und Unternehmensanalyse.
2. Womit befasst sich die Umweltanalyse?
3. In welche vier Hauptbereiche wird die globale Umwelt unterteilt?
4. Worin unterscheidet sich das STEEP-Modell vom PEST-Modell?
5. Beschreiben Sie die Vorgehensweise bei der PEST-Analyse.
6. Skizzieren Sie eine Stakeholder-Map.
7. Wie lässt sich eine Stakeholder-Analyse durchführen?
8. In welche Bereiche lässt sich die Analyse der Aufgabenumwelt gliedern?
9. Kennzeichnen Sie die fünf wettbewerbsbestimmenden Kräfte nach Porter.
10. Benennen Sie die strategischen Gruppen in der Hotellerie.
11. Was versteht man unter einer Konkurrentenanalyse?
12. Skizzieren Sie schematisch das Wirkungsgefüge der Konkurrentenanalyse.
13. Was ist eine Kundenanalyse?
14. Womit befasst sich die Unternehmensanalyse?
15. Wie lassen sich Ressourcen im Allgemeinen unterteilen?
16. Welche Kriterien für strategische Ressourcen kennen Sie?
17. Stellen Sie eine Wertkette für ein Hotel auf.
18. Benennen Sie externe und interne Datenquellen für die Situationsanalyse.
19. Stellen Sie den Zusammenhang von Umwelt- und Unternehmensanalyse dar.
20. Was versteht man unter einer SWOT-Analyse?

5 Strategische Richtung/Ausrichtung

„Am Anfang jeder Strategie stehen zentrale Überzeugungen" (Wittek in von Oetinger, 1994, S. 147).

Die Situationsanalyse bildet die Basis für die Richtung bzw. Strategische Ausrichtung[1] eines Unternehmens. Auf Grundlage der Erkenntnisse der Umwelt- und der Unternehmensanalyse kann die richtungsweisende Rahmenplanung erfolgen, die die Entwicklung und Umsetzung der Strategien auf allen nachfolgenden Ebenen steuert (vgl. Becker/Fallgatter, 2007, S. 120). Die strategische Richtung wird hier weitestgehend mit der normativen Ebene der Unternehmensführung gleichgesetzt und schließt somit das Normative Management in das Strategische Management mit ein (vgl. Kap. 1.3.4). Insofern gibt die Strategische Ausrichtung den grundlegenden, maßgebenden Handlungsrahmen vor, innerhalb dessen Strategien entwickelt werden können. Der normative Rahmen schränkt die möglichen strategischen Optionen sinnvoll ein und richtet die Strategien im Hinblick auf die strategische Richtung aus (vgl. Müller-Stewens/Lechner, 2016, S. 217).

In der Literatur existieren hierzu unterschiedliche Ansätze, die verschiedene Instrumente beinhalten (vgl. hierzu bspw. Dillerup/Stoi, 2016, S. 61; Kaspar, 1995, S. 55–85; Hungenberg, 2014, S. 25). Darüber hinaus stellt die definitorische Abgrenzung der einzelnen Instrumente eine Schwierigkeit dar, da die Autoren die jeweiligen Begriffe unterschiedlich verwenden. Der konstitutive Rahmen schließt bspw. nach Bleicher (2004, S. 83 und S. 94–286) die Managementphilosophie, die unternehmerische Vision, die Unternehmenspolitik, bestehend aus Unternehmensverfassung und -kultur, welche im Unternehmensleitbild integriert werden, sowie Missionen ein. Vor allem in der englischsprachigen Literatur werden zumeist Mission, Vision und Werte als Instrumente der Strategischen Ausrichtung genannt (vgl. hierzu z. B. Enz, 2010, S. 80–113; Grant/Nippa, 2006, S. 88).

Folgende Instrumente zur Ausrichtung des Hotelunternehmens sollen nachfolgend näher beleuchtet werden:

---

[1] In diesem Buch werden die Begriffe der strategischen Richtung und der Strategischen Ausrichtung synonym verwendet.

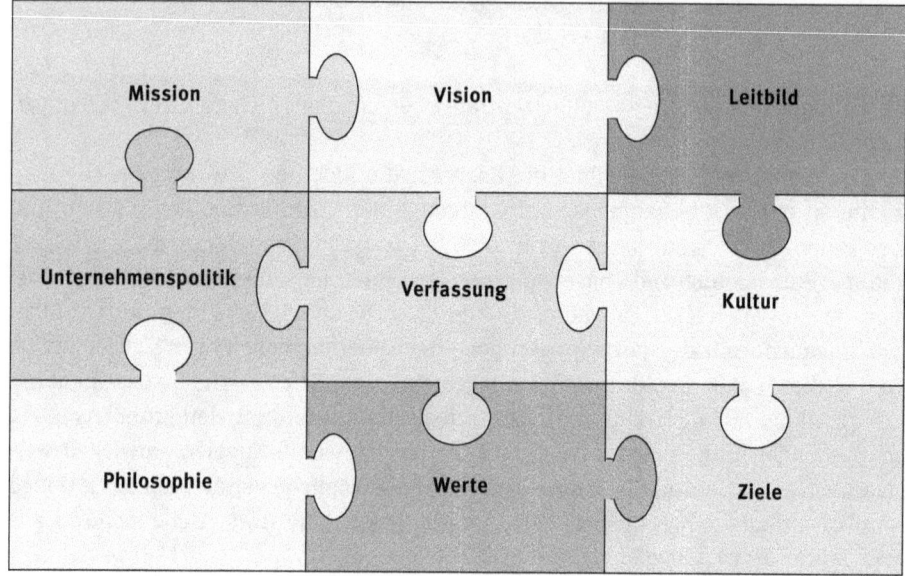

Abb. 5.1: Elemente der Strategischen Ausrichtung (Quelle: Eigene Ausarbeitung).

Mithilfe dieser Instrumente bietet die Strategische Ausrichtung u. a. Orientierung und liefert Handlungsoptionen für Führungskräfte und Mitarbeiter. Tabelle 5.1 illustriert die wesentlichen gemeinsamen Funktionen der Instrumente der Strategischen Ausrichtung.

Tab. 5.1: Gemeinsame Funktionen der Instrumente der Strategischen Ausrichtung (Quelle: Eigene Ausarbeitung in Anlehnung an Enz, 2010, S. 80–113; Kaspar, 1995, S. 55–85; Dillerup/Stoi, 2016, S. 59–164; Müller-Stewens/Lechner, 2016, S. 216–245).

Funktionen der Strategischen Ausrichtung	Handlungsrahmen Ordnungsrahmen	⇒ Einschränkung von Handlungsoptionen	⇒ Orientierung (innen)
	Verhaltensstandards Grundsätze	⇒ Vermeidung von Unsicherheit	⇒ Koordination
	gemeinsame Ziele und Werte	⇒ Stärkung des Gemeinschaftsgefühls und des Zusammenhalts	⇒ Motivation ⇒ Identifikation
	Kommunikation (innen)	⇒ Förderung des Engagements und der Loyalität	⇒ Identität ⇒ Mobilisierung
	transparente Ziele und Werte	⇒ Repräsentation des Hotelunternehmens	⇒ Orientierung (außen)
	Kommunikation (außen)	⇒ Steigerung des Verständnisses und der Sympathie für das Unternehmen	⇒ Aufbau eines Unternehmensimages

"[...] sichtbar gelebte Wertesysteme und klare Vorstellungen über die Gegenwart und Zukunft eines Unternehmens [haben] entscheidenden Einfluss auf dessen Erfolg" (Kreikebaum/Gilbert/Behnam, 2018, S. 60 nach Peters/Waterman, 1982). Die Instrumente der Strategischen Ausrichtung geben diese Vorstellungen und Werte vor und sollen daher in den nachfolgenden Kapiteln ausführlich beschrieben werden.

5.1 Mission und Vision

Die Mission und die Vision eines Hotelunternehmens legen den Grundstein für dessen Strategische Ausrichtung. Sie sind sinnstiftend, richtungsweisend, handlungsleitend und geben Orientierung.

5.1.1 Mission

Eine klare Vorstellung über das eigene Hotelunternehmen ist der Ausgangspunkt jeder Aktivität im Rahmen des Strategischen Managements (vgl. Abell, 1980, S. 169 zitiert in Enz, 2010, S. 83). Die Mission bietet einen Start- und Orientierungspunkt für die Formulierung von Zielen und Strategien (vgl. Hungenberg, 2011, S. 421).

Eine Mission ist eine kurze Beschreibung des grundlegenden Unternehmenszwecks (vgl. Okumus/Altinay/Chathoth, 2010, S. 14) und enthält eine Aussage zur Daseinsberechtigung des Unternehmens (vgl. Schrand/Schlieper in Hänssler, 2016, S. 249). Sie beschreibt den Grund für die Existenz und den Gästeauftrag des Unternehmens (vgl. Schrand/Schlieper in Hänssler, 2016, S.249) und repräsentiert damit dessen Identität (vgl. Kerth/Asum/Stich, 2011,S. 199). Demnach wird die Mission hier als Business Mission verstanden, welche den Grundzweck des Unternehmens wiedergibt (vgl. Welge/Al-Laham/Eulerich, 2017, S. 203).[2] Hotelunternehmungen sollten ein markt- und kundenorientiertes Selbstverständnis entwickeln (vgl. Gardini, 2015, S. 3 ff).

Die Mission der Mandarin Oriental Hotel Group lautet bspw. folgendermaßen: „Our mission is to completely delight and satisfy our guests. We are committed to continual improvement, to making a difference every day and to being the best" (Mandarin Oriental, 2018a). „Mandarin Oriental is best defined as a family of individual hotels and resorts, each with their own distinct personality yet inherently linked to their exotic oriental roots. Our luxury brand strives to delight our guests by providing service that is gracious and sincere and steeped in the values of the orient" (Mandarin Oriental, 2018a).

---

[2] Mitunter, v.a. in der englischsprachigen Literatur, wird die Mission (Mission Statement) dagegen in einem weiteren Verständnis mit dem in Kap. 5.2 dargelegten Leitbild gleichgesetzt und enthält die wesentlichen Unternehmensgrundsätze, -werte und -ziele (vgl. hierzu u. a. Campbell, 1997, S. 931 f; Wheelen/Hunger, 2012, S. 65; aber auch Hinterhuber, 2015, S. 106).

Diese Mission verdeutlicht, dass bei Mandarin Oriental der Fokus auf dem Gast liegt, der durch den herzlichen und freundlichen Service begeistert werden soll. Sie enthält Aussagen zur Struktur der Luxushotelgruppe, die aus individuellen Hotels und Resorts besteht, die durch ihre gemeinsamen, orientalischen Wurzeln verbunden sind. Des Weiteren beinhaltet die Mission das Streben nach ständiger Verbesserung, um an der Spitze zu bleiben und motiviert somit Management und Mitarbeiter dazu, ihr Bestes zu leisten.

Rocco Forte legt seinen Schwerpunkt eher auf Qualitätsmerkmale. Die Mission der Rocco Forte Hotels kann (im Verständnis dieses Buches) dargelegt werden als: „Rocco Forte Hotels bietet Gästen ‚The Art of Simple Luxury': Jedes unserer Hotels ist einzigartig. Jedes hat seine ganz eigene, individuelle Persönlichkeit und reflektiert den authentischen Charakter seiner Stadt. Alle sind auf ihre Weise Sehenswürdigkeiten – alte oder neue – und befinden sich in wundervollen Gebäuden in außergewöhnlicher Lage" (Rocco Forte, 2018).

Das familiengeführte Stock Resort im österreichischen Finkenberg formuliert seine Mission kreativ und prägnant mit folgendem Slogan: „Mit den Füßen am Boden, mit dem Kopf in den Visionen, mit den Händen am Werkzeug und mit dem Herzen bei den Menschen" (Stock, 2018).

In der Mission finden sich oftmals auch konkrete Aussagen über die Tätigkeitsbereiche des Hotelbetriebs (vgl. Kreikebaum/Gilbert/Behnam, 2018, S. 63). Um das Geschäftsfeld des Unternehmens zu definieren, sollte eine Mission die Frage „What is our business?" in Bezug auf drei Dimensionen beantworten (vgl. Abell, 1980, S. 169 zitiert in Enz, 2010, S. 83):

1. Who is being satisfied? (Kundengruppen)
2. What is being satisfied? (Kundenbedürfnisse)
3. How is it being satisfied? (Leistungen, Kompetenzen, Technologien)

Folglich gibt die Mission an, wo ein Unternehmen tätig ist, was es für wen anbietet, enthält die derzeitigen Tätigkeitsbereiche der Hotelunternehmung und ist damit gegenwartsorientiert (vgl. Schrand/Schlieper in Hänssler, 2011, S. 192).

Gerichtet ist die Mission sowohl an interne als auch an externe Stakeholder. Abhängig vom Entwicklungsstand (Gründungszeitpunkt) und der Größe des Unternehmens (bspw. kleines Privathotel) ist eine Mission oft nicht schriftlich fixiert. In etablierten, größeren Betrieben bzw. Gesellschaften wird sie jedoch häufig schriftlich festgehalten und als Führungs- und Kommunikationstool genutzt (vgl. Enz, 2010, S. 90 ff).

Da die Mission den einzigartigen Zweck des Unternehmens definiert, ist sie die Grundlage für eine Differenzierung und damit für die Schaffung von Wettbewerbsvorteilen. Des Weiteren stellt die Mission ein wichtiges Instrument zur Übermittlung von Idealen und zur Vorgabe einer Richtung dar und dient v. a. der Grundorientierung, der Identifikation und der Legitimation von Entscheidungen. Ferner kann die Mission bei der Bewertung von Chancen und Risiken und bei der Ressourcenverteilung als Hil-

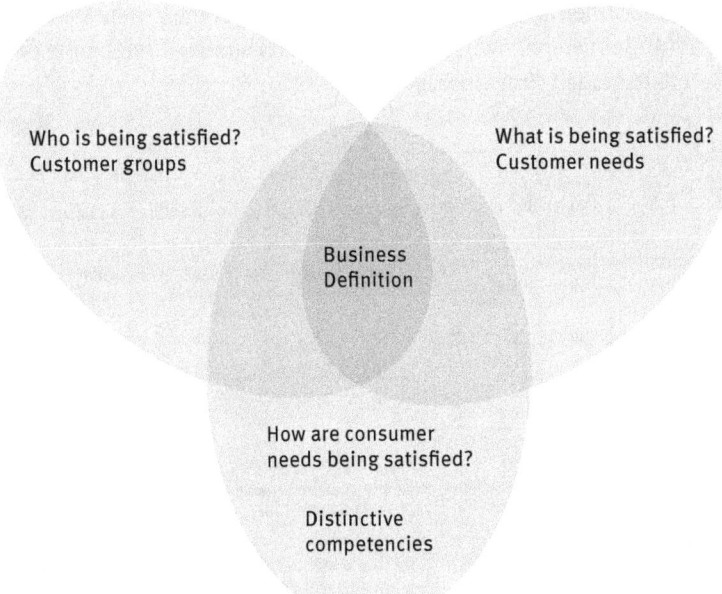

Abb. 5.2: Defining the Business (Quelle: Eigene Darstellung nach Hill/Jones, 2012, S. 14 nach Abell, 1980).

fe dienen (vgl. Enz, 2010, S. 90). Der Unternehmenszweck ist handlungssteuernd, da er Entscheidungskriterien für die Strategieentwicklung vorgibt (vgl. Becker/Fallgatter, 2007, S. 122) und der generellen Zielausrichtung dient (vgl. Bleicher, 2004, S. 169). Die Mission bietet demnach die Basis für die weitere Strategische Ausrichtung und die Formulierung von Strategien.

5.1.2 Vision

Die Begriffe „Mission" und „Vision" werden häufig synonym verwendet. Beide Instrumente geben die grundsätzliche Orientierung des Hotelbetriebs wieder. Während die Mission den Zweck des Hotelunternehmens darlegt und sich an der Gegenwart orientiert, ist die Vision zukunftsorientiert, da sie das angestrebte Zukunftsbild des Unternehmens beschreibt (vgl. Dillerup/Stoi, 2016, S. 60). Die Vision (lat. *videre* für sehen) soll eine bildliche Vorstellung der Zukunft vermitteln (vgl. Hungenberg, 2014, S. 418), an der sich der Hotelbetrieb ausrichten kann. Die Boston Consulting Group (BCG) definiert eine Vision als: „[...] ein konkretes Zukunftsbild, nahe genug, dass wir die Realisierbarkeit noch sehen können, aber schon fern genug, um die Begeisterung der Organisation für eine neue Wirklichkeit zu erwecken" (Boston Consulting Group, 1988, S. 7 zitiert in Bleicher, 2004, S. 105).

Diese Zukunftsbilder orientieren sich an anderen Unternehmen, den Marktverhältnissen, Kunden (Außenperspektive) oder beziehen sich auf das bestehende oder das zukünftige Geschäftsmodell (Innenperspektive):

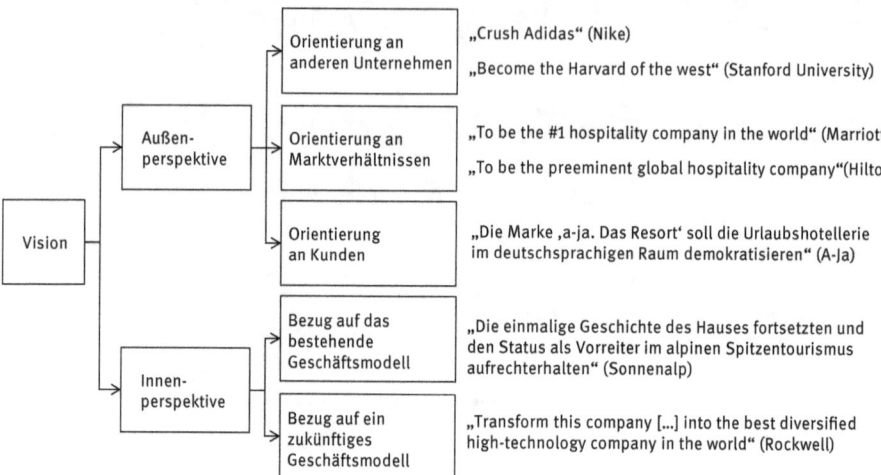

Abb. 5.3: Mögliche Perspektiven von Visionen (Quelle: Eigene Ausarbeitung in enger Anlehnung an Coenenberg/Salfeld, 2007, S. 26).

Die Vision der Mandarin Oriental Hotel Group bezieht sich bspw., so wie viele Visionen in der Hotellerie, auf die Erreichung der besten Marktposition: "Our Vision is to be widely recognised as the best luxury hotel group in the world" (Mandarin Oriental, 2018a).

Als gewünschte Zukunftsvorstellung des Unternehmens soll die Vision Inspiration sein und allem voran ein übergeordnetes Ziel schaffen, an dem sich alle Mitarbeiter orientieren können. Sie formuliert einen Anspruch an die Mitarbeiter (vgl. Becker/Fallgatter, 2007, S. 122), indem sie eine generelle Leitidee, ein Leitmotiv für alle Handlungen, vorgibt (vgl. Dillerup/Stoi, 2016, S. 111). Als „Leitstern" lenkt sie „[...] bewusst und unbewusst das Verhalten des Managements und der Mitarbeiter" (Kaspar, 1995, S. 60). Hinterhuber vergleicht die unternehmerische Vision mit dem Polarstern: Er ist nicht das Ziel, gibt jedoch die Richtung an, in die die Mitarbeiter ihr Denken, Handeln und Fühlen lenken können (vgl. Hinterhuber, 2004, S. 75). Damit legt sie die Richtung fest, in die ein Unternehmen sich in Zukunft entwickeln will (vgl. Kreikebaum/Gilbert/Behnam, 2018, S. 60). Auch bei wechselnden Umweltbedingungen liefert die Vision Klarheit über die Entwicklungsrichtung und hilft den Mitarbeitern dadurch, die Komplexität der Erbringung einer Dienstleistung zu bewältigen (vgl. Van der Wagen/Goonetilleke, 2004, S. 9). In der Hotellerie ist dies besonders wichtig, denn: „For every hospitality organization, [...], a service vision provides a sound basis for managing quality customer service" (Van der Wagen/Goonetilleke, 2004, S. 10).

Auch für die Motivation der Mitarbeiter spielt die Vision eine wichtige Rolle. Können sich die Mitarbeiter mit der Vision identifizieren, fühlen sie sich als Teil von etwas Besonderem. Auf diese Weise motiviert die Vorgabe einer Vision zur gemeinsamen Zielerreichung. Unternehmensvisionen sind „[...] klare, anspruchsvolle, langfristige und emotional ansprechende Ziele" (Dillerup/Stoi, 2016, S. 112). Diese ambitionierten Ziele können die treibende Kraft für Innovation, Risikobereitschaft und kontinuierliche Verbesserung sein (vgl. Grant/Nippa, 2006, S. 52).

Eine Studie von Collins/Porras (1997) zeigt den Zusammenhang von Vision und Erfolg. Die Unternehmen, die eine Vision entwickelten und diese langfristig verfolgten, konnten wesentlich größere Erfolge erzielen als die Unternehmungen ohne Vision. Als einziges Hotelunternehmen befindet sich Marriott unter den visionary companies (vgl. Collins/Porras, 2002, S. 3).

Marriots Vision

Als J. Willard Marriott, Sr. das Unternehmen gründete, hatte er lediglich drei generelle Ideen im Kopf (vgl. Collins/Porras, 2002, S. 83 f):
- den Gästen einen freundlichen Service bieten
- hochwertiges Essen zu fairen Preisen anbieten
- hart arbeiten, um Gewinne zu erzielen und einen Beitrag für die Gesellschaft zu leisten

Heute lautet die Vision der Marriott Gruppe:

„to be the #1 hospitality company in the world"

Mit über als 6.000 Hotels in 122 Ländern ist Marriott International ein weltweit führendes Hotelunternehmen und besitzt 32 Marken (Stand: Februar 2018, vgl. Marriott, 2018a). Marriott bietet über alle Marken hinweg einen exzeptionellen Service und strebt nach Exzellenz und Innovation.

In Deutschland ist Marriott mit 48 Hotels von 8 Marken vertreten und damit eine der führenden Hotelketten des Landes (vgl. Marriott, 2018b).

Um ihre Funktionen erfüllen zu können, sollte die Vision folgende Eigenschaften besitzen (vgl. Coenenberg/Salfeld, 2007, S. 23):
- nachvollziehbar, verständlich, realistisch
- richtungsweisend, zukunftsorientiert, sinnstiftend
- langfristig gültig, dauerhaft, stabil
- motivierend, anspornend, begeisternd

Verfügt eine Vision über diese Merkmale, kann sie als tragende Idee und als Richtschnur für die Strategische Ausrichtung und die Entwicklung von Strategien fungieren.

5.1.3 Entwicklung von Mission und Vision

Im Gegensatz zur Mission, welche die Frage „What is our business?" beantwortet, soll die Vision die Fragen „What will our business be?" (bei gleichbleibender Richtung) bzw. „What should it be?" (bei veränderter Richtung) klären (vgl. Enz, 2010, S. 84 nach Drucker, 1999, S. 80 ff), um gemeinsam die Grundlage für die Strategische Ausrichtung zu formen.

Bei der Entwicklung von Mission und Vision können folgende Fragestellungen (vgl. Tabelle 5.2) zu Hilfe genommen werden:

Tab. 5.2: Fragestellungen in Bezug auf Mission und Vision (Quelle: Eigene Ausarbeitung).

Mission	
Wer sind wir?	Welchen Zweck hat das Unternehmen?
Was bieten wir an?	Welche Aufgabe hat das Unternehmen?
Welche Gäste haben wir?	Was ist der Sinn der Tätigkeit?
Was sind unsere Besonderheiten?	Was macht das Unternehmen erfolgreich?
Was sind unsere Kernkompetenzen?	Wo liegen die Wurzeln des Unternehmens?
Vision	
Wo sehen wir uns in der Zukunft?	Wohin soll sich das Unternehmen entwickeln?
Was wollen wir erreichen?	Welche Ziele hat das Unternehmen?
Wohin wollen wir uns bewegen?	Wo sollen die Schwerpunkte liegen?
Was soll uns in Zukunft kennzeichnen?	Was soll das Unternehmen in Zukunft prägen?

Beide Instrumente müssen folgenden Anforderungen (vgl. Tabelle 5.3) nachkommen, um ihre Funktionen erfolgreich erfüllen zu können:

Tab. 5.3: Checkliste zu Mission und Vision (Quelle: Eigene Ausarbeitung in Anlehnung an Dillerup/Stoi, 2016, S. 112 und S. 158; Enz, 2010, S. 94; Pircher-Friedrich, 2000, S. 80).

Sind Mission und Vision klar, knapp, einfach formuliert und verständlich?	☐
Spiegeln sie das Unternehmen wirklich wider oder sind sie nur gut klingende Slogans?	☐
Werden Mission und Vision intern und extern ausreichend kommuniziert?	☐
Werden Mission und Vision im Unternehmen gelebt? Sind sie im Unternehmen verankert und verinnerlicht?	☐
Werden sie von allen Mitarbeitern verstanden und geteilt? Können sich die Mitarbeiter damit identifizieren?	☐
Sind Mission und Vision dauerhaft gültig? Können sie über Jahre hinweg das Unternehmen verkörpern?	☐

Um eine ausreichende interne und externe Kommunikation zu erreichen, sollte die Verankerung von Mission und Vision in zwei Schritten erfolgen (vgl. Dillerup/Stoi, 2016, S. 117 sowie die dort genannte Literatur):

Schritt 1: Allgemeine Bekanntmachung
Verbreitung der Mission/Vision und Kommunikation an alle Mitarbeiter im Unternehmen (intern) sowie an Kunden, Aktionäre und weitere Anspruchsgruppen (extern). Durchführung von speziellen Veranstaltungen und Nutzung von Marketinginstrumenten (Newsletter, Poster, Videos, Webseiten etc.) zur Bekanntmachung von Mission und Vision.

Schritt 2: Vermittlung der individuellen Bedeutung
Übersetzung von Mission und Vision in den Arbeitsalltag. Durchführung von Workshops, Gruppendiskussionen, Mitarbeitergesprächen, um Mission und Vision greifbar zu machen und deren Auswirkungen auf die tägliche Arbeit zu verdeutlichen.

Wie bereits erwähnt, brauchen Mission und Vision eine gewisse zeitliche Stabilität, um wirksam zu werden und eine Verwirrung durch den ständigen Wechsel zu vermeiden. Dennoch sollten beide Instrumente im Rahmen des Strategischen Managementprozesses auf ihre Gültigkeit und ihren Bezug zur Umwelt untersucht werden (vgl. Hungenberg, 2011, S. 449). Es sollte überprüft werden, ob eine Anpassung an veränderte Bedingungen notwendig ist, da Mission und Vision den Ausgangspunkt für die Strategische Ausrichtung und die Strategieentwicklung darstellen.

5.2 Unternehmenspolitik

Auf Basis der Mission und Vision als Maßgabe für die angestrebte strategische Richtung wird die Unternehmenspolitik gestaltet, welche als die „[...] Gesamtheit von Unternehmensgrundsätzen oder Leitmaximen" (Hinterhuber, 2015, S. 102) definiert werden kann. Bei der Unternehmenspolitik geht es um: „[...] die Festlegung der generellen Ziele und Verhaltensnormen (Unternehmensgrundsätze) [...], das heisst um den allgemeinen Kurs, auf welchem sich die Unternehmung entwickeln soll" (Kaspar, 1995, S. 61).

Die Grundsätze regeln das Verhalten innerhalb des Hotelbetriebs sowie nach außen und geben an, welchen Werten, Normen und Idealen die Unternehmung verpflichtet ist (vgl. Hinterhuber, 2011, S. 101). Ziel der Unternehmenspolitik ist es, dass alle Mitarbeiter „am gleichen Strick" und somit gemeinsam in die gleiche Richtung ziehen (vgl. Hinterhuber, 2015, S. 101). Die bedeutendsten Unternehmensgrundsätze werden oftmals in einem Leitbild zusammengefasst und schriftlich festgehalten, z. T. aber auch mündlich weitergegeben (vgl. Hinterhuber, 2015, S. 102).

Getragen wird die Unternehmenspolitik von der Unternehmensverfassung als „harter Gestaltungsaspekt" und der Unternehmenskultur als „weicher Entwicklungsaspekt" (vgl. Kaspar, 1995, S. 57).

5.2.1 Unternehmensverfassung

Die Unternehmensverfassung bildet den „harten Gestaltungsaspekt" der Unternehmenspolitik (vgl. Kaspar, 1995, S. 57). Sie „[...] beinhaltet grundlegende Regelungen über die Organe eines Unternehmens sowie deren Rechte und Pflichten" (Dillerup/Stoi, 2016, S. 140 nach Hungenberg, 2014, S. 38) und gibt damit einen Ordnungsrahmen für das Verhalten der Führungskräfte, Führungsorgane und Mitarbeiter vor (vgl. Hammer, 2011, S. 28).

Bestandteile der Unternehmensverfassung sind gesetzliche Vorschriften (z. B. Arbeitsrecht, Tarifverträge) und darauf aufbauende unternehmensspezifische Regelungen, u. a. in Form von Geschäftsordnungen und Satzungen (vgl. Dillerup/Stoi, 2016, S. 140). Sie enthält Richtlinien über die Spitzenorgane der Unternehmensführung (Hauptversammlung, Vorstand, Aufsichtsrat), deren Beziehungen (Leistungs-, Informations- und Weisungsbeziehungen) (vgl. Hutzschenreuter, 1998, S. 58 ff zitiert in Hungenberg, 2014, S. 33) sowie deren Verantwortlichkeiten und Kompetenzen (vgl. Kaspar, 1995, S. 67). Die Unternehmensverfassung umfasst u. a. Regelungen zur Gründung und Beendigung des Unternehmens, zum Außenverhältnis, zur Gewinnverteilung bzw. Erfolgsverteilung und zu den Grundrechten der Stakeholder (z. B. Mitbestimmungsrechte) (vgl. Becker/Fallgatter, 2007, S. 121). Umfang und Inhalte der Unternehmensverfassung sind abhängig von der Wahl der Rechtsform (z. B. AG oder GmbH) (vgl. hierzu eingehend Dillerup/Stoi, 2016, S. 140 ff), von der Größe des Unternehmens sowie von den gegebenen gesetzlichen Vorschriften.

Oft wird der Begriff der Corporate Governance in Zusammenhang mit der Unternehmensverfassung erwähnt (bspw. Welge/Al-Laham/Eulerich, 2017, S. 275; Macharzina/Wolf, 2008, S. 128 ff) bzw. als Teil von ihr angesehen (vgl. Becker/Fallgatter, 2007, S. 121). Die Corporate Governance enthält „Grundsätze ordnungsgemäßer und verantwortungsvoller Unternehmensführung" (Dillerup/Stoi, 2016, S. 145) und formt somit den „[...] rechtlichen und faktischen Ordnungsrahmen für die Leitung und Überwachung eines Unternehmens" (von Werder in Hommelhoff/Hopt/von Werder, 2009, S. 4 und die dort genannte Literatur).

Die Unternehmensverfassung schafft einen Ordnungs- und Handlungsrahmen für das Verhalten der Führungskräfte und Mitarbeiter. Sie ist die „formale Dimension" der Unternehmenspolitik (vgl. Kaspar, 1995, S. 66).

5.2.2 Unternehmenskultur

Als „weicher Entwicklungsaspekt" der Unternehmenspolitik ist die Unternehmenskultur anzusehen (vgl. Kaspar, 1995, S. 57). „Als Unternehmenskultur bezeichnet man die Gesamtheit von Normen, Wertvorstellungen und Denkhaltungen, welche das Verhalten aller Mitarbeiter und somit das Erscheinungsbild eines Unternehmens prägen" (Thommen/Achleitner, 2009, S. 975).

Dillerup/Stoi definieren die Unternehmenskultur als „[...] die Gesamtheit historisch gewachsener sowie gemeinsam gelebter Normen und Denkhaltungen [...], die etwa in [...] Verhalten, Kommunikation, Entscheidungen, Handlungen, und Symbolen sichtbar werden" (Dillerup/Stoi, 2016, S. 60).

Nach Schein können drei Ebenen der Unternehmenskultur differenziert werden, die die sichtbaren, bewussten sowie die unsichtbaren, unterbewussten Elemente der Unternehmenskultur beinhalten (vgl. Schein, 1992, S. 17):

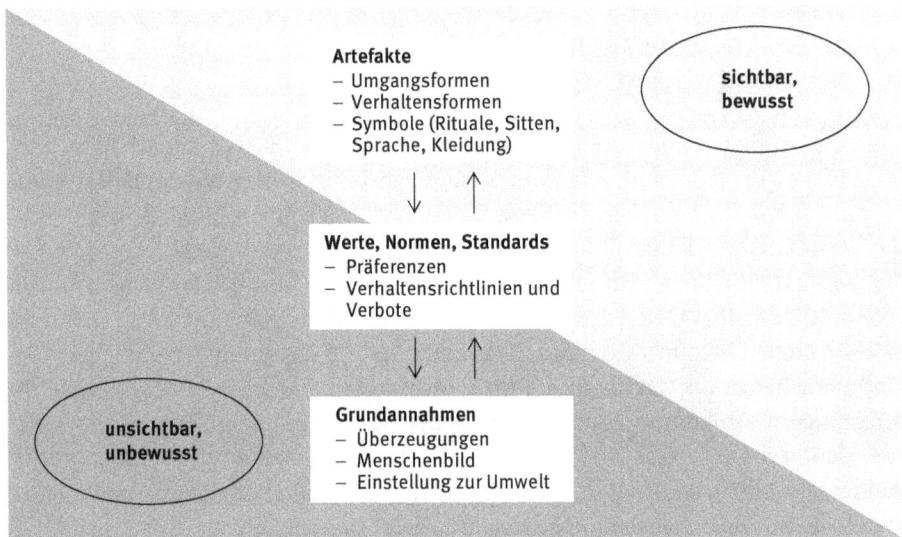

Abb. 5.4: Modell der Unternehmenskultur nach Schein (Quelle: Eigene Ausarbeitung in enger Anlehnung an Hungenberg/Wulf, 2015, S. 75 sowie die dort genannte Literatur; mit Elementen aus Dillerup/Stoi, 2016, S. 133).

Die unverwechselbare Kultur eines Hotelunternehmens entsteht durch das Zusammenspiel der einzelnen Elemente (vgl. Dillerup/Stoi, 2016, S. 134). Die Unternehmenskultur ist demnach in jedem Unternehmen einzigartig und kann insofern als Quelle für Wettbewerbsvorteile und als erfolgskritischer Faktor angesehen werden. Sie schafft Identität, motiviert, fördert das Zusammengehörigkeitsgefühl („Wir-Gefühl") und den Teamgeist (vgl. Bea/Haas, 2017, S. 480 f). Ziel ist es, dass alle Organisationsmitglieder sich mit dem Hotelunternehmen und dessen Dienstleistungskultur identifizieren können. Eine ausgeprägte Dienstleistungskultur verschafft Orientierung in Entscheidungssituationen, unterstützt die Koordination und senkt das Konfliktniveau, wodurch die Verhaltenssicherheit und operative Flexibilität des Hotelbetriebs erhöht werden (vgl. Gardini, 2015, S. 31 ff sowie die dort genannte Literatur).

Um Unternehmenskulturen im Allgemeinen zu beschreiben, können deren Inhalte typisiert und deren Stärke bestimmt werden (vgl. Hungenberg, 2014, S. 40 f). Die

Typologie von Deal/Kennedy (1982) unterscheidet bspw. vier Normtypen: Brot-und-Spiele-Kultur (work hard/play hard culture), Alles-oder-Nichts-Kultur (tough-guy, macho culture), Prozess-Kultur (process culture) und Analytische-Projekt-Kultur (bet-your-company culture) (vgl. hierzu weiterführend Hungenberg/Wulf, 2015, S. 82 ff). Ferner können u. a. „traditionsbestimmte" und „zukunftsorientierte" Unternehmenskulturen voneinander abgegrenzt werden (vgl. Hungenberg, 2014, S. 40; Bleicher, 1999, S. 236). Die Stärke der Unternehmenskultur ist abhängig von deren (vgl. Macharzina/Wolf, 2008, S. 236):
- Prägnanz (verständlich, deutlich, klar)
- Verbreitungsgrad (bekannt, akzeptiert, geteilt)
- Verankerung (verinnerlicht, verwurzelt)

Eine starke Unternehmenskultur fördert deren zuvor genannte Wirkungen, kann demgegenüber jedoch dazu führen, dass notwendige Veränderungen behindert werden, da die Kultur zu starr und zu fest verankert ist (vgl. Hungenberg, 2014, S. 41).

Beeinflusst wird die Kultur eines Unternehmens von dessen Geschichte, dem Verhalten der Unternehmensführung, der Organisation und Führung, der Mission und Vision sowie von der Umwelt des Unternehmens (vgl. Dillerup/Stoi, 2016, S. 133 und die dort genannte Literatur). Nach Bea/Haas (2017, S. 473 ff) lassen sich die Gesellschafts- und Branchenkultur, die Kultur der Individuen im Unternehmen, die Strategien, die Organisationsstruktur und das Führungsverhalten als Einflussgrößen der Unternehmenskultur identifizieren. Die Möglichkeiten der Gestaltbarkeit der Unternehmenskultur sind jedoch begrenzt und liegen besonders im Verhalten der und im Vorleben durch die Unternehmensleitung, aber auch in der Unternehmensstruktur, der Mitarbeiterauswahl und -entwicklung, im Führungsstil, in der Kommunikation sowie der Nutzung von Anreizsystemen (vgl. Hungenberg, 2014, S. 41 f; Bea/Haas, 2017, S. 497).

Als Teil der Unternehmenskultur kann die *Unternehmensphilosophie*[3] angesehen werden (vgl. Macharzina/Wolf, 2008, S. 236). Sie wird als die „[...] grundlegenden Einstellungen, Überzeugungen, Werthaltungen verstanden, welche das Denken und Handeln der maßgeblichen Führungskräfte im Unternehmen beeinflussen" (Ulrich, 1984, S. 312). Diese ethischen und moralischen Wertvorstellungen werden vom obersten Management abgestimmt und als Maßstäbe vorgegeben. Sie tragen zudem, auf der Ebene der Werte und Normen, zur Unternehmenskultur bei (vgl. Hungenberg, 2011, S. 41; Macharzina/Wolf, 2008, S. 236).[4]

In Zusammenhang mit der Unternehmenskultur steht auch die *Corporate Identity* (CI), die Persönlichkeit des Unternehmens (vgl. Tabelle 5.4).

---

[3] Gelegentlich werden hierfür auch die Begriffe „Credo" (Glaubensbekenntnis) oder „Ideologie" verwendet.
[4] Vgl. ausführlich zur Dienstleistungsphilosophie und -kultur: Meffert in Meyer, A., 1998, S. 121–138.

Tab. 5.4: Elemente der Corporate Identity (Quelle: Eigene Ausarbeitung in enger Anlehnung an Schrand/Schlieper in Hänssler, 2016, S. 316).

Corporate Identity		
Corporate Design	*Corporate Communications*	*Corporate Behaviour*
= Unternehmenserscheinungsbild	= Unternehmenskommunikation	= Unternehmensverhalten
– Farben – Symbole, Logos – Architektur, Inneneinrichtung – Kleidung der Mitarbeiter – Gestaltung, Stil der Kommunikationsinstrumente – Werbegeschenke	– Firmenname – Werbeaussagen, Slogans – Internetauftritt, Mailings – Presse- und Öffentlichkeitsarbeit – Prospekte, Drucksachen – Kundengespräche	– Kundenbetreuung – Beschwerdemanagement – Führungsstil – Verhalten gegenüber Stakeholdern – Korrespondenz- und Verhandlungsstil – Arbeits- und Konfliktstil
Corporate Image		

Einerseits machen diese Elemente die Corporate Identity aus, andererseits kann die Unternehmenspersönlichkeit mit deren Hilfe gestaltet werden. Sie dienen somit als Instrumente zum Aufbau eines Corporate Image, dem Fremdbild des Hotelbetriebs, das durch den konsistenten Einsatz der CI-Elemente kreiert wird (vgl. Henselek, 1999, S. 63). Auch durch die Corporate Identity kann ein Hotelunternehmen Wettbewerbsvorteile erzielen, da es sich mithilfe der CI-Elemente von anderen Hotels oder Hotelketten abheben kann.

Als ein weiterer Aspekt der Unternehmenskultur sind die *Unternehmenswerte* herauszugreifen, die ebenfalls auf der Ebene der Werte und Normen angesiedelt sind und im Allgemeinen sogar als Grundstein der Unternehmenskultur angesehen werden (vgl. Hill/Jones, 2012, S. 16). Diese umfassen sowohl die gelebten, realisierten Werte als auch die angestrebten, vorgegebenen Wertvorstellungen. Das Hotelmanagement hat einen starken Einfluss auf die Werthaltungen im Unternehmen und in diesem Zusammenhang auch eine Vorbildfunktion für die unteren Managementebenen und schließlich für die Mitarbeiter (vgl. Enz, 2010, S. 96).

Unter Unternehmenswerten sind die Kernwerte, an die das Unternehmen glaubt, sowie die Verhaltensnormen und Handlungsgrundsätze, an denen die Mitarbeiter ihr Verhalten ausrichten sollen, zu verstehen (vgl. Kerth/Asum/Stich, 2011, S. 199). Das Bündel an Werten, Normen und Standards bestimmt, wie die Mitarbeiter auf Mission, Vision und Ziele hinarbeiten (vgl. Hill/Jones, 2012, S. 16). Das Wertesystem eines Unternehmens beschreibt, wofür es steht und was als wertvoll empfunden wird. Hierin findet der moralische und ethische Standpunkt des Unternehmens seinen Ausdruck (vgl. Müller-Stewens/Lechner, 2016, S. 230). Ein Unternehmen sollte sich seiner sozialen Verantwortung bewusst sein und seine moralischen, ethischen, rechtlichen, ökonomischen und ökologischen Verpflichtungen wahrnehmen (vgl. Enz, 2010, S. 99). Unter dem Begriff „Corporate (Social) Responsibility" werden die Maßnahmen, die ein Unternehmen diesbezüglich ergreift, zusammengefasst. Dadurch werden der Aufbau von vertrauensvollen Beziehungen, die Sympathie gegenüber dem Hotelunternehmen sowie das Engagement und die Loyalität der Mitarbeiter gefördert. Außerdem können stimmige und individuelle Unternehmenswerte die Grundlage für Differenzierungen bilden und so zu Wettbewerbsvorteilen führen (vgl. Grant/Nippa, 2006, S. 89).

Die Unternehmenswerte können bspw. in Form von Aufzählungen (Listen), Führungsgrundsätzen, verbindlichen Verhaltensregeln (Richtlinien, Standards, Leitsätze) als Führungsinstrument genutzt werden (vgl. Müller-Stewens/Lechner, 2016, S. 232f), um das Verhalten der Mitarbeiter zu lenken. Als Kommunikationsinstrument können sie u. a. in Leitbildern oder Wertesystemen festgehalten werden. In der Hotellerie sind Aussagen zu den Unternehmenswerten gebräuchlich. Sie verschaffen dem Hotelunternehmen eine eigene Identität und motivieren und lenken die Mitarbeiter.

Die Rosewood Hotels und Resorts, 1979 in Dallas von Caroline Rose Hunt gegründet und aktuell im Eigentum der New World Development mit Sitz in Hongkong, werden durch folgende Werte geleitet (Rosewood, 2018):

> Everything we do is guided by principles which are inspired by timeless values.
> - Family: We treat our guests and associates with the warmth and friendliness of an extended family.
> - Community: We commit ourselves to the ideal of sharing and giving, and show care and responsibility for the environments where we operate.
> - Respect: We show the respect and courtesy to others that we wish for ourselves.
> - Humility: We serve ourselves by first serving others. We approach life with a sense of gratitude rather than entitlement.
> - Integrity: We will uphold the highest level of honesty and fairness in all our relationships.
> - Learning: We dedicate ourselves to constantly evolve our skills, our practices, our standards and our technologies. We move forward by never standing still.
> - Ownership: We contribute to and take personal responsibility for the financial success of the company.
> - Celebration: We delight in our successes and our individuality.

Auch in der Privathotellerie spielen Unternehmenswerte eine zentrale Rolle, um das Miteinander im Hotelbetrieb und das Verhalten nach außen zu koordinieren und eine gemeinschaftliche Basis aufzubauen, die den Mitarbeitern Halt und Orientierung bietet (vgl. Beispielkästen „Die Werte von Upstalsboom" und die „Spielkultur des Schindlerhofs").

Upstalsboom
HOTELS UND FERIENWOHNUNGEN

Die Werte von Upstalsboom

Das ostfriesische Unternehmen Upstalsboom Hotels und Ferienwohnungen ist einer der renommiertesten und größten Beherbergungsanbieter an der Nord- und Ostsee. Sein Eigentümer Bodo Janssen investiert überdurchschnittlich viel Zeit in die Entwicklung und Implementierung von Unternehmenswerten.

Hinter dem Mission Statement: „Upstalsboom – So einzigartig wie sein Name!" stehen definierte Werte, an denen sich die Mitarbeiter orientieren können:

Achtsamkeit
„Wir leben den Moment und gestalten die Zukunft"

Vorbild
„Wir leben unsere Werte"

Vertrauen
„Wir glauben an Dich, glaube Du an uns"

Verantwortung
„Entscheide Du und steh dazu"

Offenheit
„Trau Dich"

Herzlichkeit
„Jedes Lächeln kehrt zu Dir zurück"

Zuverlässigkeit
„Ein Upstalsboomer, ein Wort"

Wertschätzung
„Erkenne Gutes und sprich darüber"

Fairness
„Gleiche Regeln für Alle"

Qualität
„Qualität ist unser Anspruch, Menschen zu begeistern"

Loyalität
„Mit Menschen sprechen, anstatt über sie zu reden"

Lebensfreude
„Wir überraschen den Alltag"

Quelle Text und Logo: Upstalsboom, 2018 (Presseabteilung).

Die „Spielkultur" des Schindlerhofs

Die Grundsätze der Spielkultur (vgl. Schindlerhof, 2018) regeln das Miteinander im Schindlerhof, aber auch den täglichen Umgang mit Gästen und Lieferanten (vgl. Kobjoll in Gardini, 2009b, S. 701):

> Der Schindlerhof will das Erlebnis ermöglichen. Unsere Gäste sollen nicht nur zufrieden, sie sollen begeistert sein. Freude, Harmonie und Freiheit sind das Wertefundament fürs tägliche Miteinander und fester Bestandteil unserer Unternehmens-Sinn-Vision.
>
> Wir führen unser Unternehmen ehrlich, zuverlässig und fair. Dabei orientieren wir uns an Menschlichkeit, Liberalität und Toleranz. Die persönliche Entfaltung von Einmalig- und Einzigartigkeit macht Arbeit bei uns schöpferisch und produktiv. Gemeinsam schaffen wir Werte und neue Ziele. Wir garantieren die freie, ungehinderte Entfaltung aller Menschen und Unternehmen, mit denen wir in Verbindung stehen. Aus dieser partnerschaftlichen Wertschätzung leiten wir den Anspruch auf die Entfaltung des Schindlerhofs ab.
>
> Den hohen Ansprüchen unserer Gäste stellen wir uns ohne Einschränkung. Mit unseren Leistungen gewinnen wir das Vertrauen der Gäste nicht nur, sondern behalten es auch. Daher gehen wir auf Ihre Wünsche und Sorgen ständig ein und nehmen unsere Umgebung bewusst durch die Augen unserer Gäste wahr. Im Schindlerhof bestimmt der Gast die Öffnungszeiten, und wir wissen, dass er auch die Gehälter zahlt. Mit Kundenzufriedenheitsgesprächen, Stammkundenbefragungen und Beurteilungskärtchen verschaffen wir uns ein permanentes Echo. Reklamationen sind Chancen für Verbesserungen.
>
> Wir erfüllen unsere gesellschaftliche und soziale Verpflichtung. Für die Umwelt, in der wir leben, stellen wir nicht nur einen wirtschaftlichen, sondern auch einen geistigen und sozialen Wert dar. Daher mehren wir das Wohl unserer Gäste und Geschäftspartner, Lieferanten, Banken und Behörden, der Öffentlichkeit und vor allem unserer MitunternehmerInnen (= MitarbeiterInnen). Durch den Nutzen, den wir bieten, genießen wir höchste Anerkennung.
>
> Wir bekennen uns zu unserer Umwelt-Verantwortung. Daher fördern wir das Verständnis für ökologische Zusammenhänge und tragen mit konkreten Maßnahmen zu einer lebenswerten Zukunft bei: bei allen unternehmerischen Entscheidungen, bei Investitionen und im Alltag. Wir fördern mit unserer kreativ und lustvoll interpretierten Naturküche die Gesundheit unserer Gäste. Denn wir verwenden in unserem Restaurant nur frische Rohprodukte von hochwertiger Qualität aus dem saisonalen Angebot. Dabei vergewissern wir uns, dass alle Lebensmittel – weitestmöglich – tier- und umweltfreundlich erzeugt und nicht genetisch verändert sind. Wir ermöglichen unseren Gästen einen gesunden Aufenthalt. Alle Räume sind LebensRäume und wurden ausschließlich mit natürlichen Materialien und ohne Verwendung von umweltbelastenden Stoffen erstellt. Wir verpflichten uns weiterhin dem hohen Qualitätsanspruch und haben diesem u. a. mit der Zertifizierung nach dem Qualitätsmanagementsystem nach DIN EN ISO 14001:1996 feste und verlässliche Standards verliehen. Hier halten Organisationshandbücher die einzelnen Prozesse verbindlich fest. Fehler in diesen Bereichen können wir nicht akzeptieren. Bei dem Versuch, neue Ideen und Verbesserungen umzusetzen, begegnen wir Fehlern dagegen mit großer Toleranz. No risk, no fun.
>
> Wir verfolgen gemeinsame und gemeinsam erarbeitete Unternehmensziele. Daher beschäftigen wir in allen Bereichen sehr fähige MitunternehmerInnen der Branche. Freundlichkeit, Kreativität, Flexibilität, Leistungsbereitschaft und Fachwissen sind beispielhaft. Da alle MitunternehmerInnen am Erfolg des Unternehmens teilhaben, erzielen sie durch Eigeninitiative und Engagement höchste Anerkennung. Das Delegieren von Verantwortung und Aufgaben ermöglicht auch den Inhabern Klaus, Renate und Nicole Kobjoll Freiräume und Lebensqualität. Bei Auswahl und Schulung unserer Auszubildenden legen wir elitäre Maßstäbe an. Jedes Teammitglied erhält die Mög-

lichkeit zur persönlichen Entfaltung. Und mit dem Seminarangebot der Schindlerhof-Akademie geben wir allen MitunternehmerInnen und vor allem unseren Azubis die Chance, Fachwissen und Können permanent zu erweitern. Bei aller Arbeit gilt: so viel Individualität wie möglich und zur Zielerreichung so viel Konformität wie nötig.

Wir haben unser Unternehmen klar gegliedert und Verantwortungsbereiche abgesteckt. Durch Gewähren eines großen Entscheidungsspielraums fördern wir die Kreativität und die schöpferische Kraft unserer MitunternehmerInnen. Alle dürfen bedingt Fehler machen, wenn Lehren daraus gezogen werden. Transparenz und umfassende Information untereinander sind sichergestellt. „High Trust", das heißt Vertrauen, Freundschaft und gegenseitiges Verständnis, bestimmt das Zusammenleben und -arbeiten im Team.

Wir streben im Schindlerhof folgendes Image an: Wir bleiben jung, fröhlich, bieten Außergewöhnliches und Erstklassiges. Wir setzen Trends. Zwischen unserem hohen Anspruch und unserer tatsächlichen Leistung besteht kein Unterschied. Unser Erscheinungsbild nach innen und außen ist geschlossen.

Wir erzielen einen Gewinn, der das Unternehmen finanziell weitestgehend unabhängig macht, ein Wachstum entsprechend den Unternehmenszielen ermöglicht, Arbeits- und Ausbildungsplätze sichert und neue schafft und somit langfristig Unternehmenserfolg verspricht.

Wir wollen Erfolg, denn: ohne Erfolg wenig Freude. Unsere Mitbewerber nehmen wir trotzdem ernst. Es macht uns Spaß, unsere Leistungen an ihnen zu messen. Nicht nur gegenwärtig, sondern auch mittel- und langfristig schaffen wir Raum für die erfolgreiche Weiterführung unseres Unternehmens. (Schindlerhof, 2018)

Durch die Spielkultur werden die Unternehmensphilosophie und -werte des Schindlerhofs verankert. Sie soll verdeutlichen, dass der „[...] Schindlerhof ein Ort der Verwirklichung für karriereorientierte Mitarbeiter ist, die mit Spaß an der Arbeit gemeinschaftlich bemüht sind, die hohen Unternehmensziele und Erwartungen der Gäste zu erreichen oder gar zu übertreffen" (Kobjoll in Gardini, 2009b, S. 701).

Bilder: Schindlerhof, 2018 (Presseabteilung).

Speziell in der Privathotellerie können Werte bzw. Wertesysteme genutzt werden, um sich z. B. durch traditionelle, familiäre Werte und persönlichen Service zu differenzieren, die von der Kettenhotellerie schlecht substituiert werden können (vgl. von Freyberg/Gruner/Lang, 2018, S. 141). Die persönliche Anwesenheit des Hoteliers gilt bspw. als Qualitätsversprechen (vgl. Laux/Soller in Soller, 2008, S. 18). Diese Erkenntnis hat sich auch die Traube Tonbach, ein familiengeführtes Haus im Schwarzwald, zu Eigen gemacht:

> Wir sehen die Tradition nicht als bequeme Sicherheit, sondern als Ansporn jeden Tag unser Bestes zu geben. Seit über 225 Jahren befindet sich die Traube im Familienbesitz und wird heute von Patron Heiner Finkbeiner und seiner Frau Renate mit Unterstützung der Kinder Matthias, Sebastian und Antonia auf sehr persönliche und ambitionierte Weise geführt. Gemeinsam setzt die Familie Finkbeiner auf allen Ebenen höchste Qualitätsmaßstäbe in die Tat um. So ist das Ambiente ausgesucht geschmackvoll, die Küche wurde vielfach ausgezeichnet, das moderne SPA & RESORT steht ganz im Zeichen von Schönheit und Entspannung. Und die Atmosphäre des Hauses ist bis ins Detail von herzlicher Gastfreundschaft und anspruchsvoller Lebensart geprägt (Traube Tonbach, 2018).

In der Traube Tonbach spielen Gastfreundschaft, Tradition, Familie und Qualität eine zentrale Rolle und werden im Hotelalltag gelebt.

Die Unternehmenswerte variieren in jedem Hotelbetrieb und zeichnen seine Individualität und Einzigartigkeit aus. Daher sollte jeder Hotelier selbst entscheiden, welche Überzeugungen und Wertvorstellungen er hat und wofür sein Unternehmen steht (vgl. von Freyberg/Gruner/Lang, 2018, S. 141). Diese Ideale können dann u. a. im Unternehmensleitbild festgehalten werden.

5.2.3 Leitbild

Der Begriff des Leitbildes wird häufig synonym mit Unternehmensgrundsätzen (vgl. Kreikebaum/Gilbert/Behnam, 2018, S. 64) verwendet, aber auch oft mit der Mission (Mission Statement) gleichgesetzt (vgl. bspw. Dillerup/Stoi, 2016, S. 159). „Die meisten Autoren sehen in Leitbildern die schriftliche Ausformulierung von unternehmenspolitischen Grundsätzen" (Kreikebaum/Gilbert/Behnam, 2018, S. 64). Das Leitbild enthält die unternehmenspolitischen Ziel- und Grundsatzentscheidungen in wenigen konzentrierten Aussagen (vgl. Kaspar, 1995, S. 72). Als „[...] Leitsystem, an dem sich alle unternehmerischen Tätigkeiten orientieren (oder auch orientieren sollten)" (Bleicher, 2004, S. 274 sowie die dort aufgeführte Literatur), legt es Zwecksetzungen, Zielrichtungen und Verhaltensweisen fest und schränkt somit den Handlungsspielraum ein, innerhalb dessen die Mitarbeiter ihre Aufgaben erfüllen können. Es verkörpert eine grundlegende Willenskundgebung des Hotelmanagements und ist damit eine allgemeine Führungsvorgabe für Mitarbeiter, die Orientierung bietet (vgl. Kaspar, 1995, S. 72).

Das Leitbild konkretisiert die Strategische Ausrichtung in Form von Grundsätzen, Zielen und Werten, auf denen das Hotelunternehmen basiert (vgl. Camphausen, 2013,

S. 18). Es beinhaltet oftmals Aussagen zur Mission und Vision, zu den obersten Unternehmenszielen, zur Unternehmensphilosophie, -kultur und zu den Unternehmenswerten. Demnach fasst es die allgemeine Strategische Ausrichtung in wenigen Kernaussagen zusammen.

So besteht bspw. das Leitbild der Mandarin Oriental Hotel Group aus der Mission (vgl. Kap. 5.1.1), aus sieben Guiding Principles und aus dem Akronym „Delight" (vgl. Beispielkasten „Das Leitbild der Mandarin Oriental Group"). Zusätzlich zum Leitbild repräsentiert der Fächer als Symbol für Luxus und Eleganz alles, wofür die Mandarin Oriental Hotel Group steht. Im Logo der Hotelgruppe findet sich der Fächer wieder und macht es zu einem der weltweit bekanntesten Logos der Tourismusbranche. Neben dem Fächer im Logo von Mandarin Oriental besitzt jedes einzelne Hotel der Kette seinen eigenen Fächer, der die Individualität des jeweiligen Hauses widerspiegeln soll (vgl. Mandarin Oriental, 2018a). In München bspw. stammt der Originalfächer mit historischen Tanzszenen aus dem Jahr 1870 (vgl. Gabler, 2007).

Das Leitbild der Mandarin Oriental Hotel Group

Das Leitbild der Mandarin Oriental Hotel Group besteht aus der Mission der Hotelkette (vgl. Kap. 5.1.1), aus dem Akronym „Delight" sowie aus den folgenden sieben Guiding Principles:
- Delighting our guests
- Working together as colleagues
- Promoting a climate of enthusiasm
- Being the best
- Delivering shareholder value
- Playing by the rules
- Acting with responsibility

Das Akronym „Delight" setzt sich zusammen aus:
D   Distinctive
E   Exotic
L   Lively
I   Imaginative
G   Guest centred
H   Harmonious
T   Time giving

Quelle: Mandarin Oriental, 2018a–c; Logo: Mandarin Oriental, 2018 (Presseabteilung).

Tab. 5.5: Mögliche Bausteine eines Unternehmensleitbilds (Quelle: Eigene Darstellung in Anlehnung an Henschel/Gruner/von Freyberg, 2018, S. 109).

Leitidee	Wie sieht sich das Hotel? Welche Position hat das Unternehmen? Welche Absichten hat das Hotel für die Zukunft?
Markt	Wo und für wen wird das Hotel tätig? Welches sind die Zielgruppen?
Leistungsprogramm	Welches Angebot wird bereitgestellt? Was unterscheidet das Hotel von den Mitbewerbern? Was kann der Gast erwarten (Qualität, Preis)?
Beziehung nach außen	Wie verhält sich das Hotel gegenüber Lieferanten, Gästen, Mitbewerbern, Kreditgebern, Umwelt, Behörden usw.?
Organisation	Wie wird der Leistungsprozess im Hotel organisiert (z. B. Arbeitsteilung, Sorgfalt, Kollegialität, Ehrlichkeit)?
Führung und Mitarbeiter	Welche Anforderungen werden an die Mitarbeiter gestellt? Welche Rolle spielen die Mitarbeiter im Hotel?
Wirtschaftlichkeit	Wie wird mit den finanziellen Mitteln im Hotel im Hinblick auf Leistungsverbesserung umgegangen?

Das Leitbild der Mandarin Oriental Hotel Group enthält Aussagen zum Leistungsprogramm, zu Beziehungen, zur Organisation und Führung der Hotelgruppe und beinhaltet somit verschiedene Elemente, aus denen sich ein Leitbild zusammensetzen kann (vgl. Tabelle 5.5).

Das Leitbild erfüllt Funktionen innerhalb und außerhalb des Hotelunternehmens (vgl. Henschel/Gruner/von Freyberg, 2018, S. 110; Kreikebaum/Gilbert/Behnam, 2018, S. 64 f; Henselek, 1999, S. 57; Camphausen, 2013, S. 18):

Hierzu zählen die Legitimation der Handlungen, die Schaffung einer eindeutigen Identität, die Regelung der Beziehungen im Unternehmen und zwischen Unternehmen und Umwelt sowie die Kommunikation nach innen und außen.

Funktionen nach innen:
- Rahmenbildung durch Orientierungsmaßstäbe
- Grundsätze als Entscheidungsbasis
- Verhaltenssteuerung und Koordination
- Förderung von Motivation und Identifikation der Mitarbeiter

Funktionen nach außen:
- Informationsmittel (Stakeholder)
- einheitliche, klare Erscheinung des Unternehmens
- Transparenz
- Erzeugung von Vertrauen und Sympathie
- Aufbau des Unternehmensimages

Ritz-Carltons Goldstandards

Die Goldstandards sind das Fundament der Ritz-Carlton Hotel Company, L.L.C. Sie umfassen die Werte und die Philosophie, nach der diese Hotelkette handelt und bestehen aus folgenden Komponenten (vgl. Ritz-Carlton, 2018):
- Motto
- Credo
- die drei Stufen der Dienstleistung
- Mitarbeiterversprechen
- Servicewerte
- the 6th Diamond

Die Goldstandards bilden die Säulen des Erfolgs von Ritz-Carlton (vgl. hierzu auch Gilg/Gädecken in Gardini, 2009a, S. 255).

Das Leitbild der Ritz-Carlton Hotel Company verdeutlicht allen Mitarbeitern, dass die Gäste- und Qualitätsorientierung bei Ritz-Carlton im Mittelpunkt steht und damit die Zufriedenheit und das Wohlbefinden der Hotelgäste oberste Priorität haben (vgl. hierzu auch Gardini, 2015, S. 237 f). An den ausführlichen Vorgaben und konkreten Handlungsempfehlungen der Goldstandards können sich die Mitarbeiter orientieren und ihr Verhalten danach ausrichten. Dies fördert deren eigenverantwortliches Handeln und die flexible Reaktion in Entscheidungssituationen. Außerdem werden die Mitarbeiter durch die Aussagen des Leitbildes persönlich angesprochen und in das Unternehmen eingebunden. Dadurch fühlen sie sich als Teil des Ganzen und können sich mit der Ritz-Carlton Hotel Company identifizieren, wodurch ihre Loyalität und ihr Engagement verstärkt werden.

Die Kommunikation des Leitbildes erfolgt in Form der sog. Credo-Karte, eine kleine laminierte Karte, die immer mitgeführt werden muss und dem Mitarbeiter stets das Leitbild des Hotelunternehmens ins Gedächtnis ruft (vgl. Gilg/Gädecken in Gardini, 2009a, S. 255). In täglichen Line Ups (Mitarbeiterbriefings) werden zudem die Leitsätze der Goldstandards in die Praxis übersetzt und ergänzt (vgl. Gilg/Gädecken in Gardini, 2009a, S. 256).

Die folgenden Anforderungen bzw. Eigenschaften zeichnen erfolgreiche Leitbilder aus, die zur Strategischen Ausrichtung beitragen (vgl. Schrand/Schlieper in Hänssler, 2016, S. 249; Camphausen, 2013, S. 18 f; insbesondere Kreikebaum/Gilbert/Behnam, 2018, S. 66):
- allgemein, grundsätzlich, aber hinreichend spezifisch
- umfassend, ganzheitlich, durchdacht
- knapp, prägnant sowie verständlich, nachvollziehbar
- realistisch, erreichbar, umsetzbar
- glaubwürdig, passend, authentisch und individuell
- verbindlich, nachprüfbar
- langfristig ausgelegt, aber beständig fortgeschrieben

Um ihre Wirkung zeigen zu können, müssen Leitbilder, neben der Erfüllung dieser Voraussetzungen, verankert sein und auch gelebt werden (von Freyberg/Gruner/Lang, 2018, S. 141 f).

Beispielhaft für die Hotellerie ist das Leitbild von Ritz-Carlton, welches in Form der Goldstandards seinen Ausdruck findet (vgl. Beispielkasten „Ritz-Carltons Goldstandards").

Im Leitbild werden generell die bedeutendsten unternehmenspolitischen Grundsätze zusammengefasst und dadurch die Strategische Ausrichtung des Hotelunternehmens verdeutlicht.

Leitbildfindung bei Bierwirth & Kluth (B&K)

Mit einer geplanten Verdopplung der Betriebe in den Jahren 2017/2018 entschloss sich das Unternehmen Bierwirth & Kluth, sein Leitbild neu zu entwickeln. Es war den Unternehmenslenkern wichtig, einen Moment innezuhalten und zu definieren, welche aktuellen und zukünftigen Werte das Unternehmen ausmachen. So sollten gerade die Mitarbeiter der neuen Hotels ein klares Bild von B&K bekommen.

In einem ersten Schritt wurden mit den drei Geschäftsführern die eigenen Ziele im Unternehmen besprochen, die strategischen Ziele der Gesellschaft und die gemeinsame Vision des Unternehmens definiert: „Wir wollen ein anerkannter Player im deutschsprachigen Hotel-Franchisemarkt sein".

In einem zweiten Schritt wurde in einem gemeinsamen Workshop mit den Hoteldirektoren und allen Head-Office-Mitarbeitern unter Anleitung einer Trainerin und eines Graphic Recorders, der zeitgleich die entstandenen Ideen bildlich festhielt, das Unternehmen beleuchtet. Es wurde besprochen, was B&K für jeden Einzelnen bedeutet und ausmacht und mit was man das Unternehmen assoziiert. Hieraus entstand das Bild eines Segelschiffs mit seinen einzelnen Bestandteilen. Ferner wurde mittels der Methodik des sog. Canvas Models definiert, was genau das Geschäftsmodell, die Kernzielgruppen und die Hauptgeschäftszweige sind. Man erkannte, dass man hinsichtlich des Wachstums der Betriebe auf der Welle des Momentum schwimmt, es mehrere Schiffe sind, die unter unterschiedlicher Flagge segeln (Marriott, IHG, Eigenmarke Boardinghouse) – jedoch alle in der gleichen Flotte und zum gleichen Ziel.

Somit wurde mit dem „gelobten Land" das Ziel, bestehend aus den Werten, definiert. Es wurde festgehalten, was eine gute Führungskraft ausmacht (Kapitänsmütze) und was Mitarbeiter sehen, hören und fühlen (Matrosenmütze). Auf dem Weg wurden sowohl Führungsstile als auch die Team-Phasen besprochen, die mit Eintreten eines jeden neuen Mitarbeiters neu durchlaufen werden. Mithilfe von Werten und Spielregeln können die stürmischen Team-Phasen schneller durchlaufen werden, um in die „Performing Phase" zu kommen.

Am Ende entstand das dargestellte Bild als Ergebnis des Prozesses und zur Veranschaulichung des Leitbildes.

Autorin: Petra Bierwirth, Managing Director Bierwirth & Kluth Hotel Management GmbH;
Bild: B&K, 2018.

5.3 Strategische Unternehmensziele

Die bisher beschriebenen Instrumente der Strategischen Ausrichtung, Mission und Vision sowie das Leitbild als Ausdruck der Unternehmenspolitik, bestimmen allgemeine Grundsätze und Vorstellungen, die jedoch in strategischen Zielsetzungen konkretisiert werden müssen, um umgesetzt werden zu können. Infolgedessen sollen nun die strategischen Unternehmensziele näher betrachtet werden (vgl. detailliert zur Phase der Zielplanung Welge/Al-Laham/Eulerich, 2017, S. 199–290). „Ziele definieren bestimmte zukunftsorientierte Zustände, die Unternehmen anstreben und aus denen sich konkrete Verhaltensweisen für die Organisationsmitglieder ableiten lassen" (Kreikebaum/Gilbert/Behnam, 2018, S. 67 nach Kappler in Ulrich, 1975, S. 88).

Durch das Festlegen von Zielen wird eine Richtung vorgegeben und es werden Maßstäbe gesetzt, an denen sich Management und Mitarbeiter orientieren können. Unternehmensziele beziehen sich auf die langfristige Entwicklung des Hotelunternehmens (vgl. Dillerup/Stoi, 2016, S. 102). „Oberstes Unternehmensziel ist – in der Hotellerie ebenso wie in anderen Branchen auch – die langfristige Sicherung der Überlebensfähigkeit des Hotelunternehmens" (Gardini, 2014, S. 72). Die Erzielung von Gewinnen gilt dabei als Voraussetzung für den wirtschaftlichen Erfolg und Fortbestand des Unternehmens (vgl. Gardini, 2014, S.72).

Auf Ebene des Strategischen Managements werden Entscheidungen auf lange Sicht getroffen und die langfristigen Ziele für das Hotel bestimmt (vgl. Henschel/Gruner/von Freyberg, 2018, S. 114 f). Sind Mission, Vision und die allgemeinen Grundwerte des Unternehmens festgelegt, kann die Formulierung von generellen, wesentlichen Oberzielen erfolgen. Die Basis bietet dabei die Analyse der Umwelt und des Unternehmens. Anhand der durch die Instrumente der Strategischen Ausrichtung vorgegebenen Richtung, werden die strategischen Ziele aus den möglichen und erstrebenswerten Zielalternativen abgeleitet (vgl. Müller-Stewens/Lechner, 2016, S. 235). Die strategischen Unternehmensziele werden anschließend auf Geschäfts- und Funktionsbereichsziele heruntergebrochen und schließlich in den operativen Zielen der einzelnen Bereiche konkretisiert (vgl. Camphausen, 2013, S. 21).

Strategische Ziele sind i. d. R. qualitative Ziele. Sie treffen vorwiegend Aussagen über Zielinhalte (Was soll erreicht werden?) und geben Art und Richtung der Entwicklung vor (vgl. Kreikebaum/Gilbert/Behnam, 2018, S. 73). Operative Ziele konkretisieren die strategischen Ziele und treffen konkrete Aussagen über das Zielausmaß, den zeitlichen, räumlichen, personellen Bezug sowie den Ressourcenbezug (vgl. Kreikebaum/Gilbert/Behnam, 2018, S. 73 f).

Abb. 5.5: Zielpyramide im Strategischen Management (Quelle: Eigene Ausarbeitung in Anlehnung an Camphausen, 2013, S. 15).

Das Spektrum an strategischen Zielsetzungen ist vielfältig. In der Regel wird nicht nur ein Ziel verfolgt, sondern eine Vielzahl von Zielen. Diese werden im Zielsystem des Unternehmens gebündelt, wobei interne und externe Anspruchsgruppen berücksichtigt werden (vgl. Gardini, 2015, S. 147).[5]

Die Zielinhalte reichen von der Existenzsicherung über die Erhöhung der Anpassungs- und Reaktionsfähigkeit bis hin zur Maximierung der Rendite (vgl. Welge/Al-Laham/Eulerich, 2017, S. 217). Im Folgenden soll, aufgrund der Fülle der denkbaren Ziele, lediglich eine bespielhafte Übersicht über mögliche Ziele gegeben werden (vgl. Abb. 5.6). Dabei kann grob zwischen finanziellen Zielen (Gewinnmaximierung, ROI, Wertsteigerung) und nicht finanziellen Zielen (Kunden- und Mitarbeiterzufrieden-

---

[5] Vgl. zur Diskussion des Shareholder und Stakeholder Value: Kap. 4.1.2 4.2 sowie Hungenberg, 2014, S. 29 ff; Grant/Nippa, 2006, S. 63 ff; Macharzina/Wolf, 2008, S. 11 f, Becker/Fallgatter, 2007, S. 29 ff.

heit, Qualität, Innovation) unterschieden werden (vgl. Hungenberg, 2011, S. 449). Des Weiteren können marktliche (erwerbsmäßige) und nicht marktliche (soziale) Ziele differenziert werden, die sich wiederum in Leistungs-, Finanz-, Personal-, Sozial- und allgemeine Ziele untergliedern lassen (vgl. Gardini, 2014, S. 72; Thommen/Achleitner, 2009, S. 998).

Ein detaillierter, allgemeiner Zielkatalog für Hotelbetriebe kann jedoch nicht erstellt werden, da diese zu sehr von den Eigenheiten der jeweiligen Hotelunternehmen abhängen (vgl. hierzu auch Kaspar, 1995, S. 113). In der Hotellerie gelten jedoch Unternehmenserfolg, Gästezufriedenheit und Dienstleistungsqualität als übergeordnete Ziele, an denen sich der Hotelbetrieb ausrichten sollte (vgl. Gardini, 2015, S. 147 ff).

langfristige Sicherung der Überlebensfähigkeit				
Leistungsziele	Finanzziele	Personalziele	Sozialziele	Allgemeinziele
Marktleistung: – Produktqualität – Servicequalität – Gästezufriedenheit – Kundenbindung – Innovation – Angebotsbreite und -tiefe Marktstellung: – Umsatz – Zimmerauslastung – Gästezahlen – Marktanteil – Marktgeltung – neue Märkte/Kunden – Wachstum	– Gewinn – Rentabilität (Umsatz-, Eigen-, Gesamtkapitalrentabilität) – Durchschnittsrate – Liquidität – GOP/NOP – Umsatzstruktur – Kapitalstruktur – Cashflow – Bonität – Unternehmenswert/Shareholder Value – Kostenstruktur	– Einkommen – soziale Sicherheit – Organisationsstruktur – Personalführung – Arbeitsbedingungen – Personalentwicklung – Qualifikation und Kompetenz – Leistungsanerkennung – Motivation – Mitbestimmung – Mitarbeiterzufriedenheit – Selbstverwirklichung	– Umweltschutz – Verbraucherschutz – Wahrung der Interessen der Stakeholder – Corporate (Social) Responsibility – „Good Citizen"	– Bekanntheitsgrad – Image – Macht – Prestige – Einfluss (politisch, gesellschaftlich) – Unabhängigkeit

Abb. 5.6: Grundzielsystem eines Hotelunternehmens (Quelle: Eigene Ausarbeitung in enger Anlehnung an Gardini, 2014, S. 72; mit Elementen aus Henschel/Gruner/von Freyberg, 2018, S. 132).

Angesichts der Besonderheiten des Hotelgewerbes bedürfen einige Zielgrößen einer inhaltlichen Interpretation (vgl. Gardini, 2015, S. 148 sowie die dort angeführte Literatur). Die Bestimmung des Marktanteils wird bspw. durch die schwierige Abgrenzung des Marktes eines Hotelbetriebs erschwert und der ROI „[...] ist in der Hotellerie je nach Eigentumsform des Hotels differenziert zu betrachten" (Gardini, 2015, S. 149). Ferner werden die Umsatzziele durch die Kapazität als Engpassfaktor beschränkt, weswegen in Hotelunternehmungen spezielle Kennzahlen wie die Auslastungsquote (Zimmer, Betten), der durchschnittliche Zimmerpreis (ADR/ARR) oder der durchschnittliche Zimmererlös (RevPAR) herangezogen werden (vgl. Gardini, 2015, S. 148 f).

Da in der Dienstleistungsbranche das Personal eine zentrale Rolle als wichtiger Erfolgsfaktor einnimmt, finden Personalziele im Zielsystem von Hotelunternehmen besondere Beachtung (vgl. Schneider in Meyer, A., 1998, S. 171). Außerdem sollten auch Imageziele im Zielsystem betont werden, da aufgrund der Immaterialität der Dienstleistung die Beurteilung durch den Kunden u. a. über das Image des Hotelbetriebs erfolgt (vgl. Schneider in Meyer A., 1998, S. 172).

Zumal im Hotelunternehmen ein Zielgefüge verfolgt wird, dessen Einzelziele zueinander in verschiedenen Beziehungen stehen (vgl. ausführlich zu Zielbeziehungen Meyer/Blümelhuber in Meyer, A., 1998, S. 188 ff), können sich Zielkonflikte ergeben. Anhand von Ordnungskriterien wie Rang, Priorität, Zielbeziehungen, Gültigkeitsbereich und Fristigkeit (vgl. Welge/Al-Laham/Eulerich, 2017, S. 213 f) können Ziele systematisiert und koordiniert werden.

Um die Durchsetzung von Zielen zu gewährleisten, sind gewisse Anforderungen an Ziele zu stellen, damit sie operationalisierbar sind. Im sog. SMART-Modell werden die wesentlichen Eigenschaften festgehalten, die Ziele besitzen sollten, um umsetzbar zu sein (vgl. Dillerup/Stoi, 2016, S. 128):

S specific = spezifisch
Sind die Ziele klar, eindeutig und präzise formuliert?

M measureable = messbar
Wurde das Zielausmaß festgelegt? Sind die Ziele messbar, überprüfbar?

A ambitious = ambitioniert
Sind die Ziele wesentlich, herausfordernd und motivierend?

R realistic = realistisch
Sind die Ziele erreichbar, durchsetzbar?

T time-bound = terminiert
Wurde ein zeitlicher Rahmen bis zur Zielerreichung festgelegt?

Insbesondere die Erreichbarkeit, Durchsetzbarkeit und die Messbarkeit müssen bei der Formulierung von Zielen berücksichtigt werden. Die Messbarkeit ist Voraussetzung für die Kontrolle und das Strategische Controlling. Sie dient der Vergleichbarkeit und macht Ziele zu strategischen Steuerungsgrößen (vgl. Hammer, 2011, S. 149).

Strategische Ziele haben neben ihrer Steuerungsfunktion auch die Aufgabe der Koordination und Orientierung (vgl. Macharzina/Wolf, 2008, S. 205 und die dort genannte Literatur). Durch die Setzung eines Rahmens, innerhalb dessen zur Zielerreichung beigetragen werden kann, wird das Handeln fokussiert und auf ein gemeinsames Ziel ausgerichtet (vgl. Müller-Stewens/Lechner, 2016, S. 235). Können sich die Mitarbeiter mit den Zielen identifizieren, dient die Zielsetzung außerdem der Motivation und Leistungssteigerung (vgl. Welge/Al-Laham/Eulerich, 2017, S. 208). Durch messbare Zielvorgaben, wird die Voraussetzung für die Erfolgskontrolle geschaffen.

Somit haben Ziele auch eine Kontrollfunktion (vgl. Bea/Haas, 2017, S. 73). Darüber hinaus besitzen Ziele eine Selektions- und Bewertungsfunktion, die eine Bewertung und Auswahl von Handlungsalternativen ermöglicht (vgl. Dillerup/Stoi, 2016, S. 126) sowie eine Legitimationsfunktion, die der Rechtfertigung gegenüber Außenstehenden dient (vgl. Bea/Haas, 2017, S. 73).

Im Rahmen des Strategischen Managements ist die Formulierung von Zielen unerlässlich. Ziele ermöglichen u. a. die Bewertung von strategischen Optionen anhand der Frage, inwieweit die Strategien zielführend sind (vgl. Müller-Stewens/Lechner, 2016, S. 235).

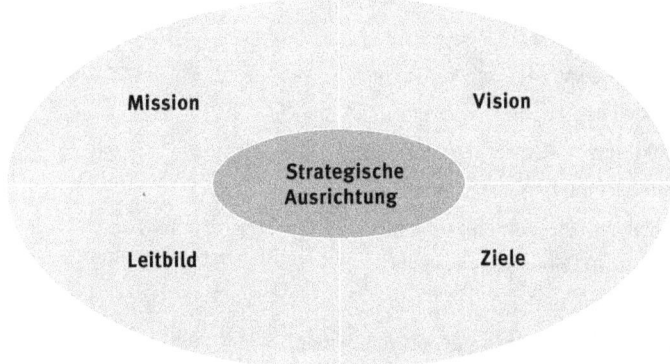

Abb. 5.7: Elemente der Strategischen Ausrichtung (Quelle: Eigene Ausarbeitung).

5.4 Zusammenfassung der Strategischen Ausrichtung

Zusammenfassend kann festgestellt werden, dass in der Phase der Strategischen Ausrichtung die langfristigen Zielsetzungen des Hotelunternehmens bestimmt werden (vgl. Enz, 2010, S. 16). Dieser Prozessschritt ist richtungsweisend für die Entwicklung von Strategien und deren Umsetzung und gibt den Handlungsrahmen für die Führung des Unternehmens vor.

Solange ein Unternehmen weiß, was es ist, was es wertschätzt und wo es hingeht, ist die Strategische Ausrichtung wohl definiert (vgl. Enz, 2010, S. 90). Sie formt das Fundament, auf dessen Grundlage strategische Pläne und Maßnahmen entwickelt werden (vgl. Enz, 2010, S. 86) und liefert Bezugspunkte beim Entwurf und bei der Auswahl von Strategien (vgl. Müller-Stewens/Lechner, 2016, S. 245).

Fragen und Aufgaben zu Kapitel 5

1. Nennen Sie Elemente der Strategischen Ausrichtung.
2. Kennzeichnen Sie gemeinsame Funktionen der Instrumente der Strategischen Ausrichtung.
3. Was ist der Unterschied zwischen Mission und Vision?
4. Geben Sie ein Hotelbeispiel für Mission und Vision.
5. Welche Hotelgesellschaft sehen Sie im Hinblick auf die Formulierung von Mission und Vision als Benchmark an?
6. Welche Fragen sollte die Mission beantworten?
7. Welche möglichen Perspektiven von Visionen kennen Sie?
8. Was sind Fragestellungen in Bezug auf Mission und Vision?
9. Stellen Sie eine Checkliste zu Mission und Vision auf.
10. Skizzieren Sie das Modell der Unternehmenskultur nach Schein.
11. Wovon hängt die Stärke einer Unternehmenskultur ab?
12. Was versteht man unter der Unternehmensphilosophie?
13. Beschreiben Sie die Elemente der Corporate Identity.
14. Geben Sie Hotelbeispiele zur Unternehmenspolitik.
15. Was versteht man unter einem Leitbild?
16. Skizzieren Sie das Leitbild der Mandarin Oriental Hotel Group.
17. Benennen Sie mögliche Bausteine eines Unternehmensleitbildes.
18. Was sind strategische Unternehmensziele?
19. Skizzieren Sie die Zielpyramide im Strategischen Management.
20. Wie könnte ein Grundzielsystem eines Hotelunternehmens aussehen?
21. Welche Eigenschaften sollten Ziele gemäß dem sog. SMART-Modell besitzen?

6 Strategieformulierung und -bewertung

„Strategiebildung ist ein Entscheidungsprozess und beruht auf Intuition, Kreativität, ganzheitlichem Denken, Realitätssinn und Professionalität" (Meyer, 2011, S. 63).

Die Strategieformulierung und -bewertung basiert auf der Situationsanalyse und der Strategischen Ausrichtung des Hotelunternehmens und findet in der Strategieimplementierung ihre Fortsetzung (vgl. Becker/Fallgatter, 2007, S. 115). Strategien dienen dazu, die vorgezeichnete Geschäftsausrichtung, die durch Mission, Vision, Leitbild und Unternehmensziele bestimmt wird, zu konkretisieren (vgl. Hungenberg, 2014, S. 42). Durch deren Festlegung wurde beantwortet, wo das Unternehmen hin will, wohingegen die Strategieentwicklung der Klärung der Frage „Wie kommen wir dahin?" dient (vgl. Becker, J., 2010, S. 2 f). Bei der Strategieformulierung werden potenzielle Strategiealternativen für unterschiedliche Unternehmensebenen erarbeitet, die geeignet erscheinen, um das Unternehmen erfolgreich zu positionieren.

Da Strategisches Management auf die Schaffung und Erhaltung von Wettbewerbsvorteilen gerichtet ist, um langfristig die Überlebensfähigkeit des Unternehmens zu sichern (vgl. Kap. 1.3.3), müssen im Rahmen der Strategieformulierung passende Strategien entwickelt werden. Es gilt, die Marktposition sowie das Ressourcenprofil des Unternehmens mithilfe von Strategien so zu gestalten, dass Wettbewerbsvorteile entstehen.

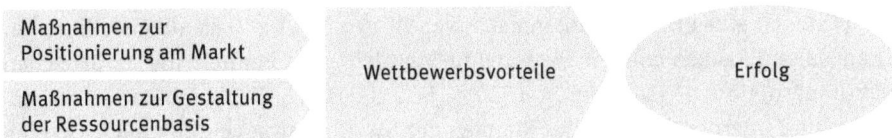

Abb. 6.1: Grundverständnis des Strategischen Managements (Quelle: Eigene Ausarbeitung in enger Anlehnung an Dillerup/Stoi, 2016, S. 174).

Bei der Strategieformulierung werden verschiedene Strategieoptionen erarbeitet, die geeignet erscheinen, um Wettbewerbsvorteile zu generieren. Die Auswahl einer Strategiealternative erfolgt nach deren Bewertung in Bezug auf ihre Zielwirksamkeit (vgl. Hungenberg, 2014, S. 10). Um letztendlich wirksam zu werden, müssen Strategien anschließend im Rahmen der Strategieimplementierung umgesetzt werden.

„Ausgehend von den Informationen der Umwelt- und Unternehmensanalyse gilt es, eine Strategie zu entwickeln, die der Erreichung der strategischen Ziele dient" (Welge/Al-Laham/Eulerich, 2017, S. 459).

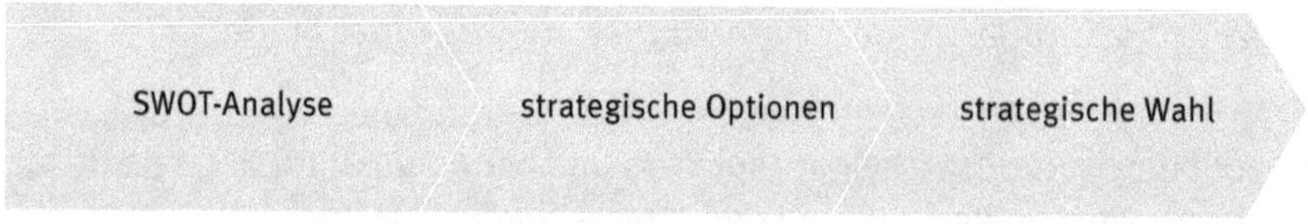

6 Strategieformulierung und -bewertung

| SWOT-Analyse | strategische Optionen | strategische Wahl |

Abb. 6.2: Vorgehensweise bei der Entwicklung von Strategien (Quelle: Eigene Ausarbeitung in Anlehnung an Steinmann/Schreyögg/Koch, 2013, S. 163).

Zunächst werden dabei die sog. SWOT-Normstrategien betrachtet, die aus den Ergebnissen der Situationsanalyse hervorgehen. Außerdem wird eine Systematisierung erarbeitet, die die Vielzahl an möglichen Strategien den Ebenen des Unternehmens, der Geschäftsbereiche und der Funktionsbereiche zuordnet. Dieser Aufteilung folgend, werden anschließend die einzelnen Strategietypen der jeweiligen Ebene im Detail beschrieben. Dabei liegt der Fokus auf den Unternehmensstrategien zum Wachstum und zum Management der Geschäftsfelder sowie den Geschäftsfeldstrategien zur Erzielung von Wettbewerbsvorteilen.

6.1 SWOT-Normstrategien

Wie bereits in Kap. 4.5 erwähnt, untersucht die SWOT-Analyse die Stärken (Strengths) und Schwächen (Weaknesses) sowie die Chancen (Opportunities) und Bedrohungen (Threats) eines Hotelunternehmens (vgl. Abb. 4.8). „Die Gegenüberstellung der Chancen und Risiken mit den Stärken und Schwächen verdeutlicht die strategischen Handlungsoptionen" (Dillerup/Stoi, 2016, S. 235). Durch die Kombination der externen und internen Faktoren im Rahmen der SWOT-Analyse wird deutlich, ob eine Stärke/Schwäche auf eine günstige/ungünstige Umweltentwicklung trifft (vgl. Gardini, 2015, S. 164). Stimmen die hoteleigenen Kompetenzen mit den Anforderungen der Umwelt überein, kann ein strategischer Fit erreicht werden (vgl. Paul/Wollny, 2014, S. 79). Dabei werden sowohl das Unternehmen als auch dessen Umwelt einbezogen, analysiert und in Zusammenhang gesetzt. Hierdurch können Handlungsoptionen entwickelt und deren Eignung für das eigene Unternehmen bewertet werden (vgl. Paul/Wollny, 2014, S. 87). Ein Hotelbetrieb kann durch eine gezielte Nutzung der Unternehmensstärken und einen Ausgleich der Schwächen, in Abstimmung mit den Anforderungen der Umwelt, Erfolge erzielen (vgl. Paul/Wollny, 2014, S. 81). Auf den Stärken des Hotelunternehmens können erfolgreiche Strategien aufgebaut werden, während dessen Schwächen Grenzen für die Strategiewahl setzen (vgl. Paul/Wollny, 2014, S. 87). Die SWOT-Analyse dient somit der Festlegung des Handlungsspielraums für die Strategieentwicklung.

Aus den Ergebnissen der SWOT-Analyse kann die sog. TOWS-Matrix abgeleitet werden, mit deren Hilfe für alle vier Felder die strategischen Möglichkeiten hergeleitet werden können, die sog. SWOT-Normstrategien (vgl. auch Camphausen, 2013, S. 102):

	TOWS-Matrix	interne Faktoren	
		Schwächen Weaknesses	Stärken Strenghts
externe Faktoren	Chancen Opportunities	WO Schwächen überwinden, um Chancen zu nutzen	SO Stärken nutzen, um Chancen auszuschöpfen
	Risiken Threats	WT Schwächen minimieren, um Bedrohungen abzuwehren	ST Stärken nutzen, um Gefahren zu begegnen

Abb. 6.3: TOWS-Matrix mit den SWOT-Normstrategien (Quelle: Eigene Ausarbeitung in enger Anlehnung an Weihrich, 1982, S. 60; Paul/Wollny, 2014, S. 80).

SO-Strategien dienen der Nutzung der eigenen Stärken zur Realisierung von Chancen (vgl. Paul/Wollny, 2014, S. 89). Dabei sollten Optionen verfolgt werden, die gut zu den Stärken des Hotels passen (vgl. von Freyberg/Gruner/Lang, 2018, S. 70).

WO-Strategien sollen Schwächen überwinden, um Chancen wahrnehmen zu können (vgl. Becker/Fallgatter, 2007, S. 118).

ST-Strategien versuchen, durch die Verwendung von Stärken, Gefahren zu begegnen und Bedrohungen abzuwehren (vgl. Becker/Fallgatter, 2007, S. 118).

WT-Strategien sollen Schwächen minimieren, um Risiken zu mindern (vgl. Dillerup/Stoi, 2016, S. 289) und sich gegen Bedrohungen zu verteidigen.

Nach Weihrich (1982) schließen sich die vier strategischen Handlungsoptionen nicht gegenseitig aus. Sie dienen der Entwicklung von Strategiealternativen und unterstützen die Formulierung und Bewertung von Strategien (vgl. Wheelen/Hunger, 2012, S. 230).

Nach erfolgter SWOT-Analyse können aus den Stärken die Kernkompetenzen sowie die Besonderheiten des Hotelbetriebs im Vergleich zur Konkurrenz abgeleitet werden (vgl. von Freyberg/Gruner/Lang, 2018, S. 71). Daraus ergeben sich auch die Ansatzpunkte für die Erzielung von Wettbewerbsvorteilen, die durch die entsprechenden Strategien aufgebaut werden sollen.

6.2 Systematisierung von Strategien

Ausgehend von der unternehmerischen Mission und Vision sowie den generellen Unternehmenszielen, sind zur Konkretisierung dieser Zielvorstellungen „[...] Strategien zu entwickeln, die als langfristige und ganzheitliche Programme und Handlungsmuster das Verhalten und die Entwicklung eines Hotelunternehmens positiv beeinflussen sollen" (Gardini, 2015, S. 143). Im Rahmen der Strategieformulierung sollen daher geeignete Strategiealternativen herausgearbeitet werden.

Da ein sehr breites Spektrum an Strategien existiert, wird im Folgenden versucht, die verschiedenen Strategietypologien zu systematisieren. Um eine solche Klassifikation vorzunehmen, kann eine Vielzahl von Unterscheidungskriterien herangezogen werden (vgl. Bea/Haas, 2017, S. 179; Welge/Al-Laham/Eulerich, 2017, S. 468):

organisatorischer Geltungsbereich:
  Unternehmensstrategie
  Geschäftsbereichsstrategie
  Funktionsbereichsstrategie

Entwicklungsrichtung:
  Wachstumsstrategie
  Stabilisierungsstrategie
  Schrumpfungsstrategie

Produkt-Markt-Kombinationen:
  Marktdurchdringungsstrategie
  Marktentwicklungsstrategie
  Produktentwicklungsstrategie
  Diversifikationsstrategie

regionaler Geltungsbereich:
  lokale Strategie
  nationale Strategie
  internationale Strategie
  globale Strategie

Grad der Eigenständigkeit:
  Autonomiestrategie
  Kooperationsstrategie
  Integrationsstrategie

Ansatzpunkte für Wettbewerbsvorteile:
  Kostenführerstrategie
  Differenzierungsstrategie
  Nischenstrategie

Marktverhalten:
Angriffsstrategie
Verteidigungsstrategie

Funktionen:
Beschaffungsstrategie
Produktionsstrategie
Absatzstrategie
Finanzierungsstrategie
Personalstrategie
Technologiestrategie

Zur „[...] Systematisierung dieser Strategievarianten hat sich die Unterscheidung in Strategien auf der Gesamtunternehmens-, der Geschäftsbereichs- und der Funktionsbereichsebene" (Macharzina/Wolf, 2008, S. 261 sowie die dort genannte Literatur) durchgesetzt (vgl. hierzu bspw. Welge/Al-Laham/Eulerich, 2017, S. 469; Enz, 2010, S. 19; Kreikebaum/Gilbert/Behnam, 2018, S. 136; Dillerup/Stoi, 2016, S. 187).

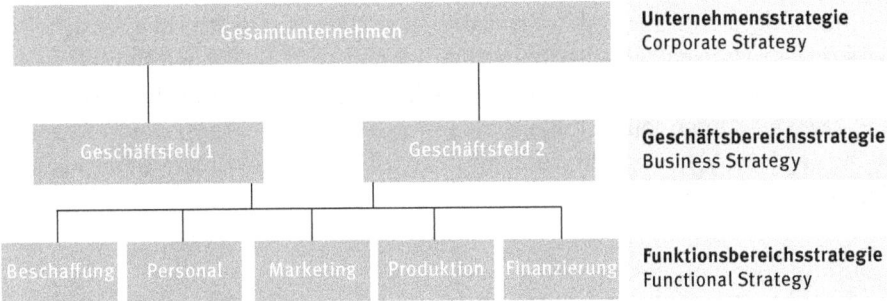

Abb. 6.4: Strategiesystem (Quelle: Eigene Ausarbeitung in enger Anlehnung an Becker/Fallgatter, 2007, S. 116

Da das Strategische Management sich über das gesamte Unternehmen erstreckt und sowohl Geschäftsbereiche als auch Funktionsbereiche einschließt, erscheint eine Systematisierung nach den organisatorischen Ebenen sinnvoll (vgl. Welge/Al-Laham/Eulerich, 2017, S. 467).

Auf der Ebene des Gesamtunternehmens geht es um die Fragestellung „Where to compete?". Unternehmensstrategien legen fest, in welchen Geschäftsfeldern das Unternehmen tätig sein möchte (vgl. Enz, 2010, S. 18; Becker/Fallgatter, 2007, S. 116). Auf Ebene der Geschäftsfelder soll die Frage geklärt werden, wie in den einzelnen Geschäftsbereichen Wettbewerbsvorteile erlangt werden sollen. Geschäftsbereichsstrategien beantworten also die Frage „How to compete?" (vgl. Enz, 2010, S. 18; Kreikebaum/Gilbert/Behnam, 2018, S. 141 sowie die dort genannte Literatur). Wie die einzelnen Funktionsbereiche strategisch auszurichten sind, wird auf der dritten Ebene, der Ebene der Funktionsbereiche, behandelt. Dabei stellt sich die Frage, wie die Funktionsbereichsstrategien die übergeordneten Strategien unterstützen können (vgl. Becker/Fallgatter, 2007, S. 116).

In der Literatur zum Strategischen Management werden z. T. nur zwei Ebenen unterschieden: die Unternehmensebene und die Geschäftsbereichsebene. Funktionalstrategien fallen dann in den Bereich der Strategieimplementierung bzw. sind bereits dem Operativen Management zugeordnet (vgl. hierzu bspw. Hungenberg, 2014; Paul/Wollny, 2014).

In Unternehmen, die nur einen Geschäftsbereich besitzen, fallen die Unternehmensebene und die Ebene der Geschäftsfelder zusammen und es entfallen z. T. einige Strategien, die sich auf das Management verschiedener Geschäftsbereiche beziehen (z. B. Markenstrategien). Somit existieren nur zwei Ebenen in diesen Betrieben: die Unternehmensebene, auf der gleichfalls Geschäftsbereichsstrategien (z. B. Wettbewerbsstrategien) formuliert werden sowie die Ebene der Funktionsbereiche.

Im Rahmen dieses Buches sollen jedoch drei Ebenen unterschieden werden. Dabei wird von der nachfolgenden Konzeption ausgegangen, bei der den einzelnen Ebenen, verschiedene Strategien zugeordnet sind, die auf der jeweiligen Ebene formuliert und bewertet werden sollen.

In den folgenden Kapiteln sollen die in Abb. 6.5 dargestellten Strategien ausführlich betrachtet werden.

6.2 Systematisierung von Strategien

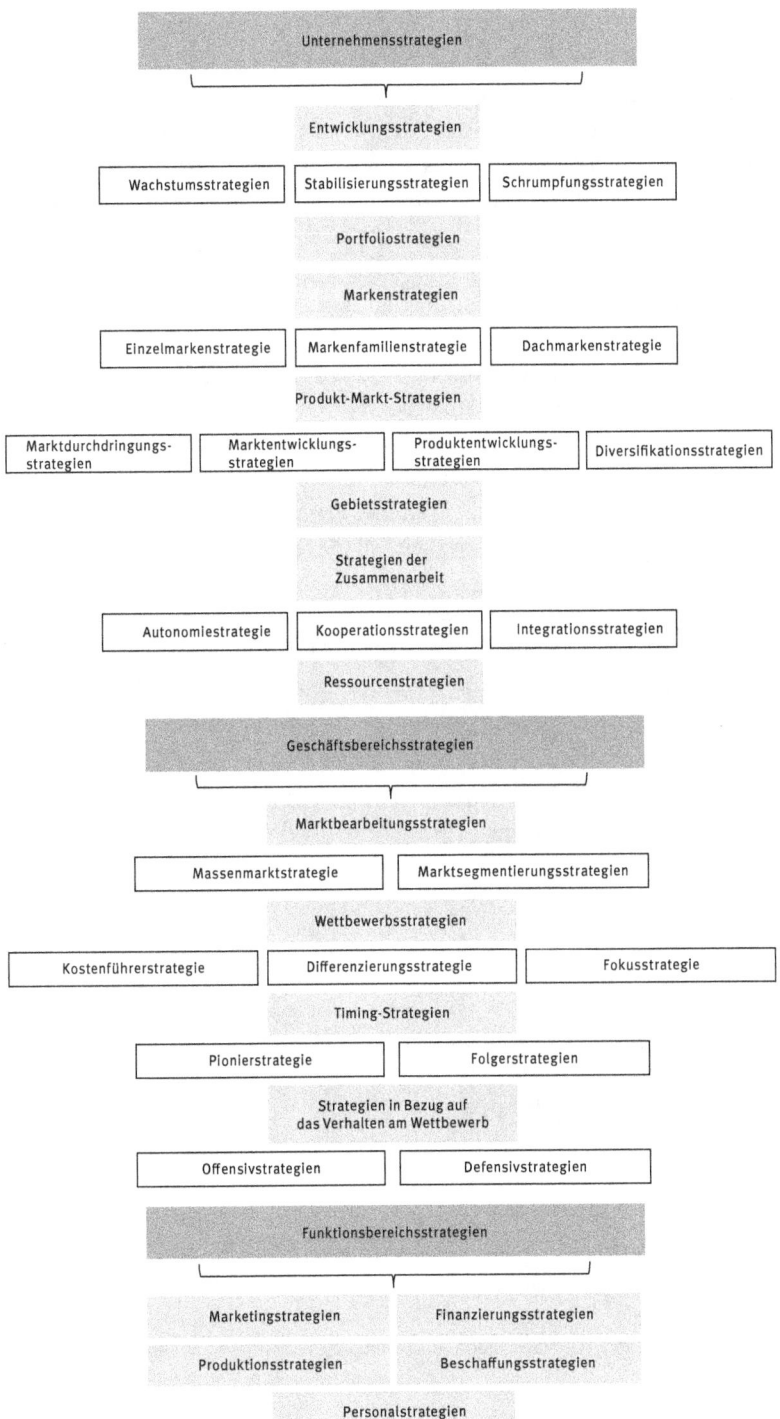

Abb. 6.5: Strategiearten nach organisatorischen Ebenen (Quelle: Eigene Ausarbeitung in Anlehnung an Bea/Haas, 2017, S. 180).

6.3 Unternehmensstrategien

„Die Strategien auf Unternehmensebene [...] geben die generelle Stoßrichtung des gesamten Unternehmens an" (Bea/Haas, 2017, S. 181). Sie bestimmen die grundlegende Entwicklungsrichtung (Wachstums-, Stabilisierungs-, Schrumpfungsstrategien) und treffen Entscheidungen über die Zusammensetzung der Geschäftsfelder und Marken sowie deren Entwicklung (Portfolio-Strategien) (vgl. Gardini, 2015, S. 192; Bea/Haas, 2017, S. 183). Zwischen den Geschäftsfeldern sollen Synergieeffekte erzielt und Ressourcen verteilt werden. Unternehmensstrategien legen fest, in welchen Geschäftsfeldern das Unternehmen tätig sein möchte (vgl. Becker/Fallgatter, 2007, S. 116). Außerdem werden die Produkte, Märkte und Gebiete bestimmt, die für das Unternehmen infrage kommen und mit denen das Unternehmen ein Wachstum erzielen möchte (Produkt-Markt-Strategien, Gebietsstrategien). Des Weiteren müssen Entscheidungen in Bezug auf den Grad der Eigenständigkeit des Unternehmens getroffen werden.

Nachfolgend sollen diese Strategien, die auf der Ebene des Gesamtunternehmens zu formulieren sind, näher beschrieben werden.

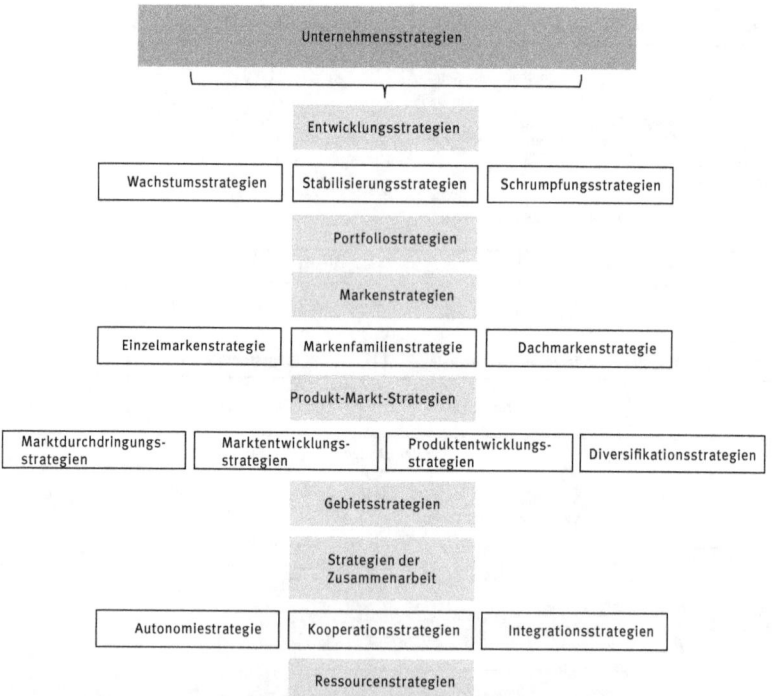

Abb. 6.6: Unternehmensstrategien (Quelle: Eigene Ausarbeitung in Anlehnung an Bea/Haas, 2017, S. 180).

6.3.1 Entwicklungsstrategien

Wie bereits erwähnt, wird auf Unternehmensebene die grundlegende Entwicklungsrichtung festgelegt. In Bezug auf die zukünftige Entwicklung des Unternehmens können Wachstums-, Stabilisierungs- und Schrumpfungsstrategien unterschieden werden (vgl. Gardini, 2015, S. 192; Welge/Al-Laham/Eulerich, 2017, S. 469).

Wachstumsstrategien

Wachstumsstrategien zielen bspw. auf eine Ausweitung des Leistungsprogramms, die Vergrößerung des Unternehmens oder das Vordringen in neue Gebiete ab. Wachstum hat zwei Aspekte (vgl. Scheuss, 2008, S. 93):
- Quantitatives Wachstum bedeutet Mengenwachstum und damit die Zunahme von Marktanteilen, Umsatz, Gewinnen etc.
- Qualitatives Wachstum ist auf persönlichen Fortschritt, Lernen, Knowhow-Zuwachs etc. gerichtet.

Um Wachstumsmöglichkeiten darzustellen, entwickelte Ansoff (1965) vier Basisstrategien, die Produkt-Markt-Strategien (vgl. hierzu eingehend Kap. 6.3.4).

Zur Erreichung eines Wachstums existieren ferner interne und externe Wachstumsstrategien (vgl. Welge/Al-Laham/Eulerich, 2017, S. 603; Scheuss, 2008, S. 94):
- Interne Wachstumsstrategien sind auf ein organisches Wachstum aus dem Unternehmen selbst gerichtet (Eigenentwicklung).
- Externe Wachstumsstrategien bedeuten unternehmensfremdes Wachstum durch eine Kooperation oder eine Integration (vgl. hierzu eingehend Kap. 6.3.6).

Viele der in den nächsten Kapiteln folgenden Strategiebeschreibungen legen ausführlich dar, welche Möglichkeiten zum Wachstum eines Unternehmens bestehen (z. B. Gebietsstrategien).

Um ein Wachstum zu erzielen sind i. d. R. Investitionen notwendig (vgl. Scheuss, 2008, S. 93), weshalb die Entscheidung für eine Wachstumsstrategie gut abgewägt werden sollte.

Stabilisierungsstrategien

„Stabilisierungsstrategien sind darauf ausgerichtet, die bisherige Position zu sichern" (Bea/Haas, 2017, S. 191). Es wird versucht, die gegenwärtige Situation zu stabilisieren, das bisherige Leistungsprogramm zu halten oder zu optimieren (vgl. Welge/Al-Laham/Eulerich, 2017, S. 602). Um die Effizienz aller Unternehmensaktivitäten zu erhöhen, können bspw. (vgl. Welge/Al-Laham/Eulerich, 2017, S. 602)
- die Kosten reduziert werden,
- die Struktur und das Angebot bereinigt werden,
- unnötige Aktivitäten vermieden werden.

Stabilisierungsstrategien beinhalten keine wesentlichen Änderungen aktueller strategischer Stoßrichtungen und Strategien (vgl. Becker/Fallgatter, 2007, S. 136). Verschiedene Varianten dieser Strategie werden unterschieden (vgl. Becker/Fallgatter, 2007, S. 136 f oder auch Welge/Al-Laham/Eulerich, 2017, S. 602 f):
- Die *Übergangsstrategie* wird genutzt, um Zeit für strategische Überlegungen zu gewinnen und operative Verbesserungen vorzunehmen.
- Bei der *Status-Quo-Strategie* bleibt die bisherige Strategie bewusst unverändert. Änderungen sind nicht nötig oder nicht möglich.
- Die *Gewinnstrategie* zielt auf die kurzfristige Gewinnmaximierung.

Stabilisierungsstrategien werden zumeist jedoch nur über eine kurze Zeit verfolgt, da die internen und externen Entwicklungen früher oder später eine Anpassung der Strategie notwendig machen oder sich langfristig Nachteile aus der Stabilisierungsstrategie ergeben (vgl. hierzu Becker/Fallgatter, 2007, S. 137).

Schrumpfungsstrategien

„Die Schrumpfung beschreibt das Phänomen der rückläufigen Nachfrage in einem Markt" (Bea/Haas, 2017, S. 192). Überkapazitäten und steigender Wettbewerbs- und Kostendruck sind bspw. Anzeichen für eine Schrumpfung des Marktes (vgl. Bea/Haas, 2017, S. 192). Deren Gründe sind vielfältig und können u. a. an einer Marktsättigung, in einer demografischen oder technologischen Entwicklung, einem Wertewandel oder in einem veränderten Kundenverhalten liegen (vgl. Becker/Fallgatter, 2007, S. 137; Bea/Haas, 2017, S. 192). Bei derartigen Marktveränderungen, ist die Planung einer Schrumpfungsstrategie notwendig. Hierbei kann zwischen der Marktbehauptungsstrategie und der Marktaustrittsstrategie unterschieden werden (vgl. Bea/Haas, 2017, S. 192 ff):
- Bei der *Marktbehauptungsstrategie* wird das Investitionsniveau entweder gehalten (Status-Quo-Strategie) oder eine Marktkonzentrationsstrategie verfolgt. Dabei konzentriert sich das Unternehmen auf zukunftsfähige Marktbereiche und gibt verlustbringende Geschäftsfelder auf. Dieses Vorgehen kann auch als selektives Schrumpfen bezeichnet werden.
- Die *Marktaustrittsstrategie* bedeutet eine Desinvestition. Diese kann in Form einer Veräußerung oder einer Aufgabe des Desinvestitionsobjektes (Liquidation) stattfinden. Bei einer Veräußerung bleibt das Objekt erhalten. Dabei kann an externe Käufer (Sell-off) oder an das bisherige Management (Management Buy-out) verkauft werden. Eine dritte Möglichkeit ist die rechtliche Verselbstständigung des Unternehmensteils, an dem die Eigentümer beteiligt bleiben (Spin-off). Im Gegensatz zur Veräußerung, wird bei einer Liquidation die Unternehmenstätigkeit eingestellt (Stilllegung).

Auch in der Hotelbranche sind immer wieder Beispiele einer Verkleinerung des Produktprogramms von großen Hotelkonzernen zu verzeichnen. So trennte sich bspw. Accor 2012 von seinen regionalen Marken Motel6 und Studio6, welche in den USA und Kanada vertreten waren. Der Verkauf brachte 1,5 Milliarden Euro, wodurch Accor die Möglichkeit hatte, seine Nettoverschuldung um 780 Millionen Euro zu senken (vgl. Accor, 2012). Die Reduzierung der Nettoverschuldung ist eine der strategischen Zielsetzungen, auf die sich die Hotelgruppe 2012 konzentrierte (vgl. Accor, 2011, S. 22). Anhand dieses Beispiels wird deutlich, dass die Schrumpfung des Portfolios auch der Erreichung von übergeordneten strategischen Zielen dienen kann.

Die allgemeine Entwicklungsrichtung des Unternehmens legt fest, auf welches grundsätzliche Ziel die Unternehmung hinarbeitet. Zumeist ist ein Wachstum oder eine Stabilisierung geplant. Teilweise eröffnet aber eine Schrumpfung in Teilbereichen erst die Möglichkeit zum Wachstum auf Unternehmensebene. Die Unternehmensstrategie legt u. a. fest, welche Geschäftsfelder fokussiert werden und in welchen Bereichen eher eine Desinvestition angebracht wäre. Im folgenden Kapitel soll daher näher auf die spezifischen Strategien in Bezug auf das Management von Portfolios eingegangen werden.

6.3.2 Portfolio-Strategien

„Ein Strategieportfolio zeigt die verschiedenen Geschäfte (oder Produkte) eines Unternehmens in ihrem gegenseitigen Zusammenhang" (Scheuss, 2012, S. 99 sowie die dort genannte Literatur). Da die Unternehmensstrategie festlegt, in welchen Geschäftsbereichen das Unternehmen tätig sein soll, ist es notwendig, auf Unternehmensebene strategische Geschäftsfelder zu bilden.

Bildung strategischer Geschäftsfelder

„Strategische Geschäftsfelder stellen [...] eine eindeutig abgrenzbare Produkt-/Marktkombination dar [...]" (Gardini, 2015, S. 192). Ein strategisches Geschäftsfeld (SGF) stellt in der Hotellerie eine Produkt-Markt-Kombination dar, die (vgl. Henschel/Gruner/von Freyberg, 2018, S. 131; Kaspar, 1995, S. 93)
- sich von anderen Produkt-Markt-Einheiten deutlich abgrenzt,
- ein klar definiertes Bündel von Leistungen entwickelt, erstellt und vermarktet,
- einen durch Gästegruppen oder ein geografisches Gebiet klar definierten Zielmarkt aufweist,
- sich gegenüber der Konkurrenz abgrenzt.

SGF können als weitgehend unabhängige Teilbereiche aus dem Betätigungsfeld des Unternehmens angesehen werden, die über eigene Erfolgsaussichten, Chancen und

Risiken sowie über relativ eigenständige Strategien verfügen (vgl. Müller-Stewens/ Lechner, 2016, S. 141 sowie die dort genannte Literatur).

„Das Gegenstück zu den strategischen Geschäftsfeldern bilden die strategischen Geschäftseinheiten" (Müller-Stewens/Lechner, 2016, S. 146). SGF entstehen durch die externe Segmentierung der Umwelt, wogegen die strategischen Geschäftseinheiten (SGE) durch eine interne Segmentierung des Unternehmens ermittelt werden. Auch die SGE müssen deutlich voneinander abgrenzbar sein, sollten auf einen klar definierten Zielmarkt ausgerichtet werden und eigenständige Strategien verfolgen (vgl. Müller-Stewens/Lechner, 2016, S. 146). Eine SGE kann als weitgehend unabhängige Unternehmenseinheit definiert werden, die „[...] selbstständige Ziele in den von ihr anvisierten Geschäftsfeldern eigenverantwortlich verfolgt" (Müller-Stewens/Lechner, 2016, S. 146).

Die Bildung strategischer Geschäftsfelder und -einheiten spielt zwar v. a. für große Hotelkonzerne eine wichtige Rolle, aber auch Individualhotels müssen keine „Ein-Produkt-Unternehmen" sein. Auch sie können ihr Unternehmen in verschiedene Geschäftsbereiche aufteilen, z. B. Beherbergung, Restaurant, Veranstaltung, unter der Voraussetzung, dass diese Bereiche die genannten Anforderungen an SGF erfüllen (vgl. Wolf/Heckmann, 2008, S. 127).

Die Aufteilung in strategische Geschäftsfelder bildet die Grundlage für die Erstellung eines Strategie-Portfolios und die daraus abgeleiteten Portfolio-Strategien.

Portfolio-Konzept

„Portfolio management refers to managing the mix of businesses in the corporate portfolio" (Enz, 2010, S. 244). Um einen Überblick über die Geschäftsfelder eines Unternehmens und deren strategische Positionierung zu erhalten, können Portfolio-Konzepte eingesetzt werden. Dabei werden die einzelnen SGF nicht isoliert, sondern ganzheitlich betrachtet (vgl. Camphausen, 2013, S. 120). Portfolio-Konzepte dienen der „[...] vereinfachten Darstellung, Systematisierung und Verdichtung von Informationen über die aktuelle Stellung von Unternehmen bzw. deren Geschäftsfeldern" (Gardini, 2015, S. 166). Sie sollen bei Entscheidungen über die Ressourcenverteilung unter den Geschäftsfeldern, bei Investitions- und Desinvestitionsentscheidungen helfen (vgl. Enz, 2010, S. 245), indem sie Ungleichgewichte und den strategischen Handlungsbedarf aufdecken sowie strategische Handlungsempfehlungen geben (vgl. Gardini, 2015, S. 166).

Portfolios sollen aufzeigen, welche SGF lukrativ sind und zum Unternehmenserfolg beitragen oder das Potenzial dazu haben und welche unattraktiven Geschäftsfelder abzubauen sind (vgl. Scheuss, 2008, S. 83). Anhand der Einordnung der SGF in das Portfolio, können Entscheidungen in Bezug auf das jeweilige SGF getroffen werden.

Die bekanntesten Portfolio-Konzepte sind das Vier-Felder-Portfolio der Boston Consulting Group (BCG) sowie das Neun-Felder-Portfolio von McKinsey.

Das sog. *BCG-Portfolio* stellt ein Instrument zur Steuerung von SGF bzw. SGE auf Grundlage des Cashflows dar (vgl. Paul/Wollny, 2014, S. 220). Die Geschäftsbereiche werden dabei anhand der beiden Bewertungskriterien „Marktanteil" und „Marktwachstum" eingeschätzt (vgl. Scheuss, 2008, S. 83):
1. Wie schnell wächst der Markt?
   Beurteilungskriterium: Marktwachstum
2. Wie steht das Geschäftsfeld im Markt?
   Beurteilungskriterium: relativer Marktanteil (Marktstellung im Vergleich zu den stärksten Konkurrenten)

Diese beiden „[…] Dimensionen werden jeweils in ‚niedrig' und ‚hoch' eingeteilt, sodass eine aus vier Feldern bestehende Matrix (4-Felder-Matrix) entsteht" (Becker/Fallgatter, 2007, S. 98 f). Daher wird dieses Portfolio auch als Marktwachstums-/Marktanteils-Portfolio bezeichnet.

Je nach ihrer Einschätzung, werden die SGF den vier Feldern zugeordnet, die jeweils eine bestimmte Kategorie symbolisieren (vgl. Camphausen, 2013, S. 122):

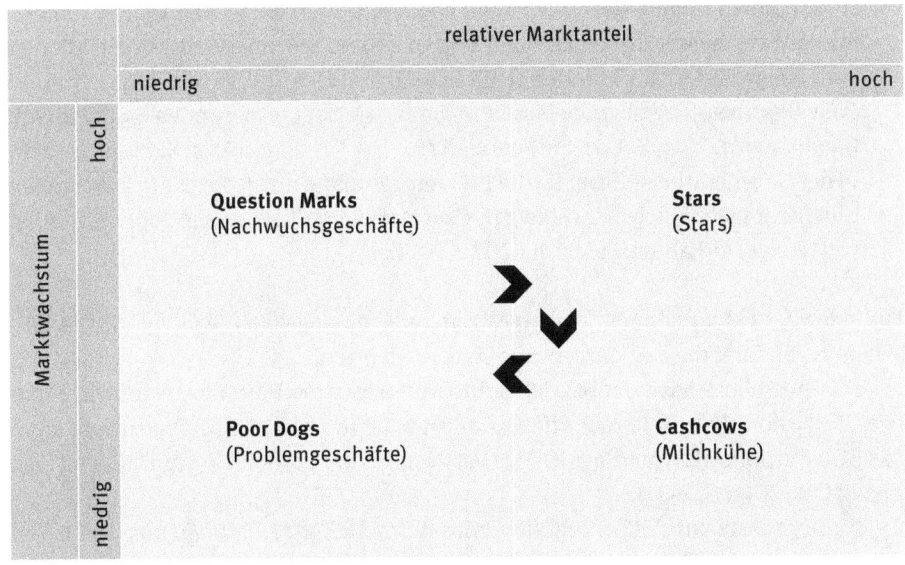

Abb. 6.7: BCG-Matrix (Quelle: Eigene Ausarbeitung in enger Anlehnung an Camphausen, 2013, S. 132).

– Question Marks haben zwar ein hohes Wachstumspotenzial, aber noch eine niedrige Marktstellung (vgl. Scheuss, 2008, S. 84). Sie befinden sich in der Einführungs- oder frühen Wachstumsphase (vgl. Welge/Al-Laham/Eulerich, 2017, S. 488). Bei einem Ausbau des Marktanteils hat ein Question Mark die Chance

zum Star zu werden. Dies erfordert jedoch, Investitionen unter Risiko zu tätigen, obwohl das Nachwuchsgeschäft bisher nur geringe Erträge erzielt (vgl. Camphausen, 2013, S. 132). Bei mehreren Nachwuchsgeschäften muss daher eine Auswahl vorgenommen werden (vgl. Welge/Al-Laham/Eulerich, 2017, S. 488). Um einen Ausbau des Marktanteils zu erreichen, muss die Marktbearbeitung intensiviert werden (z. B. durch Marketingmaßnahmen).
- Stars sind durch ein hohes Marktwachstum und einen hohen relativen Marktanteil gekennzeichnet, d. h. sie haben in Märkten mit hohen Wachstumsraten eine hohe Marktstellung (vgl. Scheuss, 2008, S. 84). Um die Marktposition in der Wachstumsphase zu halten oder auszubauen, müssen Investitionen getätigt werden (z. B. Marketing- und Vertriebsmaßnahmen, Erweiterung der Kapazitäten). Diese Ausgaben kommen zumeist den erzielten Einnahmen gleich (vgl. Welge/Al-Laham/Eulerich, 2017, S. 488). Ziel ist es, den hohen Marktanteil auch bei einer Abflachung des Wachstums zu erhalten und damit vom Star zur Cashcow zu werden (vgl. Camphausen, 2013, S. 132).
- Cashcows haben einen hohen Marktanteil in Märkten mit geringen Wachstumsraten (Sättigungsphase). Da in dieser Phase keine großen Investitionen notwendig sind, können höhere Gewinne erzielt werden. Dadurch entstehen große Finanzmittelüberschüsse, die abgeschöpft und in andere SGF investiert werden können (vgl. Welge/Al-Laham/Eulerich, 2017, S. 489).
- Poor Dogs besitzen niedrige Marktanteile in langsam wachsenden Märkten (vgl. Camphausen, 2013, S. 132). Sie befinden sich i. d. R. in der späten Sättigungs- bzw. in der Degenerationsphase. Da die Problemgeschäfte nur geringe Erträge erzielen und nicht mehr wachsen, sollte ggf. eine Marktaustrittsstrategie geplant werden (vgl. Welge/Al-Laham/Eulerich, 2017, S. 489).

Für jedes der Felder können folglich Normstrategien abgeleitet werden, die die Entscheidungen über die Ressourcenverteilung erleichtern.

Das Portfolio-Modell der BCG stellt die Grundlagen der Portfolio-Technik in einfacher Weise dar. Viele weitere Portfolio-Konzepte bauen darauf auf. Demzufolge kann das BCG-Portfolio als Grundlage für das Verständnis der Portfolio-Technik dienen (vgl. hierzu Enz, 2010, S. 245 f).

Im Gegensatz zum BCG-Portfolio umfasst das *McKinsey-Portfolio* eine Neun-Felder-Matrix mit den Bewertungskriterien „Marktattraktivität" und „Wettbewerbsstärke" (vgl. Becker/Fallgatter, 2007, S. 102). Dieses Marktattraktivitäts-/Wettbewerbsvorteil-Portfolio stellt gegenüber dem Marktwachstums-/Marktanteils-Portfolio ein „Multifaktoren-Konzept" dar (vgl. Welge/Al-Laham/Eulerich, 2017, S. 492). Die zwei Dimensionen werden durch umfangreiche Kriterienkataloge bestimmt und somit werden die Geschäftsfelder anhand einer Vielzahl von strategischen Faktoren bewertet (vgl. Becker/Fallgatter, 2007, S. 102; Welge/Al-Laham/Eulerich, 2017, S. 492 sowie die dort genannte Literatur).

Die Marktattraktivität kann bspw. anhand folgender Parameter bestimmt werden (vgl. Welge/Al-Laham/Eulerich, 2017, S. 492; Becker/Fallgatter, 2007, S. 103 f):
- Marktwachstum
- Marktgröße
- Marktrisiko
- Konkurrenzsituation
- Rohstoffversorgung

Die Dimension der relativen Wettbewerbsstärke kann u. a. durch folgende Faktoren bestimmt werden (vgl. Welge/Al-Laham/Eulerich, 2017, S. 492; Becker/Fallgatter, 2007, S. 104):
- relativer Marktanteil
- Leistungsqualität
- Standortvorteile
- Preisvorteile
- Vertriebsvorteile
- relative Qualifikation der Mitarbeiter

Anhand dieses Kriterienkatalogs wird deutlich, dass sich darin die Bewertungskriterien der BCG-Matrix zwar wiederfinden, jedoch nur als Teilfaktoren zur Bestimmung der Dimensionen der McKinsey-Matrix. Diese ist somit detaillierter und ein Unternehmen kann aus der Fülle der möglichen Faktoren diejenigen auswählen, die für das jeweilige Unternehmen am geeignetsten erscheinen.

Die ausgewählten Kriterien werden anschließend gewichtet und die Geschäftsfelder werden mit deren Hilfe bewertet (vgl. Scheuss, 2008, S. 87). Aufgrund der Dreiteilung der Dimensionen in niedrig, mittel und hoch ergeben sich neun Felder, in die die SGF eingeordnet werden können (vgl. Becker/Fallgatter, 2007, S. 103).

Je nach Position in der Matrix können verschiedene strategische Handlungsempfehlungen abgeleitet werden (vgl. Gardini, 2015, S. 166 f; Paul/Wollny, 2014, S. 231; Welge/Al-Laham/Eulerich, 2017, S. 493 f):
- Investitions- und Wachstumsstrategien sollten bei Geschäften angewandt werden, die über einen hohen Wettbewerbsvorteil in attraktiven Märkten verfügen (Zone der Mittelbindung). Diese Geschäfte verfügen über ein hohes Erfolgspotenzial, weswegen ihre Wettbewerbsstärke ausgebaut und gesichert werden sollte. Dazu sind Investitionen notwendig.
- Abschöpfungs- und Desinvestitionsstrategien beziehen sich auf Geschäfte, die keine guten Erfolgsaussichten haben und sich in eher unattraktiven Märkten befinden (Zone der Mittelfreisetzung). Hier sollen Gewinne abgeschöpft und damit Finanzmittel freigesetzt werden. Kann das SGF keine positiven Ergebnisse mehr erzielen, sollte eine Marktaustrittsstrategie geplant werden.

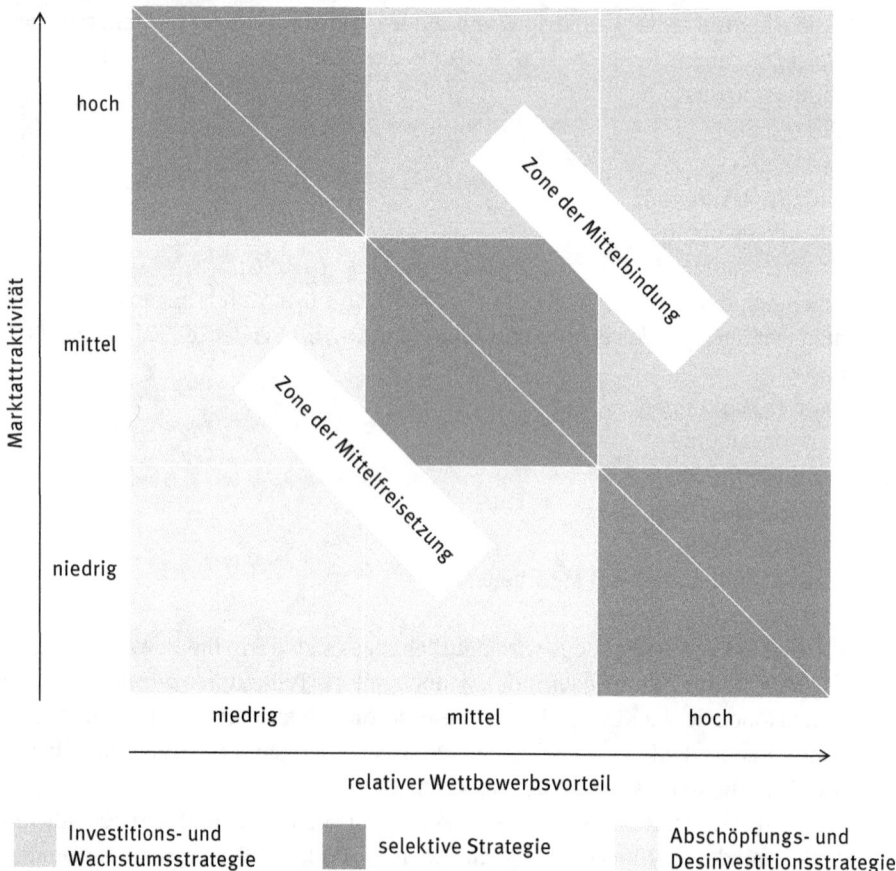

Abb. 6.8: Marktattraktivitäts-/Wettbewerbsvorteils-Portfolio (Quelle: Eigene Darstellung in Anlehnung an Becker/Fallgatter, 2007, S. 103 nach Hinterhuber, 1996, S. 149).

- Selektive Strategien wägen ab, ob für das jeweilige Geschäftsfeld eher eine Investitions- und Wachstumsstrategie oder eine Abschöpfungs- und Desinvestitionsstrategie infrage kommt.

Die Erarbeitung eines solchen McKinsey-Portfolios ist zwar aufwendiger, als die Bewertung der SGF unter Verwendung des BCG-Portfolios, das Neun-Felder-Portfolio ist jedoch, aufgrund des höheren Detailgrades und der Auswahlmöglichkeit aus unterschiedlichen Faktoren, variabel, vielseitig und adaptierbar (vgl. Scheuss, 2008, S. 86). Auf Grundlage der hier dargestellten Portfolio-Konzepte wurden zahlreiche weitere Modelle entwickelt wie etwa das Wertbeitrags-Portfolio der BCG (vgl. Welge/Al-Laham/Eulerich, 2017, S. 497 ff), das ADL-Portfolio von Little (vgl. Camphausen, 2013, S. 125 f) oder die Performance-Matrix von Günther (vgl. Welge/Al-Laham/Eulerich, 2017, S. 497 und S. 502 f).

Beispielhaft für die Anwendung von Portfolio-Konzepten in der Hotellerie sei hier das Portfolio des Schindlerhofs zu betrachten, der sein jeweiliges Ist-Portfolio analysiert und darauf aufbauend ein Soll-Portfolio entwickelt (vgl. Kobjoll, 2000, S. 123 f).

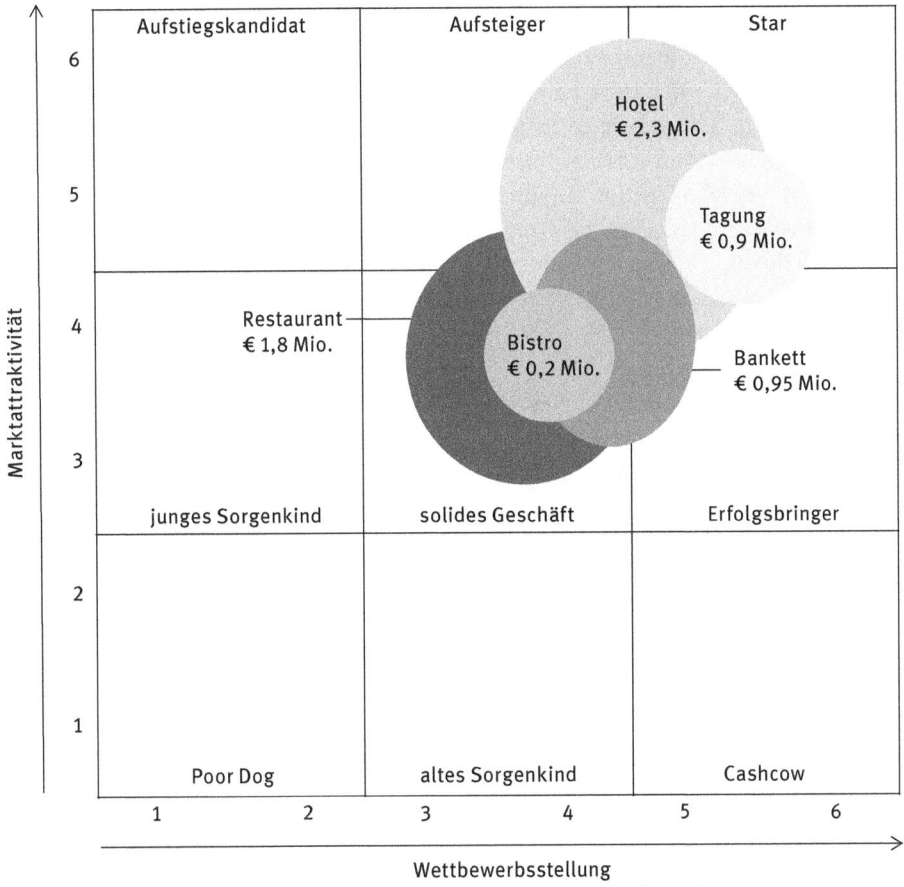

Abb. 6.9: Marktattraktivitäts-/Wettbewerbsvorteils-Portfolio des Schindlerhofs (Quelle: Eigene Darstellung in Anlehnung an Bruhn/Meffert, 2012, S. 189 nach Bruhn/Brunow/Specht, 2002, S. 140).

Trotz der Diskussion zu den Möglichkeiten und Grenzen von Portfolio-Konzepten in der Literatur zum Strategischen Management (vgl. Gardini, 2015, S. 167 sowie die dort genannte Literatur), werden Portfolio-Modelle in der Praxis häufig eingesetzt. Sie reduzieren die Komplexität strategischer Betrachtungen, fördern die Kommunikation im Unternehmen und helfen bei Entscheidungen über die Geschäftsfelder und deren Entwicklung (vgl. Gardini, 2015, S. 167).

Neben Geschäftsfeldern können auch Produkte, Marken oder weitere Betrachtungsobjekte in Portfolios eingeordnet und mithilfe von Portfolios strategisch bewertet und gesteuert werden.

Marken-Portfolios

Die Ausgewogenheit des Marken-Portfolios eines großen Unternehmens ist von wichtiger Bedeutung für den Unternehmenserfolg.

Heutzutage besitzen die großen Hotelkonzerne umfangreiche Marken-Portfolios, die mit verschiedenen Marken unterschiedliche Kundengruppen ansprechen (vgl. hierzu auch Zehle in Gardini, 2009b, S. 191):

- Die InterContinental Hotels Group umfasst folgende Marken mit insgesamt über 5.000 Hotels in knapp 100 Ländern (Stand: März 2018, vgl. InterContinental Hotels Group, 2018):
    - Avid Hotels
    - Candlewood Suites
    - Crowne Plaza Hotels & Resorts
    - Even Hotels
    - Holiday Inn Club Vacations
    - Holiday Inn Express Hotels
    - Holiday Inn Hotels
    - Holiday Inn Resorts
    - Hotel Indigo
    - Hualuxe Hotels & Resorts (auf dem chinesischen Markt)
    - InterContinental Hotels & Resorts
    - Kimpton Hotels & Resorts
    - Staybridge Suites

  In Deutschland ist die Hotelgruppe mit den Marken InterContinental, Holiday Inn, Holiday Inn Express, Crowne Plaza sowie Indigo vertreten.
- Zum Hilton Worldwide Portfolio zählen 14 Marken, über 5.200 Hotels und mehr als 856.000 Zimmer in 105 Ländern (Stand: März 2018, vgl. Hilton, 2018):
    - Canopy by Hilton
    - Conrad Hotels & Resorts
    - Curio Collection by Hilton
    - DoubleTree by Hilton
    - Embassy Suites by Hilton
    - Hampton by Hilton
    - Hilton Garden Inn
    - Hilton Grand Vacations
    - Hilton Hotels & Resorts
    - Home2 Suites by Hilton
    - Homewood Suites by Hilton

- Tapestry Collection by Hilton
- Tru by Hilton
- Waldorf Astoria Hotels & Resorts

Davon ist Hilton Worldwide im deutschen Markt bisher mit den Marken Hilton, Hilton Garden Inn, Hampton by Hilton, Curio Collection by Hilton und Waldorf Astoria, d. h. derzeit mit fünf Marken, aktiv.

- Marriott International führt derzeit mehr als 6.500 Unterkünfte weltweit. Das Portfolio schließt 31 Marken und Hotelprodukte in über 120 Ländern ein (Stand: März 2018). In Europa gehören über 550 Betriebe Marriott an. Mit der Übernahme von Starwood Hotels & Resorts konnte das Portfolio in Italien, Deutschland, Polen, Schweden, Portugal, Georgien, Griechenland, Serbien und der Türkei verdoppelt werden (vgl. Marriott, 2018a):

Luxury:
- Bvlgari Hotels & Resorts
- Edition
- JW Marriott
- St. Regis
- Ritz-Carlton Reserve
- The Luxury Collection
- The Ritz-Carlton
- W Hotels

Premium:
- Delta Hotels
- Gaylord Hotels
- Le Meridien
- Marriott Hotels
- Marriott Vacation Club
- Renaissance Hotels
- Sheraton
- Westin

Select:
- AC Hotels
- Aloft Hotels
- Courtyard Hotels
- Fairfield Inn & Suites
- Four Points
- Moxy Hotels
- Protea Hotels
- SpringHill Suites

Longer Stays:
- Element
- Marriott Executive Apartments

- Residence Inn
- TownePlace Suites

Collections:
- Autograph Collection Hotels
- Design Hotels
- Tribute Portfolio

Auf dem deutschen Hotelmarkt ist Marriott bisher mit 86 Häusern von 16 Marken (The Ritz-Carlton, Renaissance Hotels, Marriott Hotels, Courtyard Hotels, Moxy Hotels, AC Hotels, Residence Inn, Design Hotels, Westin, Sheraton, Le Meridien, The Luxury Collection, Aloft Hotels, Tribute Portfolio, Element und Autograph Collection Hotels) tätig (vgl. Marriott, 2018b).

- Die Wyndham Hotel Group ist laut eigenen Angaben das größte Hotel-Franchise-Unternehmen der Welt und umfasst rund 9.000 Hotels und fast 800.000 Zimmer in etwa 80 Ländern unter 20 Hotelmarken. Außerdem ist Wyndham Hotels & Resorts einer der führenden Anbieter von Hotelmanagement-Services (vgl. Wyndham, 2018a). Das Marken-Portfolio von Wyndham beinhaltet folgende Marken (Stand: Juli 2018, vgl. Wyndham, 2018b):

Distinctive/Unverkennbar:
- Wyndham Grand

Upscale/Gehoben:
- Dolce Hotels & Resorts
- Wyndham

Lifestyle:
- Tryp by Wyndham
- Esplendor Boutique Hotels
- Dazzler Hotels
- TM Trademark Collection by Wyndham

Midscale/Mittlere Preisklasse:
- La Quinta
- Wingate by Wyndham
- Wyndham Garden
- AmericInn
- Ramada Worldwide
- Ramada Encore
- Baymont Inn & Suites

Value/Preiswert:
- Microtel by Wyndham
- Days Inn
- Super 8
- Howard Johnson
- Travelodge

Extended Stay/Langzeitaufenthalt:
– Hawthorne Suites by Wyndham
In Deutschland ist die Hotelgruppe mit zahlreichen Marken, darunter Dolce Hotels & Resorts, Tryp by Wyndham, TM Trademark Collection by Wyndham, Ramada Worldwide und Super8, vertreten. Daneben gibt es noch Wyndham Destinations, mit 20 Marken das weltgrößte Unternehmen für Timesharing in Vacation Clubs, die Vermietung und den Tausch von Ferienwohnungen/-wohnrechten/-häusern (vgl. Wyndham, 2018c).
– Mit Maxx by Steigenberger soll der bisherige Freiraum im Upscale Segment zwischen den Marken Steigenberger Hotels and Resorts (Luxus und Upper Upscale), Intercity Hotel (Upper Midscale) und Jaz in the City (Lifestyle) besetzt werden (vgl. AHGZ, o. V., 2018a).

Mit umfangreichen Marken-Portfolios möchten die großen Hotelkonzerne unterschiedlichen Kundensegmenten, Marktgegebenheiten und Wettbewerbssituationen gerecht werden (vgl. Zehle in Gardini, 2009b, S. 198). Ziel ist es, die weltweiten Kundenpotenziale bestmöglich auszuschöpfen (vgl. Zehle in Gardini, 2009b, S. 199). Um dieses Ziel zu erreichen, müssen die Marken-Portfolios ein ganzheitliches Konzept zur Regelung der Markenbeziehungen bilden (vgl. hierzu Aaker, 2010, S. 266). Ein Bündel an Marken muss im Rahmen eines Markensystems gesehen werden, damit eine effektive Markenstrategie entwickelt werden kann (vgl. Acker, 2010, S. 266). Im folgenden Kapitel sollen die verschiedenen Optionen der Markenstrategien aufgezeigt sowie deren Kombination zu komplexen Markensystemen erörtert werden.

6.3.3 Markenstrategien

Im Rahmen der strategischen Überlegungen zum Markenmanagement müssen Entscheidungen in Bezug auf die Markenidentität, das Markenkonzept und die Markenposition getroffen werden (vgl. Gardini, 2015, S. 283). Für Hotelunternehmen ist ein umfassendes Markenmanagement, welches in den Prozess des Strategischen Managements eingeschlossen ist, von entscheidender Bedeutung (vgl. Gardini, 2015, S. 294; hierzu auch Kap. 6.4.2).

Ein Unternehmen, das mehr als ein Produkt anbietet, hat verschiedene markenstrategische Optionen zur Auswahl. Es muss sich entscheiden, ob die verschiedenen Produkte bzw. Leistungen einzeln oder mehrere Leistungen gebündelt vermarktet werden sollen (vgl. Gardini, 2015, S. 294 f). In Bezug auf die Markenstrategien werden i. d. R. drei Basisstrategien (Markentypen) unterschieden (vgl. hierzu Esch, 2012, S. 357; Becker, J., 2009, S. 196; Bieberstein, 2001, S. 239):
– Einzel-/Mehrmarkenstrategie (auch Mono- oder Solitärmarkenstrategie)
– Markenfamilienstrategie (auch Familienmarken- oder Markengruppenstrategie)
– Dachmarkenstrategie (auch Firmenmarkenstrategie)

Einzelmarkenstrategie bzw. Mehrmarkenstrategie

Bei der *Einzelmarkenstrategie* wird jedes Produkt unter einer eigenen Marke geführt (vgl. Gruner, 2008, S. 100). Für die einzelnen Produkte eines Unternehmens werden jeweils eigene Marken entwickelt (vgl. Becker, J., 2009, S. 196). Die Einzelmarkenstrategie folgt dem Prinzip (Esch, 2012, S. 358):

---

eine Marke = ein Produkt = ein Produktversprechen

Werden im gleichen Produktbereich mindestens zwei Marken parallel geführt, ist dies eine *Mehrmarkenstrategie* (vgl. Gruner, 2008, S. 241):

---

mehrere Marken = mehrere Produkte

Zwischen diesen beiden Optionen wird in der Literatur teilweise unterschieden (u. a. Dettmer/Hausmann, 2008, S. 206; Gardini, 2015, S. 295), teilweise wird jedoch lediglich die Einzelmarkenstrategie beleuchtet, welche das Prinzip der individuellen Markierung jedes einzelnen Produktes beschreibt (u. a. Esch, 2012, S. 358 ff; Becker, J., 2009, S. 196 f). Ziel der Einzel- bzw. Mehrmarkenstrategie ist die Schaffung einer eigenen, einzigartigen Markenidentität. Diese Strategie ist v. a. für Unternehmen geeignet, die sich mit unterschiedlichen Produkten an verschiedene Zielgruppen richten. Dadurch können die Produkte eigenständig positioniert werden (vgl. Esch, 2012, S. 358).

Anhand des Unternehmens Ferrero, das bspw. verschiedene Einzelmarken von Rocher, Giotto und Raffaello über Hanuta und Duplo bis hin zu Nutella und Tic Tac (vgl. hierzu Esch, 2012, S. 358) vertreibt, kann diese Strategie verdeutlicht werden.

Auch das Hotelunternehmen Novum Hospitality führt verschiedene Einzelmarken, die Novum Hotels, die Select Hotels und Niu (vgl. Novum, 2018). Die Radisson Hotel Group betreibt ebenfalls unterschiedliche Einzelmarken wie Radisson Collection, Park Plaza oder Prizeotel, um verschiedene Kundengruppen gezielt anzusprechen und die Produkte jeweils eigenständig positionieren zu können (vgl. Radisson, 2018).

Die Mehrmarkenstrategie des Korbinian Kohler

Der Tegernseer Unternehmer betreibt mit seinem Team seit 2010 das 5-Sterne-Hotel Bachmair Weissach mit 141 Zimmern. Im Jahr 2017 kam das Wallberghaus (12 Zimmer und Bettenlager) hinzu, im Sommer 2018 das Hotel Bussi Baby mit 42 Zimmern. Korbinian Kohler zu einigen Fragestellungen in Bezug auf seine Strategie:

Was zeichnet die einzelnen Betriebe aus, was sind die USPs?

Im Hotel Bachmair Weissach, das wir als urbanen Tegernseer Country Club positioniert haben, haben wir zwei Besonderheiten kombiniert. Einerseits sind wir der älteste Gasthof am Tegernsee, bei dem einst der König von Bayern vorbeikam. Auf der anderen Seite sind wir Mitglied bei den Design Hotels. Das kulinarische Angebot zeigt mit einer Sushi Bar, einem Gasthof und der Kreuther Fondue Stube den gelungenen Spagat zwischen Tradition und Moderne. Mit dem Mizu Onsen Spa bieten wir eine in Deutschland einmalige Spa-Konzeption. Neben weiteren Angeboten im Haus haben wir mit dem Bachmair Weissach Beach eine Erholungsfläche direkt am Tegernsee und mit der Kirschner Alm eine Reitanlage im Hotel. Zudem bieten wir den größten Konferenz- und Eventbereich im Voralpenland an.

Mit einer Wanderung im Wald und auf den Wallberg können Gäste in unserem Berghotel Altes Wallberghaus kleine kulinarische Schmankerl zur Stärkung auf 1.512m Höhe genießen. Dort lädt ein modernes, stilsicher interpretiertes Hüttenflair zum Verweilen und auch zum Übernachten ein.

Das neue Hotel Bussi Baby ist ein 3- bis 4-Sterne-Hotel mit sehr hoher Wohnqualität, aber reduziertem Hotelservice. Der Name Bussi Baby soll polarisieren und für Gesprächsstoff sorgen. Es soll an das freche selbstbewusste Mädchen erinnern, das auf dem Waldfest flirtet und einem jungen Burschen ein Bussi gibt. Im Tegernseer Tal gibt es fast keine zeitgemäßen 3-Sterne-Hotels und gar kein Hotel für junge Gäste. Diese Nische haben wir besetzt.

Warum haben Sie sich entschieden, die Betriebe als einzelne Marken zu positionieren und nicht vereint unter einer Marke?

Um die Einzigartigkeit, Individualität und vor allem auch Unterschiedlichkeit der Produkte zu etablieren und zu positionieren, ist die eigene Identität der Hotels enorm wichtig. Der Gast der Hotels kann durchaus der Gleiche sein – jedoch packt er jedesmal sein Reisegepäck anders, da er vollkommen anderen Aktivitäten nachgeht und sich ggf. auch anders verhält bzw. präsentiert. Ein Gast erwartet beim Bachmair Weissach ein Tegernseer Luxushotel, das auch für Mehrgenerationen-Familienurlaube geeignet ist. Im Berghotel Altes Wallberghaus sucht der Kunde ganz bewusst den Gegensatz zum Luxusurlaub in der Einfachheit und in der Natur. Im Hotel Bussi Baby möchte der Gast Jugend, Modernität, Innovationen und lässige Einfachheit erleben und vielleicht auch nur für ein paar Stunden zum günstigen Übernachten bleiben. Durch einzelne Marken kann die Individualität und Energie der Häuser dem Gast wesentlich klarer kommuniziert werden.

Text und Zitate: Interview mit Korbinian Kohler, Eigentümer der Hotels, vom 04.04.2018; Logo: Bachmair Weissach, 2018 (Presseabteilung).

Markenfamilienstrategie

Für mehrere Produkte (Produktgruppe, Produktfamilie) wird bei der Markenfamilienstrategie eine einheitliche Marke (Familienmarke) eingesetzt (vgl. Esch, 2012, S. 360). Dabei können zwei Arten unterschieden werden (vgl. Esch, 2012, S. 360; Kapferer, 2012, S. 319 ff):

- die Familienmarkenstrategie im klassischen Sinn, die *line brand strategy*:

---

eine Marke = eine Produktlinie = mehrere Produkte

Die Tesa-Marke bündelt z. B. eine Produktlinie aus dem Kleberbereich.

- die *range brand strategy*, die eine Reihe von Produkten (Produktfamilie) einschließt:

---

eine Marke = eine Produktfamilie = mehrere Produkte

Unter einer Familienmarke werden bspw. die verschiedenen Produktkategorien (u. a. Creme, Deodorant, Sonnenschutz) von Nivea vereint (vgl. hierzu Esch, 2012, S. 360 und S. 364).

Die Strategie der Familienmarke wird v. a. von Unternehmen angewandt, die verschiedene Produkte zu Produktlinien oder -reihen zusammenfassen (vgl. Becker, J., 2009, S. 199). Unter dem Namen Thurnher's vereint bspw. die Hoteliers-Familie Zarges-Thurnher ihren Thurnher's Alpenhof, die Thurnher's Residences, den Thurnher's Shop sowie die Thurnher's Milchbar (vgl. Thurnhers, 2018). Bei der Markenfamilienstrategie wird die Familienmarke profiliert und positioniert. Die einzelnen Produkte „[...] verfügen [somit] über die gleiche Grundpositionierung" (Esch, 2012, S. 361) und werden durch ein gemeinsames Nutzenversprechen verbunden (vgl. Becker, J., 2009, S. 199). Dieses Versprechen ist bei Nivea z. B. die „natürliche Pflege" (vgl. hierzu Esch, 2012, S. 361). Dadurch können die einzelnen Produkte von der Nutzenphilosophie und dem Image der Marke profitieren. Außerdem wird der Aufbau der Familienmarke und die damit verbundenen Kosten auf die einzelnen Produkte verteilt, was einen Vorteil der Markenfamilienstrategie gegenüber der Einzelmarkenstrategie darstellt (vgl. hierzu Becker, J., 2009, S. 199).

Die neue Ibis-Familie
„Ibis – Eine Familie – drei Persönlichkeiten"

Im Zuge der Strategie zur Dynamisierung der Economy-Marken passte Accor sein Marken-Portfolio an und führte 2012 ein Rebranding der bestehenden Marken durch (vgl. Accor, 2018a). Mit über 1.100 Hotels weltweit ist Ibis der Marktführer im europäischen Economy-Segment. Daher wurde das Economy-Marken-Portfolio von Accor neu gestaltet und um die Marke Ibis herum eine moderne Markenfamilie geschaffen, welche die einzelnen Marken verbinden sollte (Stand: 2018, vgl. Accor, 2018a). Die Einzelmarken Ibis, Ibis Styles und Ibis Budget haben die gleiche Grundpositionierung und werden durch ein gemeinsames Nutzenversprechen vereint. Dadurch können sie von der Nutzenphilosophie und dem Image der Familienmarke profitieren.

Die drei Economy-Marken haben eine gemeinsame DNA, basierend auf den Schlüsselbegriffen „einfach, modern, komfortabel", bewahren aber gleichzeitig ihre eigene Persönlichkeit. Die drei Marken verbinden eine gemeinsame visuelle Identität (u. a. Logos, Symbole), ein gemeinsamer Standard und der Anspruch, den Gästen ein Maximum an Komfort und Wohlbefinden bieten zu wollen.

Zur Verbesserung des Schlafkomforts wurde ein neues Bettenkonzept, das „Sweet Bed™ by ibis", entwickelt. Bunte Kissen in der jeweiligen Farbe der Einzelmarke dienen als Logo sowie als roter Faden bei der Gestaltung des Auftritts der Ibis Familie (Werbung, Broschüren, Internetauftritt). Die Gründe für die Umstrukturierung lagen in den veränderten Kundenpräferenzen sowie in den Ergebnissen von Studien, die u. a. herausstellten, dass komfortable Betten für rund 70 Prozent der Gäste ein ausschlaggebendes Kriterium bei der Wahl eines Economy-Hotels sind.

Mit der Umgestaltung der Marken und der Modernisierung der Ibis Familie sollte der Marktanteil im Economy-Segment gesichert, Produkt- und Qualitätsunterschiede ausgeglichen sowie der Bekanntheitsgrad der Marken gesteigert werden.

Die veränderte Markenstruktur schafft „[…] mehr Klarheit, Kohärenz und Attraktivität" der drei komplementären Marken, die gemeinsam die Ibis Markenfamilie bilden (vgl. Accor, 2018a).

Dachmarkenstrategie

Im Gegensatz zur Einzel- und Markenfamilienstrategie, werden bei der Dachmarkenstrategie alle Leistungsangebote eines Unternehmens unter einer einheitlichen Marke angeboten (vgl. Esch, 2012, S. 365; Becker, J., 2009, S. 197). Eine Dachmarke ist eine übergeordnete Marke, die sämtliche Produkte unter einem gemeinsamen Markendach bündelt (vgl. Gruner, 2008, S. 79):

eine Marke = mehrere unterschiedliche Produkte

Diese Strategie wird v. a. dann gewählt, wenn das Unternehmen ein umfangreiches Produkt- bzw. Dienstleistungsprogramm anbietet (z. B. Siemens), die Zielgruppen für die unterschiedlichen Produkte sich nur unwesentlich unterscheiden (z. B. Allianz) oder die Produkte starken Modeschwankungen unterliegen (z. B. Armani) (vgl. Esch, 2012, S. 366; Becker, J., 2009, S. 197).

Best Western Hotels & Resorts bündelt bspw. über 4.200 Hotels unter dem Best-Western-Markendach (vgl. Best Western, 2018).

Der Vorteil der Dachmarkenstrategie liegt darin, dass der Aufbau der Marke von allen Produkten getragen wird. Die einzelnen Produkte können vom Image und der Bekanntheit der Dachmarke profitieren und dadurch das Vertrauen der Kunden in die Dachmarke nutzen. Andererseits kann genau dieser Vorteil zum Nachteil werden, wenn das Image der Dachmarke beschädigt wird (vgl. Becker, J. 2009, S. 198). Des Weiteren ist von Nachteil, dass eine Dachmarke nicht so individuell positioniert und profiliert werden kann wie eine Einzelmarke (vgl. Esch, 2012, S. 366).

Eventuell sind deshalb heutzutage reine Dachmarken nur noch selten zu finden (vgl. hierzu Esch, 2012, S. 365). Zunehmend werden den Dachmarken sog. Subbrands hinzugefügt und es entstehen Kombinationen der drei Markentypen (vgl. Esch, 2012, S. 365; Becker, J., 2009, S. 200).

Markenkombinationen und Markenarchitekturen

Unter einer Dachmarke können sowohl Einzelmarken als auch Markenfamilien geführt werden (vgl. Dettmer/Hausmann, 2008, S. 206).

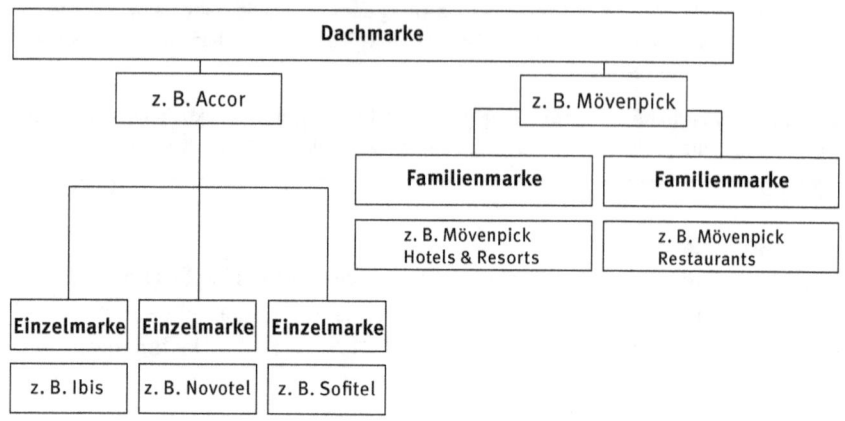

Abb. 6.10: Markenkombinationen (Quelle: Eigene Ausarbeitung in enger Anlehnung an Becker, J., 2009, S. 200 f; Gardini, 2015, S. 295).

Ferner ist auch eine Kombination von Einzel-, Familien- und Dachmarke möglich:

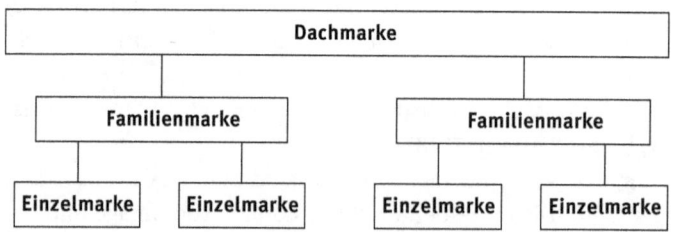

Abb. 6.11: Kombination von Einzel-, Familien- und Dachmarke (Quelle: Eigene Ausarbeitung in enger Anlehnung an Becker, J., 2009, S. 202).

„Durch die Kombination klassischer Markenstrategien [...] [entstehen] komplexe Markenarchitekturen [...]" (Esch, 2012, S. 502). Unter einer Markenarchitektur wird die „[...] Anordnung aller Marken eines Unternehmens [...]" (Esch, 2012, S. 502 sowie die dort genannte Literatur) verstanden. Durch sie werden die Positionierung sowie die Marken- und Produkt-Marktbeziehungen festgelegt (vgl. Esch, 2012, S. 502). Komplexe Markenarchitekturen lassen sich nach Esch definieren als: „Markenarchitekturen, bei denen zwei oder mehr Marken auf unterschiedlichen Hierarchieebenen angeordnet sind" (Esch/Bräutigam, 2005, S. 844 zitiert in Esch, 2012, S. 514).

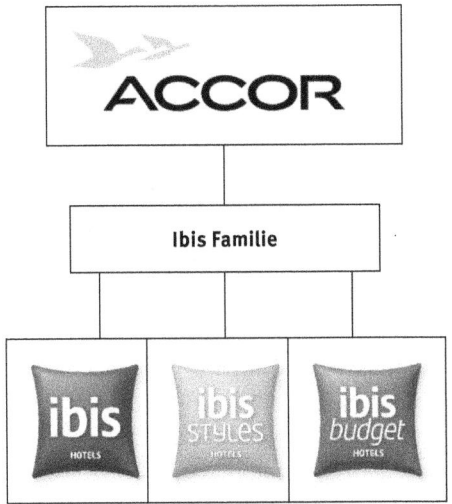

Abb. 6.12: Accor Markenstruktur der Ibis Familie (Quelle: Eigene Ausarbeitung; Logos: Accor, 2018 (Presseabteilung)).

Bei der Führung von Markenarchitekturen kann zwischen zwei Extremformen unterschieden werden, die die Endpunkte eines Strategiespektrums bilden (vgl. Esch, 2012, S. 501 und S. 519 sowie die dort angeführte Literatur):
- Branded House (Führung unter der Unternehmensmarke)
- House of Brands (Führung von Einzelmarken)

Das Spektrum an Markenarchitekturen kann anhand folgender Abbildung dargestellt werden:

Branded House		Subbrands		Endorsed Brands			House of Brands	
Same Identity	Different Identity	Master Brand as Driver	Co-Drivers	Strong Endorsement	Linked Name	Token Endorsement	Shadow Endorser	Not Connected
eine Identität	Identitätsvariation	Unternehmensmarke dominiert	Marken haben die gleiche Bedeutung	deutliche Stützung	Name impliziert Stützung	angedeutete Stützung	verdeckte, aber bekannte Stützung	verdeckte, nicht bekannte Stützung
Der Name des Unternehmens wird eingesetzt: z. B. BMW, Nokia z. B. Maritim, Lindner, Best Western	Der Name des Unternehmens wird variabel eingesetzt: z. B. GE Energy, GE Capital z. B. Mövenpick Hotels, Mövenpick Fine Foodsz. B. Ibis	Die dominante Unternehmensmarke wird eingebunden: z. B. HP LaserJet, Dell Inspiron z. B. Grand Hyatt, Park Hyatt, Hyatt Regency	Zwei Marken mit gleicher Bedeutung werden eingesetzt: z. B. Disney/Pixar z. B. (ehemals) ArabellaSheraton	Die Unternehmensmarke dient als Stütze: z. B. Courtyard by Marriott, Trypby Wyndham, Four Points by Sheraton	Der Name impliziert Stützung durch das Unternehmen: z. B. NH Hotels mit Nhow, Nhube	Die Stützung wird nur angedeutet: z. B. Persil (von Henkel) z. B. Time Matters (a company of Lufthansa Cargo)	Die Stützung erfolgt verdeckt, ist aber bekannt: z. B. Touchstone (Disney) z. B. Mercure Novotel, Pullman, Sofitel (Accor)	Die Stützung erfolgt verdeckt und ist nicht bekannt: z. B. Pampers (Procter & Gamble) z. B. W Hotels, Westin, Le Meridien, Sheraton (ehemals Starwood)

Abb. 6.13: Das Spektrum der Markenbeziehungen am Beispiel der Hotellerie (Quelle: Eigene Ausarbeitung in Anlehnung an Aaker/Joachimsthaler, 2000, S. 105; Esch, 2012, S. 519; Gardini in Gardini, 2011, S. 48).

Während beim Branded House die Unternehmensmarke dominiert und Submarken keine Rolle spielen, erscheint die Unternehmensmarke beim House of Brands nicht oder nur verdeckt und die einzelnen Produktmarken dominieren (vgl. Esch, 2012, S. 519). Weitere Möglichkeiten sind die Modifikation der Unternehmensmarke mit Submarken (Subbrands) oder die Stützung der Einzelmarke durch die Unternehmensmarke (Endorsed Brands), z. B. Maxx by Steigenberger, wo der Namenszusatz „by Steigenberger" den Qualitätsanspruch, den die Deutsche Hospitality damit verbindet, verdeutlichen soll. So gibt es klare Vorgaben beim Service, dem Personal oder dem F&B-Angebot, die sich an den Standard der Steigenberger Hotels and Resorts anlehnen (vgl. AHGZ, o. V., 2018a).

Das Spektrum der Markenbeziehungen zeigt, dass „[...] in der Hotellerie verschiedene Arten von Markenstrategien nebeneinander existieren" (Gardini, 2015, S. 296). Mit umfangreichen Marken-Portfolios möchten die großen Hotelkonzerne verschiedenen Kundensegmenten sowie Marktsituationen gerecht werden (vgl. Zehle in Gardini, 2009b, S. 198). Es stellt sich auch die Frage, wie ein Unternehmen durch neue Marken bzw. Produkte oder durch eine Ausweitung des Marktbereichs wachsen kann.

6.3.4 Produkt-Markt-Strategien

Um die grundsätzlichen Möglichkeiten für strategisches Wachstum darzustellen, entwickelte Ansoff vier Strategiealternativen (vgl. Ansoff, 1965), die in der sog. Ansoff-Matrix bzw. Produkt-Markt-Matrix zusammengefasst werden (vgl. Nagel/Wimmer, 2009, S. 206). Mithilfe von Marktdurchdringung, Markterschließung, Produktentwicklung und Diversifikation lässt sich nach Ansoff ein Wachstum erzielen (vgl. Ansoff, 1965, S. 109 f). Oftmals finden sich in der Literatur die Begriffe „Marktstrategien", speziell in der Marketingliteratur auch die Bezeichnung „Marktfeldstrategien", wenn es um diese wachstumsorientierten strategischen Stoßrichtungen geht (vgl. hierzu bspw. Bergmann/Bungert, 2011, S. 191; Dettmer/Hausmann, 2008, S. 171, Henschel/Gruner/von Freyberg, 2018, S. 134 und S. 264).[1]

Im Folgenden sollen diese vier Wachstumsoptionen erläutert und anhand von Beispielen veranschaulicht werden. Um möglichst praxisnah aufzuzeigen, auf welche Weise ein Hotel oder eine Hotelkette wachsen kann, wird dabei die jeweilige Sichtweise eines Unternehmens eingenommen und dessen Wachstumsoptionen werden betrachtet.

---

[1] In der englischsprachigen Literatur werden diese strategischen Stoßrichtungen hingegen oftmals untergliedert in: Concentration, Vertical Integration, Related Diversification und Unrelated Diversification (vgl. bspw. eingehend Enz, 2010, S. 210–229).

	Märkte bestehend	neu
Produkte		
bestehend	Marktdurchdringung	Marktentwicklung
neu	Produktentwicklung	Diversifikation

Abb. 6.14: Produkt-Markt-Matrix (Quelle: Eigene Darstellung in Anlehnung an Ansoff, 1965, S. 109).

Marktdurchdringung („Gleiches für Gleiche")
Bei der Strategie der Marktdurchdringung sollen mit den bestehenden Produkten zusätzliche Marktanteile im gegenwärtigen Markt gewonnen werden (vgl. Gardini, 2015, S. 193; Freyer, 2011, S. 387). Ziel ist es „[...] auf den bisherigen Märkten mit den bisherigen Produkten ein Wachstum [...] herbeizuführen" (Bea/Haas, 2017, S. 181).

Das vorhandene Marktpotenzial kann bspw. durch folgende Ansätze besser ausgeschöpft werden, womit eine Durchdringung des Marktes (Marktpenetration) erreicht werden soll (vgl. Gardini, 2015, S. 193; Henschel/Gruner/von Freyberg, 2018, S. 134 und S. 264):
- Intensivierung der Leistungsverwendung:
  Bestehende Kunden tätigen zusätzliche Buchungen, buchen weitere Übernachtungen oder nutzen mehr Services.
- Gewinnung von Neukunden:
  Bisherige Nicht-Kunden der gleichen Zielgruppe werden von den Leistungen überzeugt und beginnen, das Leistungsangebot des Hotelunternehmens zu nutzen.
- Abwerbung von Konkurrenzkunden:
  Bisherige Kunden von Wettbewerbern werden abgeworben.

Zur Intensivierung der Marktbearbeitung werden vorwiegend Marketinginstrumente eingesetzt (vgl. hierzu Nagel/Wimmer, 2009, S. 206), die zur Steigerung der Gäste- und Übernachtungszahlen beitragen sollen. Hierbei spielen v. a. kommunikations-, preis- und konditions- sowie distributionspolitische Maßnahmen eine Rolle (vgl. Nagel/Wimmer, 2009, S. 206 f):
- Kundenbindungsprogramme
- Werbung (z. B. Online-Kampagnen)
- Presse- und Öffentlichkeitsarbeit
- Verkaufsförderung
- Preissenkung

- Unbundling (separates Anbieten von zuvor gebündelten Leistungen)
- Ausbau des Vertriebs
- attraktivere Gestaltung der bestehenden Leistungen

Durch diese Aktivitäten sollen in erster Linie der Absatz gesteigert und der Marktanteil erhöht werden.

Die Coca-Cola Company zählt zu den bekanntesten Unternehmen weltweit. Um das Marktpotenzial optimal auszuschöpfen, unternimmt Coca-Cola zahlreiche Aktivitäten im Bereich des Marketings. So wurde 1931 erstmals die berühmte Coca-Cola Weihnachtskampagne durchgeführt, die im Laufe der Zeit immer weiter ausgebaut wurde (z. B. Tour der Coca-Cola Weihnachtstrucks) und bis heute die Weihnachtszeit prägt (vgl. Coca-Cola Deutschland, 2017c). Des Weiteren tritt die Coca-Cola Company als Partner von wichtigen Sportveranstaltungen wie der Fußball-Weltmeisterschaft oder den Olympischen Spielen auf. Durch umfangreiche Marketingmaßnahmen wird damit die Markenbekanntheit gesteigert und der Absatz angeregt, was der Durchdringung des Marktes dient.

Um die Leistungsverwendung der Kunden zu steigern, Neukunden zu gewinnen oder Konkurrenzkunden abzuwerben, haben auch Hotelunternehmen zahllose Optionen (vgl. Schrand/Schlieper in Hänssler, 2016, S. 254):
- So können etwa Kundenbindungsprogramme (Kundenkarten) eingeführt werden, um Zusatzbuchungen zu erzielen (vgl. Beispielkasten „Hotel-Bonusprogramme").
- Um die Saison auszudehnen, können Sonderangebote oder Nebensaisonpreise eingesetzt werden (Preispolitik), wodurch Auslastungsschwankungen ausgeglichen werden können.
- Durch Maßnahmen der Kommunikationspolitik (Werbung, Presse- und Öffentlichkeitsarbeit) können Nicht-Kunden oder Konkurrenzkunden überzeugt werden.
- Mit dem Ausbau der Absatzwege können Neukunden angesprochen werden (z. B. durch die Zusammenarbeit mit Hotelkooperationen, Reiseveranstaltern oder Tourismusorganisationen).
- Durch das Anbieten besserer Vertragskonditionen (Corporate Rate) können Großkunden der Konkurrenz abgeworben werden.

Zusammenfassend kann gesagt werden, dass bei der Marktdurchdringungsstrategie der gegenwärtige Markt mit den bestehenden Produkten besser bearbeitet werden soll, um ein Wachstum zu erreichen.

Hotel-Bonusprogramme

Auf Hotelkundenkarten werden den Hotelgästen Punkte für jede Übernachtung und für jeden im Haus ausgegebenen Euro gutgeschrieben. Bonusprogramme sind heutzutage vielfach bei Hotelketten üblich.

Hierzu gehören u. a. Hilton Honors (Hilton), Marriott Rewards (Marriott), Le Club Accor Hotels (Accor), Best Western Rewards (Best Western), IHG Rewards Club (InterContinental), Hyatt Goldpassport (Hyatt) und Wyndham Rewards (Wyndham).

Teilnehmer des Bonusprogramms können in den jeweiligen Hotels weltweit Punkte sammeln, von speziellen internen und externen Angeboten sowie Services (z. B. Express-Check-out, reduzierte Mietwagenangebote) profitieren und die Punkte gegen verschiedene Leistungen (z. B. Übernachtungen) eintauschen.

Je nach Punkten steigen Mitglieder oftmals in höhere Kategorien eines Bonusprogramms auf. Bspw. unterteilt Hyatt seine Mitglieder in Member, Discoverist, Explorist und Globalist. Letztere Kategorie erreichen Mitglieder, wenn sie 60 anrechenbare Übernachtungen verbrachten, 100.000 gesammelte Basispunkte oder 20 anrechenbare Tagungen/Veranstaltungen pro Kalenderjahr gesammelt haben (vgl. Hyatt, 2018).

Marktentwicklung („Gleiches für Andere")

Ziel der Marktentwicklungsstrategie ist dagegen die Erschließung von neuen Märkten mit bestehenden Produkten (vgl. Gardini, 2015, S. 194; Freyer, 2011, S. 388). Das Hotelunternehmen sucht dabei nach neuen Märkten, auf denen es sein gegenwärtiges Leistungsangebot absetzen kann (vgl. Bea/Haas, 2017, S. 182).

Die Ausweitung des Marktes kann in Bezug auf folgende Dimensionen erfolgen (vgl. Gardini, 2015, S. 194 f):
- neue Ziel-/Kunden-/Gästegruppen für bestehende Leistungen
- neue Gebiete, d. h. die geografische Ausdehnung auf bisher unbearbeitete Märkte

So versucht die Coca-Cola Company ihre Produkte allerorts anzubieten und damit weltweit verfügbar zu machen. Mit dem Verkauf von ca. 500 Marken in mehr als 200 Ländern ist Coca-Cola eine der bekanntesten Brands auf der Welt (vgl. Coca-Cola Deutschland, 2018a). Das Unternehmen baut seinen Markt immer weiter aus und drang bspw. 2012 nach 60 Jahren wieder nach Myanmar vor. Um den dortigen Markt optimal bearbeiten zu können, wurde vor Ort in Crystal Springs ein neuer Abfüllbetrieb eingerichtet, der das globale Unternehmen und die lokalen Gegebenheiten aufeinander abstimmt (vgl. Coca-Cola Company, 2013).

Die geografische Expansion ist auch für Hotelunternehmungen eine Möglichkeit, neue Märkte zu erschließen. Mit einer räumlichen Ausdehnung des Marktes verändert sich die Gebietsstrategie des Unternehmens (vgl. hierzu eingehend Kap. 6.3.5).
- Über die Grenzen hinweg hat sich z. B. die deutsche Hotelgruppe Motel One in den letzten Jahren entwickelt (vgl. Beispielkasten „Motel One auf Expansionskurs").

- Im Jahr 2015 baute die Deutsche Hospitality mit der Produkteinführung der Marke Jaz in the City in Europa seinen Markt weiter aus. Im November 2015 fiel in Amsterdam der Startschuss, das zweite Jaz-Hotel eröffnete im Januar 2018 in Stuttgart (vgl. Deutsche Hospitality, 2018).
- Marriott hat mit der Produkteinführung der Marke Residence Inn in Europa seinen Markt weiter ausgebaut, die mittlerweile auch in Deutschland vertreten ist. Mit dem Münchner Haus sind es nun acht Betriebe in Europa (Marriott, 2018c).

Motel One auf Expansionskurs

Die deutsche Hotelkette Motel One steht für die Kombination aus hochwertiger Ausstattung, exklusivem Design und hohen Servicestandards an erstklassigen innerstädtischen Standorten zu einem attraktiven Preis.

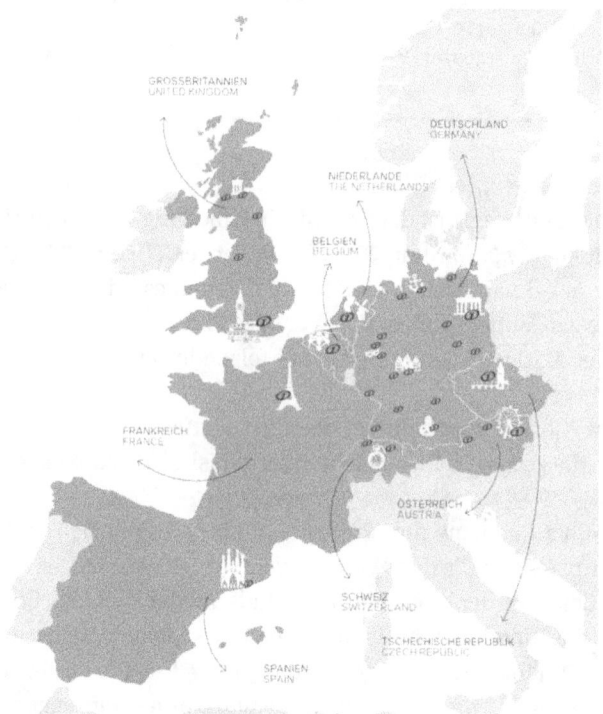

2000 wurde das erste Motel One eröffnet und damit der Grundstein für den Erfolg der Low-Budget-Design-Marke gelegt (vgl. Motel One Group, 2018a). 2011 und 2012 wurde das Standortnetz ausgebaut und u. a. die ersten Häuser in Österreich (Salzburg und Wien) und in Schottland/UK (Edinburgh) eröffnet. Letzteres bedeutete den Schritt in Richtung internationaler Expansion. Es folgten Markteintritte in Belgien und Tschechien (2014), Niederlande (2015), Schweiz (2016), Spanien und Frankreich (2018). Bis 2018 wuchs die Low-Budget-Design-Hotelkette auf 65 Häuser mit rund 18.065 Zimmern.

Das Unternehmen setzt sich weiterhin hohe Wachstumsziele, die durch die Marktentwicklungsstrategie, welche eine sukzessive Gebietsausdehnung vorsieht, erreicht werden sollen. Die Standortstrategie für Motel One konzentriert sich auf Innenstadtlagen in deutschen Großstädten und Ballungszentren sowie in europäischen Metropolen. Das Wachstum auf 92 Hotels mit 26.900 Zimmern ist 2018 bereits vertraglich gesichert (vgl. Motel One Group, 2018c).

Bild: Motel One Group, 2018 (Presseabteilung).

Neue Märkte kann ein Hotelunternehmen jedoch nicht nur durch räumliche Ausdehnung erschließen, sondern auch durch die Gewinnung neuer Ziel- bzw. Gästegruppen:
- So kann bspw. ein Business-Hotel durch die Einführung von Wochenendangeboten auch Kurzurlauber und Städtereisende ansprechen (vgl. Schrand/Schlieper in Hänssler, 2016, S. 254).
- Gleichfalls kann ein Ferienhotel auf dem Land seine Räumlichkeiten auch für Seminare anbieten und dadurch auch Geschäftsreisende anziehen (vgl. Henschel/Gruner/von Freyberg, 2018, S. 265).
- Ferner kann ein Hotelbetrieb durch die intensive Bearbeitung einer neuen Zielgruppe, z. B. durch verstärkte Marketingmaßnahmen einen neuen Kundenstamm wie bspw. Senioren aufbauen (vgl. Freyer, 2011, S. 388).

Bei der Marktentwicklungsstrategie soll folglich mit bestehenden Produkten ein neuer Markt (Gebiet oder Zielgruppe) bearbeitet werden, um ein Wachstum zu erzielen.

Produktentwicklung („Anderes für Gleiche")

Mit der Produktentwicklungsstrategie wird die Entwicklung neuer oder veränderter Produkte für den gegenwärtigen Markt angestrebt (vgl. Gardini, 2015, S. 194; Freyer, 2011, S. 388). Bestehende Märkte sollen mit neuen Angeboten bearbeitet werden. Dadurch soll das bisherige Leistungsangebot verbessert werden (vgl. Bergmann/Bungert, 2011, S. 195).

Eine Produktentwicklung kann durch folgende Aktivitäten erfolgen (vgl. Bergmann/Bungert, 2011, S. 195 f):
- Modifikation:
  Verbesserung der Produkteigenschaften, Entwicklung neuer Produkteigenschaften der bestehenden Produkte
- Produktdifferenzierung:
  Entwicklung neuer Varianten eines Produkts
- Value-Added-Services:
  Angebot von zusätzlichen Sekundärleistungen, die über die Basisleistung hinausgehen und das eigentliche Angebot attraktiver gestalten sollen
- Entwicklung neuer Produkte:
  Ergänzung des Produkt-Portfolios durch Aufnahme von neuen Produkten in das Sortiment

- Entwicklung von Innovationen:
Marktneuheiten, die Probleme auf neue Art lösen oder Bedürfnisse befriedigen, für die es bisher keine Lösung gab (vgl. Gardini, 2015, S. 194)

Als Marktneuheiten können bspw. der Ersatz von Videokassetten durch DVDs oder die Weiterentwicklung des Walkmans über den CD-Player und MP3-Player bis hin zu Musik-Apps angesehen werden (vgl. Johnson/Scholes/Whittington, 2011, S. 324).

Die Coca-Cola Company nutzt die Möglichkeiten der Produktentwicklung und verbessert ihre Produkte stetig, entwickelt neue Produktvariationen und neue Produkte, erweitert ihr Portfolio und kreiert Innovationen. 1940 wurde bspw. angesichts der Rohstoffknappheit in Deutschland „Fanta" entwickelt (vgl. Coca-Cola Deutschland, 2011), ein Produkt, das sich inzwischen weltweit durchgesetzt hat. Mit der Einführung einer kalorienarmen Variante von Coca-Cola, bekannt als „Diet Coke" in Amerika (1982) und „Coca-Cola light" in Deutschland (1983) (vgl. Coca-Cola Deutschland, 2018b), setzt das Unternehmen neue Maßstäbe und initiiert einen Trend der Light-Produkte (vgl. Coca-Cola Deutschland, 2009). Seit 2006 ergänzt Coca-Cola Zero das Produktsortiment von Coca-Cola in Deutschland (vgl. Coca-Cola Deutschland, 2017b). Mit diesen Produktentwicklungsaktivitäten wird der bestehende Markt für kohlensäurehaltige Erfrischungsgetränke mit neuen Produkten und Varianten bearbeitet.

Auch in der Hotellerie spielt die Entwicklung von neuen Produkten bzw. Leistungen eine wichtige Rolle, um ein Wachstum zu erreichen. Im Rahmen der Produktentwicklungsstrategie kann ein Hotelunternehmen seine Leistungen verbessern oder verändern, zusätzliche oder neue Leistungen anbieten:
- Die Meliá Hotels International bieten ihren Gästen z. B. verschiedene Marken im Luxusklassesegment (Gran Meliá Hotels, Me by Melia) und decken damit dieses Segment mit unterschiedlichen Produkten ab (vgl. Melia, 2018).
- Die Intercity Hotels der Deutschen Hospitality liegen nicht nur an Verkehrsknotenpunkten wie Bahnhöfen oder Flughäfen, sondern stellen auch bahnrelevante Services (Value-Added-Services) bereit, z. B. eine umfassende Reiseauskunft, Bahntickets an der Rezeption (vgl. Honcamp/Schulze, 2003 zitiert in Bergmann/Bungert, 2011, S. 196), den Eintritt in die DB Lounge oder das FreeCityTicket, welches zur kostenfreien Nutzung des öffentlichen Nahverkehrs berechtigt (vgl. Intercity Hotels, 2018).

Mit neuen Produkten auf bestehenden Märkten erfolgt demnach das Wachstum im Rahmen der Produktentwicklungsstrategie.

Diversifikation („Anderes für Andere")
Bei Verfolgung der Diversifikationsstrategie werden neue Produkte auf neuen Märkten angeboten (vgl. Gardini, 2015, S. 195; Freyer, 2011, S. 388). Bislang nicht bearbeitete Geschäftsfelder werden dabei mit neuen Produkten erschlossen, die das Hotelunter-

nehmen bisher nicht im Angebot hatte (vgl. Steinmann/Schreyögg/Koch, 2013, S. 217). Grundsätzlich lassen sich drei Arten von Diversifikationsstrategien unterscheiden: die horizontale, die vertikale und die laterale Diversifikation.

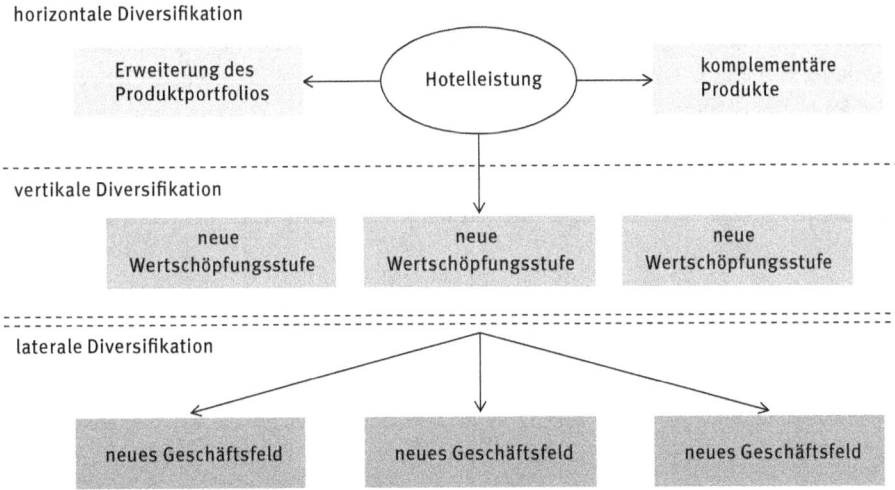

Abb. 6.15: Möglichkeiten der Diversifikation (Quelle: Eigene Ausarbeitung in Anlehnung an Johnson/Scholes/Whittington, 2011, S. 331).

Im Falle einer *horizontalen Diversifikation* werden zusätzliche Leistungen eingeführt, die mit dem bestehenden Leistungsangebot in sachlichem Zusammenhang stehen (vgl. Gardini, 2015, S. 195). Die Aktivitäten werden auf komplementäre Bereiche ausgeweitet (vgl. Johnson/Scholes/Whittington, 2011, S. 331) und damit neue Produkte auf gleicher Wertschöpfungsstufe (Branche) lanciert (vgl. Bea/Haas, 2017, S. 183).

Bei der Erweiterung des Produkt-Portfolios um komplementäre, verwandte Produkte können Synergievorteile, z. B. in der Beschaffung, dem Vertrieb und dem Marketing ausgenutzt werden (vgl. hierzu auch Welge/Al-Laham/Eulerich, 2017, S. 608).

Coca-Cola vertreibt bspw. neben den verschiedenen kohlensäurehaltigen Erfrischungsgetränken (u. a. Cola, Fanta, Sprite) auch verwandte Produkte wie Mineralwasser (u. a. Vio, Apollinaris), Fruchtsäfte und -schorlen (u. a. Lift, Fruitopia), Eistee (u. a. Fuze Tea) sowie Sportgetränke (u. a. Powerade) (vgl. Coca-Cola Deutschland, 2018c).

Auch in der Hotellerie decken die großen Hotelketten unterschiedliche Märkte mit unterschiedlichen Produkten ab (vgl. Beispielkasten „Das Hotelprodukt-Portfolio von Accor").

Bei der horizontalen Diversifikation ist ein Hotelunternehmen somit auf der „angestammten Wertschöpfungsstufe" (Branche) tätig und bietet dort unterschiedliche klassische „[…] Hoteldienstleistungen für unterschiedliche Zielgruppen in unterschiedlichen Märkten" (Schrand/Schlieper in Hänssler, 2016, S. 255) an.

Die *vertikale Diversifikation* umfasst Aktivitäten in vor- oder nachgelagerten Wertschöpfungsstufen (vgl. Gardini, 2015, S. 195), die an das Basisgeschäft angrenzen (vgl. hierzu auch Johnson/Scholes/Whittington, 2011, S. 331). „Bei der vertikalen Diversifikation betätigt sich das Hotelunternehmen auf vor- und nachgelagerten Stufen der touristischen Wertschöpfungskette" (Schrand/Schlieper in Hänssler, 2016, S. 256). Sie dient u. a. der Sicherung der Rohstoff- und Absatzbasis, der Verbesserung der Kostenstruktur (vgl. Bergmann/Bungert, 2011, S. 198) und der Nutzung von Synergieeffekten (vgl. Schrand/Schlieper in Hänssler, 2016, S. 256).

Das Hotelprodukt-Portfolio von Accor

Das Portfolio der Accor Hotelgruppe umfasst Hotelprodukte von Budget bis Luxus und bedient damit verschiedene Märkte von Economy über Midscale und Upscale bis Luxury. Der Hotelkonzern versucht dadurch, den gesamten Hotelmarkt mit dessen verschiedenen Nachfragegruppen abzudecken. Seit 2014 wuchs das Portfolio stark an. So waren folgende Marken 2014 im Portfolio:

Im Frühjahr 2018 waren es schon deutlich mehr Marken:

2016 übernahm Accor die FRHI Hotels & Resorts mit den drei Luxhotelmarken Fairmont, Raffles und Swissôtel. Durch die Übernahme dieser drei Marken beabsichtigte Accor, sich als Marktführer im globalen Luxushotelmarkt zu positionieren, sein Wachstumspotenzial und seine Profitabilität zu vergrößern und seine Präsenz in Nordamerika auszubauen. Dem folgten weitere Beteiligungen im Upscale Bereich wie die an 25hours und u. a. die Eigenentwicklung Jo&Joe (vgl. AHGZ, o. V., 2016). 2018 kaufte Accor für 560 Millionen Schweizer Franken die Mövenpick Hotels & Resorts.

Bilder: Marken-Portfolio von Accor (Stand: Januar 2014, April 2018), Accor Presseabteilung, 2018

Ein Beispiel für eine Rückwärtsdiversifikation in vorgelagerte Stufen ist die 1978 entwickelte PET-Plastikflasche, die die Coca-Cola Company als neue Verpackung einführte. Vor geraumer Zeit wurde die PlantBottle-Flasche, eine wiederverwertbare PET-Getränkeflasche, die z. T. aus Pflanzenmaterial hergestellt ist, in den Markt eingeführt. 2011 wurde sie sogar als das beste neue Produkt in der Kategorie „Nachhaltige Verpackung" ausgezeichnet (vgl. Coca-Cola Deutschland, 2017a). Die Coca-Cola Company entwickelt damit eigene Verpackungen für ihre Produkte und betätigt sich somit in einer vorgelagerten Wertschöpfungsstufe.

Als Beispiel einer Vorwärtsdiversifizierung in nachgelagerte Stufen kann der Vertrieb von Verkaufsgeräten (Kühler, Automaten, Flaschenträger) (vgl. Coca-Cola European Partners, 2018), aber auch von Zubehör wie Gläsern, Bechern, Flaschenöffnern oder Kühltaschen (vgl. Coca-Cola Store, 2018) durch die Coca-Cola Company verstanden werden.

In der Hotellerie existieren ebenfalls Unternehmen, die bspw. eigene Landwirtschaft betreiben oder ihre hauseigenen Produkte herstellen und sich demnach in vorgelagerte Wertschöpfungsstufen begeben (vgl. Beispielkasten „Die Bio-Produkte des Stanglwirts").

Die Bio-Produkte des Stanglwirts

Das Bio-Hotel Stanglwirt in Österreich ist ein hervorragendes Beispiel für ein Hotelunternehmen, das Landwirtschaft betreibt und in dem es „[...] viele wahrhaft unverfälschte Naturprodukte aus eigener Produktion" (Stanglwirt, 2018) gibt. Der Stanglwirt produziert seine eigene Milch, eigene Milchprodukte (u. a. Käse) und in der hauseigenen Metzgerei werden Fleisch und Wurst erzeugt. Außerdem hat das Hotel eine eigene Bäckerei, die frisches Brot und andere Backwaren herstellt (vgl. Stanglwirt, 2018). Die Eigenproduktion von Bio-Nahrungsmitteln fügt sich in das Bio-Konzept des Hotels ein und macht es dadurch stimmig und authentisch.

Mit der Produktion von hoteleigenen Betten und weiteren Produkten hat Westin sich ebenfalls vertikal diversifiziert (vgl. Beispielkasten „The Westin Heavenly Bed"):

The Westin Heavenly Bed

Die Westin Hotels erkannten Ende der 1990er-Jahre, dass ein bequemes Bett und erholsamer Schlaf für ihre Gäste eine zentrale Rolle spielen und guter Schlaf der beste Service ist, den ein Hotel bieten kann (vgl. Enz, 2010, S. 5). Um die Bedürfnisse seiner Gäste zu befriedigen, setzte sich das Hotelunternehmen das Ziel, das beste Bett der Hotelbranche zu entwickeln (vgl. Hotel Online, 2004). Nach etlichen Produkttests der Konkurrenzbetten präsentierte Westin 1999 „The Heavenly Bed", welches die Vorstellung der Branche vom Schlaferlebnis revolutionierte (vgl. Westin, 2018).

Zur Produkteinführung in den USA wurde eine landesweite Marketingkampagne durchgeführt, bei der an verschiedenen Standorten Betten aufgestellt wurden und auf den jeweiligen Ort abgestimmte Aktionen stattfanden. 20 Betten wurden z. B. zwischen der Wall Street und der New Yorker Börse sowie in der Grand Central Station aufgereiht. Am gleichen Tag startete eine Werbekampagne mit dem Slogan „Who's the best in bed?" (vgl. Enz, 2010, S. 5).

Die Investition hat sich gelohnt: Die Gäste der Westin Hotels schlafen nicht nur besser, sondern sind auch insgesamt zufriedener mit der Hotelleistung. Außerdem ist die Markenloyalität der Gäste gestiegen (vgl. Hotel Online, 2012). Die Strategie der Hotelgruppe war demnach erfolgreich. Mit der Möglichkeit, die Heavenly-Bed-Produkte zu verkaufen, hatte Westin nicht gerechnet, nutzte aber die Gelegenheit, als die Gäste begannen ihre Kaufwünsche zu äußern und vertreibt seither Heavenly Bed Produkte über das Internet sowie in Kooperation mit Nordstrom (vgl. Enz, 2010, S. 9).

Heute verkauft das Unternehmen nicht nur Heavenly-Bed-Produkte (u. a. Matratzen, Kissen, Bettbezüge), sondern hat noch weitere Heavenly-Produkte im Sortiment: Heavenly Bath (u. a. spezielle Duschköpfe, Handtücher, Pflegeprodukte) und Heavenly Spa (u. a. Bademäntel, Kerzen) (vgl. Westin Store, 2018). Mittlerweile werden auch von anderen Marriott Marken Betten und weitere Produkte vertrieben: Die WHotels brachten „The WBed" auf den Markt und die Sheraton Hotels kreierten das „Sheraton Sweet Sleeper Bed" (vgl. WHotels Store, 2018; Sheraton Store, 2018). Marriott hat sich damit einen neuen Geschäftszweig geschaffen, der das Produkt-Portfolio der Hotelkette auf sinnvolle Weise ergänzt und den Gästen einen Mehrwert bietet, der Begeisterung und Markenloyalität schafft.

Eine vertikale Diversifikationsstrategie kann in der Hotellerie neben diesen Formen auch auf andere Weise verfolgt werden:
- Über verschiedene Wertschöpfungsstufen erstreckte sich exemplarisch der Accor Konzern, der neben der Hotelkette Beteiligungen an weiteren Geschäften wie bspw. im Bereich der Restaurant-Tickets, des Zug-Caterings oder der Autovermietung hielt. Zwischenzeitlich zog sich Accor aus diesen Randgeschäften zurück und konzentriert sich auf das Kerngeschäft des Hotelkonzerns, nämlich die Hotellerie. Mittlerweile ist die Gesellschaft aber wieder vielfältig aktiv, unter anderem im Co-Working (Nextdoor, Mama Works) oder in Digital Solutions (z. B. Gekko, Fastbooking) (vgl. Accor, 2018b).
- Die Eigentümerfamilie des Hotels Elisabeth in den Kitzbühler Alpen betreibt neben dem Privathotel auch die Schaukäserei „Kasplatzl", die nicht nur Hotelgäste anzieht (vgl. Elisabeth, 2018).
- Auch integrierte Touristikkonzerne gehen vertikalen Diversifikationsstrategien nach. Die TUI AG ist bspw. in fünf Geschäftsfelder gegliedert: TUI Hotels & Resorts, Kreuzfahrten, Vertrieb und Marketing, Airlines sowie TUI Destination Services, die gemeinsam die TUI Group bilden (vgl. TUI, 2018). Zu den 325 TUI Hotels (Stand: Frühjahr 2018) gehören Marken wie Robinson, Riu, Grecotel, Iberotel und Grupotel (vgl. TUI, 2018).

– Ruby Hotels & Resorts lanciert 2017 ein neues Co-Working-Konzept unter dem Markennamen Ruby Works. Ein erster Prototyp wurde in München gestartet und wird sukzessive auf andere Standorte ausgeweitet. Hierbei handelt es sich um das Angebot von temporär mietbaren Arbeitsplätzen in „Wohnzimmeratmosphäre". Offeriert werden Meetingräume, die auf die unterschiedlichen Formen der Team-Zusammenarbeit abgestimmt sind sowie Event-Flächen und spezielle Räumlichkeiten zur Unterstützung kreativer Prozesse und für organisationsübergreifende Projekte (vgl. Ruby Works, 2018).

Eine weitere Form der Diversifikation stellt die *laterale Diversifikation* dar. Dabei verlässt ein Unternehmen sein Kerngeschäft und betätigt sich auf branchenfremden Feldern (vgl. Gardini, 2015, S. 195 f). Bei der Strategie der lateralen Diversifikation entfernt sich ein Unternehmen am weitesten von seinem ursprünglichen Basisgeschäft.

1949 als Kaffeeversandunternehmen gegründet, vertreibt Tchibo bspw. seit 1973 auch Gebrauchsartikel, seit 1997 Reisen, seit 2002 Finanzdienstleistungen, seit 2003 auch Blumen und Autos. 2004 wurde Tchibo mobil, ein Mobilfunkanbieter, gegründet. 2014 wurde der Online-Shop um die „Lieblingsstücke" erweitert. Damit sind erstmalig Tchibo Bestseller wie Bettwäsche, Geschirr und Socken dauerhaft erhältlich. 2018 platzierte Tchibo sein erstes Sharing Economy Modell „Tchibo Share", eine Plattform für die temporäre Überlassung von Kinderkleidung, Spielzeug und Umstandsmode (vgl. Tchibo, 2018).

Auch Coca-Cola hat neben Getränken und Nebenprodukten zahlreiche Produkte im Sortiment, die mit dem Basisgeschäft nicht in direktem Zusammenhang stehen. So vertreibt Coca-Cola z. B. Kleidung, Haushaltswaren oder Möbel im bewährten Coca-Cola Design (vgl. Coca-Cola Store, 2018).

Durch die Verfolgung einer lateralen Diversifikationsstrategie ist ebenfalls die Oetker Collection, eine exklusive Hotelkollektion, aus der Nahrungsmittelbranche (Dr. Oetker) heraus entstanden. Auch die Lindner Hotels haben ihre Ursprünge nicht in der Hotellerie, sondern in der Baubranche (Unternehmen 1959 als Planungsbüro gegründet) (vgl. Lindner, 2018).

Eine Weiterentwicklung der Diversifikation ist die sog. *Blue Ocean Strategie*. „Blaue Ozeane sind neue Märkte, die von der bisherigen Konkurrenz unberührt sind und neue Nachfrager auf innovative Weise ansprechen" (Kim/Mauborgne zitiert in Bea/Haas, 2017, S. 105). Hierbei werden also neue Märkte geschaffen, in denen es keine Konkurrenz gibt (vgl. Kim/Mauborgne zitiert in Bea/Haas, 2017, S. 105).

Zusammenfassend können die wichtigsten Wachstumsalternativen und die dazugehörigen Basisstrategien folgendermaßen dargestellt werden:

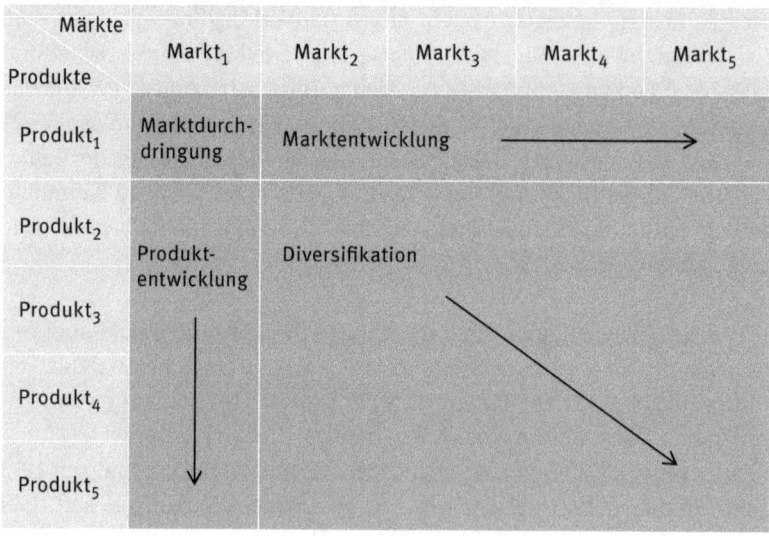

Abb. 6.16: Produkt-Markt-Schema der Wachstumsalternativen (Quelle: Eigene Darstellung in enger Anlehnung an Freyer, 2011, S. 387 nach Ansoff, 1965, S. 128).

Dynamische Produkt-Markt-Strategien

Bei der Betrachtung der Produkt-Markt-Strategien aus einer dynamischen Perspektive werden „[…] die vier Grundstrategien zusammen bzw. nacheinander verfolgt" (Freyer, 2011, S. 388). Der „strategische Idealweg" entspricht i. d. R. einem Durchlaufen aller Marktfelder in Form einer Z-Folge (vgl. Becker, J., 2009, S. 177; Freyer, 2011, S. 389):

- Zunächst wird ein Unternehmen durch eine Durchdringung des Marktes versuchen, mit dem bestehenden Leistungsangebot den gegenwärtigen Markt weitestgehend zu bearbeiten und damit die Expansionsmöglichkeiten im angestammten Markt auszuschöpfen. Die Marktdurchdringung beinhaltet das geringste Risiko.
- Sind die Wachstumsmöglichkeiten im Kernmarkt des Unternehmens ausgereizt, werden neue Märkte gesucht, auf denen die bestehenden Produkte abgesetzt werden können. Somit wird in zweiter Instanz eine Marktentwicklung angestrebt.
- Bei einem starken Wettbewerb innerhalb des Marktes sollte die Strategie der Produktentwicklung angewandt werden, um durch das Anbieten innovativer Produkte Marktanteile auszubauen und die Marktführerschaft zu erreichen.
- Die Strategie mit dem höchsten Risiko ist schließlich die Diversifikation, da das Unternehmen sich dabei nicht nur von seinem Basisgeschäft, sondern auch von seinen angestammten Produkten entfernt und in einem neuen Markt neue Leistungen anbietet.

Aufgrund dieser idealtypischen Abfolge der Wachstumsaktivitäten von der Marktdurchdringung über die Markt- und Produktentwicklung bis hin zur Diversifikation, wird sie auch als Z-Folge oder als Z-Strategie bezeichnet (vgl. Freyer, 2011, S. 389; Becker, J., 2009, S. 177).

Neben der Z-Folge existieren allerdings noch weitere alternative Abläufe, die mögliche Vorgehensweisen beschreiben. Die L-Folge (Marktdurchdringung, Produktentwicklung, Diversifikation) und die I-Folge (Marktdurchdringung, Produktentwicklung) werden in der Praxis ebenfalls angewandt (vgl. Becker, J., 2009, S. 176 ff).

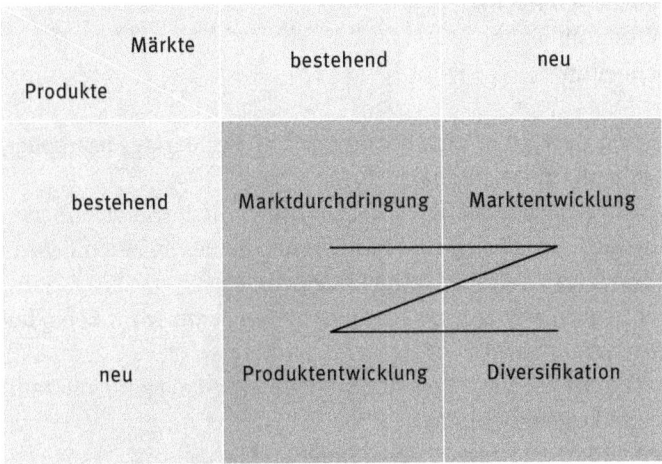

Abb. 6.17: Z-Folge (Quelle: Eigene Darstellung in Anlehnung an Freyer, 2011, S. 389; Becker, J., 2009, S. 177).

Welche Produkt-Markt-Strategien für ein Unternehmen generell infrage kommen, ist abhängig von dessen Situation und Zielen, aber u. a. auch davon, welche Gebietsstrategie ein Unternehmen verfolgt.

6.3.5 Gebietsstrategien

Die Gebietsstrategie legt fest, auf welches Gebiet sich die Aktivitäten eines Unternehmens konzentrieren und in welchem Markt es tätig ist. Daher wird sie auch als Marktarealstrategie bezeichnet. Mit der Festlegung einer Gebietsstrategie bestimmt ein Hotelunternehmen den Absatzraum, in welchem es tätig ist (vgl. Bieberstein, 2001, S. 165).

Abhängig davon, welche Gebietsstrategie ein Hotelunternehmen verfolgt, kann es sich auf verschiedene Marktareale konzentrieren. Es kann, je nach Grad der Markterschließung, zwischen nationalen Gebietsstrategien, die sich auf den inländischen Markt beschränken und übernationalen Strategien, die über die Grenzen des Heimat-

marktes hinausgehen, unterschieden werden (vgl. Becker, J., 2010, S. 69 f). Die strategischen Optionen in Bezug auf das Marktareal können untergliedert werden in (vgl. Becker, J., 2009, S. 301):
- lokale Gebietserschließung
- regionale Gebietserschließung
- überregionale Gebietserschließung
- nationale Gebietserschließung
- multinationale Gebietserschließung
- internationale Gebietserschließung
- globale Gebietserschließung

Bei der *lokalen Gebietsstrategie* wird nur ein begrenzter Teil des Marktes bearbeitet, der sich auf einen bestimmten Ort beschränkt (z. B. München).

Die Geisel Privathotels begrenzen ihr Geschäftsfeld bspw. auf die Stadt München und führen dort verschiedene Privathotels und Restaurants. In diesem Markt decken sie verschiedene Bereiche ab (vgl. Geisel Privathotels, 2018):
- Das Hotel Königshof ist ein 5-Sterne-Hotel, das den Gästen Luxus wie z. B. ein hoteleigenes Sterne-Restaurant bietet.
- Das Stadthotel Excelsior ist ein First Class Hotel der 4-Sterne-Kategorie mit traditionellem Ambiente und eigener Vinothek.
- Individuelles Design finden die Gäste im Anna Hotel und Restaurant.
- Das Beyond by Geisel ist eine Luxus-Stadtresidenz direkt im Herzen der Stadt – mit 18 Zimmern mit Wohnzimmer, Wohnküche und 24-Stunden-Concierge-Service.
- Die Schwabinger Wahrheit by Geisel ist ein modernes Hybrid-Hotel mit 81 Gästezimmern und lokalem Bezug im Design.

Auch die Eckelmann Hotels beschränkten sich derzeit auf den Münchner Hotelmarkt und führen neben dem Hotel Gio, dem Hotel am Sendlinger Tor, dem Hotel Deutsches Theater auch vier Lifestyle-Hotels, die drei Cocoon Hotels und das Hotel Buddy, welche sich durch ihre zentrale Lage und einen designorientierten Einrichtungsstil auszeichnen (vgl. Eckelmann Hotels, 2018).

Eine *regionale Gebietsstrategie* ist etwas weiter gefasst und schließt eine bestimmte Region ein (z. B. Bayern).

Die *überregionale Gebietsstrategie* ist noch weiter gefasst und bezieht mehrere Regionen ein (z. B. Bayern und Baden-Württemberg).

So befinden sich die Göbel Hotels bspw. rund um die Städte Göttingen und Kassel, in den Bundesländern Niedersachsen, Hessen und Thüringen (vgl. Goebel, 2018).

Die *nationale Gebietsstrategie* bezieht sich auf ein bestimmtes Land, innerhalb dessen das Hotelunternehmen seine Leistungen anbietet (z. B. Deutschland).

Die Sorat Hotels Deutschland sind z. B. individuelle Stadthotels der gehobenen Mittelklasse. Zur Hotelgruppe gehören 10 Häuser in Deutschland, davon fünf Sorat Hotels und fünf Betriebe unter einem Eigennamen (vgl. Sorat, 2018).

Auch die Welcome Hotels mit ihren derzeit 11 Betrieben (Stand: Frühjahr 2018, vgl. Welcome, 2018) fokussieren Deutschland als ihren Kernmarkt und verfolgen damit eine nationale Gebietsstrategie: „Uns ist es wichtig, durch kontinuierliche Leistungen am Gast, Beherrschung der täglichen Detailarbeit im Hotel, Weiterbildung und Qualifizierung der Mitarbeiter, gut überlegte Standortauswahl für neue Hotels und Investitionen in den Erhalt der bestehenden Hotels einen nachhaltigen wirtschaftlichen Erfolg zu erzielen. Deshalb planen wir ein wohl bedachtes Wachstum innerhalb Deutschlands" (Welcome, 2018).

Bei der *multinationalen Gebietsstrategie* handelt die Hotelunternehmung länderübergreifend und schließt somit neben dem Heimatmarkt auch weitere, oft benachbarte Länder ein (z. B. Deutschland, Österreich, Schweiz) (vgl. Becker, J., 2010, S. 75).

So betreiben die Explorer Hotels acht Häuser in Wander- und Skiregionen in Deutschland und Österreich (vgl. Explorer, 2018) und verfolgen damit derzeit eine multinationale Gebietsstrategie. Bei dieser Strategie werden die Auslandsaktivitäten meist vom Heimatmarkt aus gesteuert (vgl. Becker, J., 2010, S. 77).

Auch die Novum Hospitality, die ihre Gebietsstrategie zunächst auf die deutschlandweite Expansion richtete und so die Hotelanzahl mehr als vervierfachen konnte, fokussiert nicht mehr nur den deutschen Hotelmarkt. Häuser im umliegenden Ausland sind bzw. werden in den kommenden Jahren eröffnet (vgl. Novum, 2018).

Bei der *internationalen Gebietsstrategie* erschließt ein Hotelunternehmen mehrere Länder und umfasst auch Gebiete, die nicht im näheren Umfeld des Kernmarktes liegen (z. B. Europa). Damit steigt die Auslandsorientierung des Unternehmens und die ausländischen Märkte werden stärker einbezogen (vgl. Becker, J., 2010, S. 78).

Die 1978 im spanischen Navarra gegründete NH Hotel Group ist mittlerweile mit den Marken NH Hotels, NH Collection Hotels, Nhow Hotels und Hesperia Hotels in verschiedenen Ländern in Europa und sogar in Nord- und Südamerika vertreten (vgl. NH, 2018).

Die 25hours Hotels

Die 25hours Hotel Company wurde von Stephan Gerhard, Ardi Goldman, Christoph Hoffmann und Kai Hollmann gegründet und hat ihren Markt zunächst auf drei Länder im deutschsprachigen Raum ausgedehnt. Mittlerweile werden 13 Hotels (Stand: 2018) in Deutschland, Österreich, Schweiz und Frankreich betrieben.

Seit der Beteiligung von Accor werden neue Hotelprojekte (z. B. in Dubai) entwickelt, die sich nicht mehr nur auf Nachbarländer beschränken.

An verschiedenen Standorten positionieren sich die 25hours Hotels mit Individualität, Authentizität und Persönlichkeit und gestalten in Zusammenarbeit mit lokalen Designern und Künstlern unterschiedliche Konzepte unter dem Motto „Kennst du eins, kennst du keins", wodurch jedes Hotel einen einzigartigen Stil erhält:

25hours Hotel Hamburg Number One
2003 eröffnete das erste 25hours Hotel in Hamburg im Retro-Design-Mix der 1960er- und 1970er-Jahre. 2006 kam das 25hours Guesthouse hinzu.

25hours Hotel The Goldman Frankfurt
Nach Hamburg wurde 2006 das zweite 25hours Hotel in Frankfurt in Betrieb genommen. Die Gästezimmer dieses Hotels erzählen durch kleine Design-Akzente in jedem Zimmer individuelle Geschichten ihrer „Paten". 2012 wurde das Haus u. a. um 48 neue Gästezimmer auf 97 Zimmer vergrößert, welche ebenfalls von heldenhaften Zimmerpaten, die uns bewegten oder immer noch bewegen, erzählen.

25hours Hotel Frankfurt by Levi's
Das 2008 folgende, zweite Haus in Frankfurt verbindet Elemente aus Mode, Design und Musik aus sechs Jahrzehnten und ist das einzige Hotel weltweit in Kooperation mit dem Denim-Label Levi's. Das Hotel wurde 2018 umgebaut und erweitert und entführt dann auf eine Reise um die Welt.

25hours Hotel beim MuseumsQuartier Wien
Als erstes Hotel außerhalb Deutschlands eröffnete 2011 das 25hours Hotel in Wien. Zunächst waren für Gäste nur 34 Suiten buchbar, seit 2013 sind auch die übrigen Gästebereiche fertiggestellt. Design-Elemente aus der Welt des Zirkus zieren das Wiener Haus.

25hours Hotel HafenCity
Die Seefahrt und der Hafen inspirierten das Design des zweiten Hamburger Hotels, das 2011 hinzukam.

25hours Hotel Zürich West
Im November 2012 wurde das 25hours Hotel Zürich West eröffnet. Star-Designer Alfredo Häberli hat einen Spiegel der Stadt erschaffen.

25hours Hotel Bikini Berlin
Mit Blick auf Tiergarten und Zoo entstand 2014 ein Haus in Berlin, das sich mit dem Spannungsfeld zwischen Natur und Großstadt auseinandersetzt. Die Zimmer sind gemütliche Rückzugsorte mit urbanen Gestaltungselementen oder eher im Dschungel-Design gestaltet.

25hours Hotel Altes Hafenamt Hamburg
Das Hafenamt war jahrzehntelang Anlaufstelle für Seeleute aus aller Herren Länder. Im kleinen Kapitänsheim mit 49 gemütlichen Stuben wird Hafengeschichte lebendig. Das denkmalgeschützte älteste Gebäude der HafenCity ist seit 2017 Heimat von zeitgemäßem Design und Industriecharme.

25hours Hotel Langstrasse Zürich
Zwischen der lebendigen Langstrasse und hypermodernen Europaallee treffen sich die Welten. Das Team um Designer Werner Aisslinger sieht das 25hours Hotel Langstrasse als eigenes kleines Universum, inspiriert von den Kontrasten aus Banken und Rotlicht, Kunst und Kapital.

25hours Hotel The Royal Bavarian München
Das 25hours Hotel The Royal Bavarian ist ein Haus mit einer eigenen Geschichte: Was im vergangenen Jahrhundert noch als Oberpostamtsgebäude und königliche Telegrafenstation diente, bietet heu-

te 165 Zimmer in fünf Kategorien: Dienstbotenkammer, Herrschaftszimmer oder Adelsgemach sowie Schwanen- und Pfauen-Suite sind Rückzugsorte mit unterschiedlichen Inspirationen.

25hours Hotel Das Tour Düsseldorf
Das Hotel im neuen Düsseldorfer Stadtteil Le Quartier Central öffnete im Sommer 2018 seine Türen und thematisiert eine ganz besondere Liaison. Die Nähe zu Frankreich inspirierte das schwedische Kreativteam von Stylt Trampoli zu einem Gestaltungskonzept zwischen deutscher Ingenieurskunst und französischem Künstlerflair.

25hours Hotel The Circle Köln
Das 25hours Hotel The Circle mit insgesamt 207 Zimmern eröffnete 2018 im Herzen von Köln. Gemeinsam mit 25hours entwickelte das Berliner Kreativteam Studio Aisslinger für das denkmalgeschützte Gebäude ein retro-futuristisches Gestaltungskonzept.

25hours Hotel Terminus Nord Paris
Als erstes Hotel im nicht deutschsprachigen Raum eröffnete 2018 das 25hours Hotel Terminus Nord. Die 237 Zimmer sind gemütliche Rückzugsorte in afrikanisch und asiatisch inspirierten Farbwelten.

Quelle, Text und Logo: 25hours, 2018 (Presseabteilung).

Wie bereits im Beispielkasten „Motel One auf Expansionskurs" (vgl. Kap. 6.3.4) erörtert, entwickelt sich Motel One von einer multinational zu einer international agierenden Hotelkette. Nachdem 2011 die ersten Häuser in Österreich öffneten, wurde mit dem Motel One Edinburgh 2012 das erste Hotel im fremdsprachigen Ausland (UK) eröffnet. Letzteres bedeutete den Schritt in Richtung internationaler Expansion. Es folgten Markteintritte in Belgien, Tschechien, Niederlande, Schweiz, Spanien und Frankreich und demnächst folgen Polen, Irland und Italien (vgl. Motel One, 2018a).

Wird eine *globale Gebietsstrategie* verfolgt, bietet ein Hotelunternehmen seine Leistungen weltweit an. Die Abgrenzung zur internationalen Gebietsstrategie ist nicht immer eindeutig, jedoch handelt ein globales Unternehmen eher länderunabhängig und versteht die Welt als „einheitlichen Markt" (vgl. Becker, J., 2010, S. 80).

Dies ist im Grunde bei allen großen Hotelketten der Fall:
- Best Western ist z. B. mit mehr als 4.200 Hotels in über 90 Ländern vertreten (vgl. Best Western, 2018).
- Die Marke Kempinski wird weltweit von einer wachsenden Anzahl charakteristischer, erlesener Hotels repräsentiert. Als Europas älteste Luxushotelgruppe ist sie mit Betrieben in über 30 Ländern aktiv (vgl. Kempinski, 2018).

Wie bereits in Kapitel 6.3.4 bei der Marktentwicklungsstrategie angesprochen, ist die räumliche Ausdehnung für Hotelunternehmungen eine Möglichkeit, neue Märkte zu erschließen. Im Rahmen der Gebietsausdehnung können grundsätzlich drei Vorgehensweisen angewandt werden (vgl. Becker, J., 2009, S. 304 ff):
- konzentrische Gebietsausdehnung:
  ringförmige Ausdehnung des Marktareals um ein bestimmtes Gebiet
- selektive Gebietsausdehnung:
  Bildung von Verdichtungsgebieten, um Absatzlücken zu schließen

- inselförmige Gebietsausdehnung:
  Konzentration auf Großstädte und Bildung von Absatzinseln

Mit der geografischen Expansion verändert sich meist auch die Gebietsstrategie des Unternehmens.

Im Zuge der Globalisierung verfolgen immer mehr Unternehmen internationale bzw. globale Strategien. Der gesättigte Heimatmarkt wird verlassen, um neue Märkte und Ressourcen zu erschließen (vgl. Enz, 2010, S. 399 f). Eine Internationalisierung kann u. a. durch die Kooperation mit oder durch Integration von anderen Unternehmen umgesetzt werden. Die verschiedenen Formen der Zusammenarbeit werden im folgenden Kapitel näher erläutert.

6.3.6 Strategien in Bezug auf den Grad der Eigenständigkeit

Im Hinblick auf die Strategien in Bezug auf den Grad der Eigenständigkeit von Unternehmen gilt es zu entscheiden, ob ein Hotelunternehmen seine Ziele allein verfolgt oder über welche Form der Zusammenarbeit die Ziele erreicht werden sollen (vgl. hierzu Gardini, 2015, S. 202 ff). Diese Entscheidung ist vor allem vor dem Hintergrund zunehmender Globalisierung, härterer Wettbewerbsbedingungen und steigenden Wettbewerbsdrucks erfolgskritisch. Insbesondere Privathotels sehen sich den expandierenden Hotelgesellschaften und -ketten gegenüber, denen immer mehr Hotels angehören (vgl. hierzu auch Jaeschke/Fuchs in Hänssler, 2016, S. 82 f).

Autonomiestrategie

Bei der Verfolgung einer Autonomiestrategie konzentriert sich ein Unternehmen auf die eigenen Ressourcen und Potenziale (vgl. Bea/Haas, 2017, S. 188). Dadurch will es seine Eigenständigkeit erhalten. Probleme werden aus eigener Kraft oder mithilfe von beratenden Unternehmen oder Institutionen (z. B. Industrie- und Handelskammer, Fachverbände) gelöst (vgl. Kuhn/Hellingrath, 2002, S. 49). Die Vorteile dieser Strategie liegen in der Beibehaltung der Eigenständigkeit und darin, dass das Unternehmen sich nicht mit anderen abstimmen oder austauschen muss. „Auf diese Weise können mögliche Wettbewerbsvorteile alleine genutzt werden" (Kuhn/Hellingrath, 2002, S. 49). Einen Nachteil zieht ein Unternehmen aus der Autonomiestrategie, wenn Abstimmungsbedarf herrscht oder die eigenen Ressourcen nicht ausreichen. Außerdem können der hohe Ressourcenaufwand und das allein getragene Risiko Nachteile dieser Strategie darstellen (vgl. Kuhn/Hellingrath, 2002, S. 49).

Stehen im eigenen Haus die Ressourcen nicht ausreichend zur Verfügung, kann sich ein Unternehmen bspw. durch eine Kooperation oder eine Integration/Akquisition weitere Ressourcen zu Nutze machen (vgl. Bea/Haas, 2017, S. 188).

Kooperationsstrategien

„Kooperationsstrategien zielen auf eine Zusammenarbeit zwischen zwei oder mehreren Unternehmen auf einem bestimmten Betätigungsfeld ab, um auf diese Weise einen Synergieeffekt für beide Partnerunternehmen zu erzielen" (Bea/Haas, 2017, S. 188). Die Formen dieser zwischenbetrieblichen Zusammenarbeit sind vielfältig und in der Praxis existieren auch Mischformen. Welge/Al-Laham/Eulerich unterscheiden bspw. folgende strategische Unternehmenskooperationsformen:

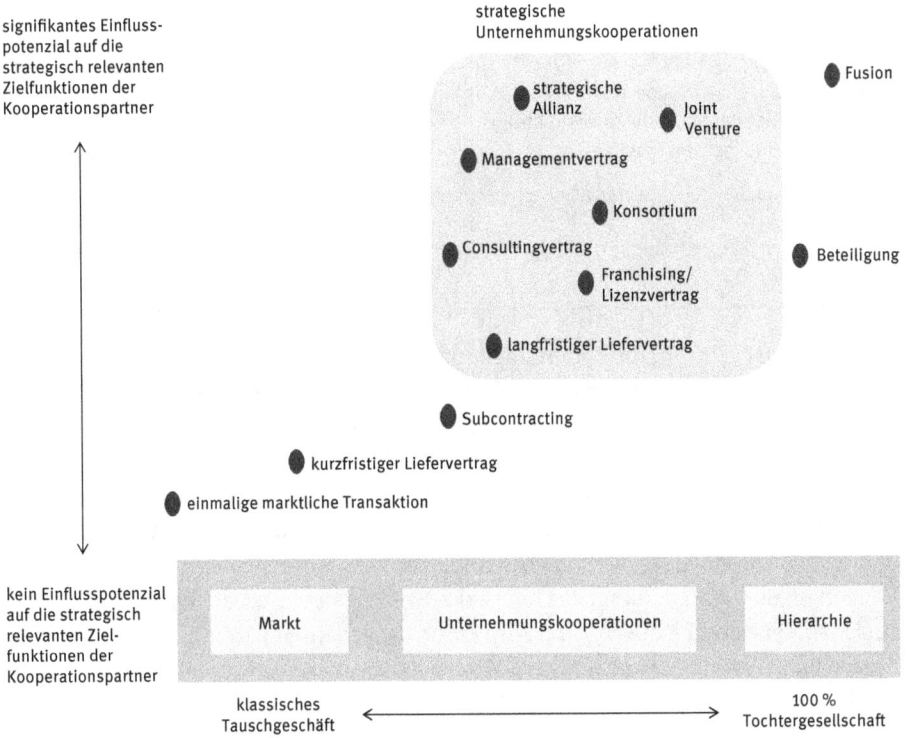

Abb. 6.18: Strategische Kooperationsformen (Quelle: Eigene Darstellung in enger Anlehnung an Welge/Al-Laham/Eulerich, 2017, S. 680).

Abb. 6.18 stellt „[…] eine exemplarische Auswahl strategisch relevanter Unternehmungskooperationsformen" (Welge/Al-Laham/Eulerich, 2017, S. 681) dar.

Strategische Allianzen können als Kooperationen im engeren Sinn angesehen werden, da sich die Zusammenarbeit der Unternehmen dabei auf bestimmte Betätigungsfelder konzentriert, die für beide Partner von Bedeutung sind (vgl. Welge/Al-Laham/Eulerich, 2017, S. 675). Sie entstehen „[…] durch die Zusammenarbeit von Wettbewerbern in einer Branche" (Hungenberg, 2014, S. 512).

Bei einem *Joint Venture* (vgl. Beispielkasten „Expansionspartnerschaft von citizenM" und „Kooperationsprodukt Moxy") gründen die Kooperationspartner ein Gemeinschaftsunternehmen, in das sich die Partner einbringen (vgl. Welge/Al-Laham/Eulerich, 2017, S. 684).

Expansionspartnerschaft von citizenM

Die 2008 in Amsterdam gegründete Hotelgesellschaft citizenM gab 2013 eine Partnerschaft mit der Artyzen Hospitality Group bekannt. Dies ist eine Hotelmanagement-Tochter von Shun Tak Holdings Ltd. unter der Führung der einflussreichen Casino-Familie Ho aus Macau. Das neue Joint Venture eröffnete der holländischen Gruppe den Schritt nach Asien. Die Artyzen Hospitality Group und citizenM haben die Betreibergesellschaft „Artyzen citizenM Asia Limited" als Joint Venture gegründet, das den Markteinstieg von citizenM in Asien organisiert. Das Unternehmen verfügt exklusiv über die Nutzungsrechte und das Konzept der Marke in Asien und treibt die Verbreitung durch Hotelmanagement-Verträge mit Eigentümern und Investoren voran.

2018 eröffneten die ersten beiden asiatischen Hotels, citizenM Hongqiao Shanghai und citizenM Taipei North Gate.

Quelle: Hospitality Inside, 2018.

Franchising ist „[…] für die Kettenhotellerie eine geeignete Strategie […], ohne große Investitionen rasch zu expandieren" (Henschel/Gruner/von Freyberg, 2018, S. 40). Hotelketten können als Franchisegeber ihren Bekanntheitsgrad sowie ihre Präsenz steigern. Franchisenehmer schließen sich einem bekannten System an und werden vom Franchisegeber unterstützt (u. a. durch Knowhow, Marketing, Vertrieb). Einen Nachteil stellt die hohe Abhängigkeit der beiden Unternehmen dar. Der Franchisegeber ist darauf angewiesen, dass der Franchisenehmer das vorgegebene Konzept nach seinen Vorstellungen umsetzt, damit das Image des Unternehmens erhalten bleibt. Der Franchisenehmer ist durch die Vorgaben des Franchisegebers eingeschränkt und stark von dessen Entscheidungen abhängig (vgl. Henschel/Gruner/von Freyberg, 2018, S. 40 ff).

Durch *langfristige Lieferverträge* können bspw. vertrauensvolle Beziehungen zu Lieferanten hergestellt werden, die zur Qualitätssicherung und Prozessoptimierung im Hotelunternehmen beitragen können.

Kooperationsprodukt „Moxy"

Der Hotelkonzern Marriott hat mit der Design-Marke Moxy auf dem europäischen Budget-Hotelmarkt Fuß gefasst. 2014 eröffnete das erste Hotel in Mailand. Anfang 2018 gab es bereits 17 Hotels in Europa, darunter neun Hotels in Deutschland. Es ist beabsichtigt, dass europaweit in den kommenden Jahren insgesamt 50 Hotels der Marke Moxy entstehen.

Die Marke ist im Rahmen eines Joint Ventures der Unternehmen Marriott (Markeninhaber), Inter Hospitality (Eigentümer, Ikea-Immobilientochter) und Nordic Hospitality aus Norwegen (Betreiber) entstanden.

Laut eigenen Aussagen macht Moxy Schluss mit der typischen Budget-Hotellerie, indem es auf gewagtes Design und modernes Ambiente setzt, in dem Gäste arbeiten, Spaß haben und sich untereinander vernetzen können. Mit lebhaften Lobbys mit Barcharakter, gemütlichen Zimmern, einer 24h Food-Station sowie kostenlosem WLAN möchte Moxy kostenbewusste Reisende mit einem durchdachten und unterhaltsamen Aufenthaltserlebnis überraschen und ihnen nur das bieten, was sie tatsächlich wollen.

Mit der neuen Budget-Kette greift Marriott andere Gruppen in diesem Segment an, z. B. Motel One, Ibis, Hampton Inn by Hilton und Holiday Inn Express.

Quelle: AHGZ, o. V., 2013b.

In Bezug auf die „[…] Beziehungen, die zwischen den beteiligten Kooperationspartnern entlang der Wertschöpfungskette bestehen" (Hungenberg, 2014, S. 511), können drei Arten von Kooperationen unterschieden werden (vgl. Hungenberg, 2014, S. 511 f):
- Bei der horizontalen Kooperation arbeiten Unternehmen zusammen, die auf der gleichen Wertschöpfungsstufe tätig sind (strategische Allianz).
- Die vertikale Kooperation bezieht sich auf vor- oder nachgelagerte Wertschöpfungsstufen (Netzwerke zwischen Kunden und Lieferanten).
- Im Zuge einer konglomeraten Kooperation entsteht eine Zusammenarbeit zwischen Unternehmen, die keine direkte Verbindung zueinander haben.

Bei einer klassischen Hotelkooperation handelt es sich um „[…] eine horizontale Kooperation von rechtlich und wirtschaftlich [weitgehend] selbstständigen Hotels auf freiwilliger Basis" (Jaeschke/Fuchs in Hänssler, 2011, S. 67). Zweck ist es, „[…] gemeinsam betriebliche Aufgaben effizienter zu lösen" (Henschel/Gruner/von Freyberg, 2018, S. 43), Synergieeffekte zu generieren und Nachteile, die durch den Einzelbetrieb entstehen, zu kompensieren (vgl. Gruner, 2008, S. 195). „Grundlegendes Ziel von Kooperationen ist in der Hotelbranche […] die Erzielung von Synergien zum Erhalt bzw. Ausbau von Wettbewerbsvorteilen" (Gardini, 2015, S. 202).

Die Intensität der Zusammenarbeit lässt sich bei Hotelkooperationen in folgende Stufen einteilen (vgl. Seitz, 1997, S. 50):
1. Informations- und Erfahrungsaustausch
2. gemeinsame Beschaffung von Marktinformationen und deren Auswertung
3. Ausgliederung einer Unternehmensfunktion (z. B. gemeinsamer Einkauf)
4. Ausgliederung mehrerer Unternehmensfunktionen (z. B. Einkauf, Reservierung, Vertrieb, Vermarktung, Schulung)
5. Bildung einer institutionellen Kooperationsführung, um das Management der Kooperation zu professionalisieren
6. rechtliche Ausgliederung der Kooperation (z. B. Gründung einer GmbH)

Die Kooperationsintensität nimmt dabei von Stufe eins bis Stufe sechs immer weiter zu (vgl. Seitz, 1997, S. 51). Die ersten beiden Stufen sind zwischenbetriebliche Formen der Zusammenarbeit, die oft informelle Treffen, sog. Erfahrungsaustauschgruppen, ohne vertragliche Bindung darstellen (vgl. Gardini, 2015, S. 208 f). „Mit zunehmender

Komplexität von Aufgaben spielen *überbetriebliche Formen* (Stufen drei bis sechs) eine Rolle" (Henschel/Gruner/von Freyberg, 2018, S. 44). Auf den intensivsten Stufen der Kooperation (Stufe fünf und sechs) handeln die Hotelunternehmen unter einem gemeinsamen Markennamen bzw. Namenszusatz (vgl. Jaeschke/Fuchs in Hänssler, 2016, S. 87).

Diese Art von Hotelkooperation kann ein breites Spektrum an Leistungen bieten (vgl. Seitz, 1997, S. 52 ff; von Freyberg/Gruner/Lang, 2018, S. 38; Jaeschke/Fuchs in Hänssler, 2016, S. 88):
- Marketing und Vertrieb:
    - Kooperationsmarke als Dachmarke (Qualitätsversprechen)
    - Markt- und Trendforschung
    - Vermarktung (z. B. Kataloge, Anzeigenwerbung, Newsletter und Postsendungen, Webseite, Social Media, Kampagnen)
    - Loyalitätsprogramme
    - Presse- und Öffentlichkeitsarbeit
    - Messeauftritte
    - Distribution (z. B. Anschluss an ein Reservierungssystem)
- Einkauf (z. B. Kostenvorteile, Unterstützung beim Bestellwesen)
- Information und Weiterbildung (z. B. Tagungen, Schulungen, Workshops)
- Erfahrungsaustausch unter den Hoteliers (z. B. Jahrestreffen)

Um die Leistungen der Hotelkooperation in Anspruch nehmen zu können, muss ein Hotelbetrieb bestimmte Aufnahmekriterien erfüllen (z. B. Klassifizierungsniveau, Betriebstyp, Standort, Eigentümerstruktur, Betriebsgröße oder Erscheinungsbild) (vgl. Henschel/Gruner/von Freyberg, 2018, S. 44; Gardini, 2015, S. 209). Die Kriterien sind abhängig von der jeweiligen Kooperation und deren Philosophie und sollen sicherstellen, dass der einzelne Hotelbetrieb zur Kooperation passt.

Die Mitgliedschaft in einer solchen Hotelkooperation ist mit verschiedenen Kostenkomponenten verbunden, die je nach Kooperation variieren (vgl. Henschel/Gruner/von Freyberg, 2018, S. 45). In der Regel bestehen die Kosten in einer einmaligen Aufnahmegebühr, Jahresbeiträgen, Reservierungsgebühren und Umlagen für spezielle Marketing- und PR-Aktivitäten (vgl. Henschel/Gruner/von Freyberg, 2018, S. 45; Jaeschke/Fuchs in Hänssler, 2016, S. 88).

Daher muss sich ein Hotelunternehmen fragen, ob die Vorteile, die es aus der Kooperation ziehen kann, die Kosten für die Mitgliedschaft übersteigen. Mithilfe einer Gegenüberstellung von Ertragszuwächsen bzw. Kosteneinsparungen und von entstehenden Kosten, kann die Vorteilhaftigkeit der Mitgliedschaft in der Kooperation bewertet werden (vgl. Seitz, 1997, S. 60).

Die Vorteile, die Hotelkooperationen ihren Mitgliedern bieten, liefern die Motive für eine Teilnahme an einer solchen Kooperation (vgl. Gardini, 2015, S. 201 f; Jaeschke/Fuchs in Hänssler, 2011, S. 68; Hungenberg, 2014, S. 513; Welge/Al-Laham/Eulerich, 2017, S. 688 ff):

- Zugang zu Märkten und Ressourcen
- Kompetenzvorteile durch die Erlangung von zusätzlichem, ergänzendem Know-how
- Synergieeffekte
- Kostenvorteile (z. B. durch günstigere Konditionen im Einkauf)
- Markenvorteile (z. B. durch den Bekanntheitsgrad der Dachmarke)
- Imagevorteile
- Bündelung der einzelnen Stärken zur Zielerreichung
- Möglichkeit zum Ausgleich von Schwächen
- kein Verlust der Selbstständigkeit
- Erhaltung der Individualität
- Erhöhung der Konkurrenzfähigkeit
- Flexibilitätsvorteile (d. h. eine geringe Bindung an die Kooperation)
- Risikovorteile
- Zeitvorteile (z. B. schnellerer Zugang zu Informationen)

Hotelkooperationen stellen somit v. a. für Individualhotels eine strategische Alternative zur Ketten- bzw. Konzernhotellerie dar (vgl. von Freyberg/Gruner/Lang, 2018, S. 35; Gardini, 2015, S. 210 f). Im Gegensatz zu den Möglichkeiten der Hotelketten, eine einheitliche Angebotsstruktur und einen einheitlichen Standard zu gewährleisten, weisen die Einzelhotels in Kooperationen häufig Unterschiede in Größe, Struktur, Leistungen und Qualitätsniveau auf (vgl. Henschel/Gruner/von Freyberg, 2018, S. 45; Gardini, 2015, S. 210 f). Diese Abweichungen können dazu führen, dass der Gast die Marke bzw. die Kooperation nicht wahrnimmt sowie deren Mehrwert nicht erkennt (vgl. Gardini, 2015, S. 210 f). Daher ist es für den Erfolg von Hotelkooperationen entscheidend, dass sie durch anspruchsvoll formulierte Aufnahmekriterien einen möglichst homogenen Mitgliederkreis schaffen (vgl. Jaeschke/Fuchs in Hänssler, 2016, S. 88; Gardini, 2015, S. 211). Es gilt zu klären, ob die Zielgruppen, Leistungsangebote und die Strategische Ausrichtung (Mission, Vision, Leitbild, Ziele) der einzelnen Mitglieder zur Kooperation passen. Durch eine weitreichende Standardisierung der Leistungen und die Sicherstellung eines einheitlichen Qualitätsniveaus, kann das angestrebte Leistungs- und Markenprofil der Hotelkooperation durchgesetzt werden (vgl. hierzu Gardini, 2015, S. 210 ff). Die Effizienz der Zusammenarbeit in einer Hotelkooperation ist abhängig davon, inwieweit es gelingt, die Vorteile einer einheitlichen Führungskonzeption von Hotelgesellschaften zu erreichen (z. B. Leistungshomogenität, professionelles Management, professionelle Vermarktung) (vgl. Henschel/Gruner/von Freyberg, 2018, S. 45; Gardini, 2015, S. 211).

Im Folgenden sollen die vorangegangenen Betrachtungen anhand von Beispielen aus der Hotellerie veranschaulicht werden.

> The Leading Hotels of the World, Ltd. [...] ist die weltweit größte Kollektion in der Luxushotellerie, unter deren Dach sich rund 375 der besten Hotels, Resorts und Spas in über 80 Ländern

versammeln. Hotels, die Mitglied werden wollen, müssen einen Aufnahmeantrag stellen. Um für einen Beitritt in Betracht zu kommen, muss das Hotel zur 5-Sterne- bzw. Luxus-Kategorie gehören und die höchsten Standards hinsichtlich Zimmer, Service, Küche, Personal und Einrichtungen erfüllen – kurz: Alles, was das Wohlbefinden der Gäste, Komfort und Ambiente betrifft, muss auf höchstem Niveau sein. Zur Evaluierung eines Hotels wird ein Katalog von mehreren hundert Qualitätskriterien herangezogen, nach denen das Haus bei einer anonymen Inspektion geprüft wird. Die Ergebnisse werden dem Leitungsgremium von The Leading Hotels of the World vorgelegt, das dann über die Aufnahme abstimmt. (Leading Hotels of the World, 2018).

The Leading Hotels of the World bietet seinen Mitgliedern bspw. interessante Vorträge, bei denen sie sich zu Marketing, Verkauf oder zu neuen, innovativen Strategien informieren können (vgl. von Freyberg/Gruner/Lang, 2018, S. 180, Interview mit Beatrice Zarges, Thurnher's Alpenhof).

In Deutschland existieren zahlreiche Hotelkooperationen mit unterschiedlichen Schwerpunkten, darunter z. B. Viabono (Umwelt) oder Familotels (Familie). Zu den ersten Hotelkooperationen in Deutschland zählen die Romantik Hotels sowie die Ringhotels.

Anfang der 1970er-Jahre hatte Jens Diekmann, Unternehmensberater im Bereich der Hotellerie, die Idee, einen Qualitätsbegriff für historische Hotels und Restaurants unter dem Markennamen „Romantik Hotels" als Alternative zu Hotelkonzernen zu etablieren:

> Tradition, Historie, Qualität und herzliche Gastfreundschaft prägen die über 200 Romantik Hotels & Restaurants und 300 Partnerhäuser in zehn Ländern Europas. Die schlagkräftige Vertriebs- und Marketingkooperation präsentiert seit über 40 Jahren die gesamte Vielfalt individueller Hotellerie: vom hochwertigen Landgasthof über einzigartige Wellness-Häuser bis zu urbanen Luxushotels. Ausgezeichnete Kulinarik, echte Regionalität und erlebbare Geschichte vereinen die persönlich geführten Hotels zu einer exklusiven Kollektion für höchste Ansprüche unter dem Dach der starken Marke Romantik. (Romantik Hotels, 2018).

Die Hotelkooperation Ringhotels ist heute Deutschlands größter Zusammenschluss privater, unabhängiger Hoteliers (vgl. Ringhotels, 2018).

Die Kooperation der Ringhotels

Mit rund 100 angeschlossenen Hotels ist Ringhotels e. V. eine der führenden privaten Hotelkooperationen Deutschlands (vgl. Ringhotels, 2018).

Ein Ringhotel:
- ist in jedem Fall individuell geführt, meist in Familienbesitz und die Gastgeber sind präsent
- verfügt normalerweise über ein Restaurant mit anspruchsvoller, regionaltypischer Küche
- entspricht mindestens dem 3-Sterne-Standard, ist vorzugsweise klassifiziert (DEHOGA) und erfüllt interne Qualitätsanforderungen
- zeichnet sich durch seine freundlichen und professionellen Mitarbeiter aus
- repräsentiert die Vielfalt von Ringhotels
- erfüllt den Ringhotel Markenkern
- sorgt für eine persönliche Atmosphäre und das seelische Wohlbefinden der Gäste
- ist authentisch, weil die Region den Charakter prägt
- bringt sich aktiv in die Kooperation ein
- erfüllt einen TrustScore von mindestens 4,1 (von TrustYou ermittelter Bewertungswert)

Das Besondere der Ringhotels liegt sicher in der Authentizität und der Verbundenheit der Gastgeber mit der Region. Jedes der privat geführten Hotels ist ein echtes Unikat, in dem die Gäste die persönliche Handschrift der Gastgeber und den regionalen Bezug spüren. Dabei ist nicht nur Kreativität, sondern auch Tradition im Spiel. Viele der Häuser werden seit Generationen von einer Familie geführt.

Laut der Abteilung für Marketing und PR ergibt sich folgender Mehrwert für angeschlossene Hotels:

Als einzelnes Privathotel lässt sich eine derart umfassende Präsenz im Online- und Printbereich sowie auch auf Messen, bei Geschäfts- und Vertriebspartnern nur schwer bis gar nicht erzielen. Als Mitglied einer Kooperation nutzt das Hotel somit viele Synergieeffekte einer starken Gemeinschaft, weit über die Einkaufsvorteile oder die Vertretung in den Branchenverbänden hinaus. Von unschätzbarem Wert ist auch der Erfahrungsaustausch der Kollegen untereinander bei den vielzähligen Veranstaltungen.

Der Bekanntheitsgrad der Marke Ringhotels mit dem Markenkern und die genannte Vermarktung und Präsenz in Online- und Printmedien sowie Distributionsportalen verschafft den Mitgliedshäusern gegenüber von konkurrierenden Privathotels einen Wettbewerbsvorteil.

Um in die Hotelkooperation der Ringhotels aufgenommen zu werden, muss der Bewerber einen anonymen Mystery-Check bestehen. Die Aufnahme muss zudem vom Beirat des Vereins bewilligt werden, wodurch ein einheitliches Qualitätsniveau gewährleistet wird.

Die Ringhotels bieten ihren Mitgliedern ein umfassendes Paket an Marketing-, PR-, Verkaufs- und Distributionsleistungen wie z. B. einen zweisprachigen, suchmaschinenoptimierten Webauftritt, den Anschluss an ein Reservierungssystem und Schnittstellen zu zahlreichen Online-Distributionsportalen. Dazu gehören auch die Präsenz in der Ringhotels Broschüren-Serie, den Social-Media-Kanälen, Messeauftritte, Kooperationen mit Reiseveranstaltern, Konsortien und anderen Vertriebspartnern, Vertretung in Branchenverbänden, Schulungen, Einkaufsvorteile und vieles mehr. Ein weiterer Vorteil besteht in der internationalen Vermarktung durch den Zusammenschluss in der Markenkooperation „Global Alliance of Private Hotels".

Durch ein gemeinsames Qualitätsversprechen, einen einheitlichen Markenauftritt und eine Vielzahl von gemeinsamen Maßnahmen in den Bereichen Marketing, Verkauf und Reservierung will die Kooperation die Marktposition der angeschlossenen Privathoteliers stärken, die dadurch mehr Gäste, mehr Umsatz und einen Imagegewinn gegenüber den Mitbewerbern erreichen (vgl. Ringhotels, 2018).

Text und Zitate: Interview mit der Pressestelle der Ringhotels vom 14.03.2018;
Logo: Ringhotels, 2018 (Presseabteilung).

Integrationsstrategien

Im Gegensatz zu Kooperationsstrategien werden bei Integrationsstrategien Unternehmenszusammenschlüsse zum Zweck des Wachstums herbeigeführt (vgl. Bea/Haas, 2017, S. 190). „In der Regel geschieht dies durch eine Fusion oder eine Akquisition [...]" (Bea/Haas, 2017, S. 190). Durch den Erwerb von oder die Beteiligung an anderen Unternehmen (vgl. Welge/Al-Laham/Eulerich, 2017, S. 619) sollen sich v. a. Kostenvorteile und Verbundvorteile ergeben (vgl. Bea/Haas, 2017, S. 191). Im Gegensatz zu Kooperationsstrategien sind jedoch folgende Nachteile zu verzeichnen (vgl. Bea/Haas, 2017, S. 191):

- Die Entscheidung zu einer Integration ist bindend (Flexibilitätsnachteil).
- Die Einzelunternehmen verlieren an Individualität und Selbstständigkeit.
- Der erforderliche Kapitaleinsatz ist hoch.
- Es kann zu Integrationsproblemen kommen, da zwei unterschiedliche Unternehmen aufeinander treffen.
- Eventuell entstehen Imagenachteile bei einer feindlichen Übernahme.

Blex/Machal sind der Meinung, dass Unternehmensakquisitionen zu den „[...] komplexesten und damit risikoreichsten unternehmerischen Entscheidungen" (Blex/Marchal, 1990, S. 86 zitiert in Welge/Al-Laham/Eulerich, 2017, S. 621) gehören. Daher ist eine frühzeitige und systematische Planung von Unternehmenszusammenschlüssen notwendig (vgl. Welge/Al-Laham/Eulerich, 2017, S. 621).

2016 kaufte bspw. die damalige Carlson Rezidor Hotel Group (seit 2018 Radisson Hotel Group) für 14,7 Millionen Euro 49 Prozent an der deutschen Hotelgesellschaft Prizeotel und stieg damit ins Economy-Segment ein (vgl. Prizeotel, 2018).

Hirmer Integriert Travel Charme

Um den nächsten Wachstumsschritt zu machen, kaufte das Münchner Familienunternehmen Hirmer 2018 die Travel Charme Hotels & Resorts. Die Hirmer Gruppe erweiterte mit dem Erwerb ihr bislang vorwiegend auf Männermode und Immobilien fokussiertes Portfolio um das Standbein Hotellerie und folgte damit einer Strategie der lateralen Diversifikation. Im Zuge der Übernahme erwarb Hirmer von der Züricher Travel Charme Hotels & Resorts AG neun Hotelbetriebsgesellschaften sowie die Servicegesellschaft mit Sitz in Berlin, die zentrale Funktionen für alle Hotels der Travel Charme Hotels & Resorts übernimmt. Zu Travel Charme gehören derzeit 11 Hotels im 4- und 5-Sterne-Segment an der Ostsee, im Harz und im Alpenraum. Laut Unternehmenssprecher war der Kauf eine sinnvolle und werthaltige Ergänzung des Portfolios, da Travel Charme Hotels & Resorts selbst über ein großes Wachstumspotenzial verfügt und sich andererseits auch Anknüpfungspunkte und Synergien zu den beiden anderen Geschäftsfeldern Mode und Immobilien bieten.

Quelle: AHGZ, o. V., 2018b.

Insgesamt bleibt festzuhalten, dass die Zusammenarbeit von Unternehmen eine Möglichkeit ist, den Zugang zu Märkten und Ressourcen zu erhalten, Synergieeffekte zu nutzen und ein Wachstum zu erreichen.

6.3.7 Ressourcenstrategien

Über ausreichend Ressourcen zu verfügen, ist für ein Unternehmen von zentraler Bedeutung, denn die „[...] Ressourcen eines Unternehmens bestimmen darüber, welche Leistungen es erbringen kann" (Dillerup/Stoi, 2016, S. 282).

Das im Rahmen der Ressourcenanalyse erstellte Ressourcenprofil des Unternehmens deckt Stärken und Schwächen auf. „Die Ressourcenanalyse untersucht [...] die Ressourcenbasis des Unternehmens auf ihr Potenzial, dauerhaft Wettbewerbsvorteile zu produzieren" (Camphausen, 2013, S. 61) (vgl. zur Ressourcenanalyse Kap. 4.2).

Materielle, immaterielle und personelle Ressourcen können die Grundlage für Wettbewerbsvorteile bilden. Durch die Kombination einzigartiger, begrenzt verfügbarer, schwer imitier- und substituierbarer Ressourcen und Fähigkeiten sollen Kernkompetenzen entstehen, die zu einem nachhaltigen Wettbewerbsvorteil führen (vgl. Kap. 4.2). Das unverwechselbare Ressourcenprofil eines Unternehmens kann von Mitbewerbern nie komplett kopiert werden und kann dem Unternehmen damit zu Vorteilen im Wettbewerb verhelfen. Die Ressourcenstrategien zielen auf die Suche, den Aufbau und die Sicherung von Wettbewerbsvorteilen innerhalb des Unternehmens.

Das in Abb. 6.19 dargestellte Kompetenz-Markt-Portfolio bietet hierfür Normstrategien und konkrete Ansätze. In Anlehnung an das Produkt-Markt-Portfolio (vgl. Kap. 6.3.4) wird dabei zwischen bestehenden und neuen Kompetenzen und Märkten unterschieden:

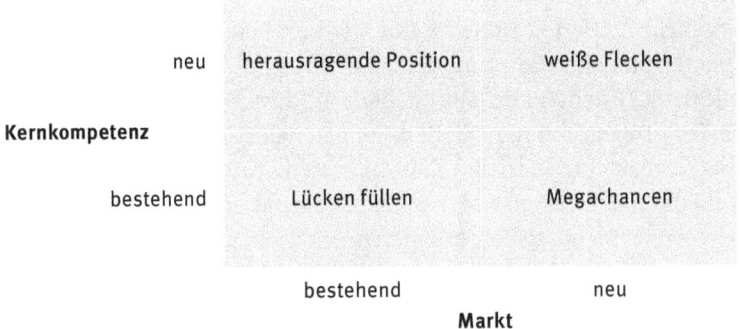

Abb. 6.19: Kompetenz-Markt-Portfolio (Quelle: Eigene Darstellung nach Dillerup/Stoi, 2013, S. 325 nach Prahalad/Hamel, 1997, S. 341).

Anhand des Kompetenz-Markt-Portfolios ergeben sich folgende Fragestellungen bzw. Handlungsalterativen (vgl. Dillerup/Stoi, 2013, S. 325; Bergmann/Bungert, 2011, S. 99 f):
- Lücken füllen:
  Welche Chancen haben wir, unsere Position auf den bestehenden Märkten zu verbessern, indem wir unsere bestehenden Kernkompetenzen besser nutzen und ausschöpfen?
  - Erweiterung der existierenden Kernkompetenzen in bestehenden Märkten
- herausragende Position:
  Welche neuen Kernkompetenzen müssen wir aufbauen, um unsere Exklusivposition in unseren derzeitigen Märkten zu schützen und auszubauen?
  - Erreichen von Spitzenpositionen durch die Nutzung von neuen Kompetenzen auf bestehenden Märkten
- Mega-Chancen:
  Welche neuen Produkte oder Leistungen können wir schaffen, indem wir unsere derzeitigen Kernkompetenzen neu einsetzen oder anders kombinieren?
  - Anwendung der gegenwärtigen Kompetenzen in neuen Märkten
- weiße Flecken:
  Welche neuen Kernkompetenzen müssten wir aufbauen, um an den Märkten der Zukunft teilnehmen zu können?
  - Aufbau von völlig neuen Kompetenzen, um auf neuen Märken tätig zu werden

Mithilfe dieser Strategien können bestehende Märkte besser mit den Kernkompetenzen des Unternehmens bearbeitet sowie neue Märkte erschlossen werden. Dadurch soll „[…] eine optimale Positionierung der Kernkompetenzen zur Schaffung dauerhafter Wettbewerbsvorteile in den heutigen und vor allem auch den zukünftigen Märkten ermöglicht" (Camphausen, 2013, S. 62) werden. Ressourcenstrategien dienen dem Aufbau von Ressourcen und dadurch auch der Erhöhung der Flexibilität, Anpassungsfähigkeit und Einzigartigkeit des Unternehmens.

In der Hotelbranche spielen Ressourcen eine wichtige Rolle. Materielle Ressourcen (z. B. Finanzmittel, Standort, Hotelanlage und -architektur, Hotelausstattung, Design, Konzept) bilden die Grundlage für eine qualitativ hochwertige Hotelleistung, v. a. in Bezug auf die Tech-Dimension der Qualität. Immaterielle Ressourcen (z. B. Marke, Image, Unternehmenskultur, spezielles Knowhow) sichern die Servicequalität und stellen in Bezug auf die Touch-Dimension der Qualität einen wesentlichen Faktor dar. Personelle Ressourcen (z. B. Mitarbeiter und deren Fähigkeiten, Wissen, Lernbereitschaft, Motivation) sind für die Hotellerie zentrale Entscheidungsfaktoren und haben einen sehr hohen Einfluss auf die Dienstleistungsqualität (vgl. Kap. 2.2).

Mithilfe von Ressourcenstrategien sollen die jeweiligen Stärken des Unternehmens ausgebaut und darauf aufbauend Wettbewerbsvorteile realisiert werden.

ALTHOFF
HOTEL COLLECTION

Ressource „Sterneköche" bei Althoff

Die inhabergeführte Althoff Hotel Collection ist mit derzeit sieben Luxushotels eine Kollektion individueller 5-Sterne-Hotels (Stand: 2018). Zu den Häusern zählen das Grandhotel Schloss Bensberg bei Köln, das Hotel Fürstenhof in Celle, das Hotel am Schlossgarten im Stuttgarter Zentrum, das Seehotel Überfahrt in Rottach-Egern, das Althoff Dom Hotel in Köln, das Londoner St. James's Hotel and Club sowie die Villa Belrose nahe Saint Tropez.

Der Gründer Thomas H. Althoff setzt in jedem seiner Hotels auf Sterneköche als besondere Ressource. Die Restaurants der Althoff Hotel Collection vereinen 10 Michelin-Sterne, welches die weltweit größte Anzahl in einem Unternehmen darstellt (vgl. Althoff, 2018).

Somit bewegt sich Althoff im Rahmen des Kompetenz-Markt-Portfolios zwischen „Lücke füllen" und „herausragende Position".

Logo: Althoff, 2018 (Presseabteilung).

Die zuvor dargestellten Unternehmensstrategien sollen die strategische Stoßrichtung des Gesamtunternehmens sowie die grundlegende Entwicklungsrichtung bestimmen. Unternehmensstrategien legen zudem fest, in welchen Geschäftsfeldern das Unternehmen tätig sein möchte. Auf Grundlage der formulierten Strategien auf Unternehmensebene, müssen Strategien für die einzelnen Geschäftsbereiche festgesetzt werden.

6.4 Geschäftsbereichsstrategien

„Die verschiedenen Geschäftsfelder eines Unternehmens sind [...] eindeutig definierbare Produkt-/Marktkombinationen, die sich aufgrund ihrer Charakteristika in Bezug auf Kundenbedürfnisse (Qualität, Preis), Marktverhältnisse (Größe, Wachstum, Wettbewerbsintensität) und Ressourcenstrukturen (Mitarbeiter, Knowhow, Kosten) voneinander unterscheiden und für die jeweils geschäftsfeldspezifische strategische Verhaltensweisen festgelegt werden müssen" (Gardini, 2015, S. 196 f.).

Auf Ebene der Geschäftsfelder soll bestimmt werden, wie in den einzelnen Geschäftsbereichen Wettbewerbsvorteile erlangt werden können. Diese Frage wird v. a. durch die Wettbewerbsstrategien beantwortet.

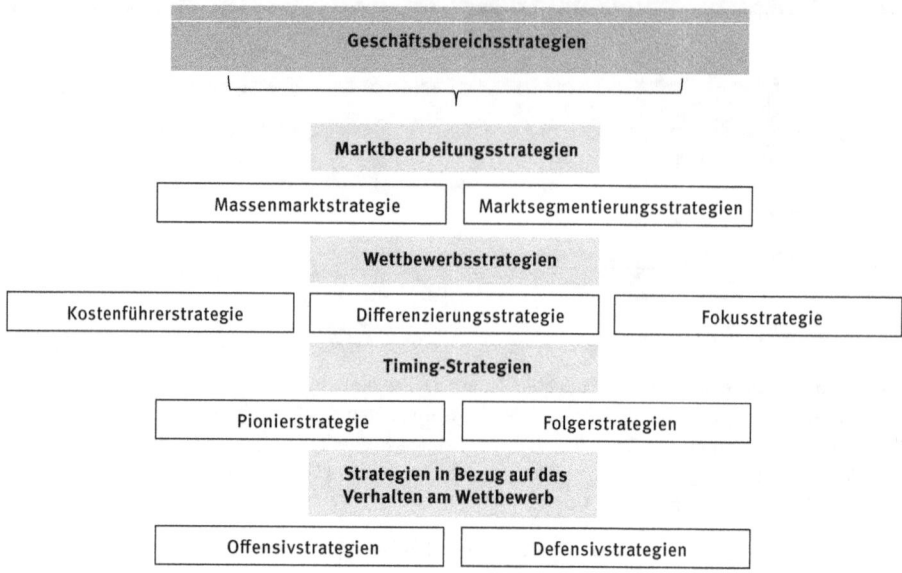

Abb. 6.20: Geschäftsbereichsstrategien (Quelle: Eigene Ausarbeitung in Anlehnung an Bea/Haas, 2017, S. 180).

Bevor eine Wettbewerbsstrategie bestimmt werden kann, muss der zu bearbeitende Markt festgelegt werden. Außerdem sind auf Geschäftsfeldebene Timing-Strategien und Strategien in Bezug auf das Verhalten im Wettbewerb festzulegen.

Nachfolgend sollen die Strategien, die auf der Ebene der Geschäftsfelder zu formulieren sind, genauer beleuchtet werden.

6.4.1 Marktbearbeitungsstrategien

Zunächst legt die Marktbearbeitungsstrategie (Marktparzellierungsstrategie) fest, welche Bereiche des Marktes bearbeitet werden sollen. Generell bieten sich dabei „zwei Grundmuster der Marktbearbeitung" (Becker, J., 2010, S. 60) an:
- die Massenmarktstrategie (Schrotflintenkonzept)
- die Marktsegmentierungsstrategie (Scharfschützenkonzept)

Während bei der Massenmarktstrategie der gesamte Markt eingebunden wird, zielt die Marktsegmentierungsstrategie auf bestimmte Marktbereiche ab, welche präzise angesprochen werden sollen.

Grundsätzlich können drei alternative Basisstrategien der Marktbearbeitung unterschieden werden (vgl. Wolf/Heckmann, 2008, S. 138; Gardini, 2015, S. 179 ff; Freyer, 2011, S. 373 ff):

- undifferenzierte Marktbearbeitung (Gesamtmarkt)
- differenzierte Marktbearbeitung (mehrere Marktsegmente)
- konzentrierte Marktbearbeitung (ein Marktsegment)

Diese Basisstrategien sollen im Folgenden kurz näher erläutert werden, um die Grundoptionen der Marktbearbeitung aufzuzeigen.

Massenmarktstrategie (Gesamtmarkt)

Die Massenmarktstrategie entspricht einer *undifferenzierten Marktbearbeitung*, bei der Unternehmen ihre Aktivitäten auf den gesamten Markt richten (vgl. Freyer, 2011, S. 373). Dabei wird versucht „[...] Standardprodukte anzubieten, die den durchschnittlichen Erwartungen möglichst weit gefasster Zielgruppen entsprechen" (Wolf/Heckmann, 2008, S. 138), d.h. die Bedürfnisse, Ansprüche und Erwartungen bestimmter Kundengruppen werden nicht berücksichtigt (vgl. Hänssler/Schlieper in Hänssler, 2016, S. 21). Der Markt wird flächig bedient, um eine hohe Reichweite zu erzielen und möglichst viele Kunden zu gewinnen (vgl. Freyer, 2011, S. 373 f). Die undifferenzierte Ansprache einer breiten Zielgruppe kommt ohne aufwendige Marktanalyse und Marktforschung aus, wodurch Kosten eingespart werden können. Indem sich die Aktivitäten auf ein „großes Nachfragepublikum" richten, entstehen aber Streuverluste, die eine Verschwendung der Ressourcen darstellen (vgl. Freyer, 2011, S. 374). Die Massenmarktstrategie eignet sich für den Fall, dass „[...] eine weitgehend homogene Nachfrage gegeben ist und die Leistungserstellung weitgehend standardisiert werden kann" (Wolf/Heckmann, 2008, S. 138 f). Beispiele für Unternehmen, die dieser Strategie erfolgreich nachgehen, sind McDonalds, Starbucks oder Vapiano (vgl. Gardini, 2015, S. 180). Die Strategie der undifferenzierten Marktabdeckung ist heutzutage in der Praxis nur noch selten zu finden (vgl. Bergmann/Bungert, 2011, S. 68).

Marktsegmentierungsstrategie

Der Massenmarktstrategie steht die Marktsegmentierungsstrategie gegenüber, bei der der Markt in kleinere Bereiche (Marktsegmente) aufgespalten wird (vgl. Freyer, 2011, S. 378). Die Marktsegmentierung kann anhand verschiedener Kriterien erfolgen, auf die an dieser Stelle jedoch nicht näher eingegangen werden soll (vgl. ausführlich zur Marktsegmentierung Hänssler/Schlieper in Hänssler, 2016, S. 24 ff; Becker, J., 2009, S. 246–280; Gardini, 2015, S. 169 ff; Wolf/Heckmann, 2008, S. 16–29). Generell können Märkte anhand von allgemeinen Segmentierungsvariablen (demografische, geografische, psychografische Kriterien) oder anhand von bestimmten Verhaltensmerkmalen (Motiv, Nutzen, Verwendung, Kaufverhalten) segmentiert werden (vgl. Kotler, 2000, S. 263 f und Meffert, 2000, S. 188 ff zitiert in Gardini, 2015, S. 170). Für die Hotellerie spielen sowohl demografische Variablen als auch psychografische und verhaltensbezogene Merkmale eine wesentliche Rolle. Welche Gesichtspunkte zur Bildung von Segmenten herangezogen werden ist jedoch abhängig von der Zielsetzung (vgl. Hänssler/Schlieper in Hänssler, 2016, S. 25). Durch die Aufteilung in Marktsegmente ist eine gezieltere Ansprache von Gästegruppen möglich, die ähnliche Bedürfnisse haben. Für die unterschiedlichen Kunden können im Rahmen der Marktsegmentierungsstrategie maßgeschneiderte Angebote entwickelt werden (vgl. Wolf/Heckmann, 2008, S. 139).

Bei der *differenzierten Marktbearbeitung* werden verschiedene Marktsegmente mit unterschiedlichen Strategien bearbeitet (vgl. Freyer, 2011, S. 377 ff). In Hinblick auf die Gästebedürfnisse werden segmentspezifische Produkte entwickelt (vgl. Gardini, 2015, S. 181), die diese Bedürfnisse möglichst weitgehend befriedigen. Diese Strategie wird v. a. von großen Hotelunternehmen wie Accor, Marriott, InterContinental oder Hilton verfolgt, die mit ihren unterschiedlichen Produkten und einzelnen Marken die verschiedenen Marktsegmente bearbeiten (vgl. Gardini, 2015, S.181). Die Hotelkonzerne decken letztlich mit der Gesamtheit ihrer Produkte weite Teile des Marktes ab (vgl. Wolf/Heckmann, 2008, S. 139).

Bei der *konzentrierten Marktbearbeitung* wird ein bestimmtes Marktsegment fokussiert und mit einer Strategie gezielt bearbeitet (vgl. Freyer, 2011, S. 378). Unternehmen, die diese Strategie verfolgen, können sich „[...] vollständig auf das ausgewählte Marktsegment einstellen [...] und sich so ein hohes Maß an Kompetenz, Glaubwürdigkeit und Vertrauen erarbeiten" (Gardini, 2015, S. 182). Den speziellen Erfordernissen der Kunden des Marktsegments kann durch Leistungen entsprochen werden, die auf deren Bedürfnisse abgestimmt sind. Die Ressourcen werden auf ein bestimmtes Segment gerichtet und Streuverluste vermieden. Eine Gefahr stellt jedoch die Abhängigkeit von einer bestimmten Zielgruppe dar (vgl. Hänssler/Schlieper in Hänssler, 2016, S. 22 f). Die Fokussierung kann sich bspw. auf bestimmte Themen, Kundengruppen oder Nutzenkategorien beziehen, z. B. Wellness, Sport oder Ernährung. Diese Strategie wird insbesondere von Individualhotels verfolgt, die sich auf spezielle Marktnischen konzentrieren (vgl. hierzu eingehend Kap. 6.4.2). Beispiele hierfür finden sich u. a. in der Themenhotellerie, die besondere Erlebnisse bietet wie bspw. eine Übernachtung im ehemaligen Gefängnis (z. B. Jailhotel Löwengraben in Luzern), im DDR-Design-Hotel (Ostel), im ersten Supermarkthotel Europas (Foodhotel Neuwied).

Ist durch die Marktabdeckungsstrategie bestimmt, welche Bereiche des Marktes abgedeckt werden sollen, muss anschließend durch Wettbewerbsstrategien festgelegt werden, wie am jeweiligen Markt Wettbewerbsvorteile erzielt werden sollen.

6.4.2 Wettbewerbsstrategien

„Wettbewerbsstrategie ist das Streben, sich innerhalb der Branche, dem eigentlichen Schauplatz des Wettbewerbs, günstig zu positionieren. Ziel der Wettbewerbsstrategie ist eine gewinnbringende Position, die sich gegenüber den wettbewerbsbestimmenden Kräften innerhalb der Branche behaupten läßt" (Porter, 1986, S. 19). Michael Porter entwickelte grundsätzliche wettbewerbsstrategische Optionen, durch die Unternehmen Wettbewerbsvorteile erzielen und eine vorteilhafte strategische Position im Wettbewerb einnehmen können. Der Aufbau von Wettbewerbsvorteilen wird durch eine Abhebung von der Konkurrenz erreicht, die wiederum über die Gestaltung von Kosten, Preis, Qualität, Marke, Design, Zeit, Technologie etc. realisiert werden kann. Porter unterscheidet dabei zwei Grundtypen von Wettbewerbsvorteilen: Kostenvorteile oder Differenzierungsvorteile (vgl. Porter, 1986, S. 31). Von den Kunden werden Wettbewerbsvorteile in erster Linie in Form von Leistungs- oder Preisunterschieden wahrgenommen (vgl. Hungenberg, 2014, S. 83).[2]

Um sich im Vergleich zu Mitbewerbern hervorzuheben, versuchen Unternehmen ihr Leistungsangebot vom Angebot der Konkurrenz zu differenzieren. Folglich ist „Differenzierung [...] das Bemühen von Unternehmen durch sinnvolle Unterschiede das eigene Angebot vom Angebot der Wettbewerber abzuheben" (Gardini, 2015, S. 185). Positionierung ist hingegen das Bestreben des Unternehmens, „[...] sein Angebot so zu gestalten, dass es im Bewusstsein des Zielkunden einen besonderen und geschätzten und von Wettbewerbern abgesetzten Platz einnimmt" (Kotler/Bliemel, 2001, S. 495 zitiert in Gardini, 2015, S. 188). Im Rahmen strategischer Überlegungen erfolgt die Grobpositionierung, die durch die Wettbewerbsstrategien bestimmt wird (vgl. Gardini, 2015, S. 188). Auf deren Grundlage werden anschließend im Zuge des Marketings konkrete Leistungsversprechen bzw. Nutzenversprechen (Unique Selling Propositions) formuliert (vgl. Gardini, 2015, S.188), die den Gästen vermitteln sollen, wodurch sich die Hotelleistung von der Konkurrenz abhebt. Hotelunternehmen können im Wettbewerb verschiedene Positionen einnehmen und sich über besondere Eigenschaften, einen bestimmten Nutzen, eine gewisse Zielgruppe oder ein besonderes Qualitäts- oder Preisniveau hervorheben (vgl. Gardini, 2015, S. 188 ff).

Auf Basis der Stärken und der strategischen Ressourcen des Unternehmens können einzigartige Merkmale herausgearbeitet werden, die als Grundlage für die Formulierung von Wettbewerbsstrategien dienen können.

Nach Porter lassen sich zwei allgemeine Wettbewerbsstrategien unterscheiden (vgl. Porter, 2008):
– die Kostenführerschaft (auch Preisführerschaft)
– die Differenzierung (auch Leistungsführerschaft)

Diese Strategien lassen sich jeweils entweder im Gesamtmarkt oder in einer Marktnische verfolgen, weswegen Porter eine dritte generische Wettbewerbsstrategie anführt (vgl. Porter, 2008; Gardini, 2015, S. 197):
– die Fokusstrategie (auch Konzentrations- oder Nischenstrategie)

---
[2] Vgl. hierzu auch die Ausführungen zu Wettbewerbsvorteilen in Kap. 1.3.5.

6 Strategieformulierung und -bewertung

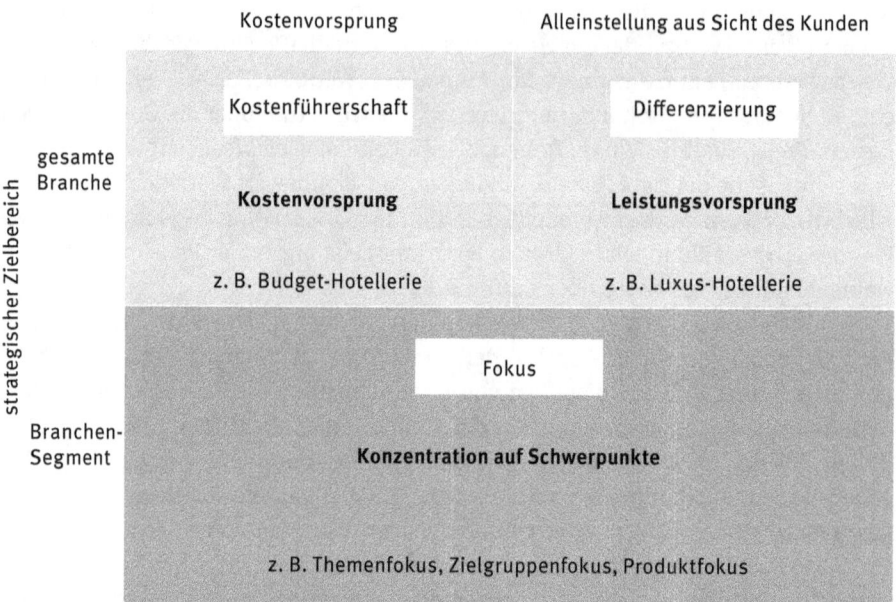

Abb. 6.21: Wettbewerbsstrategien nach Porter (Quelle: Eigene Ausarbeitung in enger Anlehnung an Porter, 2008, S. 77; Gardini, 2015, S. 197).

Nachfolgend sollen diese strategischen Stoßrichtungen näher erläutert und anhand von Beispielen aus der deutschen Hotellerie veranschaulicht werden.

Kostenführerstrategie

Mit der Strategie der Kostenführerschaft wird versucht, einen Kostenvorsprung innerhalb einer Branche bzw. eine günstige Kostenposition zu erreichen. Niedrigere Kosten als die Konkurrenz zu verbuchen, ist das Grundprinzip dieser Strategie (vgl. Porter, 2008, S. 72).

Kostenführerschaft erfordert folgende Aktivitäten, Fähigkeiten und Ressourcen (vgl. Porter, 2008, S. 72 f und S. 78; Scheuss, 2008, S. 128):
- Entwicklung einfacher Produkte, die sich für eine breite Zielgruppe eignen
- hohe Investitionen
- Bedienung einer großen Abnehmergruppe und damit der Absatz größerer Mengen (Aufbau von hohen Marktanteilen)
- Ausnutzen von Erfahrungseffekten, Größenvorteilen
- einfache Prozesse, Prozessoptimierung
- Effizienzsteigerung
- intensive Kostenkontrolle

- klar gegliederte Organisation
- Kostenminimierung (u. a. im Service, Personal, Marketing, Vertrieb)

Dabei dürfen Qualität, Service und andere Bereiche jedoch nicht völlig unberücksichtigt bleiben (vgl. Porter, 2008, S. 72).

Günstige Kostenstrukturen erlauben es dem Unternehmen, seinen Kunden günstige Preise anzubieten (vgl. Enz, 2010, S. 172), wobei trotzdem hohe Ertragsspannen möglich sind (vgl. Porter, 2008, S. 73), da von den erzielten Umsätzen bei minimalen Kosten ein höherer Gewinn verbleibt.

In der Hotellerie wird die Strategie der Kostenführerschaft in erster Linie im Economy- bzw. Budget-Segment verfolgt (vgl. Schrand/Schlieper in Hänssler, 2016, S. 259). „Budgethotels definieren sich über günstige Preise und ein reduziertes Leistungsangebot" (IHA, 2012, S. 82). Die Basisleistung, ein sauberes, komfortables Zimmer mit einfacher Einrichtung und einem Bad (vgl. Enz, 2010, S. 172), steht bei der Strategie der Kostenführerschaft im Mittelpunkt. Mit kleinen Zimmern, wenig Fläche für öffentliche Bereiche und überschaubaren Wartungs- und Modernisierungskosten, kann die Hotelimmobilie optimal ausgenutzt werden (vgl. hierzu Gatterer/Rützler, 2012, S. 15; IHA, 2012, S. 83). Durch einen eingeschränkten Service (Limited Service) und wenig Personal sollen die Kosten auf ein Minimum reduziert werden. Des Weiteren kann das Hotelunternehmen diesbezüglich Folgendes unternehmen (vgl. Gardini, 2015, S. 198):
- Standardisierung der Leistung
- Minimierung von personalintensivem Service
- Technisierung (Automatisierung von Prozessen)
- Externalisierung (Self Service)

Um Kostenvorteile zu erreichen, sollten außerdem folgende Faktoren bedacht werden (Enz, 2010, S. 172 ff):
- Bei voller Auslastung der Kapazitäten können die Fixkosten auf mehrere Einheiten verteilt werden, wodurch die Stückkosten sinken. Da die Fixkosten (u. a. Immobilie, Personal) in der Hotellerie einen großen Anteil an den Gesamtkosten einnehmen, wird der Auslastungsquote von Hotels eine hohe Bedeutung beigemessen. Kapazitäten und Preise können mithilfe von Revenue und Yield-Management, inkl. Nachfrageprognosen und Preisgestaltung, gesteuert und angepasst werden.
- Beim Aufbau von Synergien können v. a. große Hotelketten von gemeinsamen Reservierungssystemen, Marketingaktivitäten und Vertriebsmöglichkeiten profitieren. Kleinere Hotelketten und Individualhotels können durch Hotelkooperationen Synergieeffekte nutzen und dadurch ihre Kosten senken.
- Neue Technologien, die die Prozesse optimieren, führen ebenfalls zu geringeren Kosten (z. B. vereinfachte Reservierungssysteme).

- Das Outsourcing von bestimmten Aufgaben kann die Kosten verringern und für mehr Flexibilität des Unternehmens sorgen. In der Hotellerie können bspw. Buchführung, Wäscherei, Housekeeping oder Gastronomie ausgelagert werden.
- Zeit- und Kostenersparnisse können durch Lerneffekte erreicht werden, die bei sich wiederholenden Aufgaben auftreten. Mitarbeiter sollten daher durch Anreize, Schulungen etc. zu besseren Leistungen animiert und erfahrene Mitarbeiter sollten im Unternehmen gehalten werden.

Auf Grundlage dieser Betrachtungen können die anfallenden Kosten eingeschränkt und Kostenvorteile aufgebaut werden. Dadurch werden günstigere Preisangebote möglich, die die Kunden ansprechen sollen.

In der Hotellerie reicht das Spektrum von Hotelunternehmen, die eine günstige Kostenposition anstreben „[...] von Low Budget über Budget-Design und Economy bis Midscale. Die Übergänge sind fließend" (Gatterer/Rützler, 2012, S. 16).

Accor zählt bspw. mit seinen Economy-Marken zu den Pionieren auf dem Budget-Markt und hält die Marktführerschaft in Deutschland und Europa. 1982 eröffnete das erste Economy-Hotel in Deutschland, ein Hotel der Ibis Marke. Zur Produkteinführung 1974 setzte Ibis sich das Ziel, 30 Prozent günstiger zu sein, als seine Mitbewerber. Dies sollte durch die Einführung eines Standards erreicht werden, der „[...] eine überall einheitliche Zimmer- und Servicequalität gewährleistet und eine erhebliche Kostenersparnis ermöglichte" (Accor, 2018).

Mittlerweile existiert eine ganze Reihe von Budget-Hotel-Anbietern (vgl. IHA, 2017, S. 126). Neben der Ibis Familie gibt es bspw. Motel One, B&B, Letomoto und Easy Hotels. Letztgenannte bieten z. B. ein sehr reduziertes Leistungsangebot: kleine, einfache Zimmer und separat zu zahlende Extras (Frühstück, Fernseher). Die Gäste zahlen nur das, was sie auch brauchen (vgl. IHA, 2017, S. 119). In den Münchner Letomotels gibt es dagegen keine Zusatzkosten, sondern nur den Übernachtungspreis. Das Frühstück hat das Hotel ausgelagert, denn das kann der Gast in Bäckereien der Firma Wimmer zu sich nehmen, die jeweils eine Filiale bei den Hotels eröffnen. Damit konzentriert sich die Hotelgesellschaft auf die Kernleistung der Übernachtung, die es seinen Gästen jedoch möglichst angenehm gestalten will, u. a. durch das Design der Zimmer und bequeme Betten (vgl. Gabler, 2012).

Insgesamt betrachtet stellt der Markt der Budget-Hotels ein vergleichsweise junges Segment in Deutschland dar. Erst seit 2000 gerät er verstärkt in den Fokus der Marktteilnehmer und wird mehr und mehr durchdrungen. Spätestens seit 2008, mit dem Einsetzen der weltweiten Wirtschafts- und Finanzkrise, gilt dieses Segment als einer der Wachstumsmärkte im deutschen Beherbergungsgewerbe (vgl. IHA, 2017, S. 119).

Budget-Hotels streben grundsätzlich die Kostenführerschaft an, indem sie versuchen, einen Kostenvorsprung zu erreichen. Die Strategie der Kostenführerschaft zielt generell auf eine bessere Kostenposition im Vergleich zur Konkurrenz, die Differenzierungsstrategie dagegen auf einen Leistungsvorsprung gegenüber den Mitbewerbern.

Differenzierungsstrategie

Bei der Strategie der Differenzierung wird angestrebt, im Vergleich zur Konkurrenz bessere Leistungen anzubieten (vgl. Scheuss, 2008, S. 128). Ziel ist es, die Leistung so zu differenzieren, dass sie in der Branche als einzigartig angesehen wird (Porter, 2008, S. 74). Diese Einzigartigkeit soll durch den Aufbau von Alleinstellungsmerkmalen erreicht werden (vgl. Scheuss, 2008, S. 128). Die Abhebung von der Konkurrenz kann dabei über das Leistungsangebot, seine Ausstattungs- und Dienstleistungsmerkmale erfolgen (vgl. Gardini, 2015, S. 185). Es gilt, „[...] reale (Design, Funktionalität) oder psychologische (Image, Marke) Leistungsvorteile gegenüber dem Wettbewerb zu schaffen" (Gardini, 2015, S. 198).

Leistungsvorteile können, neben vielen weiteren Möglichkeiten, über die Hervorhebung folgender Merkmale erzielt werden (vgl. Porter, 2008, S. 74; Gardini, 2015, S. 185 ff und S. 198 ff):

- Qualität
- Service
- Design
- Marke
- Corporate Identity
- Image
- Mitarbeiter
- Technologie
- Marketing (Werbung)
- Absatznetz/Verfügbarkeit
- Innovation
- Zeit

„Im Idealfall differenziert sich das Unternehmen auf mehreren Ebenen" (Porter, 2008, S. 74). Durch die Schaffung von Leistungsvorteilen gegenüber den Mitbewerbern können die Preissensibilität der Gäste verringert und Premiumpreise durchgesetzt werden (vgl. Gardini, 2015, S. 198). Die überdurchschnittlichen Preise sind notwendig, um die Mehrkosten für das Anbieten der einzigartigen Leistung zu übersteigen und dadurch Erträge zu erzielen (vgl. Enz, 2010, S. 179; Gardini, 2015, S. 198). Obwohl die Kosten bei der Differenzierungsstrategie nicht das primäre strategische Ziel sind, darf die Kostenseite nicht außer Acht gelassen werden (vgl. Porter, 2008, S. 74).

Folgende Aktivitäten, Fähigkeiten und Ressourcen unterstützen die Differenzierungsstrategie im Allgemeinen (vgl. Porter, 2008, S. 75 und S. 78; Scheuss, 2008, S. 128 f):

- Gestaltung einzigartiger Leistungen, die jedoch für eine breite Abnehmergruppe geeignet sind
- Entwicklung von innovativen Leistungen
- Marktforschung
- Marketingfähigkeiten

- Kreativität
- Beratungs- und Servicekompetenz
- professioneller Vertrieb
- Einkauf hochwertiger Materialien
- Koordinierung der Aktivitäten

In der Hotellerie sind im Hinblick auf die Differenzierungsstrategie u. a. folgende Themen zu beachten (vgl. Gardini, 2015, S. 199):
- Individualisierung der Leistung
- Erweiterung von personalintensivem Service
- Humanisierung (Intensivierung des persönlichen Kontaktes)
- Internalisierung (Being Served)
- Qualifizierung der Mitarbeiter
- Qualitätsmanagement
- Marketingaktivitäten (v. a. Kommunikationsmaßnahmen)

Die Differenzierung baut hauptsächlich auf den Unternehmensstärken, v. a. auf den strategischen Ressourcen und Fähigkeiten eines Unternehmens, auf. Dabei spielen intangible Ressourcen (u. a. Image, Marke) eine besondere Rolle, da sie schwieriger zu imitieren sind als tangible Ressourcen (u. a. Ausstattung) und dadurch die Basis für nachhaltige Wettbewerbsvorteile bilden können (vgl. Enz, 2010, S. 184). Um sich von der Konkurrenz abzuheben gibt es jedoch, wie bereits erwähnt, zahlreiche Möglichkeiten. Entscheidend ist dabei, die Bedürfnisse der Kunden zu kennen, darauf aufbauend Leistungsvorteile für den Kunden zu kreieren und sich durch ständige Weiterentwicklung an die Marktgegebenheiten und Kundenpräferenzen anzupassen.

In der Hotellerie wird der Strategie der Differenzierung bspw. im Luxus- bzw. Upper Class-Segment nachgegangen (vgl. Gardini, 2015, S. 199). „Luxushotels verfolgen eine sehr konsequente Präferenzstrategie. Bei diesem Hoteltypus wird eine Vielzahl von präferenzbildenden Angebotskomponenten dargeboten, die das Preisniveau rechtfertigen" (Schrand/Schlieper in Hänssler, 2016, S. 262). „Luxus bedeutet in diesem Zusammenhang ein Höchstmaß an Service, Dienstleistung, Authentizität und Lebensqualität" (IHA, 2012, S. 82). Die Basisleistung, ein sauberes, komfortables Zimmer, wird dabei v. a. durch eine außergewöhnliche Ausstattung, exquisite Gastronomie und persönlichen Service ergänzt, wodurch dem Gast ein Mehrwert geboten wird (vgl. hierzu auch Schrand/Schlieper in Hänssler, 2011, S. 202).

Neben Hotelunternehmen wie Ritz-Carlton (Marriott), Rocco Forte, Mandarin Oriental oder Kempinski verfolgen auch Individualhotels wie das Brenners Park Hotel & Spa, der Bayerische Hof in München, das Hotel Bareiss, die Traube Tonbach oder Schloss Elmau eine Differenzierungsstrategie (vgl. Gardini, 2015, S. 199) und legen großen Wert auf beste Qualität und herausragenden Service.

Luxus bei Mandarin Oriental

„Von anderen Luxusmarken möchte sich das Mandarin Oriental klar unterscheiden: Lokales Design gepaart mit asiatischer Note lautet das Rezept [...]" (Feyerherd, 2011, S. 43).

Um als die weltweit beste Luxus-Hotelgruppe angesehen zu werden, bietet Mandarin Oriental seinen Gästen kreatives Hotel-Design, einzigartige Architektur und moderne Technologie, innovative und ausgezeichnete Gourmet-Küche, ganzheitliche Spa-Angebote, getragen von einem außergewöhnlichen Service.

Ziel ist es, Gäste zu gewinnen, die bereit sind, für wertige Luxuserlebnisse einen höheren Preis zu zahlen (vgl. Mandarin Oriental, 2018a).

Logo: Mandarin Oriental, 2018 (Presseabteilung).

Der Bayerische Hof – ein tradionsreiches Luxushotel

Der Bayerische Hof in München war auch 2017 eines der umsatzstärksten Hotels Deutschlands. 2016 erzielte das private Luxushotel einen Nettoumsatz von 62,8 Millionen Euro und landet damit auf Platz 2 im Ranking (vgl. AHGZ, o. V., 2017, S. 2).

Was macht das Haus erfolgreich?

„Ein stabiles und in meinen Augen sehr gutes und breit ausgelegtes Produkt mit vielen zufriedenen Stammgästen" (Innegrit Volkhardt, Inhaberin des Bayerischen Hofs, in Kinkopf, 2012, S. 2).

Das Konzept und Alleinstellungsmerkmal des Hauses:

„Ein Alleinstellungsmerkmal ist die Vielfältigkeit des Hauses, ganz nach unserem Motto: ‚Eine Welt für sich'." (von Freyberg/Gruner/Lang, 2018, S. 212, Interview mit Innegrit Volkhardt).

Das vielfach ausgezeichnete Traditionsunternehmen im Zentrum Münchens ist seit vier Generationen im Besitz der Familie Volkhardt. Mit 337 Zimmern, inklusive 74 Suiten zählt es zu den führenden deutschen Hotels sowie zu The Leading Hotels of the World. Mit dem Gourmetrestaurant Atelier, ausgezeichnet mit 3 Sternen im Guide Michelin und 18 Gault Millau-Punkten, gibt es insgesamt fünf

Restaurants und sechs Bars. Daneben verfügt das Haus über einen Festsaal, sowie 40 moderne oder historische Veranstaltungsräume für bis zu 2500 Personen, ein 1300 qm großes Spa, einen Night Club, das Theater „Die Komödie" sowie eine Kino-Lounge. Damit bedient das Hotel eine breite Zielgruppe von Geschäftsreisenden, Tagungs- und Konferenzgästen, Freizeitreisenden und Veranstaltungsbesuchern.

„Sobald Sie unser Haus betreten, werden Sie die Atmosphäre eines sehr persönlich geführten Traditionshauses spüren. Hier freut man sich über Ihren Besuch, hier sind Sie willkommen" (Bayerischer Hof, 2018).

Logo: Bayerischer Hof, 2018 (Presseabteilung).

Die Traube Tonbach – Ein familiengeführtes Luxushotel

Das Hotel Traube Tonbach ist ein familiengeführtes 5-Sterne-Superior-Haus im Nordschwarzwald. Es wurde 1789 gegründet und wird von Familie Finkbeiner in der achten Generation geführt. Das Haus verfügt über 130 Zimmer und Suiten sowie 23 moderne Familienzimmer und Appartments im neuen Haus Kohlwald. Den Gästen stehen vier Restaurants zur Verfügung, darunter das mehrfach ausgezeichnete Restaurant Schwarzwaldstube. Neben dem 4500 qm großen Spa- und Wellnessbereich erwartet Gäste ein umfangreiches Sport- und Freizeitangebot.

Maren Krebs, Assistentin der Geschäftsleitung Marketing und PR der Traube Tonbach, zu einigen Fragestellungen in Bezug auf die Differenzierungsstrategie des Hotels:

Durch welche Merkmale heben Sie sich besonders von der Konkurrenz ab?

Durch Tradition, Qualität und Service. Wir haben uns erfolgreich als familiengeführtes Ferien- und Feinschmeckerresort der europäischen Luxusklasse positioniert. Neben erstklassiger Gourmetexpertise ist unser USP der Fokus auf Service und Angebote für anspruchsvolle Individualreisende. Das weitläufige Hotelareal am Rande des Nationalparks bietet u. a. mit mehreren prämierten Restaurants alle Annehmlichkeiten. Hinzu kommt unser ausgeprägter Qualitäts- und Servicegedanke, der eine persönliche Betreuung, individuelle Wertschätzung und ein Höchstmaß an Aufmerksamkeit für die Wünsche und Bedürfnisse der Gäste garantiert. Herzstück dieses USPs ist das über 300 Mitarbeiter starke Team, bestehend aus passionierten Gastgebern, ambitionierten Nachwuchstalenten und etablierten Koryphäen ihres Fachs. Der Devise „Alles ist Genuss" folgend, vereint das Hotel so erlesene Kulinarik mit besonderen Serviceleistungen, vielfältigen Wellness- und Freizeitangeboten sowie einem herzlichen, ehrlichen Bemühen um das Wohlbefinden seiner Gäste.

Welche strategischen Aktivitäten sind nötig, um diese Alleinstellungsmerkmale zu schaffen und zu sichern?

Die starke, durch die Inhaberfamilie selbst vorgelebte Gastgeberkultur ist ein entscheidendes Element. Die Inhaberfamilie Finkbeiner ist mit zwei Generationen tagtäglich in den Betrieb involviert und stetiger Ansprechpartner für Gäste und Mitarbeiter. Die administrative und operative Unterstützung sichert ein Führungskader aus erfahrenen Abteilungsleitern. Hinzu kommt der kontinuierliche Fokus auf Aus- und Weiterbildung talentierter Nachwuchs- und Fachkräfte mit der Maxime, von den Besten der Branche zu lernen, was dem Hotel den Ruf der Kaderschmiede für die Branche einbrachte. Wie bei jedem guten Unternehmen muss die konstante Qualität und zeitgemäße Weiterentwicklung des Produktes sichergestellt werden, damit auch angelegte PR- und Marketingaktivitäten Erfolg haben. Nun lebt die Traube Tonbach nicht von den physischen Werten, sondern in erster Linie von Emotionen und Erlebnissen: Das ist es, was der Gast sucht und mitnimmt. Wir müssen unser Versprechen für einen perfekten Aufenthalt, bestenfalls einen unvergesslichen, einlösen. Wenn uns das gelingt, gilt es die Erinnerungen daran möglichst wach zu halten und durch geeignete Maßnahmen immer wieder zu beleben.

Text und Zitate: Interview mit Maren Krebs vom 27.03.2018;
Logo: Traube Tonbach, 2018 (Presseabteilung)

Anhand dieser Beispiele wird deutlich, dass Luxushotels mit verschiedenen, exklusiven Angebotskomponenten versuchen, sich zu differenzieren und ihre Premiumpreise zu rechtfertigen. Neben Ausstattung, Design, Architektur, Gourmet-Küche und Service auf höchstem Niveau möchten sich v. a. private Luxushotels durch Tradition, Gastfreundschaft, persönliche Führung und Präsenz der Eigentümer sowie herzlichen Service hervorheben. In erster Linie versuchen Luxushotels, sich durch erstklassige Qualität der verschiedenen Leistungskomponenten auszuzeichnen.

Um sich durch eine außergewöhnliche *Qualität* von der Konkurrenz zu differenzieren, sollte im Rahmen des Strategischen Managements ein umfassendes Qualitätsmanagement erfolgen. Ziel ist es, die Lücken der Dienstleistungsqualität (vgl. Abb. 2.3) zu schließen, sodass die versprochene, die erwartete, die geleistete und die erlebte Qualität möglichst übereinstimmen und eine hohe Gästezufriedenheit erreicht werden kann (vgl. Henschel/Gruner/von Freyberg, 2018, S. 88 ff). In der Hotellerie wird die Qualität u. a. an der Ausstattung, der Funktionalität, der Ästhetik, der Umwelt sowie am Service gemessen (vgl. Henschel/Gruner/Freyberg, 20148, S. 106 ff; Kap. 2.2 und Kap. 2.4). Aufgrund der Wichtigkeit und der Komplexität der Dienstleistungsqualität ist es v. a. für Hotelbetriebe von großer Bedeutung, diese Qualität zu sichern. Total-Quality-Management (TQM) oder Six-Sigma-Programme können bspw. zur Qualitätssicherung beitragen (vgl. hierzu Enz, 2010, S. 186).

Das Qualitätsmanagement des Schindlerhofs

Als erstes Hotel in Deutschland konnte sich der Schindlerhof nach ISO 9001, einer internationalen Qualitätsnorm, zertifizieren lassen (vgl. Kobjoll, 2000, S. 20). Das mehrfach ausgezeichnete Tagungshotel legt größten Wert auf Qualität und auf ein konstantes, umfassendes Qualitätsmanagement. Total-Quality-Management (TQM) hat zwei Zielrichtungen: die Steigerung der Kundenzufriedenheit und den kontinuierlichen Verbesserungsprozess (vgl. Kobjoll, 2000, S. 34). Um diese Ziele zu erreichen und die Qualität zu sichern, wurden u. a. Checklisten eingeführt. So können Mitarbeiter in einem Organisationshandbuch genaue Beschreibungen der Abläufe nachlesen (z. B. Vorbereitung einer Kaffeepause) (vgl. Kobjoll, 2000, S. 21). „Die Spielkultur steht für die Qualitätspolitik" des Schindlerhofs (vgl. Kobjoll, 2000, S. 154; Kap. 5.2.2). Auf diese Weise kann ein gezielter und zuvorkommender Kundenumgang gewährleistet werden (vgl. Kobjoll, 2000, S. 22). Der Schindlerhof investiert außerdem in den Aufbau von Kundendatenbanken, in die Entwicklung des Reklamationswesens und unter vielem anderen auch in die Schulung der Mitarbeiter (vgl. Kobjoll, 2000, S. 88). „TQM führt zu einem klar erkennbaren Mehrwert im Unternehmen" (Kobjoll, 2000, S. 56). Neben der Qualitätssicherung kann auch eine erhebliche Zeitersparnis verzeichnet werden, u. a. bei der Einarbeitung von neuen Mitarbeitern (vgl. Kobjoll, 2000, S. 24).

Der Schindlerhof versucht sich zudem durch weiche Servicefaktoren wie Höflichkeit, Schnelligkeit, Aufmerksamkeit und Zuverlässigkeit zu differenzieren (vgl. Kobjoll, 2000, S. 84). Der Hotelbetrieb begeistert seine Gäste mit seinen Services: Der ADAC-Staubericht liegt bspw. nach der Tagung bereit oder ein Leihbrillen-Service hilft, wenn ein Gast seine Brille vergessen hat (vgl. Kobjoll, 2000, S. 84). „Die [...] Faktoren, die diese Servicequalität ausmachen, sind vom Mitbewerber kaum nachzuahmen" (Kobjoll, 2000, S. 82 f).

Logo: Schindlerhof, 2018 (Presseabteilung)

Wie zuvor angesprochen, kann ein Hotelunternehmen sich, neben der Qualität, durch vollkommen unterschiedliche Merkmale von seinen Mitbewerbern abgrenzen. „Durch die Individualisierung des Reisemarktes sind zunehmend unverwechselbare Hotels gefragt" (IHA, 2012, S. 89). Daher entstehen vermehrt designorientierte Konzepte und Marken. *Design* spielt in der Hotellerie eine zentrale Rolle.

Hotelketten wie Marriott oder InterContinental führten bspw. folgende designorientierte Marken ein:
- Die WHotels (Starwood Brand, Marriott) setzen auf „[...] legendäres Design und modernen Luxus für exklusive und außergewöhnliche Erfahrungen" (WHotels, 2018).
- Marriott und der Visionär Ian Schrager entwarfen gemeinsam die Edition Hotels, eine Lifestyle-Hotelmarke. Edition bietet ein persönliches, individualisiertes und einzigartiges Hotelerlebnis und „[...] repräsentiert einen neuen und originellen Ansatz des Lifestyle-Hotels" (Edition, 2018), welches sich an anspruchsvolle Kunden richtet, die Wert auf Design und Service legen (vgl. Edition, 2018).
- Der Stil des Hotel Indigo (InterContinental) kann folgendermaßen beschrieben werden: „Each hotel is as individual as its surroundings and is also a reflection of them. Our hotels feature unique design at every turn, without compromising your comfort" (Hotel Indigo, 2018).

Neben Qualität und Design kann sich ein Hotelunternehmen auch durch andere Attribute hervorheben. Merkmale, die auf den intangiblen Ressourcen des Unternehmens aufbauen, sind dabei, wie bereits erwähnt, von besonderer Bedeutung, da sie einen nachhaltigeren Differenzierungswert erzielen können.

Diesbezüglich sei hier die *Marke* zu nennen, die als „rechtlich geschütztes Zeichen" (Gruner, 2008, S. 226) definiert werden kann. Sie besteht aus einem Namen, Begriff, Zeichen, Symbol, einer Gestaltungsform oder aus einer Kombination dieser Markenelemente (vgl. von Freyberg/Gruner/Lang, 2018, S. 26; Gruner, 2008, S. 226). Die Marke dient der Kennzeichnung von Produkten oder Dienstleistungen und der Abhebung von der Konkurrenz (vgl. Gruner, 2008, S. 226). „Eine Marke braucht Inhalt, eine Geschichte, ein Wertgerüst und Charaktereigenschaften. Sie muss eine Persönlichkeit entwickeln, sonst bleibt sie beliebig und austauschbar" (Birke, 2009 nach Gardini). „Die Markenidentität bringt zum Ausdruck, wofür eine Marke stehen soll" (Esch, 2012, S. 81). „Starke Marken brauchen Botschaften" (Birke, 2009). „Eine unverwechselbare Markenpersönlichkeit und -identität zählt […] zu den zentralen Erfolgsfaktoren" (IHA, 2012, S. 161 nach Gardini) und kann zur Verankerung der Marke beitragen.

„Ritz-Carlton steht [bspw.] ganz klar für Qualität, 25hours für urbanen Lebensstil für Reisende von 19 bis 49 Jahre" (Birke, 2009). Was hinter der Marke 25hours steckt sowie was die Marke Ruby Hotels & Resorts aussagt, soll anhand der folgenden Beispiele gezeigt werden.

Die Marke 25hours

25hours Hotels ist eine junge und dynamische Hotelmarke, die auf der traditionellen Hotellerie aufbaut, aber nach neuen Wegen sucht, um den Bedürfnissen des urbanen, kosmopolitischen, kulturinteressierten und markenbewussten Reisenden nachzukommen. Wir entwickeln individuelle, maßgefertigte Hotels mit Persönlichkeit an aufregenden Standorten. Unsere Konzepte basieren auf Dynamik, Überraschung und einer Portion Abenteuer. Jedes Projekt hat hierbei seinen individuellen Schwerpunkt. Wir widmen uns der Entwicklung einzigartiger Destinationen, die von ihrem Standort inspiriert und von Kunst, Kultur und Geschichten, die sie umgeben, geprägt sind. Unser Engagement und unsere Liebe zum Detail ist zeitintensiv und daher wachsen wir zwar bedächtig aber beständig in den pulsierenden Metropolen dieser Welt (25hours, 2018).

Bruno Marti, Chief Brand Officer der 25hours Hotel Company zu einigen Fragestellungen in Bezug auf die Marke:

Wofür steht die Marke 25hours?

25hours steht für Gastfreundschaft auf Augenhöhe, Dynamik und ein erlebnisorientiertes, charakterstarkes Hotelprodukt.

Wer ist die Zielgruppe der 25hours Hotels?

Die Zielgruppe beinhaltet urbane Nomaden, Tagträumer und Nachtschwärmer. Von soziodemografischer Ausgrenzung möchten wir absehen. Wir sind demokratisch und jeder, der abenteuerlich genug ist, ist willkommen.

Durch welche Merkmale unterscheidet sich 25hours besonders von den Mitbewerbern?

Durch professionelle, aber entspannte Dienstleistung, durch mutiges Design und eine Portion Spaß.

Zitate: Interview mit Bruno Marti vom 08.03.2018; Logo: 25hours, 2018 (Presseabteilung).

Die Marke Ruby Hotels & Resorts

Ruby Hotels bietet den Gästen eine neue und bezahlbare Art von Luxus, sog. Lean Luxury.

Isabell Hajdukiewicz, Group Director Development der Ruby Hotels zu einigen Fragestellungen in Bezug auf die Marke:

Wofür steht die Marke Ruby Hotels?

„Durch eine schlanke und intelligente Organisation und Konzentration auf das Wesentliche schaffen wir eine zeitgemäße, bezahlbare Form von Luxus für moderne, kosten- und stilbewusste Kunden."

Welches Nutzenversprechen bzw. Qualitätsversprechen steht hinter der Marke?

„Gemäß unserer Lean-Luxury-Philosophie konzentrieren wir uns auf das Wesentliche: ein erstklassiges Schlaferlebnis, eine Zimmer- und Badausstattung auf höchstem Niveau, eine geniale Bar mit einem Food-Konzept, das modernen Ernährungsgewohnheiten folgt. Alles effizient kombiniert und organisiert, sodass wir dem Gast ein faires Preis-Leistungs-Verhältnis anbieten können. Und all das in Top Innenstadtlagen, im Herzen der Stadt."

Wodurch heben sich Ruby Hotels von der Konkurrenz ab?

„Wir vereinen das Beste aus zwei Welten: einerseits die Effizienz und der klare Fokus eines 2-Sterne-Produkts, andererseits die sehr hohe Qualität eines 5-Sterne-Produkts. Diese Kombination erlaubt es uns, dem Gast ein unvergleichliches, sehr hochwertiges Produkt zu einem fairen Preis anzubieten."

Welche strategischen Aktivitäten sind nötig, um diese Alleinstellungsmerkmale zu schaffen und zu sichern?

„Am Puls der Zeit bleiben, auf die Bedürfnisse der Gäste reagieren und dabei den Fokus auf das Wesentliche nicht verlieren."

Zitate: Interview mit Isabell Hajdukiewicz, vom 17.03.2018;
Bilder: Ruby Hotels, 2018 (Presseabteilung).

Starke Marken haben einen hohen Wiedererkennungswert und dienen als Unterscheidungsmerkmal (vgl. von Freyberg/Gruner/Lang, 2018, S. 26). Da Marken ein Qualitätsbzw. Nutzenversprechen beinhalten, reduzieren sie Unsicherheiten bei der Hotelsuche und geben den Gästen Sicherheit in Bezug auf die zu erwartende Leistung (vgl. von Freyberg/Gruner/Lang, 2018, S. 26). Dies spielt v. a. in der Hotellerie eine entscheidende Rolle, da die Kunden die Leistung unter Unsicherheit kaufen müssen und sie die Hotelleistung nicht im Voraus ausprobieren können (vgl. Kap. 2.1.3). Durch die Einhaltung der Markenversprechungen können Marken zur Vertrauensbildung, Markenloyalität und damit zur Kundenbindung beitragen.

Die Servicegarantie von Ibis

Ibis bietet seinen Gästen eine 15-Minuten-Servicegarantie:

„Sollte einmal ein Problem auftauchen: Bitte geben Sie uns 15 Minuten, alles wieder in Ordnung zu bringen. Falls wir es nicht schaffen, übernehmen wir die Kosten für die entsprechende Leistung" (Ibis, 2018).

Dies gilt für Beanstandungen des Zimmers, Frühstücks, der Snacks und des Getränkeservices (vgl. Ibis, 2018). Sollte ein Gast eine Beschwerde haben, so kann er sich sicher sein, dass das Hotel versuchen wird, den Mangel zu beseitigen oder den Gast zu entschädigen.

Dieses Serviceversprechen wird durch ein Qualitätssiegel ergänzt, welches den Gästen zusätzlich Sicherheit vermitteln soll. Damit wird suggeriert, dass sie sicher sein können, eine gute Leistung zu erhalten.

Erste Hotel-Marke mit zertifiziertem Qualitätsmanagement nach ISO 9001

Die von einer unabhängigen Institution vergebene Zertifizierung bescheinigt die Professionalität unserer Teams und die Zuverlässigkeit der Marke ibis.

Bild: Ibis, 2018.

Marken stellen eine besondere Möglichkeit für ein Hotelunternehmen dar, um sich zu profilieren (vgl. Wolf/Heckmann, 2008, S. 216). „Eine starke Marke schafft für Gäste, Mitarbeiter, Betreiber und Investoren gleichermaßen einen immateriellen sowie materiellen Mehrwert" (Ploppa in Birke, 2009). „Markenführung ist [jedoch] mehr als nur schöne Kommunikation. Sie beginnt im Unternehmen, bei den Prozessen, Strukturen und strategischen Ausrichtungen" (Esch in Birke, 2009).

Abgesehen von den bisher dargelegten Ansätzen zur Differenzierung, kann sich ein Unternehmen auch über die Zeit differenzieren. Ein Geschwindigkeitsvorteil kann z. B. durch einen schnellen Service, mobile Dienste, eine weite Verfügbarkeit des Angebots oder kurze Bearbeitungszeiten erreicht werden (vgl. Gardini, 2015, S. 186).

Ein Innovationsvorteil kann bspw. durch die Entwicklung neuer Produkte entstehen, die ein Unternehmen vor allen anderen in den Markt einführt (vgl. Hungenberg, 2014, S. 233; hierzu ausführlicher Kap. 6.4.3).

Daneben existieren viele weitere Möglichkeiten zur Differenzierung. Welche Form der Differenzierungsstrategie ein Hotelunternehmen für sich auswählt oder welche Kombination von einzigartigen Merkmalen es anstrebt, muss dabei jedes Unternehmen auf Basis seiner Stärken und Ressourcen für sich selbst entscheiden.

Neben der Strategie der Kostenführerschaft und der Differenzierungsstrategie, stellt die Fokusstrategie die dritte generische Wettbewerbsstrategie dar.

Fokusstrategie

Während die Kostenvorsprungs- und Differenzierungsstrategien sich auf die gesamte Branche beziehen, konzentriert sich die Fokusstrategie auf einen bestimmten Bereich der Branche (vgl. Porter, 2008, S. 75 f.). Das Unternehmen besetzt eine Marktnische und spezialisiert sich damit auf eine bestimmte Abnehmer- oder Produktgruppe (vgl. Porter, 2008, S. 75 sowie Kap. 6.4.1).

Die Strategie beruht auf der Annahme, dass ein Hotelunternehmen, welches sich auf ein bestimmtes Segment begrenzt, diesen Teilbereich „[...] wirkungsvoller oder effizienter erreichen kann als Konkurrenten, die sich im breiteren Wettbewerb befinden" (Porter, 2008, S. 76). Den speziellen Erfordernissen der Kunden des Marktsegments soll durch Leistungen und Services entsprochen werden, die auf die Bedürfnisse dieser Kundengruppe abgestimmt sind (vgl. Porter, 2008, S. 77).

Die Fokussierung kann sich u. a. auf bestimmte Themen, Kundengruppen oder Nutzen- bzw. Erlebniskategorien beziehen (vgl. Gardini, 2015, S. 199).

Hotelunternehmen, die sich an den speziellen Interessen ihrer Gäste ausrichten, können sich bspw. auf folgende Themen konzentrieren (vgl. Gardini. 2015, S. 199):

- Kunst (z. B. Art'otel)
- Gesundheit (z. B. Lanser Hof)
- Wellness (z. B. Zur Bleiche Resort & Spa)
- Sport (z. B. Ski-Themenhotel Fire&Ice)
- Film (z. B. Filmhotel Hollywood Media Hotel)
- Musik (z. B. Nhow Hotel)
- Geschichte (z. B. Geschichtshotel zur Fürstabtei)

- Produkte (z. B. das auf Rosen spezialisierte Landhotel Rosenschänke)
- Ökologie (z. B. 1hotels)

Hotelunternehmen können sich auch auf bestimmte Gästegruppen ausrichten (vgl. hierzu Gardini, 2015, S. 199 f):
- Familien (z. B. Familotel)
- Paare (z. B. Kuschelhotels)
- Singles (z. B. Aviva in Österreich)
- Jugendliche (z. B. Jugendhotel Tauernhof in Österreich)
- Senioren (z. B. 50Plus Hotels)
- Frauen (z. B. Artemisia)
- Homosexuelle (z. B. Axel Hotels)

Im Kuschelhotel Seewirt Mattsee sind bspw. nur Paare erwünscht, die in dem Hotel für Verliebte ihre Zweisamkeit ungestört genießen wollen. Dazu offeriert das Hotel seinen Gästen spezielle Extras wie Picknicks, Ballon- und Schlittenfahrten oder ein Candle-Light-Dinner (vgl. Seewirt Mattsee, 2018). Das Familienhotel Kreuzwirt in Kärnten ist dagegen an Familien mit Kindern angepasst. Es gibt einen Streichelzoo, Wellness für Kinder, einen Indoor-Spielplatz und ein breites Erlebnisprogramm (vgl. Familienhotel Kreuzwirt, 2018).

Des Weiteren können sich Hotelunternehmen auf bestimmte Nutzen- oder Erlebniskategorien konzentrieren (vgl. hierzu Gardini, 2015, S. 200):
- Tagungshotels (z. B. Seminaris)
- Wohnen auf Zeit wie bspw. Serviced Apartments (z. B. Derag Hotel and Living, Althoff-Gruppe)
- Schlosshotels (z. B. Schlosshotel Velden)
- Baumhaushotels (z. B. Baumhaushotel Solling, Tree Inn)
- Igluhotels (z. B. Iglu Lodge Oberstdorf)

Die Seminaris Hotels & Meeting Resorts

Die Seminaris Hotelgruppe ist Anbieter von Meetings, Incentives, Congresses und Events (MICE) in Verbindung mit Übernachtungen. Das Unternehmen hat sich auf Seminare und Veranstaltungsformate mit komplexen Anforderungen aus den Bereichen Personalentwicklung und Changemanagement spezialisiert.

Torsten K. Schulze, Eigentümer-Vertreter und Verantwortlicher für die Repositionierung von Seminaris zu einigen Fragestellungen in Bezug auf die Fokusstrategie:

Wo sehen Sie die Kernzielgruppe von Seminaris?

Wir alle erleben Digitalisierung und beobachten eine Beschleunigung der Veränderungen im Marktumfeld. Die Mehrzahl der Unternehmen, für die wir seit Jahren als spezialisierter Partner für Unternehmensentwicklung und -umbau stehen, sieht ihr Geschäftsmodell von diesen

Megatrends betroffen. Seminaris durchläuft gerade selbst das, worin wir unsere Kunden unterstützen: einen Umbau des Geschäftsmodells verbunden mit einer Neuausrichtung unserer Dienstleistung. Unsere Zielgruppen erwarten mehr als den üblichen Tagungsraum mit Technik und Verpflegung, den wir selbstverständlich ebenfalls anbieten. Seminaris richtet sich als Service System Provider an Zielgruppen, die besondere Anforderungen an das Format der Veranstaltung haben: Co-Creation als Innovationsprozess, Hackathons (kollaborative Software- und Hardwareentwicklungsveranstaltungen), Design-Thinking-Workshops, um einige Beispiele zu nennen. Kurzum, Seminaris unterstützt Entwicklungserfolg.

Warum fokussieren Sie diese Form von Seminar- und Tagungsgeschäft?

Die speziellen Bedürfnisse dieser Zielgruppen erfordern eine Spezialisierung in der Umsetzung. Anders gesagt, Innovations-, Digitalisierungs-, und Change Management erfordern besonderes Knowhow, über das unsere Kunden teilweise nicht selbst verfügen und mit unserer Unterstützung durch externe Kompetenz ergänzen. Im Vergleich zu Konferenzen und Kongressen ist bei Seminaren und Schulungen die Aufenthaltsdauer der Teilnehmer länger und unsere Kunden buchen Serien.

Wo sehen Sie die Vorteile einer Fokussierung? Welche Vorteile haben Sie im Vergleich mit nicht spezialisierten Konzepten?

Aufgrund der Komplexität von Veränderungsprozessen in Unternehmen bieten wir unseren Kunden Mehrwerte, über die Marktbegleiter nicht verfügen. ‚Wie reagieren wir auf Digitalisierung?' fragen sich unsere Kunden. Und wir bieten die Lösung. Dieser Markt wächst rasant, weil sich im Grunde fast jeder CEO mit ähnlichen Fragestellungen auseinandersetzen muss.

Durch welche Merkmale hebt sich Seminaris von der Konkurrenz ab?

Seminaris bietet passgenaue Keynote-Speaker, bestqualifizierte Moderatoren und Trainer für spezielle (Innovations-) Techniken, individualisierte Expertise und passgenau ausgewählte Partner, z. B. für Blended Learning (Kombination von Präsenzveranstaltung und E-Learning). Somit entstehen maßgeschneiderte Lösungen für unsere Kunden und deren jeweilige Bedürfnisse. All dies verbunden mit idyllischen Standorten, die eine klösterliche, ungestörte Einkehr sicherstellen und zugleich dicht an den Metropolregionen liegen und gut angebunden sind.

Zitate: Interview mit Torsten K. Schulze, vom 07.04.2018.

Die Fokusstrategie erfordert folgende Aktivitäten (vgl. Gardini, 2015, S. 200):
- Entwicklung eines zielgruppenspezifischen Leistungsangebots
- Konzentration auf bestimmte Themen, Kunden, Nutzen
- Schaffung von Spezialisierungsvorteilen
- Durchführung von zielgerichteten Marketingaktivitäten

Insbesondere von Individualhotels, aber auch von Spezialmarken der Hotelketten und spezialisierten Hotelkooperationen, wird die Strategie der Fokussierung angewandt. Mit einem authentischen, schlüssigen Konzept sollen dabei Nischen abgedeckt und spezielle Gästebedürfnisse befriedigt werden (vgl. hierzu auch von Freyberg/Gruner/Lang, 2018, S. 18). Dadurch können die ausgewählten Gäste gezielter angesprochen und Streuverluste von Marketingaktivitäten minimiert werden (vgl. von Freyberg/Gruner/Lang, 2018, S. 19 sowie die dort genannte Literatur).

Vor allem für Privathotels ist eine solche Spezialisierung eine Möglichkeit, der harten Konkurrenz durch die großen Hotelketten zu begegnen (vgl. hierzu auch von Freyberg/Gruner/Lang, 2018, S. 19). „Der Nischenbesetzung wird besondere Zukunftssicherheit prognostiziert, da sie mit ihrem speziellen Produkt- und Service-Angebot eine hervorragende Alternative zum Leistungsportfolio der Kettenhotellerie darstellt" (Laux/Soller in Soller, 2008, S. 43).

Innerhalb der Nische will ein Unternehmen auch bei der Konzentrationsstrategie niedrige Kosten, eine Differenzierung oder beides erzielen (vgl. Porter, 2008, S. 76). Die Fokusstrategie ist damit „[…] eine Anwendung der Kosten- bzw. Differenzierungsstrategie auf kleinere Marktnischen und -segmente" (Gardini, 2015, S. 197).

Mit ihrem speziellen Konzept spricht die Superbude bspw. preisbewusste Gäste an.

Die Superbude
Hotel/Hostel/Lounge

Die Superbude ist kein gewöhnlicher Ort für eine Übernachtung. Dort treffen Backpacker mit größerem Budget und wenig Reisezeit (sog. Flash Packer), Bands, Familien und Business-Gäste jeden Alters aufeinander. Das kreative Konzept der Superbude überzeugt durch seinen Anspruch, den Gästen für einen fairen Preis möglichst viel Erlebnis zu bieten.

Jörn Hoppe, General Manager der Superbude, sieht die Zielgruppe im Bereich der Budget-Hotellerie:

> Wir wissen, dass es viele Gäste gibt, die preiswerte Übernachtungen suchen und trotzdem ein sehr gutes Produkt (ohne viel Chi Chi) haben wollen. Genau diesen Gästen möchten wir ein Zuhause auf Zeit bieten und ihren Aufenthalt zu einem Erlebnis werden lassen, an das sie gern zurückdenken.

Das Besondere an dem Budget-Konzept der Superbude:

„Wir bieten viel mehr als nur ein Zimmer, eine Dusche und eine Rezeption, sondern auch ein spannendes Design, Entertainment, Freundschaft, Witz, Gemütlichkeit, also all die Dinge, die das Wohnen in der Fremde ein bisschen heimeliger machen. Das Ganze gepaart mit coolen und witzigen Elementen, mit Aktionen, mit Konzerten, mit Veranstaltungen und mit Vertrauen. Wir machen Hotellerie so, wie es uns gefallen würde und als würden wir bei Freunden zu Gast sein", so Hoppe.

Live-Konzerte, DJ-Events, Lagerverkäufe, Tatort-Abende und Tätowierer – in der Superbude wird Einiges zur Unterhaltung geboten.

„Das Konzept wird hauptsächlich von jungen Leuten, von Studenten, von Designorientierten, Szeneorientierten, von Musikern, Bands und Kreativen angenommen. Das hat mit dem außergewöhnlichen Design zu tun, aber auch damit, dass diese Leute sich viel eher auf das einlassen, was wir zu bieten haben, als andere.
Wir versuchen den Gästen im Vorhinein klar zu machen, dass wir ein bisschen verrückter sind und wenn das den Leuten, die sich über die Superbude informiert haben, gefällt, dann passen sie dazu", sagt Hoppe.

Deshalb arbeitet die Superbude nur vereinzelt mit Online-Reisebüros wie Expedia zusammen und vertreibt ihr Produkt hauptsächlich über die eigene Webseite, ausgewählte Buchungsportale und Hostelbookers sowie direkt über ihre Facebook-Seite.

Text und Zitate: Interview mit Jörn Hoppe, vom 12.03.2018;
Bilder und Logo: Superbude, 2018 (Presseabteilung).

Die Superbude fokussiert sich folglich durch ihr sehr spezielles Konzept auf bestimmte Gästegruppen. Die Hauptmerkmale, durch die die Superbude sich differenziert, sind nach Hoppe v. a. „der Preis, das Design, die Art und Weise, wie das Team mit den Gästen umgeht und das Entertainment-Programm" des Hotels.

Das Rhönschaf-Hotel, welches im folgenden Beispiel behandelt wird, konzentriert sich dagegen auf ganz bestimmte Produkte und baut darauf sein einzigartiges Konzept auf.

krenzers rhön

Von der Schnitzel-Wirtschaft zum Rhönschaf-Hotel

Jürgen Krenzer übernahm 1988 den Familienbetrieb in Ehrenberg-Seiferts und führte bald darauf regionale Spezialitäten in die Küche des Hauses ein (vgl. Miller, 2009, S. 50 f). Krenzer setzte auf regionale Identität. Er entwickelte eigene Produkte (Apfelsaft, Apfelwein, Apfelbrand) und eröffnete eine Schau-Kelterei (vgl. Miller, 2009). Im Jahr 2000 wurde als Jahresziel festgelegt, sich ganz auf Rhönschaf und Apfel zu konzentrieren. Damit sollten die Kernkompetenzen des Unternehmens gesichert werden (vgl. Miller, 2009, S. 69). 2002 wurden daher folgende Strategien beschlossen (Miller, 2009, S. 74):

- Wir müssen das Kultprodukt Apfelsherry in den Mittelpunkt unserer Aktivitäten stellen.
- Wir müssen kompromisslos die Produktpalette zurückfahren, denn mehr Übersicht bringt mehr Umsatz und fördert die Qualität der verbleibenden Produkte.
- Wir müssen die Schau-Kelterei in Zukunft als Event-Zentrum für besondere Veranstaltungen vermarkten und nicht wie bisher als Ausflugsziel.

Auch die Zimmertypen des Rhönschaf-Hotels wurden der Neuausrichtung angepasst und auf Rhönschaf- und Apfelzimmer begrenzt (vgl. Miller, 2009, S. 82). Um die Kernkompetenz des Hotels weiterhin zu stärken, kamen Übernachtungsmöglichkeiten und sogar eine Sauna im Schäferwagen sowie das Rhöner Apfel Sherry Theater (RAST) hinzu.

Die Erfolgsformel des Rhönschaf-Hotels lautet (Miller, 2009, S. 106):

„Tradition + systematische Veränderung = Erfolg"

Jürgen Krenzers wichtigste Erfolgsfaktoren – die vier Krenzer-K's (von Freyberg/Gruner/Lang, 2018, S. 172, Interview mit Jürgen Krenzer):
- Kreativität
- Konzentration
- Konsequenz
- Kontinuität

Das Rhönschaf-Hotel hat seinen Weg gefunden und bietet originelle Angebote rund um das Rhönschaf und den Rhönapfel (vgl. Rhön, 2018).

Logo: Krenzer, 2018 (Presseabteilung).

Das Creativ Hotel Luise hat sich dagegen zum Ziel gesetzt, das nachhaltigste Geschäftsreisehotel Deutschlands zu werden.

Die Fokusstrategie des Creative Hotel Luise

Ben Förtsch hat das 3-Sterne-Hotel Superior Creativ Hotel Luise zu einem der nachhaltigsten Geschäftsreisehotels in Deutschland entwickelt, welches sich mit diesem Schwerpunkt stark von der Konkurrenz in Erlangen abhebt. Als einziges Hotel in der Stadt bietet es ein Frühstücksbuffet mit regionalen und bio-zertifizierten Produkten an. Für die nachhaltige Ausrichtung wird das Engagement im Bereich „Umweltbewusster Hotel- und Gaststättenbetrieb" regelmäßig mit der Goldmedaille des Bayerischen Wirtschafts- und Umweltministeriums ausgezeichnet. Das entwickelte „nachwachsende Hotelzimmer" des Creativ Hotel Luise fand deutschlandweit große Beachtung, da es auf dem sog. Cradle-to-Cradle Prinzip, einer ganzheitlichen Betrachtungsweise der verwendeten Ressourcen, basiert. Umbau, Ressourcennutzung und Recycling werden nach diesem Prinzip so nachhaltig wie möglich umgesetzt, ohne den Komfortanspruch des Gastes aus den Augen zu verlieren (vgl. von Freyberg/Gruner/Lang, 2018, S. 167).

Logo: Creativ Hotel, 2018 (Presseabteilung).

Die Fokussierung auf einen Teilbereich der Branche führt zu einer Konzentration auf bestimmte Gäste und deren Bedürfnisse. Diese können dadurch gezielter angesprochen und von der Hotelleistung begeistert werden.

Zusammenfassung der Wettbewerbsstrategien

	strategischer Wettbewerbsvorteil	
	Kostenvorsprung	Alleinstellung aus Sicht des Kunden
gesamte Branche	Kostenführerschaft **Kostenvorsprung** Ibis Budget Motel One	Differenzierung **Leistungsvorsprung** The Ritz-Carlton Thurnher's Alpenhof Schindlerhof
Branchen-Segment	Fokus **Konzentration auf Schwerpunkte** Superbude Familotel Seminaris	

(strategischer Zielbereich)

Abb. 6.22: Wettbewerbsstrategien nach Porter (Quelle: Eigene Ausarbeitung in Anlehnung an Porter, 2008, S. 77; Gardini, 2015, S. 197).

Die Abgrenzung zwischen den drei Strategietypen ist nicht immer eindeutig. Designorientierte Hotels können bspw. als Spezialprodukt der Fokusstrategie zugeordnet oder aber Design kann als Differenzierungsmerkmal angesehen werden. Dies ist abhängig davon, ob das Design eine bestimmte oder eine breite Zielgruppe anspricht.

Heutzutage existieren viele Kombinationen und Mischformen der einzelnen strategischen Stoßrichtungen. Eine Kombination von Kostenführerschaft und Differenzierung stellen bspw. die Budget-Hotels dar, die designorientierte Konzepte verfolgen (vgl. Beispielkasten „Das Design-Konzept von Motel One"). Das Gegenstück dazu bietet das erste Luxushotel ohne Personal, bei dem Kostenersparnisse, trotz exquisiter Ausstattung und Luxusambiente, realisiert werden können (vgl. Beispielkasten „Das erste Luxushotel ohne Personal").

Das Design-Konzept von Motel One

Motel One hat es als eine der ersten Hotelgesellschaften geschafft, ein ansprechendes und innovatives Lifestyle-Produkt low-cost-fähig zu machen. Die Münchner Hotelkette kombiniert cheap and chic und verbindet damit gekonnt Preis- und Design-Elemente, denn Motel One bietet „viel Design für wenig Geld". Das bringt auch der Claim „Like the Price. Love the Design" zum Ausdruck (vgl. Motel One Group, 2018a).

Anfänglich noch mit standardisiertem Design eingeführt, berücksichtigt Motel One mittlerweile lokale Komponenten. So werden im 2018 eröffneten Motel One Barcelona-Ciutadella bspw. die typisch spanische Bauweise mit regional gefertigten Designer-Möbeln und natürlichen Einflüssen der umgebenden Flora und Fauna kombiniert. An der Rezeption mit ihren charakteristischen Zementfliesen, in den Sesseln der spanischen Designerin, auf den Teppichen einer lokalen Firma: Überall im Hotel wird die natürliche Atmosphäre des nahegelegenen Parks aufgegriffen. Bocci Pendelleuchten erinnern an Blumensträuße, spanischer Natursteinboden setzt rustikale Akzente. Am Kopfende der Boxspringbetten in den Zimmern griff die Illustratorin Lara Costafreda die Themen Pflanzen, Natur und Dschungel auf (vgl. Motel One Group, 2018b).

Bild: Motel One Group, 2018b.

Das erste Luxushotel ohne Personal

Buchen können die Gäste die Abito Suites nur im Internet und begrüßt werden sie von einem Check-in-Automaten. „Wir konzentrieren uns aufs Wesentliche: große und schicke Zimmer zum 4-Sterne-Preis" so Gregor Gerlach, der das neue Konzept entwickelte. Die Abito Suites sind perfekt in das Gerlach-Imperium eingebunden, dem u. a. auch die Vapiano Kette, eine Wohnungsbaugesellschaft und die Seaside Resorts angehören. Sie stützen das Null-Personal-Hotel: Das Hotelgebäude besitzt die Wohnungsbaugesellschaft, das zu den Seaside Hotels gehörende Park Hotel, welches in unmittelbarer Nähe liegt, führt das Back-Office und eine Hotline für die Gäste der Abito-Suites, in deren Erdgeschoss sich ein Vapiano-Restaurant befindet (vgl. Pracht, 2011).

Durch diese Kombination ist es möglich, trotz qualitativ hochwertigem Produkt, ohne Personal auszukommen und dadurch einen Kostenvorsprung zu erzielen.

Logo: Abito Suites, 2018 (Presse).

Das Besondere an Motel One ist, dass die Hotels der Kette, trotz des designorientierten Konzepts, nach wie vor weitestgehend standardisiert sind. Eine gleichbleibende Qualität, ein gemeinsamer Stil und v. a. eine starke Corporate Identity, die in jedem der Häuser deutlich erkennbar ist (u. a. durch die türkis-braune Farbgebung, bestimmte Stoffe und Design-Elemente), bilden einen gemeinsamen Rahmen. Dies vermittelt den Gästen Sicherheit, schafft einen Wiedererkennungswert und fördert die Vertrauens- und Imagebildung.

Anhand dieses Beispiels wird deutlich, dass die Kostenführerstrategie eine Differenzierung keinesfalls ausschließt. Motel One ist zwar im Budget-Segment tätig und setzt auf die Strategie der Kostenführerschaft, dennoch wird der Fokus auch auf Qualität und Design gelegt. Innerhalb des Budget-Segments strebt Motel One daher auch die Qualitätsführerschaft an und verbindet so beide Wettbewerbsstrategien, ohne dass das Konzept verwässert.

Eine innovative Erweiterung der Budget-Hotellerie stellt die Entstehung von Budget-Ferienresorts dar. Sie differenzieren sich durch die Neuartigkeit des Konzepts von der Konkurrenz im Budget-Segment und heben sich von anderen Urlaubshotels durch ihre günstigen Preise ab.

Obgleich auch Kombinationen der Wettbewerbsstrategien möglich sind, sollte ein Unternehmen dennoch einen Schwerpunkt setzen, um sich klar im Markt zu positionieren (vgl. hierzu auch Scheuss, 2008, S. 132).

Die Risiken bei der Verfolgung der drei Strategieoptionen liegen zum einen in einer unzureichenden Umsetzung der jeweiligen Strategie, wodurch die damit angestrebten Zielsetzungen nicht erreicht werden können. Zum anderen kann die Entwicklung der Branche den aufgebauten strategischen Vorteil obsolet werden lassen (vgl. Porter, 2008, S. 82). Konzentriert sich das Hotelunternehmen zu stark auf den gewählten Strategietyp und vernachlässigt dabei die anderen Bereiche, kann auch dies zum Verlust der strategisch günstigen Position führen. Weder dürfen bei der Strategie der Kostenführerschaft Qualität und Service, noch dürfen bei der Differenzierungsstrategie die Kosten außer Acht gelassen werden. Dies gilt sowohl branchenweit als auch im Hinblick auf ein Branchensegment.

Wenn ein Unternehmen keine der drei strategischen Positionen einnehmen kann, sitzt es sozusagen „zwischen den Stühlen". Es erreicht weder einen Kostenvorsprung, noch eine Art der Differenzierung, noch konzentriert es sich ausreichend auf ein bestimmtes Marktsegment. Dadurch wird es sich im Wettbewerb schlecht behaupten können und befindet sich in einer eher ungünstigen strategischen Lage (vgl. Porter, 2008, S. 79).

Es gilt folglich einen Schwerpunkt in Bezug auf die Wettbewerbsstrategie zu setzten, ein ansprechendes, stimmiges Konzept zu entwickeln und die angebotene Hotelleistung klar zu positionieren, damit die richtige Zielgruppe erreicht und von der angebotenen Leistung begeistert werden kann.

Im Zuge der Differenzierungsstrategie wurde bereits darauf hingewiesen, dass Innovationen einen Wettbewerbsvorteil bewirken können. Innovationen werden meist von Pionieren auf den Markt gebracht, aber auch andere Timing-Strategien können für ein Unternehmen von Vorteil sein.

6.4.3 Timing-Strategien

Timing-Strategien beziehen sich auf den Zeitpunkt des Markteintritts eines Unternehmens (vgl. Freyer, 2011, S. 385). Dabei lassen sich die Pionierstrategie (First-Mover-Strategie) und die Folgerstrategie (Mee-Too-Strategie) unterscheiden.

Pionierstrategie

Bei der Pionierstrategie führt ein Unternehmen eine Innovation in den Markt ein (vgl. Hungenberg, 2014, S. 233). Innovatoren erschließen neue Märkte und haben die Aufgabe des Markttests (vgl. Tabelle 6.1). Durch die Neuartigkeit der Leistung lassen sie die Konkurrenz hinter sich und können Innovationsvorteile nutzen. Mit dem Aufbau von Markteintrittsbarrieren und Kundenpräferenzen versuchen sie, den Eintritt neuer Wettbewerber in den Markt zu verhindern (vgl. Freyer, 2011, S. 385).

Tab. 6.1: Vor- und Nachteile der Pionierstrategie (Quelle: Eigene Ausarbeitung in Anlehnung an Pepels, 2011, S. 191 ff; Hungenberg, 2014, S. 233 f; Freyer, 2011, S. 385; Johnson/Scholes/Whittington, 2011, S. 419).

Pionier	
Vorteile	**Nachteile**
– keine direkten Mitbewerber – Möglichkeit, das Produkt als Standard im Markt durchzusetzen – Imagevorteile (Ruf als Pionier) – Erfahrungsvorsprung – Premiumpreise möglich – Chance zur dauerhaften Kundenbindung – Vorrechte auf knappe Ressourcen	– Erfolgsungewissheit – hohes Risiko – Markterschließung und deren Kosten (z. B. Marktforschung) – Gefahr durch Veränderungen am Markt (z. B. Kundenbedürfnisse, Technologien) – Gefahr der Konkurrenz durch Nachfolger – hohe Investitionen
⇒ **Aufbau von Markteintrittsbarrieren und Kundenpräferenzen**	

In der deutschen Hotellerie gibt es immer wieder Pioniere, die neue Konzepte schaffen und dadurch die Branche verändern, z. B. Motel One mit seinem Budget-Design-Konzept, das Hotel Buddy (vgl. Beispielkasten „Mit neun Quaddratmetern zum Pionier") oder die A-Ja-Resorts (vgl. Beispielkasten „Das innovative A-Ja-Konzept"), die das Budget-Konzept auf die Ferienhotellerie übertragen.

Mit neun Quadratmetern zum Pionier

Der nächste Termin in einer fremden Stadt steht fest und warum wie gewöhnlich in einem Hotel nächtigen, wenn es doch den alten Schulfreund oder die Lieblingskommilitonin aus dem Studium in diese Stadt verschlagen hat? Übernachten bei Freunden – diese Form des Gast-Seins hat ihren ganz besonderen Reiz. Insbesondere in jungen Jahren zeichnet sich ein solcher Aufenthalt durch oftmals beengte Verhältnisse und ein gewisses Chaos aus. Dass jedoch Raum auch in der kleinsten Hütte ist, wird dabei stets erlebbar.

Genau diese Form der Übernachtung greift der Münchner Hotelier Johannes Eckelmann mit seinem jungen Konzept namens Buddy auf. Wie bei einem guten Freund verbringt der Gast seinen Aufenthalt im Buddy Hotel. Sein Zimmer ist klein, das Bett dabei behaglich, die Ausstattung auf die Bedürfnisse des modernen Reisenden zugeschnitten. Auf nur neun Quadratmetern finden ein King-Size-Bett mit elektrisch verstellbarem Kopfteil, eine Nespresso-Maschine, ein geräumiger Waschtisch, eine Rain-Dance-Dusche, eine Arbeitsfläche, eine Sitzgelegenheit, ein Tablet und ein Smart-HD-Flat-TV Platz. Dank optimaler Fensterachsen sind die „Mikrozimmer" lichtdurchflutet. Helle Gestaltungselemente und Spiegel tragen weiter zu einer Atmosphäre bei, die nicht beengend wirkt. Je wohlhabender der Kumpel, desto mehr Platz vermag er seinem Übernachtungsgast in der Regel einzuräumen. Auch im Buddy Hotel gibt es neben dem regulären „Buddy" auf neun Quadratmetern, Buddies, die mehr Platz offerieren: den „Best Buddy" (15 Quadratmeter) und den „Super Buddy" (21 Quadratmeter) (vgl. Buddy, 2018).

Als Pionier am Münchner Markt findet das Buddy auch 2018, zwei Jahre nach seinem Markeintritt, keine Folger. Die Risiken der Erfolgsungewissheit und hoher Investitionen werden seit Eröffnung durch hohe Auslastungs- und Durchschnittsraten sowie positive Online-Bewertungen belohnt. Der Erfahrungsvorsprung und die Fähigkeit, auch komplexe Immobilien in ein Buddy zu konvertieren, ermöglichen dem innovativen Hotelier den Aufbau von Markteintrittsbarrieren und von Kundenpräferenzen.

Logo: Buddy, 2018 (Presseabteilung).

Das innovative A-Ja-Konzept – erst Pionier, dann Folger

Mit den A-Ja Resorts hatte die Deutsche Seereederei, Erfinder von AIDA und der Flusskreuzfahrt, ursprünglich eine neue Resort-Hotel-Marke kreiert, die die deutsche Ferienhotellerie durch ihr innovatives Konzept bereichern sollte. Urlaub zu besten Preisen wollte man bieten, indem ein Bausteinsystem (A-Ja-UP's) entworfen wurde, mit dessen Hilfe die Gäste ihren Urlaub individuell gestalten können. Durch die zusätzlich buchbaren Extras sollte der Gast direkten Einfluss auf den Preis seines Urlaubs haben und dadurch so günstig Ferien machen, wie er wollte. Mit diesem Debundeling-Konzept besetzte die A-Ja-Marke als Pionier das Thema Budget-Ferienresort.

Es stellte sich nach ein paar Jahren allerdings heraus, dass die Gäste dies nicht annahmen, weshalb man sich 2018 entschloss, das Baukastensystem durch klassische Pauschalangebote zu ersetzen. A-Ja steht seitdem für große Wellness-Hotels mit öffentlichen Bädern an besonderen touristischen Orten (vgl. A-Ja Resorts, 2018).

Folgerstrategie

Bei der Folgerstrategie wird zwischen frühen Folgern und späten Folgern unterschieden (vgl. Tabelle 6.2 und Tabelle 6.3). Folger treten erst in den Markt ein, wenn eine hinreichende Akzeptanz für das neue Produkt gegeben ist. Sie können die vorhandene Kaufbereitschaft direkt nutzen und mit entsprechenden Angeboten auf ihr Unternehmen lenken (vgl. Freyer, 2011, S. 385). In der Regel sind die Nachfolger nur erfolgreich, wenn sie den Kunden einen Mehrwert bieten, günstigere Preise verlangen oder sich anderweitig vom ursprünglichen Leistungsangebot des Pioniers differenzieren (vgl. hierzu Hungenberg, 2011, S. 241 f; Freyer, 2011, S. 385).

Tab. 6.2: Vor- und Nachteile der frühen Folgerstrategie (Quelle: Eigene Ausarbeitung in Anlehnung an Pepels, 2011, S. 194 ff; Hungenberg, 2011, S. 241 f; Freyer, 2011, S. 385).

frühe Folger	
Vorteile	**Nachteile**
– geringeres Risiko als der Pionier – die Erfahrungen des Pioniers können genutzt werden – erste Erkenntnisse zur Produktakzeptanz sind bereits vorhanden – geringere Kosten – Etablierung eines Alternativstandards – hohes Marktwachstum	– Behinderung durch Markteintrittsbarrieren des Pioniers – Bedrohung durch weitere Folger – Gefahr durch Veränderungen am Markt (z. B. Gästebedürfnisse, Technologien) – Rückstand gegenüber dem Pionier – Gefahr von Zeitmangel zur Realisierung der Vorteile
⇒ **Überwindung der Markteintrittsbarrieren des Pioniers und Aufbau von Vorteilen gegenüber dem Innovator (Preis, Leistung)**	

Tab. 6.3: Vor- und Nachteile der späten Folgerstrategie (Quelle: Eigene Ausarbeitung in Anlehnung an Pepels, 2011, S. 197 ff; Hungenberg, 2011, S. 241 f; Freyer, 2011, S. 385).

späte Folger	
Vorteile	*Nachteile*
– geringe Unsicherheit und geringes Risiko – die Erfahrungen der Vorgänger können genutzt werden – Anlehnung an Standards schafft Klarheit – höherer Verbreitungs-/Bekanntheitsgrad des Produkts – verminderte Chance zu Fehlinvestitionen – Kostenvorteile	– Behinderung durch Markteintrittsbarrieren des Pioniers – etablierte Konkurrenten – Behinderung durch Gästebindung an Konkurrenzprodukte – Rückstand gegenüber Vorgängern – Gefahr von Zeitmangel zur Realisierung der Vorteile – Gefahr von Preiskämpfen – Gefahr von Imagenachteilen (Ruf als Imitator)
⇒ **Überwindung von Markteintrittsbarrieren und Aufbau von Vorteilen gegenüber der Konkurrenz (Preis, Leistung)**	

In der Hotellerie besetzt Motel One „[...] als Pionier das Thema ‚cheap and chic' im Budget-Segment" (Birke, 2009). Mit seinem Budget-Design-Konzept hat Motel One die Budget-Branche in Deutschland verändert. Mittlerweile hat das Konzept etliche Nachfolger gefunden und bekommt von allen Seiten Konkurrenz. Zugleich entstand eine neue Generation von privat geführten Budget-Design-Hotels wie bspw. das Soulmade in Garching bei München oder die Beach Motels an der Nordsee.

Abb. 6.23: Markteintrittszeitpunkte auf dem Budget-Design-Markt (Quelle: Eigene Ausarbeitung).

Wann ein Unternehmen in den Markt eintritt, ist auch abhängig davon, welches Verhalten es im Wettbewerb einnimmt. Im Folgenden sollen generelle Verhaltensweisen aufgezeigt werden.

6.4.4 Strategien in Bezug auf das Verhalten im Wettbewerb

Die Wettbewerbsdynamik und das Verhalten der Konkurrenten im Wettbewerb haben einen Einfluss auf die Wirksamkeit von Strategien. Eine beschlossene Strategie kann möglicherweise wegen der Reaktion eines Mitbewerbers nicht so umgesetzt werden, wie erwartet. Wettbewerber könnten sich bspw. der gewählten Strategie anpassen, wodurch deren Effekt verloren geht. Ein Beispiel hierfür wäre die Preissenkung eines Unternehmens bei der Verfolgung einer Kostenführerschaft, die dadurch obsolet wird, dass die Mitbewerber ebenfalls ihre Preise angleichen (vgl. Enz, 2010, S. 189).

In Bezug auf das Verhalten im Wettbewerb existieren offensive und defensive Strategien, abhängig davon, ob ein Unternehmen eher aggressiv oder friedlich im Wettbewerb agiert (vgl. Enz, 2010, S. 191).

Offensivstrategien beinhalten bspw. die Nutzung überlegener Ressourcen zur Verdrängung von Mitbewerbern bzw. zur Minimierung der Gefahr durch die Konkurrenz (vgl. Enz, 2010, S. 191). Unternehmen, die diese Strategie verfolgen, streben meist die Marktführerschaft an oder fordern den Marktführer heraus (vgl. Pepels, 2011, S. 167).

Defensivstrategien hingegen beinhalten bspw. die Verteidigung der eigenen Position im Wettbewerb, die Zusammenarbeit unter Wettbewerbern oder die Vermeidung von Konflikten (vgl. hierzu auch Enz, 2010, S. 191). Dieser Strategie wird zumeist durch Marktmitläufer oder Marktnischenanbieter nachgegangen (vgl. Pepels, 2011, S. 167).

Die hier dargestellten Geschäftsbereichsstrategien legen fest, auf welche Art und Weise ein Unternehmen bzw. ein SGF versucht, Wettbewerbsvorteile zu erzielen und wie es sich im Wettbewerb verhält.

6.5 Funktionsbereichsstrategien

„Geschäftsbereichsstrategien legen eine Richtung fest, mit der Wettbewerbsvorteile angestrebt werden können" (Bea/Haas, 2017, S. 201). Sie bieten jedoch „[...] keinen ausreichenden Rahmen für die nachgeordneten Handlungen der Funktionsbereiche" (Becker/Fallgatter, 2007, S. 148).

Daher müssen die Unternehmens- und Geschäftsbereichsstrategien mithilfe von Funktionsbereichsstrategien in konkrete Maßnahmenprogramme übersetzt werden (vgl. Venzin/Rasner/Mahnke, 2011, S. 211). Ausgehend von den übergeordneten Strategien, erfolgt eine stufenweise Konkretisierung, bei der die strategischen Konsequenzen für die Funktionsbereiche herausgearbeitet werden (vgl. Welge/Al-Laham/Eulerich, 2017, S. 569).

Die einzelnen Funktionsbereiche formulieren eigene Strategien, welche folgende Funktionen erfüllen sollen (vgl. Welge/Al-Laham/Eulerich, 2017, S. 569 f; Becker/Fallgatter, 2007, S. 148 f sowie die dort genannte Literatur):

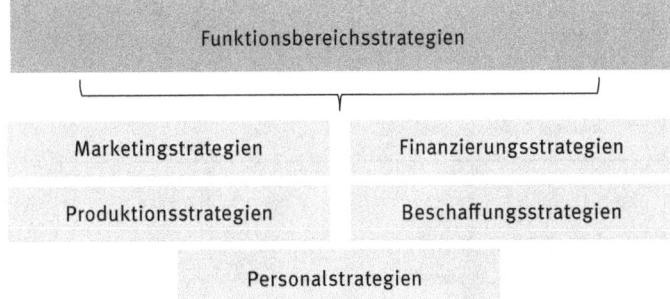

Abb. 6.24: Funktionsbereichsstrategien (Quelle: Eigene Ausarbeitung in Anlehnung an Bea/Haas, 2017, S. 180).

- Detaillierungsfunktion:
  Funktionsbereichsstrategien stellen die planerischen Konsequenzen für die Funktionsbereiche detailliert dar. Sie dienen der Interpretation der Unternehmens- und Geschäftsbereichsstrategien.
- Koordinationsfunktion:
  Funktionale Strategien dienen der Koordination von Entscheidungen in zweifacher Hinsicht. Die vertikale Koordination bezeichnet die Abstimmung innerhalb der einzelnen Funktionsbereiche. Dabei werden konkrete Handlungsempfehlungen festgelegt, die zur Erreichung der strategischen Ziele beitragen sollen. Die horizontale Koordination versucht, die Entscheidungen der Funktionsbereiche mit den übergeordneten Unternehmens- und Geschäftsbereichsstrategien zu harmonisieren.
- Schnittstellenfunktion:
  Funktionsbereichsstrategien bilden eine Schnittstelle zwischen Strategie und operativer Umsetzung. Funktionale Strategien schaffen den Rahmen für konkrete Aktionsprogramme. Sie geben Richtlinien für die Ausarbeitung der Maßnahmen im Zuge der operativen Planung vor.

Durch die Formulierung von Funktionsbereichsstrategien entstehen einzelne Strategien, die auf den jeweiligen Bereich zugeschnitten sind. Die Vorgaben der übergeordneten Strategien werden in den funktionalen Strategien detailliert. Einzelne Funktionsbereiche wie Marketing, Personal, Produktion (Leistungserbringung), Beschaffung (Einkauf) und Finanzierung entwickeln eine eigene Strategie, die jedoch auf die anderen Bereiche abgestimmt werden muss. „Marketingstrategien sind [bspw.] das Bindeglied zwischen Marketingzielen und Marketingmaßnahmen und stellen demzufolge einen verbindlichen Handlungsrahmen für das Vorgehen und den Einsatz der operativen Marketinginstrumente [...] dar" (Gardini, 2015, S. 191).

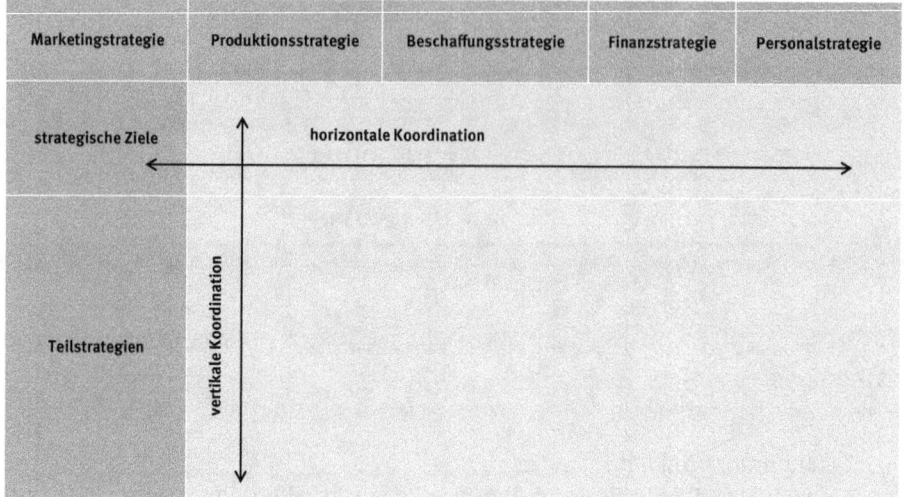

Abb. 6.25: Koordination und Abstimmung funktionaler Strategien (Quelle: Eigene Ausarbeitung in enger Anlehnung an Becker/Fallgatter, 2007, S. 149).

Die Personalstrategie nimmt z. B. die Grobplanung in Bezug auf die Personalbedarfsbestimmung, die Personalbeschaffung, die Personalentwicklung vor (vgl. Dillerup/Stoi, 2016, S. 616).

Durch die Formulierung von Funktionsbereichsstrategien werden die Unternehmens- und Geschäftsbereichsstrategien in konkrete Maßnahmenprogramme übersetzt, damit sie anschließend umgesetzt werden können. Somit wird eine Brücke zur Strategieimplementierung gebildet (vgl. Bea/Haas, 2017, S. 202).

Strategisches Finanzmanagement in Hotelgesellschaften

Das Finanzmanagement, das vornehmlich aus dem internen (Controlling, Finanz- und Investitionsplanung) und dem externen Rechnungswesen (Buchführung und Bilanzierung) besteht, ist verantwortlich, alle monetären Ströme und Prozesse zu überblicken, zu steuern und zu überwachen. Dabei stellt es eine wichtige Querschnittsfunktion des Unternehmens dar, die sich sowohl durch alle primären (z. B. Einkauf, Leistungserbringung, Verkauf) als auch durch alle sekundären Bereiche (z. B. Qualitätsmanagement, Personalmanagement) zieht. Managemententscheidungen, die u. a. darauf abzielen, langfristige strategische Veränderungen auszulösen, sollen vom Finanzmanagement durch objektives Zahlenmaterial rational untermauert und abgesichert werden.

Grundsätzlich unterliegen alle Strategischen und somit auch alle Operativen Management-Entscheidungen zwei Hauptprämissen: erstens die Sicherung der Liquidität des Unternehmens zu jeder Zeit und zweitens eine langfristig gesunde und nachhaltig vertretbare Gewinnerzielung. Ohne Erstere ist aber auch Zweitere nicht möglich, da durch eine Zahlungsunfähigkeit (Insolvenz) der Geschäftsbetrieb abgebrochen wird, wodurch eine Erwirtschaftung von Gewinn nicht mehr möglich ist. Daher gehört der Cashflow (Kapitalflussrechnung) zu den wichtigsten Instrumenten des strategischen Finanzmanagements. Auch eine Vorausschau der liquiditätswirksamen Transaktionen, also zukünftige Auszahlungen bzw. Einzahlungen, sollten zumindest grob geplant werden. In der Praxis wird häufig davon ausgegangen, dass die Erzielung von Gewinn automatisch die von Liquidität bedeutet. Dies ist ein Trugschluss.

Die generellen Strategieplanungen haben direkte Auswirkungen auf das Finanzmanagement. Hierzu zwei Beispiele:
1. Umwandlung eines Familien- und Ferienhotels in ein Wellnesshotel
2. Umwandlung eines Stadthotels in ein Geschäfts- und Konferenzhotel

Es handelt sich hierbei um eine langfristige Entscheidung, da davon auszugehen ist, dass diese Umgestaltungen des Gebäudes dauerhafte Auswirkungen auf die Hardware (Architektur) des Hotels haben, welche nicht ständig geändert werden kann. Je nach Umfang der Umbaumaßnahmen sind mehr oder weniger finanzielle Mittel erforderlich, die entweder aus eigenen und/oder fremden Mitteln stammen. Sollten fremde Mittel benötigt werden, ist es aus Finanzsicht sinnvoll, frühzeitig mit den Umbaumaßnahmen zu beginnen, da bereits bei Umsatzeinbrüchen aufgrund eines veralteten Produkts (Investitionsstau) die Möglichkeit schwindet, an günstige Baukredite zu kommen, was wiederum die Gewinnerzielung und die Liquiditätssicherung dauerhaft gefährdet. Große Hotelgesellschaften bzw. -konzerne bündeln die Nachfrage der einzelnen Hotels nach Bankkrediten, um eine höhere Kreditsumme zu erreichen und um somit günstigere Kreditkonditionen von den Banken zu erzielen.

Genauso gehört zum strategischen Finanzmanagement die genaue Planung, Tätigung und Überwachung von Investitionen zur Instandhaltung oder Neubeschaffung. Schon beim Neubau eines Hotels ist es sinnvoll, ein eigenes Bankkonto für Investitionszwecke unabhängig vom Geschäftskonto einzurichten. Große Hotelkonzerne bezeichnen das separate Konto als FF&E Account oder Escrow Fund, wobei FF&E für Furnishings, Fixtures and Equipment (Sachanlagevermögen) und Escrow Fund für Treuhandkonto steht. Hierbei wird auf Quartals- oder Halbjahresbasis ein zuvor festgelegter Prozentsatz vom Gesamtumsatz (i. d. R. bei Neubau ein Prozent bis, nach einer jährlichen Steigerung, hin zu fünf Prozent) vom Geschäftskonto auf das FF&E/Escrow Konto umgebucht. Dabei wird nicht nur eine Rücklage bilanziell gebucht, sondern wirklich Geld auf einem separaten Bankkonto hinterlegt, das nach drei oder vier Jahren die Möglichkeit bietet, kleinere bis mittlere Renovierungsmaßnahmen durchführen zu können, ohne dabei auf fremde Mittel zurückgreifen zu müssen. Die Aufgabe des strategischen Finanzmanagements ist, zu entscheiden, wie viele finanzielle Mittel verwendet werden und wofür. Auch Notfallinvestitionen für unvorhergesehene Fälle sollten eingerechnet werden. Alle Investitionen sollten mit der/den Hauptstrategie/-n einhergehen. Dies kann dazu führen, dass Investitionsanträge abgelehnt werden, wenn diese nicht in die Gesamtstrategie passen.

Ein anderer Bereich des strategischen Finanzmanagements ist die langfristige Umsatz- und Kostenoptimierung, die in direktem Verhältnis zur nachhaltigen Erfolgssicherung steht. Strategische Marketingpläne gepaart mit gutem Revenue- und Vertriebsmanagement sollten durch den Finanzverantwortlichen kritisch hinterfragt und an den Ist-Zahlen überwacht werden. Dabei spielen Trend-, Standort-, Konkurrenz-, Marktführerschafts-, Stärken-, Schwächen-, Kunden- und Gästesegmentanalysen eine wesentliche Rolle. Bei der Kostenoptimierung tragen ein gut strukturiertes Personalkostencontrolling (Human Resource Controlling) sowie ein effizientes Vertrags- sowie Einkaufsmanagement zum Erfolg bei. Manche Hotels sind sehr nachlässig bei der Verwaltung von Verträgen. Gerade die Verträge, welche eine Klausel zur automatischen Verlängerung um ein oder zwei Jahre bei nicht rechtzeitig erfolgter Kündigung beinhalten, führen zu unnötigen Kosten und Problemen, falls nach Ablauf der Kündigungsfrist versucht wird, den Vertrag zu beenden, da die Leistung des Vertragspartners nicht mehr benötigt wird. Beispiele sind hierbei Energieversorgungs-, Kommunikations-, Hausmeister-, Wartungs- und Fremdleistungsverträge, die schnell sehr teuer werden können. Auch strategische Einkaufskooperationen können helfen, langfristig Kosten zu optimieren. In den letzten Jahren ist jedoch vermehrt festzustellen, dass die Warenwirtschaftskontrolle (Cost Control) aus den Hotels verschwindet und durch das sog. Direct Costing ersetzt wird, was bedeutet, dass eingekaufte Waren direkt in den Warenaufwand gebucht werden. Dabei wird die Lagerbuchhaltung umgangen, die aufgrund der artikelweisen Erfassung pro Lieferanten in der Lage ist, Einkaufvolumina pro Artikel zu bestimmen, was somit turnusmäßige Vertragsverhandlungen mit Lieferanten enorm erleichtern und gleichzeitig die Transparenz erhöhen kann. Die Sachkosten stellen neben den Personalkosten den zweitgrößten Kostenblock dar, der wie das Human Resource Controlling ebenso strategisch gemanagt werden muss.

Auch die Optimierung aller Hotelprozesse gehört zum strategischen Finanzmanagement. Getreu dem Motto „Zeit ist Geld" ist die Strategische Planung und Einführung von neuen oder verbesserten Prozessen inklusive deren kontinuierliche Prüfung ein wichtiger Bestandteil. An schlecht organisierten Prozessen leiden Gäste, aber auch Mitarbeiter und Lieferanten, was wiederum direkte Auswirkungen auf Umsatz und Kosten hat, somit also auf den Gewinn. Das strategische Finanzmanagement ist damit direkt mit dem Qualitätsmanagement gekoppelt. Es liefert Daten zur Entscheidung, ob und in welchem Umfang weitere Maßnahmen und Mittel zur Qualitätsverbesserung eingebracht werden, z. B. durch die Kosten-Nutzen-Analyse.

Abschließend kann festgehalten werden, dass das strategische Finanzmanagement an allen Bereichen des Hotels bzw. der Hotelgesellschaft beteiligt ist. Hauptziel ist die Liquiditätssicherung und nachhaltige Gewinnsicherung. Dabei werden u. a. folgende Bereiche gesteuert:
- Finanzierungsmanagement (Eigen- und Fremdkredite)
- Investitionsmanagement (Neuanschaffungen und Instandhaltung)
- Umsatzoptimierung
- Kostenmanagement (Personal-, Waren- und Sachaufwand sowie Vertragsmanagement)
- Prozessmanagement (inkl. Prozessrevision)

Autor: Alexander Pesch, Berater bei der Hoga Hotel- und Gaststätten-Beratungsgesellschaft.

Strategisches Human-Resources-Management in der Hotellerie

Strategisches Human-Resources(HR)-Management hat das Ziel, zur Erreichung der Unternehmensziele beizutragen. Dabei werden die Mitarbeiter des Unternehmens als Ressource verstanden, die – unterstützt durch die entsprechende Führung, durch Instrumente und Prozesse – einen wesentlichen Beitrag zur Wertschöpfung des Unternehmens leistet. Strategisches HR-Management orientiert sich an der Unternehmens- und Geschäftsfeldstrategie und richtet die Personalstrategie danach aus.

Im Gegensatz zur operativen Personalarbeit, welche die administrativen Aufgaben als zentrales Handlungsfeld umfasst (z. B. Stammdatenverwaltung, Bescheinigungen, Arbeitszeitmanagement), ist das strategische HR-Management langfristig und ganzheitlich ausgerichtet. Maßnahmen werden aus den strategischen Zielen abgeleitet, ihre Wirksamkeit anhand der Zielerreichung geprüft, Chancen und Risiken abgewogen sowie die Frage nach Potenzialen gestellt. Strategisches HR-Management hat den Anspruch, die Unternehmensentwicklung proaktiv mitzugestalten.

Wenn ein Unternehmen bspw. eine Strategie der Kostenführerschaft wählt, dann wird das strategische HR-Management andere Ziele setzen und Maßnahmen wählen, als bei der Verfolgung einer Nischenstrategie. Im ersten Fall geht es um die Aufdeckung und Ausschöpfung von Potenzialen zur Kosteneinsparung. Dies kann bspw. bedeuten, dass HR-Prozesse standardisiert werden, die Weiterbildung mit internen Trainern erfolgt und Rekrutierungsverfahren auf das Notwendigste (z. B. Bewerbungsgespräch) beschränkt werden. Bei einer Nischenstrategie fokussiert sich das Unternehmen dagegen auf ein einziges Marktsegment. Dies bedeutet, dass sehr spezifische Mitarbeiter benötigt werden. Hier stehen im HR-Management eher die Mitarbeitergewinnung und -bindung im Vordergrund, die sehr individuell und unternehmensspezifisch gestaltet werden.

Inwieweit strategisches HR-Management in Unternehmen praktiziert wird, ist im Wesentlichen von drei Faktoren abhängig:
1. Stellenwert des Themas bei Geschäftsführung und Führungskräften
2. vorhandene HR-Management-Kompetenz im Unternehmen
3. Budget für das HR-Management

Hier stoßen gerade kleine und mittelständische Unternehmen (KMU) häufig an ihre Grenzen. Deren Geschäftsführung und Führungskräfte sind meist stark ins operative Geschäft involviert, sodass wenig Zeit ist, sich mit dem strategischen HR-Management auseinander zu setzen. Manchmal wird auch die Bedeutung des Themas unterschätzt. KMU haben häufig keine oder nur eine sehr kleine Personalabteilung, die mit der operativen Personalarbeit stark ausgelastet ist. In dieser Situation ist es schwer, sich Zeit für strategische Überlegungen sowie für die Entwicklung von Konzepten und Maßnahmen zu schaffen. KMU haben zudem weniger Budget für Maßnahmen im HR-Management.

Jedoch zeigen die aktuellen unternehmerischen und personalpolitischen Herausforderungen, dass auch KMU nicht umhinkommen, ihr HR-Management zukünftig strategischer auszurichten. Ein plakatives Beispiel ist der demografische Wandel. Eine wesentliche Konsequenz, nämlich der Fachkräftemangel, ist in der Hospitality Branche bereits jetzt deutlich spürbar. Viele Hoteliers beklagen, dass die Anzahl der Bewerbungen auf eine Stelle im Vergleich zu früher deutlich zurückgegangen und die Qualität der Bewerberprofile schlechter geworden sei. Dies, zusammen mit der traditionell hohen Fluktuationsquote der Branche, macht es zu einer echten Herausforderung, den Personalbedarf langfristig zu decken. Was tun, wenn Unternehmen trotzdem wachsen wollen?

Strategisches HR-Management ist in dieser Situation erfolgskritisch für den dauerhaften Erhalt der Wettbewerbsfähigkeit des Unternehmens. Zentrale Ansatzpunkte sind hier bspw.:
- Die Nutzung neuer und vielfältiger Rekrutierungswege, die der jeweiligen Generation und den Qualifikationsanforderungen angemessen sind: Hierzu gehören auch Aktivitäten im Bereich Personalmarketing, die bereits frühzeitig, z. B. bei Schulpartnerschaften, beginnen.
- Aktivierung ungenutzter Arbeitsmarktreserven: Hierzu gehören z. B. die Anwerbung von Quereinsteigern, die Qualifizierung von an- und ungelernten Arbeitskräften oder die Rekrutierung im Ausland.
- Fachkräftesicherung durch Personalentwicklung: Die betriebliche Weiterbildung wird immer wichtiger, um die bestehenden Mitarbeiter kontinuierlich so zu qualifizieren, dass sie wechselnde Aufgaben und Veränderungen im Unternehmen erfolgreich bewältigen können.
- Mitarbeiterbindung (Retention): Hierbei geht es bspw. um die Entwicklung monetärer und nicht monetärer Anreizsysteme und um Maßnahmen, welche die intrinsische Motivation der Mitarbeiter erhöhen (z. B. durch die Übertragung von mehr Verantwortung).

Wichtig ist, dass die vom Unternehmen gewählten Maßnahmen nicht unabhängig nebeneinanderstehen, sondern im Sinne des strategischen HR-Managements an den übergeordneten Zielen ausgerichtet und miteinander verzahnt werden.

Um Unternehmen zu unterstützen, gibt es neben der Möglichkeit des Einkaufs von Beratungsleistungen gerade für KMU diverse Programme von Bund, Ländern und der EU, welche die Entwicklung eines strategischen HR-Managements fördern. Hier gibt es kostenlose Informationen, Beratung, Instrumente, Selbst-Checks und Netzwerke (z. B. Initiative Neue Qualität der Arbeit (INQA), Kompetenzzentrum Fachkräftesicherung, „unternehmensWert: Mensch").

Autorin: Celine Chang, Professorin an der Hochschule München, Fakultät für Tourismus.

cocoon hotels

Strategisches Yield-Management bei den Cocoon Hotels

Um Gewinne zu optimieren und Prozesse zu vereinfachen, haben sich die Münchner Cocoon Hotels bereits im Jahr 2012 entschieden, das bestehende Yield-Management strategisch neu aufzusetzen. Zentrales Ergebnis dieser Herangehensweise war die Maßnahme, die Zimmerkapazitäten und Preise über eine Yield-Management-Software von HotelPartner zu steuern. HotelPartner fungiert zum einen als Channel Manager mit Schnittstellen zu den Online Travel Agencies (OTA's), GDS-Systemen und der hoteleigenen Buchungsmaschine und verfügt zum anderen über eine Yield-Management-Software, die in enger Zusammenarbeit mit dem Hotel zu deutlichen Steigerungen der Durchschnittsrate, der Auslastung und daraus resultierend einer deutlichen Steigerung des RevPar geführt haben. Dies geschieht durch detaillierte, individuelle Anpassungen unter Berücksichtigung aller Hotel- und Marktdaten.

Ausgehend von einem Forecasting durch Nachfrageanalysen, Vergangenheitsdaten und einer detaillierten Mitbewerberanalyse werden pro Hotel je nach Buchungszeitraum (z. B. Nebensaison, Messezeiträume) unterschiedliche Ratenmodelle erstellt. Abhängig von der prozentualen Auslastung des Hotels, der Mitbewerber und der Stadt erhöht oder verringert sich die Zimmerrate automatisch durch hinterlegte Algorithmen. Die Raten und Verfügbarkeiten werden dadurch bei Neubuchungen, die über den Channel Manager automatisiert ins Property-Management-System importiert werden, in sehr kurzen Intervallen aktualisiert und optimiert.

Um eine bestmögliche Auslastung und Durchschnittsrate zu erreichen, wird bei den Cocoon Hotels das System, ergänzend zu den automatisierten Prozessen, täglich manuell angepasst. So werden die Raten von einem Revenue Manager nach der täglichen Marktanalyse über den HotelPartner Yield-Monitor erhöht oder herabgesetzt. Dies geschieht entweder durch die Multiplizierung aller Zimmerkategorien mit einem Faktor oder die Raten der Zimmerkategorien werden einzeln angepasst. Die Überschreibungen werden über die vorhandenen Schnittstellen wenige Minuten später bei allen Buchungsportalen und auf der Webseite übernommen. Ebenso werden Aufenthaltsbedingungen wie z. B. Verfügbarkeitssperren oder Mindestaufenthalte über den Yield-Monitor eingestellt, um die Umsätze zu maximieren.

Zusammenfassend lässt sich festhalten, dass die Cocoon Hotels auf ein vollautomatisiertes Yield-Management-System zurückgreifen können, die optimale Ratensteigerung aber dadurch erreichen, dass durch tägliche Beobachtung des Marktes manuell in die automatisierten Prozesse eingegriffen wird und durch dieses Zusammenspiel die maximale Belegung und maximaler Umsatz erreicht werden kann.

Autor: Matthias Knappe, Director of Sales Cocoon Hotels;
Logo: Cocoon, 2018 (Presseabteilung).

Die vorangegangenen Betrachtungen beschäftigten sich hauptsächlich mit der Formulierung von Strategien. Um aus der Fülle der dargestellten Möglichkeiten eine geeignete Strategie auszuwählen, müssen die Strategiealternativen bewertet und schließlich die sinnvollste Alternative verfolgt werden.

6.6 Bewertung von Strategien

Die bisherigen Ausführungen in Kap. 6 behandelten Strategiealternativen und strategische Stoßrichtungen. Die Auswahl einer geeigneten Strategieoption erfolgt nach deren Bewertung in Bezug auf ihre Zielwirksamkeit (vgl. Hungenberg, 2014, S. 10).

„Die Bewertung umfasst die möglichst vollständige Ermittlung sowohl quantitativer als auch qualitativer Auswirkungen einer Strategie" (Welge/Al-Laham/Eulerich, 2017, S. 736). Die Problematik dabei ist, dass Unsicherheit über die Wirkung und den Erfolg einer Strategie besteht (vgl. Bea/Haas, 2017, S. 202). Mithilfe der Strategiebewertung soll versucht werden, die Auswirkungen der unterschiedlichen Strategiealternativen einzuschätzen. Außerdem sollen die Strategieoptionen auf ihren Beitrag zur Zielerreichung hin untersucht werden. Um eine solche Bewertung vorzunehmen, können verschiedene Bewertungskriterien herangezogen werden, die im Folgenden kurz beschrieben werden sollen.

6.6.1 Bewertungskriterien und -methoden

Die Strategische Ausrichtung, mit Mission, Vision, Leitbild und v. a. den Unternehmenszielen, bildet die Basis für die Auswahl von Strategien (vgl. Venzin/Rasner/Mahnke, 2011, S. 131). Dabei wird untersucht inwieweit die Strategien zielführend sind (vgl. Müller-Stewens/Lechner, 2016, S. 318) und zur Erreichung von Wettbewerbsvorteilen beitragen.

Bei der Strategiebewertung können quantitative und qualitative Kriterien betrachtet werden (vgl. Welge/Al-Laham/Eulerich, 2017, S. 737 f; Hungenberg, 2014, S. 275 ff).

Quantitative Bewertungsmethoden konzentrieren sich auf monetäre Bewertungskriterien. Hierbei werden finanzielle Ziele (z. B. Shareholder Value, ROI) zugrunde gelegt und die wirtschaftlichsten Strategien, mit dem höchsten Kapitalwert oder der höchsten Rendite, ausgewählt (vgl. Welge/Al-Laham/Eulerich, 2017, S. 737). Die Strategie wird wie eine langfristige Investitionsentscheidung behandelt (vgl. Bergmann/Bungert, 2011, S. 185). Voraussetzung für die Anwendung dieser Verfahren ist die Ermittlung von zukünftigen Rückflüssen von Finanzmitteln, die durch die Strategieentscheidung ausgelöst werden (vgl. Welge/Al-Laham/Eulerich, 2017, S. 737). Es können bspw. folgende quantitative Bewertungsverfahren unterschieden werden (vgl. Bea/Haas, 2017, S. 136 f und S. 209 f; Hungenberg, 2014, S. 278–299; Bergmann/Bungert, 2011, S. 185 f):

– Simulationsmodelle:
  Hierbei werden die Auswirkungen von Strategien auf die Ziele z. B. mithilfe von Informationssystemen untersucht.

- Planspiele:
  Durch die Erprobung von Strategien soll herausgefunden werden, inwieweit sie zielführend sind.
- PIMS-Studie:
  Durch diese Analyse, soll die Frage beantwortet werden, wie sich die Strategie auf den Cash-Flow und den ROI auswirkt und welche Strategiekombination am wahrscheinlichsten zur Erreichung der Ziele führt.
- Discounted-Cashflow-Methode:
  Diese Methode stellt einen der wichtigsten Ansätze zur wertorientierten Strategiebeurteilung dar. Dabei wird der Wert eines Geschäftsfeldes als diskontierter Wert der betrieblichen Cashflows (Gegenwartswert) berechnet, die das SGF zukünftig erwirtschaften wird. Ausgewählt wird die Strategiealternative, bei der der Gegenwartswert des SGF voraussichtlich maximiert wird.
- Economic-Value-Added-Methode (EVA):
  Der EVA ergibt sich aus der Differenz zwischen dem operativen Ergebnis und den Kapitalkosten. Dieser Wert drückt aus, welchen zusätzlichen Wert eine Strategiealternative voraussichtlich in zukünftigen Perioden hat.

Qualitative Bewertungsmethoden konzentrieren sich auf nichtmonetäre Bewertungskriterien, die aus den strategischen Zielen abgeleitet werden (vgl. Welge/Al-Laham/Eulerich, 2017, S. 738). Hierzu können verschiedene Kriterienkataloge eingesetzt werden, die der Grobprüfung der Strategiealternativen dienen (vgl. Henselek, 1999, S. 118). In Anlehnung an Welge/Al-Laham/Eulerich (2017, S. 738 ff sowie die dort genannte Literatur), Henselek (1999, S. 118 f) und Bergmann/Bungert (2011, S. 186 ff sowie die dort genannte Literatur) spielen folgende qualitative Kriterien eine zentrale Rolle bei der Bewertung von Strategien:
- Konsistenz:
  Die Konsistenz der Strategie zu bewerten bedeutet, deren Widerspruchsfreiheit und damit deren Stimmigkeit zu untersuchen. Die Stimmigkeit kann anhand von drei Kriterien überprüft werden:
  - Der Intra-Strategie-Fit prüft, ob die einzelnen Komponenten der Strategie zueinander passen und damit stimmig sind.
    (Ist die Strategie in sich stimmig?)
  - Die Stimmigkeit zwischen den Strategiekomponenten und allen verbundenen Komponenten wird im Rahmen des Strategie-System-Fit analysiert.
    (Ist die Strategie mit dem System vereinbar?)
  - Der Intra-System-Fit untersucht, inwieweit die Komponenten des Systems nach innen und außen zusammenpassen.
    (Passen die Elemente des Systems zusammen und zur Umwelt?)
- Durchführbarkeit:
  Damit eine Strategie umsetzbar ist, ist sie auf ihre interne Durchführbarkeit zu prüfen. „Hierbei stellt sich die Frage, ob das Unternehmen über die zur Um-

setzung der Strategiealternative notwendigen Ressourcen (finanziell, personell, sachlich) und Fähigkeiten in den Funktionsbereichen [...] verfügt bzw. ob diese einfach beschafft werden können" (Bergmann/Bungert, 2011, S. 187).

Auch Porters „Six Principles of Strategic Positioning" greifen diese Kriterien auf und fassen sie in sechs Prinzipien zusammen: Zielsetzung zur langfristigen Sicherung der Überlebensfähigkeit, Nutzenvorteil beim Kunden, Wertschöpfungsstruktur zur Erzielung von Wettbewerbsvorteilen, Trade-offs, Fits (Konsistenz, Synergien, Abstimmung), Kontinuität (vgl. hierzu eingehend Porter 1997, 2001 zitiert in Kreikebaum/Gilbert/Behnam, 2018, S. 171 ff).

Die Stimmigkeit und Durchführbarkeit einer Strategie gelten als Voraussetzung für deren Umsetzung und sollten deshalb unbedingt geprüft werden.

Besonders die Unternehmenskultur hat Einfluss auf beide Komponenten, da sie als Erfolgsfaktor für die Implementierung von Strategien gilt und nur schwer und langsam geändert werden kann. Die Strategiealternativen sollten daher unbedingt mit den Wertvorstellungen im Unternehmen abgeglichen und daraufhin bewertet werden (vgl. Bea/Haas, 2017, S. 484 ff). Bei der Prüfung verschiedener Strategieoptionen sollte außerdem beachtet werden, dass die Alternativen, die die Interessen der Stakeholder zufriedenstellen, sich oft besser realisieren lassen. Hierzu schlägt Hinterhuber (2015, S. 115) den Vergleich verschiedener Strategien mithilfe eines Netzdiagramms vor. Zusätzlich sollte bei der Bewertung von Strategien beachtet werden, dass die Optionen nicht mit der Corporate Social Responsibility, d. h. mit der Verantwortung für das Handeln des Unternehmens und die Auswirkungen auf die Umwelt (Aufgabenumwelt und globale Umwelt), in Widerspruch stehen (vgl. Bea/Haas, 2017, S. 210 f). Hier sollte auch der Nachhaltigkeitsgedanke eine Rolle spielen (vgl. Bea/Haas, 2017, S. 213 f).

Die Strategieoptionen können bspw. mittels Checklisten, Fragenkatalogen, Rastern oder durch die Durchführung einer Nutzwertanalyse (vgl. Kap. 6.6.2) im Hinblick auf diese Kriterien bewertet werden (vgl. Bergmann/Bungert, 2011, S. 187).

Um eine Alternative optimal bewerten zu können, müssen zudem die zugrunde liegenden Annahmen überprüft werden (vgl. Hungenberg, 2014, S. 299 ff):

Bei der Analyse und Strategieformulierung wurden Annahmen über zukünftige Entwicklungen getroffen, deren Abweichung von der Realität dazu führen kann, dass die gewählte Alternative unter den veränderten Bedingungen nicht zum Erfolg führt. Die Risiken unzutreffender Annahmen können mittels einer Sensitivitätsanalyse abgeschätzt werden:

Schritt 1: Ermittlung der Schlüsselannahmen
Auf welchen zentralen Annahmen basiert die Strategie?

Schritt 2: Untersuchung der Abweichungen
In welchem Umfang sind Abweichungen von den Annahmen zu erwarten?

Schritt 3: Analyse der Veränderung durch die Abweichungen
Wie verändern sich die geplanten Ergebnisse der Strategie, wenn die Abweichungen eintreten?

Sind die eintretenden Ergebnisveränderungen groß, so besteht ein hohes Risiko, sind sie dagegen klein, besteht nur ein geringes Risiko für die Strategiealternative.

Die vorangegangenen Betrachtungen haben gezeigt, dass die Bewertung von Strategien einen komplexen Prozess darstellt. Zusätzlich ist zu beachten, dass die Strategiebewertung „[...] wesentlich durch die Art und Menge der verfügbaren Informationen, die Bewertungsmethode sowie subjektive Meinungen und Erfahrungen beeinflusst" (Dillerup/Stoi, 2016, S. 387) wird und mit großen Unsicherheiten behaftet ist (vgl. Dillerup/Stoi, 2016, S. 387).

6.6.2 Hilfsmittel

Eine Bewertung von Strategien kann, wie bereits erwähnt, mithilfe verschiedener Methoden und Instrumente durchgeführt werden.

Fragenkataloge können dazu genutzt werden, Strategiealternativen detailliert zu betrachten und zu prüfen, ob alle relevanten Kriterien erfüllt werden und die Strategie damit erfolgreich sein kann. Auf der Grundlage von Praxiserfahrungen hat bspw. Day (1986 zitiert in Kreikebaum/Gilbert/Behnam, 2018, S. 170) die „Tough Questions", einen Fragenkatalog zur Bewertung von Strategien, entworfen. Durch die Beantwortung folgender Fragen werden die wichtigsten Kriterien (vgl. Kap. 6.6.1) überprüft (vgl. Day zitiert in Kreikebaum/Gilbert/Behnam, 2018, S. 170):

- Kann durch die Strategie ein nachhaltiger Wettbewerbsvorteil aufgebaut werden?
- Führt die Strategie zu einer Wertsteigerung (z. B. monetäre Rückflüsse, Imageverbesserung)?
- Ist die Strategie konsistent? Ist sie stimmig und passt sie zum System und zum Unternehmen?
- Sind alle Voraussetzungen für die erfolgreiche Umsetzung der Strategie gegeben (z. B. notwendige Ressourcen und Fähigkeiten, Wille zur Umsetzung)?
- Sind die gemachten Annahmen realistisch?
- Wie wirkt sich die Strategie bei bestimmten Entwicklungen aus und welche Folgen ergeben sich daraus für das Unternehmen?
- Wie anpassungsfähig ist die Strategie?

Die *Nutzwertanalyse*, wie in Tabelle 6.4 veranschaulicht, stellt ein weiteres Verfahren zur Bewertung von Strategiealternativen dar (vgl. Henschel/Gruner/von Freyberg, 2018, S. 125):

- Dabei werden zunächst bestimmte Bewertungskriterien festgelegt wie Ressourcenverfügbarkeit, Marktanteil, Kosten, Investitionen, Ausnutzung von Stärken, Ausnutzung von Synergien, Risikoausgleich etc.
- Die ausgewählten Kriterien werden mit einem Gewichtungsfaktor belegt.
- Der Erreichungsgrad je Kriterium wird mit einer Zahl bewertet (z. B. zwischen 1 und 5).

Tab. 6.4: Beispiel für die Bewertung alternativer Strategien mittels Nutzwertanalyse (Quelle: Eigene Darstellung in Anlehnung an Henschel/Gruner/von Freyberg, 2018, S. 126 nach Kaspar).

Kriterien		Strategie A		Strategie B	
wirtschaftliche Kriterien	G	E	G*E	E	G*E
geringe Investitionen	3	3	9	3	9
hoher Marktanteil	4	4	16	3	12
hoher Umsatz	4	3	12	2	8
hohe Qualität	5	4	20	3	15
geringe Kosten	3	1	3	2	6
strategische Grundsätze					
Ausnutzen der Stärken	5	4	20	2	10
Ausnutzen von Marktchancen	4	1	4	4	16
Umweltverträglichkeit	5	2	10	5	25
Gesamtpunktzahl (Nutzwert)			109		121
Rang			2		1

G = Gewichtungsfaktor
E = Erreichungsgrad
Skala der Erreichungsgrade: 1 = sehr schlecht, 2 = schlecht, 3 = mittel, 4 = gut, 5 = sehr gut

– Der Erreichungsgrad wird mit dem Gewichtungsfaktor multipliziert, um die Kriterien für die Auswahl einer Strategie zu gewichten.
– Schließlich werden die Summen der gewichteten Kriterien gebildet, wodurch sich eine Rangfolge für die Strategiealternativen ergibt. Die Alternative mit der höchsten Punktzahl stellt die günstigste Strategieoption dar.

Neben dieser in der Praxis häufig verwendeten Analyse können eine Vielzahl weiterer Untersuchungen zur Bewertung von Strategien durchgeführt werden (vgl. hierzu ausführlich Welge/Al-Laham/Eulerich, 2017, S. 736–790; Hungenberg, 2014, S. 275–314; Müller-Stewens/Lechner, 2016, S. 318 ff; Dillerup/Stoi, 2016, S. 387 ff; Macharzina/Wolf, 2008, S. 858 ff).

6.6.3 Strategiewahl

„Ist die Zielwirksamkeit aller Strategiealternativen beurteilt, dann ist eine Auswahlentscheidung […] zu treffen" (Dillerup/Stoi, 2016, S. 396). Dabei sind die Strategieoptionen zu wählen, die bestmöglich zur Zielerreichung beitragen (vgl. Hungenberg, 2014, S. 276).

Mit der Auswahl einer Strategie, die geeignet erscheint, um Wettbewerbsvorteile zu generieren und die Unternehmensziele zu erreichen, endet die Phase der Strategieformulierung und -bewertung. Anschließend muss die gewählte Strategie im Rahmen der Strategieimplementierung durch- und umgesetzt werden.

Fragen und Aufgaben zu Kapitel 6

1. Was versteht man unter SWOT-Normstrategien?
2. Skizzieren Sie die TOWS-Matrix.
3. Benennen Sie Unterscheidungskriterien, nach welchen man verschiedene Strategietypologien systematisieren kann.
4. Was ist der Unterschied zwischen Unternehmens-, Geschäftsbereichs- und Funktionsbereichsstrategien?
5. Benennen Sie Strategien auf Unternehmensebene.
6. Was versteht man unter Entwicklungsstrategien?
7. Was sind Portfolio-Strategien?
8. Was ist unter der Bildung von SGF zu verstehen?
9. Skizzieren Sie die BCG-Matrix.
10. Erläutern Sie die BCG-Matrix anhand von selbstgewählten Hotelbeispielen.
11. Erläutern Sie das Marktattraktivitäts-/Wettbewerbsvorteils-Portfolio anhand von Hotelbeispielen.
12. Was ist das McKinsey-Portfolio?
13. Was sind Marken-Portfolios?
14. Beschreiben Sie ein Marken-Portfolio einer Hotelgesellschaft.
15. Was sind Markenstrategien?
16. Beschreiben Sie eine Markenfamilienstrategie.
17. Was ist eine Dachmarkenstrategie?
18. Skizzieren Sie die Accor Markenstruktur der Ibis Familie.
19. Erläutern Sie das Spektrum der Markenbeziehungen am Beispiel der Hotellerie.
20. Was versteht man unter Produkt-Markt-Strategien?
21. Skizzieren Sie die Produkt-Markt-Matrix anhand von selbstgewählten Hotelbeispielen.
22. Welche Möglichkeiten der Diversifikation bieten sich?
23. Was versteht man unter dem Produkt-Markt-Schema der Wachstumsalternativen?
24. Was ist die Z-Strategie?
25. Welche Gebietsstrategien kennen Sie?
26. Beschreiben Sie ein Beispiel einer lokalen Gebietsstrategie eines Hotelunternehmens.
27. Unterscheiden Sie Autonomiestrategie und Kooperationsstrategie.
28. Welche Vorteile bieten Hotelkooperationen ihren Mitgliedern?
29. Beschreiben Sie eine deutsche Hotelkooperation.
30. Was versteht man unter Ressourcenstrategien?
31. Skizzieren Sie ein Kompetenz-Markt-Portfolio.
32. Welche Geschäftsbereichsstrategien kennen Sie?
33. Benennen Sie die Wettbewerbsstrategien nach Porter.

34. Was versteht man unter Kostenführerstrategie?
35. Über welche Merkmale können Leistungsvorteile erzielt werden?
36. Was ist eine Fokusstrategie?
37. Was sind Timing-Strategien?
38. Benennen Sie Vor- und Nachteile der Pionier-Strategie. Geben Sie ein Beispiel aus der Hotellerie.
39. Was sind die Vor- und Nachteile der frühen Folgerstrategie? Beschreiben Sie ein hotelspezifisches Beispiel.
40. Geben Sie die Vor- und Nachteile der späten Folgerstrategie wider. Veranschaulichen Sie anhand eines Hotelbeispiels.
41. Was sind Funktionsbereichsstrategien?
42. Welche Kriterien sollten bei der Bewertung von Strategien beachtet werden?
43. Wie lassen sich Strategien bewerten?
44. Wie lassen sich alternative Strategien mittels Nutzwertanalyse bewerten?

7 Strategieimplementierung, Strategische Kontrolle und Strategisches Controlling

7.1 Strategieimplementierung

In der Phase der Strategieentwicklung werden strategische Pläne vorgegeben (vgl. Kreikebaum/Gilbert/Behnam, 2018, S. 120), die in der Phase der Strategieimplementierung in konkretes strategisches Handeln umgesetzt werden sollen (vgl. Camphausen, 2013, S. 139). Nach der Entscheidung für eine bestimmte Strategie muss auch für deren Umsetzung gesorgt werden (vgl. von Freyberg/Gruner/Lang, 2018, S. 124). Daher sind beide Phasen, die Strategieformulierung und -bewertung sowie die Strategieimplementierung, eng miteinander verknüpft.

Unter Strategieimplementierung wird i. d. R. die „[…] Umsetzung und Durchführung von strategischen Maßnahmenprogrammen verstanden" (Raps, 2008, S. 30), wobei Strategien in konkrete Maßnahmen übersetzt werden. Folglich hat die Strategieimplementierung die Aufgaben der sachorientierten Umsetzung und der verhaltensorientierten Durchsetzung strategischer Aktionspläne (vgl. Welge/Al-Laham/Eulerich, 2017, S. 813). Dabei werden taktische und operative Pläne aus strategischen Plänen abgeleitet, die anschließend zu implementieren sind (vgl. Raps, 2008, S. 75). Zu berücksichtigen ist jedoch, dass nicht jede umgesetzte Maßnahme zwingend auf einer vorhergegangenen Strategieentwicklung basiert, sondern teilweise erst nachträglich begründet wird (vgl. Müller-Stewens/Lechner, 2016, S. 49). Die Verknüpfung von Strategischem und Operativem Management ist erfolgskritisch (vgl. Kreikebaum/Gilbert/Behnam, 2018, S. 76), denn eine Strategie kann nur dann einen zusätzlichen Wert für ein Unternehmen generieren, wenn sie erfolgreich implementiert wird (vgl. Raps, 2008, S. 30). Bei der Implementierung liegt die Konzentration auf der Frage nach der Effizienz der Vorgänge, im Gegensatz zur Strategieentwicklung, bei der die Effektivität im Vordergrund steht (vgl. Kreikebaum/Gilbert/Behnam, 2018, S. 174).

Nur die koordinierte Ausrichtung des gesamten Unternehmens auf die gemeinsame Strategie ermöglicht eine erfolgreiche Strategieumsetzung (vgl. Dillerup/Stoi, 2016, S. 397). Dabei sollte versucht werden, Umsetzungsprobleme zu vermeiden. Oftmals scheitert die Implementierung von Strategien an mangelndem Strategieverständnis, der fehlenden Verknüpfung von Strategien mit untergeordneten Zielen, der Übertragung der Verantwortung für die Umsetzung an nachgelagerte Managementebenen und der fehlerhaften strategischen Ressourcenverteilung (vgl. Dillerup/Stoi, 2016, S. 397). Bei der Planung der Strategieimplementierung sind organisatorische Maßnahmen, strategische Programme und personelle Faktoren sowie die eigene Unternehmenskultur (vgl. Schreyögg/Koch, 2015, S. 137) als Erfolgsfaktoren zu betrachten (vgl. Steinmann/Schreyögg/Koch, 2013, S. 244).

Strategieimplementierung \ Strategie	minderwertige Qualität	hochwertige Qualität
minderwertige Qualität	Misserfolg	„verspielte Chance"
hochwertige Qualität	„verhinderte Gefahr"	Erfolg

Abb. 7.1: Strategie und Strategieimplementierung im Zusammenhang (Quelle: Eigene Darstellung in Anlehnung an Raps, 2008, S. 31 nach Kolks, 1990).

7.1.1 Aufgaben der Strategieimplementierung

In Anlehnung an Hungenberg (2014, S. 325 ff), der sich auf die englischsprachige Literatur bezieht, sollen die Aufgaben der Strategieimplementierung in drei Teilbereiche gegliedert werden:
- Absicherung der Strategie (Gestaltung der Strukturen und Systeme)
- Operationalisierung der Strategie (Konkretisierung der Strategie)
- Durchsetzung der Strategie (Förderung von strategischem Handeln)

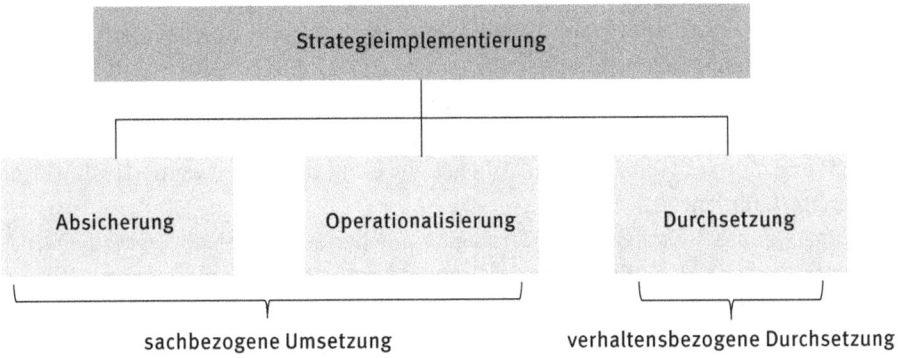

Abb. 7.2: Strategieimplementierung (Quelle: Eigene Ausarbeitung).

Um die *Absicherung der Strategie* zu gewährleisten, werden in der Phase der Strategieimplementierung die Strukturen und Systeme auf die gewählte Strategie ausgerichtet. Deren Gestaltung stellt eine der drei Teilaufgaben der Strategieimplementierung dar (vgl. Hungenberg, 2014, S. 325 f). Zur Umsetzung von Strategien müssen Strukturen und Systeme in Abstimmung mit der gewählten Strategie, d. h. strategiegerecht, ausgestaltet werden (vgl. Hungenberg, 2014, S. 10).

Dieser Grundgedanke stammt von Chandler, der 1962 die These „structure follows strategy" (vgl. Chandler, 1962) formulierte. Strategien und Strukturen stehen in engem Zusammenhang: Einerseits folgt die Struktur der Strategie, andererseits wird die Strategie auch von der Struktur beeinflusst (vgl. Dillerup/Stoi, 2016, S. 484; Hungenberg, 2014, S. 329). Die Strukturen regeln die Zusammenarbeit innerhalb des Unternehmens (vgl. Hungenberg, 2014, S. 328). Die Organisationsstruktur stellt die Infrastruktur für die Strategieimplementierung bereit (vgl. Raps, 2008, S. 128). Damit ist eine strategiegerechte Organisation eine entscheidende Erfolgsbedingung für die Umsetzung von Strategien (vgl. Dillerup/Stoi, 2016, S. 484). Die Ausformung der Strukturen umfasst die Gestaltung und Anpassung der Aufbau- und Ablauforganisation einschließlich erfolgskritischer Geschäftsprozesse (vgl. Dillerup/Stoi, 2016, S. 379). Während die Aufbauorganisation die Arbeitsteilung und die Koordination regelt, beschäftigt sich die Ablauforganisation mit dem Prozess der Aufgabenerfüllung (vgl. Hungenberg, 2014, S. 330). Dabei spielt heutzutage das Prozessmanagement eine zentrale Rolle. Es dient der Optimierung von Prozessen sowie deren Überprüfung und Verbesserung hinsichtlich Qualität, Kosten und Zeit (vgl. weiterführend zum strategischen Prozessmanagement bspw. Hanschke/Lorenz, 2012).

Neben den Strukturen sind auch die Systeme, d. h. die Instrumente zur Führung des Unternehmens, auszugestalten (vgl. Hungenberg, 2014, S. 341). Dabei sind strategieunterstützende Kommunikations-, Kontroll- und Informationssysteme sowie die strategieorientierten Anreizsysteme auf die Strategie auszurichten (vgl. Welge/Al-Laham/Eulerich, 2017, S. 822 f). Informationssysteme dienen der Informationsgewinnung, -verarbeitung und -weitergabe (vgl. Hungenberg, 2014, S. 341), damit eine ausreichende Information und Kommunikation über den Strategieinhalt gegeben ist. Anreizsysteme werden eingesetzt, um das strategische Denken und Handeln im Hotelunternehmen zu fördern (vgl. Raps, 2008, S. 258).

Ferner sollte auch die Organisationskultur auf die gewählte Strategie abgestimmt und eine strategiefördernde Arbeitsumgebung geschaffen werden (vgl. Welge/Al-Laham/Eulerich, 2017, S. 820 ff).

Eine weitere Teilaufgabe der Strategieimplementierung ist die *Operationalisierung der Strategie*, d. h. die „[...] angestrebten strategischen Veränderungen in konkrete Vorgaben für das operative Management zu transformieren" (Hungenberg, 2014, S. 348). Dies schließt die Planung, Organisation, Durchführung und Kontrolle der einzelnen Führungsbereiche ein (vgl. Pircher-Friedrich, 2000, S. 107). Eine Strategie ist als Grundlage für alle betrieblichen Teilbereiche zu verstehen (vgl. Dillerup/Stoi, 2016, S. 175 ff). Daher müssen anhand der Strategie Planungsaufgaben für die einzelnen Funktionsbereiche formuliert sowie dazugehörige Ziele und Maßnahmen festgelegt werden (vgl. Hungenberg, 2014, S. 348 f). Dementsprechend müssen auch die Ressourcen verteilt und die Budgetierung vorgenommen werden (vgl. Welge/Al-Laham/Eulerich, 2017, S. 839 ff).

Da insbesondere das Personal einen strategischen Erfolgsfaktor darstellt (vgl. Dillerup/Stoi, 2016, S. 181 ff), ist das Personalmanagement als wichtiges Element der Strategieimplementierung anzusehen (vgl. hierzu auch Raps, 2008, S. 193). Die Aufgaben des Personalmanagements umfassen u. a. (vgl. Dillerup/Stoi, 2016, S. 623):
- Personalbedarfsbestimmung
- Personalbeschaffung
- Personalentwicklung
- Personalfreisetzung
- Personaleinsatzplanung
- Personalbeurteilung und -vergütung

Der Bereitstellung, Erhaltung und Entwicklung der Humanressourcen ist im Rahmen der Strategieimplementierung eine große Bedeutung zuzuschreiben (vgl. Raps, 2008, S. 161 sowie die dort aufgeführte Literatur).

Im Rahmen der Operationalisierung wird die Strategie schrittweise in bereichs- und abteilungsbezogene operative Maßnahmen integriert (vgl. Welge/Al-Laham/Eulerich, 2017, S. 816). Durch die Konkretisierung der Strategien soll sichergestellt werden, dass sich auch die Vorgaben für das Tagesgeschäft an den strategischen Prioritäten ausrichten (vgl. Hungenberg, 2014, S. 349).

Die hier dargelegten Aufgaben der sachorientierten Umsetzung, die auf die Erreichung eines „Fit", d. h. auf die „[...] Stimmigkeit zwischen der Strategie und allen relevanten Erfolgsfaktoren" (Welge/Al-Laham/Eulerich, 2017, S. 816) abzielen, sind durch verhaltensorientierte Maßnahmen zu ergänzen (vgl. Welge/Al-Laham/Eulerich, 2017, S. 827).

Neben der Absicherung und der Operationalisierung der Strategie, muss die Strategieimplementierung auch für die *Durchsetzung der Strategie* sorgen, damit im Hotelbetrieb nach Maßgabe der Strategien gehandelt wird. Durch die Beeinflussung des Verhaltens der Mitarbeiter soll die Durchsetzung von Strategien gefördert werden (vgl. Hungenberg, 2014, S. 327). Hierbei ist auf die Bewältigung von Verhaltenswiderständen und auf die Erreichung von Akzeptanz für die gewählte Strategie abzuzielen (vgl. Welge/Al-Laham/Eulerich, 2017, S. 827). Die Aufgabe der Durchsetzung umfasst:
- Verteilung der Ressourcen und Festlegung von Budgets, die mit der Strategie vereinbar sind (vgl. Kreikebaum/Gilbert/Behnam, 2018, S. 176)
- Aktivitäten zur Vermittlung der Strategie durch Information und Kommunikation, die für ein ausreichendes Strategieverständnis sorgen (vgl. Welge/Al-Laham/Eulerich, 2017, S. 827)
- Schulungs- und Trainingsmaßnahmen, die die nötigen Qualifikationen und Kenntnisse aufbauen sollen (vgl. Raps, 2008, S. 188 ff)
- Aktivitäten zur Motivation der Mitarbeiter, die strategisches Handeln im Hotelbetrieb fördern sollen (vgl. Raps, 2008, S. 185)

- Personalführungsmaßnamen, die es gestatten, „[...] sowohl die Personen- als auch die Leistungsorientierung optimal zu verbinden" (Raps, 2008, S. 172) und die die Einbindung der Mitarbeiter unterstützen (vgl. Raps, 2008, S. 193)
- Maßnahmen zur Schaffung eines strategiebezogenen Konsenses, um Konflikte und Widerstände zu vermeiden (vgl. Welge/Al-Laham/Eulerich, 2017, S. 829)

Durch die Erfüllung dieser Aufgaben wird versucht, das Kennen, Verstehen, Können und Wollen der strategischen Veränderung bei den Mitarbeitern zu erzeugen und dadurch die gewählte Strategie im Hotelunternehmen durchzusetzen (vgl. hierzu Raps, 2008, S. 177).

Um die entwickelte Strategie letztendlich zu realisieren, müssen die Strukturen und Systeme auf die Strategie abgestimmt, die gewünschten Veränderungen operationalisiert und schließlich gegenüber den Mitarbeitern durchgesetzt werden (vgl. Hungenberg, 2014, S. 372). Die Strategieimplementierung ist folglich eine komplexe Aufgabe, die die Vernetzung der einzelnen Elemente erfordert.

Die Managementaufgabe der Umsetzung kann u. a. mithilfe des sog. Deming-Kreises (PDCA-Zyklus) veranschaulicht werden (vgl. von Freyberg/Gruner/Lang, 2018, S. 124). Die vier Phasen werden im Rahmen des Prinzips der kontinuierlichen Verbesserung durchlaufen, die in Bezug auf die Qualität von Dienstleistungen eine entscheidende Rolle spielt (vgl. Hoeth/Schwarz, 2002, S. 24 f). Auf die Planung (Plan) folgt die Umsetzung (Do) und anschließend deren kritische Überprüfung (Check). Daraufhin können Verbesserungsmaßnahmen ergriffen werden (Act) (vgl. Hoeth/Schwarz, 2002, S. 24).

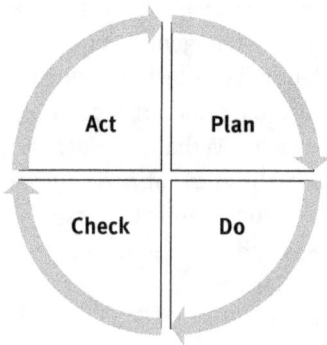

Abb. 7.3: Deming-Kreis (Quelle: Eigene Darstellung in Anlehnung an Hoeth/Schwarz, 2002, S. 25).

Yield-Management – Strategieimplementierung in Hotelunternehmen

Zur Kommunikation in Unternehmen und zum Implementieren von Strategien wurde von den Hospitality Wissenschaftlern Wie Peng und David Littlejohn eine interessante Untersuchung durchgeführt. Befragt wurden in diesem Zusammenhang drei Hotelketten in Großbritannien, die sich in Größe, Marken, Standorten und ihrem Portfolio unterschieden.

Des Weiteren zeigten sich Abweichungen in Bezug auf IT-Systeme, Ressourcen und strategische Ziele. Allen gemein war das Ziel, ein Yield-Management-System in ihrem Unternehmen zu implementieren. Folgende Ergebnisse offenbarten sich:

Bei einer Hotelkette wurden sowohl in der Zentrale als auch in den einzelnen Hotels komplett neue funktionale Abteilungen eingerichtet. Dies wurde im gesamten Unternehmen frühzeitig kommuniziert und auch Schulungen, das Reporting und der Austausch zwischen den einzelnen Hotels wurden formell aus der Zentrale geplant und gesteuert. So gab es häufig Meetings und offizielle Mitteilungen aus der Zentrale. Zu erwähnen ist aber, dass die meiste Kommunikation zwischen den einzelnen Hotels und der Zentrale bereits auf informellem Wege zwischen den einzelnen Mitarbeitern erfolgte. Die Mischung aus formeller und informeller Kommunikation führte zu einem großen Erfolg und das Yield-Management-System konnte erfolgreich implementiert werden. Es zeigt sich hier also, dass es sowohl wichtig ist, dass das Management mit seinen Mitarbeitern gut in Verbindung steht, dass aber gleichzeitig eine positive Unternehmenskultur vorhanden sein muss, die es ermöglicht, dass die Angestellten untereinander in regem Kontakt stehen.

Bei der zweiten Kette wurden keine neuen Abteilungen geschaffen – weder in der Zentrale noch in den einzelnen Hotels. Stattdessen wurden die Kompetenzen bestehender Abteilungen ausgeweitet (Sales und Marketing), sodass nur eine Abteilung betroffen war. In diesem Fall erfolgte jede Kommunikation und Schulung aus der Zentrale heraus und an diese wurde auch berichtet. Zwischen den einzelnen Hotels fand keinerlei Austausch statt, weder formell noch informell, was damit begründet wurde, dass die Unterschiede zwischen den Häusern zu groß seien. Die Implementierung erfolgte hier mit weniger Erfolg als im zuvor geschilderten Fall.

Bei der dritten Hotelkette wurde vorab keine formelle Planung der Implementierung und Kommunikation bestimmt. Stattdessen wurden Room-Revenue-Manager zunächst als Berater, anschließend als direkt angestellte Manager in den Hotels eingesetzt. Diese Manager wurden mit großem Bedacht ausgewählt und man selektierte die Besten. Auch hierdurch erfolgte eine Art Kommunikation. Es sollte deutlich gemacht werden, wie wichtig der Unternehmenszentrale das Projekt *Yield-Management* war. Die Room-Revenue-Manager berichteten direkt an den General Manager der jeweiligen Hotels. Ein Austausch untereinander erfolgte nicht, bis man erkannte, dass der Prozess deutlich verbessert werden kann, wenn regelmäßige Treffen der Room-Revenue-Manager stattfinden, in denen sie sich austauschen und Best-Practice-Beispiele miteinander besprechen können.

Quelle: Peng/Littlejohn, 2001.

7.1.2 Modelle und Instrumente der Strategieimplementierung

Um Strategien erfolgreich implementieren zu können, existiert eine Reihe von Modellen und Instrumenten, die der Präzisierung und Umsetzung von Strategien dienen und deren Implementierung unterstützen, wovon nachfolgend lediglich zwei der Bedeutendsten näher beleuchtet werden sollen.

Das sog. *7-S-Modell* von McKinsey kann als Implementierungsmodell eingesetzt werden (vgl. Raps, 2008, S. 54), welches den Steuerungsmechanismus der Implementierung verdeutlicht (vgl. Camphausen, 2013, S. 147 sowie die dort genannte Literatur). In diesem Modell finden sowohl die Aufgaben der Strategieimplementierung als auch deren Erfolgsfaktoren Berücksichtigung (vgl. Hammer, 2011, S. 168), zumal das 7-S-Modell nicht nur harte Faktoren (Strategie, Struktur, Systeme), sondern auch weiche Faktoren (Selbstverständnis, Spezialkenntnisse, Stammbelegschaft und Stil) einbezieht (vgl. Peters/Waterman, 2006, S. 10; Paul/Wollny, 2014, S. 29). Die Hauptaufgabe liegt dabei in der Harmonisierung der sieben Faktoren hinsichtlich des Implementierungsvorhabens (vgl. Raps, 2008, S. 54).

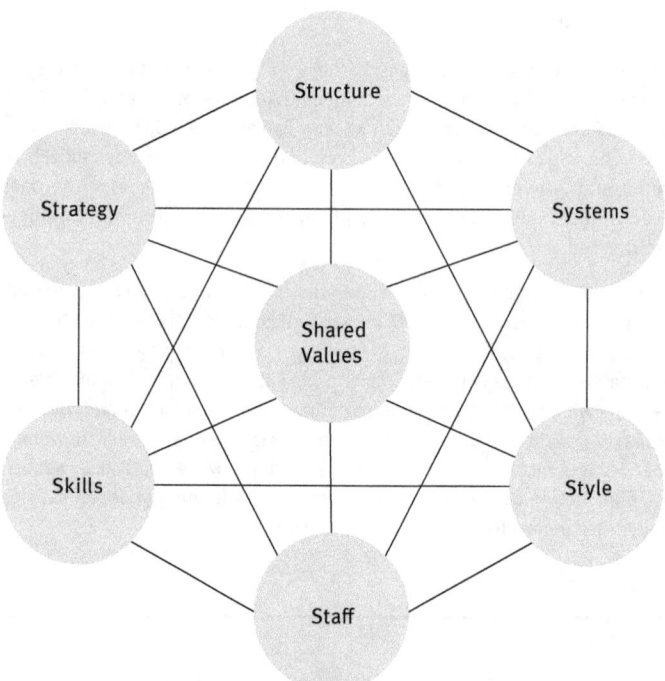

Abb. 7.4: 7-S-Modell (Quelle: Eigene Darstellung in Anlehnung an Peters/Waterman, 2006, S. 10).

Beim sog. *Management by Objectives* (MbO) werden Strategie und Zielsetzung der Mitarbeiter miteinander in Einklang gebracht. Hierbei kann eine Zielhierarchie hilfreich sein. Darin müssen Art, Größe, Anpassungsfähigkeit und weitere Faktoren der Ziele berücksichtigt werden. Besonders von Bedeutung ist im Rahmen des MbO, dass das System der Evaluation einen Bezug zu den Zielen aufweist (vgl. Lombriser/ Abplanalp, 2015, S. 379 f).

Auch das *Total-Quality-Management* (TQM) kann bei der Strategieimplementierung als Instrument dienen. Dabei wird Qualität als strategisches Unternehmensziel gesehen und v. a. an der Zufriedenheit der Kunden festgemacht, welche besonders in der Hotellerie eine zentrale Rolle spielt. Der Prozess der laufenden Optimierung der Qualität in allen Unternehmensbereichen wird beim TQM ganzheitlich unter Einbezug der gesamten Wertschöpfungskette und des Unternehmensumfelds betrachtet. Um die bestmögliche Qualität zu erreichen, finden Qualitätszirkel und -audits statt, an denen auch die Mitarbeiter im Unternehmen beteiligt sind (vgl. Paul/Wollny, 2014, S. 354). Hieraus wurde 1979 bei Motorola auch das sog. Six-Sigma-Modell sowie das Modell der European Foundation for Quality Management (EFQM) abgeleitet.

Mit dem *Six-Sigma-Modell* wird eine Qualitätserhöhung durch Prozessoptimierung angestrebt. Die Prozesse sollen so gut beherrscht werden, dass eine möglichst geringe Fehlerquote auftritt. Bei dem Modell werden Datenstatistiken ausgewertet, damit Qualität quantitativ gemessen und beurteilt werden kann. Ziel ist es, die Fehlerhäufigkeit, die statistisch in der Standardabweichung (Sigma) ausgedrückt wird, zu minimieren. Qualität wird dabei aus Kundensicht an kritischen Merkmalen festgemacht, die auf messbare Größen heruntergebrochen und betrachtet werden. Die Prozessschritte bzw. einzelnen Aktivitäten werden daraufhin untersucht, um die Ergebniswirksamkeit zu optimieren. Dadurch kann sowohl die Qualität gesteigert als auch die Effizienz der Prozesse erhöht werden (vgl. Paul/Wollny, 2014, S. 345 ff).

Das *EFQM-Modell* konzentriert sich dagegen auf die Bewertung der Systeme, Ressourcen und Leistungen von Unternehmen. Ziel ist es, exzellente Leistungen zu schaffen. Es wird untersucht, wie die fünf sog. Befähigungsfaktoren Führung, Mitarbeiter, Strategie, Ressourcen und Prozesse sich auf die Ergebnisse in Bezug auf Mitarbeiter, Kunden, Gesellschaft und Geschäft (Schlüsselergebnisse) auswirken. Durch die Analyse, welche Ergebnisse durch welche Befähigungen erreicht werden können, sollen Verbesserungen, v. a. mit Lernen, Kreativität und Innovation, verangetrieben werden. Dabei sind die folgenden Prinzipien zu beachten:

- Erzielung von ausgewogenen Ergebnissen
- Schaffung von Kundennutzen
- Führung mit Vision, Inspiration und Integrität
- Managementprozesse zur aktiven Steuerung
- Erfolg durch Einbezug der Mitarbeiter
- Förderung von Kreativität und Innovation
- Partnerschaftsaufbau und -pflege
- nachhaltige Zukunftsgestaltung

Das Modell fördert die Analyse, die Steuerung und die Kontrolle im Rahmen des Strategischen Managements und kann für die Implementierung von Strategien hilfreich sein, da Zusammenhänge zwischen Befähigern und Ergebnissen aufgedeckt werden (vgl. Paul/Wollny, 2014, S. 44).

Die *Balanced Scorecard* (BSC), die in den 1990er-Jahren von Kaplan/Norton entwickelt wurde, kann bspw. als Umsetzungstool genutzt werden. Auf Basis von Vision und Strategien werden dabei Ziele abgeleitet (vgl. Paul/Wollny, 2014, S. 323 f). Die Operationalisierung von Strategien ermöglicht eine schrittweise Strategieumsetzung (vgl. Dillerup/Stoi, 2016, S. 397 ff). Dieses Vorgehen wird auch als *Translating strategy into action* bezeichnet (vgl. Kaplan/Norton, 1996). Der Grundgedanke der BSC, die ein System unternehmens- und strategiespezifischer Kennzahlen darstellt (vgl. Paul/Wollny, 2014, S. 332), ist die Erweiterung der Betrachtung finanzieller Kennzahlen (Finanzperspektive) um weitere Perspektiven: Kunden-, Prozess-, Lern- und Entwicklungsperspektive (vgl. Raps, 2008, S. 236 ff). Die BSC soll somit einen engeren Strategiebezug herstellen als traditionelle Kennzahlensysteme (vgl. Dillerup/Stoi, 2016, S. 399). Die aus Vision und Strategie abgeleiteten Ziele für die vier Perspektiven werden mithilfe von Ursache-Wirkungs-Ketten in Beziehung gesetzt und anschließend werden den einzelnen Zielen Kennzahlen, Vorgaben und Maßnahmen zugeordnet (vgl. Paul/Wollny, 2014, S. 332).

Zwei Unternehmen der Hotellerie, die mit der BSC arbeiten, sind Hilton und White Lodging Services. Hilton führte seine Hilton Balanced Scorecard bereits Mitte der 1990er-Jahre ein und war damit eine der ersten Hotelgesellschaften, die die BSC nutzten. Hilton hat hierbei nicht die klassischen vier Dimensionen für sich verwendet,

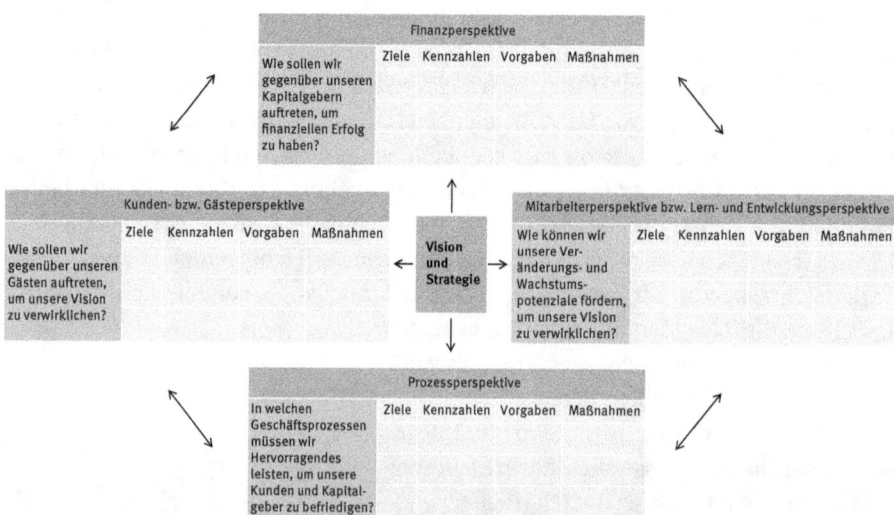

Abb. 7.5: Balanced Scorecard (Quelle: Eigene Darstellung in enger Anlehnung an Kaplan/Norton, 1997, S. 9 und Horváth/Kaufmann, 2009, S. 20 aus Kaplan/Norton, 1996, S. 76).

sondern vier neue Dimensionen eingeführt. Diese waren Werttreiber, Geschäftsstrategien, Prozesse und die Ergebnisse von Maßnahmen. Hilton äußerte sich sehr positiv über die Einführung der BSC: So konnte die Kommunikation verbessert werden, die Perspektive des Managements war nicht mehr kurzfristig, sondern blickte mehr in die Zukunft und die Teamarbeit konnte verbessert werden (vgl. Doran/Haddad/Chow, 2002). Denton und White führten im Jahr 2000 eine Studie zur Implementierung der BSC bei White Lodging Services durch. White Lodging hielten sich an die klassischen Vorgaben der BSC und war mit den Ergebnissen sehr zufrieden. Um zu überprüfen, ob die Ziele erreicht wurden, wurde ein Punktesystem eingeführt, welches frühzeitig aufzeigte, ob die Ziele erreicht oder verfehlt wurden (vgl. Denton/White, 2000).

BSC-Implementierung im Océano

Das Océano Hotel Health Spa Tenerife ist ein privatgeführtes, auf F. X. Mayr- und Thalasso-Anwendungen spezialisiertes Spa- und Gesundheitshotel im Norden von Teneriffa. Im Rahmen einer umfassenden Betriebs- und Potenzialanalyse wurden auf Basis einer optimalen Positionierungsstrategie unterschiedliche strategische Ziele und Maßnahmen zur Weiterentwicklung des Hotels definiert.

Um aus den theoretischen Zielen klare Aufgaben und Aktivitäten auf operativer Ebene (Hoteldirektor) abzuleiten, wurde im Zuge eines mehrstufigen Prozesses eine BSC implementiert. Die BSC war optimal geeignet, da neben finanz- bzw. ergebnisorientierten Größen insbesondere auch nichtmonetäre Aspekte (z. B. Steigerung der Servicequalität, Prozessoptimierung, Erhöhung der Mitarbeiterzufriedenheit) in die Ergebnisbeurteilung einbezogen werden konnten. Als ganzheitliches Kennzahlensystem und Verbindungsglied zwischen Strategiefindung und -umsetzung sollte sie außerdem der konkreten Kontrolle der Zielerreichung dienen.

In einem ersten Schritt fand ein zweitägiger Workshop statt, im Rahmen dessen die Entwicklungsziele verabschiedet und Aktivitäten zur Zielerreichung festgelegt wurden. Von äußerster Wichtigkeit war hierbei, dass sowohl der Eigentümer als auch der Hoteldirektor in den gesamten Workshop-Prozess involviert waren, um gemeinsam praktikable Ansätze zu entwickeln und etwaigen Missverständnissen vorzubeugen.

Die unterschiedlichen Perspektiven der BSC erwiesen sich im Hinblick auf die Identifikation von geeigneten Aktivitäten als sehr hilfreich, da die Mitarbeiter- und Prozess-Sichtweise vor allem die Basis beleuchten und für das Erreichen übergeordneter Ziele wesentlich sind. Um klare Schwerpunkte zu setzen, wurden die Aktivitäten zusätzlich in diverse Projekte (z. B. F&B-Konzept, Servicequalität) aufgeteilt.

Im Nachgang wurden die Ergebnisse des Workshops in ein übersichtliches Tool überführt und um passende Kennzahlen zur Überprüfung der Zielerreichung ergänzt. Die Herausforderung hierbei bestand darin, alle Werte, die als Indikatoren zur Zielerreichung dienen sollten, mess- und vergleichbar zu machen. Entsprechende Instrumente (z. B. automatisierter Fragebogen zur Erhebung der Gästezufriedenheit) mussten dafür zunächst in die operativen Abläufe integriert werden. Die Aufgaben des Hoteldirektors umfassen also auch die Implementierung geeigneter Tools, die eine stetige Kontrolle des Umsetzungsstands der geplanten Aktivitäten gewährleisten.

Nach einer Aufnahme des Status Quo bzw. nach der Ersterhebung der Kennzahlen wurden gemeinsam Zielwerte festgelegt, die durch Umsetzung der Aktivitäten erreicht werden sollten. Dabei wurde berücksichtigt, dass strukturellen Veränderungen (z. B. Mitarbeiter) eine gewisse Vorlaufzeit vorausgeht, bevor sich die Ergebnisse anhand von Kennzahlen ablesen lassen.

Abschließend lag die Aufgabe in der Festsetzung von konkreten Verantwortlichkeiten sowie angemessenen Fristen für die Durchführung. Je nach Komplexität und Abstimmungsbedarf wurden hier Zeiträume zwischen einem und sechs Monaten angesetzt. Zudem wurde ein Kostenrahmen festgelegt, falls bisher keine festen Budgets vereinbart wurden. Auf diese Weise wurde sichergestellt, dass alle Voraussetzungen zur Umsetzung der Maßnahmen erfüllt waren.

Regelmäßig stattfindende Folgegespräche dienen der Evaluation des Umsetzungsstands und führen ggf. zu einer Anpassung der BSC. Treten starke negative Abweichungen von den Zielgrößen auf, sind in diesem Bereich weiterführende Aktivitäten zu definieren.

Autor: Harald Witulski, Senior Berater, Zarges von Freyberg Hotel Consulting;
Logo: Océano, 2018 (Presseabteilung).

„Die Balanced Scorecard ermöglicht es, die Strategie zu operationalisieren, darzustellen und kommunizierbar zu machen" (Paul/Wollny, 2014, S. 344). Das Unternehmen wird im Rahmen eines kontinuierlichen Prozesses auf die Strategie ausgerichtet (vgl. Paul/Wollny, 2014, S. 344). Ferner verknüpft die BSC die Strategieentwicklung mit deren Umsetzung und Kontrolle (vgl. weiterführend zur BSC Kaplan/Norton, 1997; Probst, 2007).

Durch den Einsatz dieser und weiterer Instrumente kann die Strategieimplementierung ihre Aufgaben der sachorientierten Umsetzung und der verhaltensorientierten Durchsetzung strategischer Maßnahmenprogramme erfolgreich erfüllen und somit die auf Basis der Situationsanalyse und der Strategischen Ausrichtung entwickelten Strategien realisieren (vgl. bspw. zur Strategieimplementierung Mankins/Steele in Harvard Business Review, 2011).

Strategischer Innovationsprozess bei FutureHotel

Im Forschungsverbund FutureHotel werden am Fraunhofer Institut für Arbeitswirtschaft und Organisation seit 2008 Innovationen für die Hotelbranche strategisch entwickelt (vgl. Spath, 2011, S. 55 ff). Am Beispiel des Hotel Schani Wien, ein familiengeführter Betrieb, lässt sich der Innovationsprozess aus der Forschung in die Praxis exemplarisch aufzeigen.

Im ersten Schritt wurden Innovationsbedarf und veränderte Anforderungen bei Reisenden und Branchenexperten identifiziert. Dazu wurden im Rahmen der Forschung Bedarfs- und Anforderungsanalysen mithilfe von Trendstudien, Nutzerbefragungen, Fokusgruppen oder Expertenworkshops durchgeführt. Eine Hotelgastbefragung im Jahr 2009 und eine Hoteliersbefragung im Jahr 2011 (vgl. Borkmann et al., 2011, S. 70 f) zeigten die Unzufriedenheit (z. B. Wartezeiten, Prozessineffizienz) und den Veränderungsbedarf der Check-in- und Check-out-Prozesse im Hotel auf. Der FutureHotel-Trendreport präsentierte außerdem die Chancen und Potenziale der Digitalisierung und Automatisierung von Prozessen. Eine branchenübergreifende Untersuchung von Möglichkeiten zur Optimierung kam zu dem Ergebnis, dass bspw. die Luftfahrtbranche und die Finanzbranche in diesem Aspekt Vorreiter sind und dort Lösungsansätze für die Hotelbranche abgeleitet werden können.

In einem zweiten Schritt wurde im Rahmen der FutureHotel-Forschung ein Prozess zur strategischen Szenario-Entwicklung durchgeführt, um innovative Konzepte und Zukunftsvisionen für ein Hotel im Jahr 2020 zu beschreiben. Dieser Vorgang dauerte über ein Jahr und wurde von diversen Expertenworkshops und einer Delphi-Befragung von Experten begleitet. Am Ende konnten sechs Zukunftsszenarien für die Hotellerie mit Ihren Erfolgsfaktoren und Alleinstellungsmerkmalen kreiert werden. Deutlich wurde, dass automatisierte Check-in- und Check-out-Prozesse Bestandteil aller Szenarien waren, jedoch in unterschiedlicher Ausprägung, je nach Hotelkonzept und Zielgruppe. So wurden wiederum sieben Check-in-Szenarien beschrieben, die den genannten Prozess in Varianten abbilden, z. B. ein mobiler Check-in alleine über das Smartphone des Gastes ohne den Einsatz von Personal, oder mit einer zusätzlich verfügbaren Anlaufstelle für Gäste über ein Smart-Device eines Mitarbeiters, der sich mit den Gästen an einen Stehtisch begibt.

Im Rahmen des Forschungsprojektes wurde als Ergebnis einer weiteren Hotelgastbefragung der Begriff des „Multioptionalen Check-in" geprägt. Es wurde deutlich, dass nicht bestimmte Personen immer dieselbe Art von Check-in wünschen, sondern eine Auswahlmöglichkeit verschiedener, parallel verfügbarer Varianten dazu führt, dass ein und dieselbe Person situationsspezifisch den passenden Check-in-Prozess wählt (vgl. Borkmann et al., 2014, S. 50 ff). Heute können Hoteliers je nach Hotelkonzept, Gästeklientel und Mitarbeiterverfügbarkeit individuell beraten werden, wie der Check-in-Prozess designt sein sollte und welche technischen Komponenten dafür erforderlich sind.

Diese und weitere Szenarien wurden im Labor erlebbar und so die Annehmlichkeiten eines mobilen Check-in über ein Smartphone und das Öffnen der Hotelzimmertüre mit dem eigenen Device im Showcase FutureHotel, einem Protoypen für ein Hotelzimmer im Jahr 2020 im Fraunhofer Innovationszentrum in Duisburg (vgl. Bauer, et al., 2009, S. 219 ff), deutlich.

Die Herausforderung bestand darin, dass 2008 noch keine Smartphones und Apps auf dem Markt verbreitet waren und der Großteil der Hotellerie noch ohne Hotelmanagement-Software arbeitete. Fünf Jahre später zeigte eine weitere Marktanalyse zum Thema, dass die Kriterien für eine Realisierung in ausreichendem Maße erfüllt waren. Im Hotel Schani Wien sollte die Vision erstmals in die Praxis überführt werden. Voraussetzung war ein kleines, abgestimmtes Ökosystem an Technologien wie z. B. einem PMS mit einer Schnittstelle zu den Türschließsystemen, Schnittstellen zu OTAs, Bezahlsystemen, eine eigene App und Hotel-Webseite und nicht zuletzt ein Anreiz für den Gast, sich die App eines einzigen Individualhotels auf das Smartphone zu laden. Die Anforderungen waren klar, leider hatten Technologieanbieter weltweit noch keine marktfähigen Lösungen im Angebot.

Im dritten Schritt, der Entwicklung und dem Testen von Prototypen, wurden in Zusammenarbeit mit den Entwicklungslaboren unterschiedlicher Hersteller weltweit Lösungen gesucht. Komponenten wurden in den Fraunhofer Laboren zusammengeführt und evaluiert und am Ende ein realisierbares Gesamtsystem getestet. In der Folge wurde diese Lösung von ausgewählten Herstellern im Hotel Schani Wien implementiert und ist seit der Eröffnung im Jahr 2014 in Betrieb.

Im Zuge der FutureHotel-Forschung wurden ein Jahr nach Eröffnung Interviews mit Hotelgästen und Mitarbeitern durchgeführt, um die Akzeptanz zu prüfen und mögliche Verbesserungspotenziale zu identifizieren. Die Evaluation ergab konkrete Maßnahmen zur Optimierung.

Die mediale Präsenz des Hotel Schani Wien führte dazu, dass sich viele Hotelbetriebe davon inspirieren ließen und sich Rat holten, um selbst den Weg Richtung Digitalisierung einzuschlagen. Heute gibt es schon eine Vielzahl an Betrieben, die dieser Vision folgen. Im FutureHotel-Forschungsverbund wurden und werden zahlreiche weitere Visionen geschrieben (vgl. Borkmann et al., 2016, S. 81ff) und Innovationen entwickelt. Wenn die Zeit reif ist, werden auch diese in den Markt eingeführt.

Autorin: Vanessa Borkmann, Forschungleiterin FutureHotels, Fraunhofer-Institut für Arbeitswirtschaft und Organisation IAO.

7.1.3 Changemanagement

Wurde eine Strategie mithilfe der geeigneten Instrumente erfolgreich implementiert, sollte diese im Rahmen des sog. Changemanagements laufend angepasst werden (vgl. Lombriser/Abplanalp, 2015, S. 413). Wenn sich die Unternehmensumwelt wandelt oder andere Umstände eine Anpassung fordern, sollte sich die Unternehmensstrategie mitverändern. Wichtige Stichworte sind hier Flexibilität und Variabilität (vgl. Schreyögg/Koch, 2015, S. 276).

Beim Changemanagement kann auf verschiedene Weisen vorgegangen werden. Zum einen können Veränderungen anhand konkret geplanter Zielvorgaben vollzogen werden. Zum anderen können sie sich ergeben, wenn Abwehrhaltungen gegen Erneuerungen überwunden oder aber auch, wenn diese proaktiv durchbrochen werden (vgl. Schreyögg/Koch, 2015, S. 276 f).

Der Anpassungsprozess kann dabei mehrere Jahre beanspruchen. Das *Drei-Phasen-Modell* nach Kurt Lewin besagt, dass während des Veränderungsprozesses zunächst die erste Phase mit der Vorbereitung, daraufhin die zweite mit der Umsetzung und als letzte Phase die Festigung durchlaufen wird (vgl. Hermanni, 2016, S. 43). Diese werden auch als *Auftauen*, *Bewegen* und *Einfrieren* bezeichnet. Unter *Auftauen* versteht sich in diesem Zusammenhang die Minimierung von Ungleichheiten zwischen Soll- und Ist-Zustand des Verhaltens. Das Anheben der Leistungen innerhalb des Unternehmens wird als *Bewegen* bezeichnet. Beim *Einfrieren* werden die neuen Verhaltensweisen gefestigt. Der Zeitaufwand für die Umsetzung der drei Phasen stellt einen wichtigen Erfolgsfaktor für das Changemanagement dar (vgl. Lombriser/Abplanalp, 2015, S. 413 f).

Changemanagement bei den Cocoon Hotels

Unter dem Namen Cocoon werden derzeit drei erlebnisinszenierte Hotels in München betrieben. Das erste Cocoon, das Cocoon Hotel Sendlinger Tor mit 46 Zimmern, ging 2008 an den Start. Das Cocoon Hotel Stachus mit 64 Zimmern besteht seit 2012. Das Cocoon Hotel Hauptbahnhof mit 103 Zimmern eröffnete 2016. Beim Ambiente orientierte sich der Gründer Johannes Eckelmann an den Themenfeldern „Wald und Wiese", „Wald" und „Alm". Elemente, die in allen Häusern zu finden sind und somit die Markenwahrnehmung ermöglichen, sind der Bubble Chair, die Signalfarben Grün und Orange sowie die organischen Formen in der Ausstattung.

2008 war das Cocoon Hotel Sendlinger Tor das erste Budget-Lifestyle Hotel in München. Zur damaligen Zeit war die Realisierung eines solchen Hauses ein mutiger Schritt, da dieses Segment im von der Privathotellerie geprägten Beherbergungsmarkt als nicht zukunftsfähig erachtet wurde. Zehn Jahre später etablierte sich dieses Segment. Die Wettbewerbssituation verstärkte sich für die drei Cocoon Betriebe qualitativ und quantitativ. Somit sah sich die Führungsmannschaft 2017 gezwungen, einen Changemanagementprozess einzuleiten, um die Zielsetzung, als innovative Lifestyle-Marke wahrgenommen zu werden, weiterhin verfolgen zu können.

Die verschiedenen Bestandteile des Marketing-Mix (Preis, Produkt, Kommunikation, Distribution, Prozesse, Personal und Ambiente) wurden analysiert und kritisch durchleuchtet (Auftauen). Hieraus wurden Notwendigkeiten der Anhebung des Ist-Zustandes abgeleitet (Bewegen) und verfolgt, bspw. durch einen deutlichen Ausbau der Social-Media-Aktivitäten, Einstellung von Mitarbeitern mit einem anderen „Mindset", Abschaffung der Farben Grün und Orange im Interieur, Erweiterung des F&B-Angebots oder durch die qualitative Anhebung der Guest Experience entlang der Customer Journey.

Mittels Aktualisierung bzw. Erweiterung der Standard Operating Procedures (SOPs) wurden die Veränderungen sukzessive festgehalten (Einfrieren).

Autorin: Laura Schmidt, Manager Communication and Quality, Cocoon Hotels.

7.2 Strategische Kontrolle

Der Begriff Kontrolle lässt sich allgemein als Prozess des Hinterfragens der Strategischen Ausrichtung sowie zur Evaluation von Abweichungen zwischen Plan- und Vergleichsgrößen beschreiben (vgl. Schreyögg/Koch, 2015, S. 140). Die Strategiekontrolle findet als laufender Vorgang parallel zur Planungsphase bzw. zur im Vorangegangenen behandelten Strategieimplementierung statt (vgl. Schreyögg/Koch, 2015, S. 142). Sie bedeutet eine ständige Strategieüberwachung und -anpassung sowie eine Förderung organisatorischer Lernprozesse (vgl. Lombriser/Abplanalp, 2015, S. 436). Um sich ideal in den Prozess des Strategischen Managements einfügen zu können, sollte die Kontrolle flexibel gestaltet und nicht zu starr vorstrukturiert sein (vgl. Kreikebaum/Gilbert/Behnam, 2018, S. 191). Als selbstständige Managementfunktion mit eigenem Steuerungspotenzial soll sie das Selektionsrisiko, welches bei der Planung besteht, reduzieren. Potenzielle Gefahren sollen erkannt und die Notwendigkeit einer Veränderung aufgezeigt sowie eine Grundlage zur Korrektur geschaffen werden. Strategiekontrolle ist deshalb nicht nur von großer Wichtigkeit, sondern teilweise sogar von existenzieller Bedeutung. Dabei ist sie nicht dem Strategischen Controlling gleichzusetzen. Dieses beschreibt eine eigenständige Führungsaufgabe, die noch über die Strategische Kontrolle hinausgeht (vgl. Bea/Haas, 2017, S. 249).

Da Strategien im Allgemeinen zukunftsgerichtet sind (vgl. Steinmann/Schreyögg/Koch, 2013, S. 160), sich ihre Umsetzung meist über einige Jahre zieht und es hierbei einiger Investitionen sowie Projekt- und Maßnahmenentwicklungen bedarf, müssen rechtzeitige Korrekturen garantiert werden. Pünktliche Rückmeldungen sowie das sog. Learning by doing bilden daher wichtige Bestandteile der Strategiekontrolle (vgl. Lombriser/Abplanalp, 2015, S. 436 f).

Insbesondere zeichnet sich Strategische Kontrolle durch die Konzentration auf strategische Ziele, Projekte und Maßnahmenpläne aus und beschäftigt sich dabei kontinuierlich sowohl mit Vergangenheits- als auch Zukunftswerten. Die Informationen, die gesammelt werden, sind meist qualitativer und eher unstrukturierter Art (vgl. Lombriser/Abplanalp, 2015, S. 436) und stammen sowohl aus unternehmensinternen als auch externen Quellen (vgl. Welge/Al-Laham/Eulerich, 2017, S. 962). Das Ziel, das hierbei verfolgt wird, ist die rechtzeitige Einflussnahme auf aktuelle Planungen (vgl. Kreikebaum/Gilbert/Behnam, 2018, S. 189), durch die Darstellung möglicher Fehlentwicklungen. Momentane Ziele werden hinterfragt und eine Anpassung der Strategien sowie eine Optimierung der Strategieumsetzung initiiert (vgl. Lombriser/Abplanalp, 2015, S. 436).

Stichtage für die Durchführung sollten z. T. bereits im Voraus festgelegt werden. Dazu kann vorab ein Zeitpunkt festgesetzt oder nach kritischen internen bzw. externen Entwicklungen, bei Indikation von Veränderungen durch die Früherkennung oder vor bedeutenden Investitionsentscheidungen eine Kontrolle anberaumt werden (vgl. Lombriser/Abplanalp, 2015, S. 443).

7.2.1 Bestandteile eines strategischen Kontrollsystems

Ein strategisches Kontrollsystem setzt sich aus den Bestandteilen Kontrollträger, Kontrollprozess, Kontrolltechniken, Kontrollbereiche und Ablauforganisation zusammen (vgl. Bea/Haas, 2017, S. 241).

- Kontrollträger: Es stellt sich die Frage, ob er selbst die Kontrollfunktion einnehmen oder er diese an einen Dritten übertragen soll (vgl. Müller-Stewens/Lechner, 2016, S. 578). Eine Delegation kann bspw. mit dem Aufbau einer Organisationsstruktur erfolgen.
- Kontrollprozess: Der Kontrollprozess bildet die funktionale Perspektive der Strategischen Kontrolle. Er umfasst die vier Prozessphasen: Vorgabe von Soll-Werten, Ermittlung von Ist-Werten, Soll-Ist-Abgleich und die Beurteilung von Abweichungen. Kontrollprozesse können kaum einheitlich festgelegt werden, da sich häufig Veränderungen ergeben.
- Kontrolltechniken: Diese dienen der Vereinfachung und Optimierung des Kontrollprozesses und verbessern gleichzeitig dessen Transparenz, da die einzelnen Schritte der Kontrolle festgehalten werden. So können auch die Kontrollträger selbst überprüft werden. Zu den wichtigsten Kontrolltechniken gehören der Abgleich von Kennzahlen, die Plankostenrechnung, das Target Costing, Frühwarnsysteme und das Benchmarking (vgl. Bea/Haas, 2017, S. 260 ff).
- Kontrollbereiche: Kontrollbereiche können Planungsbereiche innerhalb des Unternehmens oder externe Bereiche (im Speziellen das nähere Unternehmensumfeld wie z. B. der Produktmarkt) sein (vgl. Steinmann/Schreyögg/Koch, 2013, S. 162). Deren Auswahl erfolgt bspw. unter Berücksichtigung der Aufbauorganisation oder der Auswahl der Strategie.

- Ablauforganisation der Kontrolle: Da die Strategische Kontrolle kontinuierlich und zeitgleich mit der Strategischen Planung erfolgt (vgl. Kreikebaum/Gilbert/ Behnam, 2018, S. 189), ist sie auch an deren Ablauforganisation gebunden (vgl. Bea/Haas, 2017, S. 265).

7.2.2 Ebenen der Strategischen Kontrolle

Die Kontrolle im Strategischen Management besteht aus den drei Ebenen Prämissen-, Wirksamkeits- und Durchführungskontrolle, welche untrennbar miteinander verknüpft sind (vgl. Lombriser/Abplanalp, 2015, S. 437). Die strategische Überwachung bildet dabei die grundlegende Funktion (vgl. Kreikebaum/Gilbert/Behnam, 2018, S. 189).
- Prämissenkontrolle (Warum?): Die Prämissenkontrolle dient der strategischen Frühaufklärung (vgl. Dillerup/Stoi, 2016, S. 414) und beschäftigt sich in diesem Zusammenhang mit der Überprüfung der Annahmen (Prämissen) einer Strategie (vgl. Kreikebaum/Gilbert/Behnam, 2018, S. 190). Dabei wird geprüft, ob die Prämissen noch vorliegen, sich neue Chancen oder Risiken entwickelt haben, alle potenziellen Umwelteinflüsse bedacht wurden und die Strategie aufgrund der Ergebnisse angepasst werden sollte. Ziel ist es, eine rechtzeitige Anpassung der Unternehmensstrategie zur Vermeidung negativer Auswirkungen vorzunehmen (vgl. Lombriser/Abplanalp, 2015, S. 437 f). Entscheidungsträger müssen zu diesem Zweck frühzeitig über unerwartete Fortläufe informiert werden (vgl. Steinmann/ Schreyögg/Koch, 2013, S. 260).
- Wirksamkeitskontrolle (Was?): Bei der Kontrolle der Wirksamkeit der gewählten Strategie wird geprüft, ob die Strategie zur Zielerreichung verhilft, Stakeholder Vorteile aus dieser ziehen können und Nachfrager bereit sind, für die geplanten Wettbewerbsvorteile entsprechend zu bezahlen. Zusätzlich wird aufgezeigt, welche Maßnahmen zur Zielerreichung weiter notwendig sind und ob die gewählte Strategie auch die optimale Strategie ist (vgl. Lombriser/Abplanalp, 2015, S. 438). Vor allem wenn sich die Strategie mit schrittweise durchgeführten Marktexperimenten beschäftigt, ist eine Wirksamkeitskontrolle von Wichtigkeit.
- Durchführungskontrolle (Wie?): Das Hauptaugenmerk liegt hierbei auf internen Aspekten der Strategieumsetzung (vgl. Dillerup/Stoi, 2016, S. 415). Dabei sind die Übergänge zur Operativen Kontrolle fließend (vgl. Kreikebaum/Gilbert/Behnam, 2018, S. 191). Die Durchführungskontrolle beschäftigt sich damit, in welchem Maß die Strategie umgesetzt werden konnte, ob Wettbewerbsvorteile generiert (vgl. Lombriser/Abplanalp, 2015, S. 439), die festgesetzten Meilensteine erreicht (vgl. Hungenberg, 2014, S. 371) und Projekte und Maßnahmen nach Plan umgesetzt wurden. Ebenfalls geprüft wird, ob z. B. eine implementierte Balanced Scorecard die richtigen Maßnahmen und Aktivitäten suggeriert hat, wo und weshalb Probleme entstanden sind und welche Konsequenzen diese ggf. nach sich

gezogen haben. Hierzu werden die formulierten Ziele, Maßnahmen und Aktions- sowie Projektpläne analysiert. Auch periodische Mitarbeiterbefragungen zur Strategieumsetzung können sich in diesem Zusammenhang als hilfreich erweisen (vgl. Lombriser/Abplanalp, 2015, S. 439 f).

Schon bei der Entwicklung einer Strategie sollten Anhaltspunkte zur Früherkennung von Chancen und Risiken sowie Personen zur stetigen Beobachtung dieser festgelegt werden. Solche Indikatoren werden festgesetzt, indem Ereignisse und Entwicklungen mit essenziellem Einfluss auf die Strategie mithilfe des sog. vernetzten Denkens definiert werden. Diese Früherkennungsindikatoren sind auf allen drei Ebenen der Strategiekontrolle hilfreich, um frühzeitig Maßnahmen ergreifen zu können. Die Früherkennung externer sowie interner Entwicklungen dient somit als Grundlage für die Prämissen-, Wirksamkeits- und Umsetzungskontrolle (vgl. Lombriser/Abplanalp, 2015, S. 441 f). In der nachfolgenden Abbildung wird der chronologische Ablauf der Strategischen Kontrolle veranschaulicht. Dieser Prozess kann gewissermaßen als zirkulär bezeichnet werden (vgl. Abplanalp/Lombriser, 2013, S. 32), da er sich kontinuierlich wiederholt (vgl. Schreyögg/Koch, 2015, S. 142).

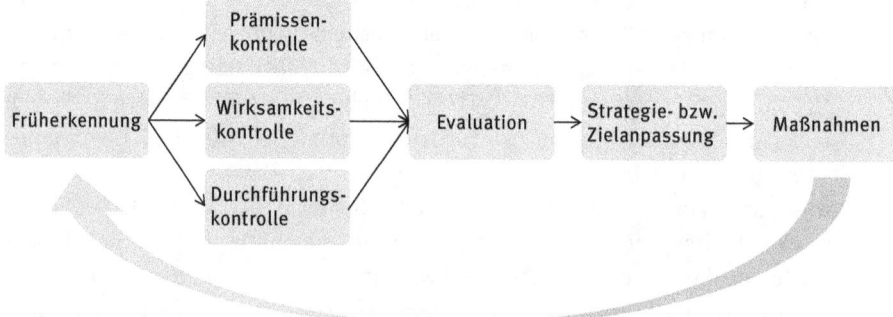

Abb. 7.6: Vorgehensweise bei der Strategischen Kontrolle (Quelle: Eigene Darstellung in Anlehnung an Lombriser/Abplanalp, 2015, S. 442).

7.2.3 Strategische Kontrollarten

Zu den unterschiedlichen strategischen Kontrollarten gehören die Ziel-, die Planfortschritts-, die Ergebnis-, die Prognose- sowie die bereits beschriebene Prämissenkontrolle.
- Zielkontrolle (Soll-Soll-Vergleich): Bei der Zielkontrolle wird geprüft, inwieweit Ziele miteinander konkurrieren. Falls dies der Fall ist, muss z. B. auf lexikografische Ordnung oder Zielgewichtung zur Beurteilung der Ziele nach ihrer Wichtigkeit zurückgegriffen werden.

Planwert / Vergleichswert	Soll	Wird
Soll	Zielkontrolle	-
Wird	Planfortschrittskontrolle	Prognosekontrolle
Ist	Ergebniskontrolle	Prämissenkontrolle

Abb. 7.7: Arten der Strategischen Kontrolle (Quelle: Eigene Darstellung in enger Anlehnung an Bea/Haas, 2017, S. 246).

- Planfortschrittskontrolle (Soll-Wird-Vergleich): Hier wird kontrolliert, ob die Strategie wie erwartet verwirklicht wird. Dazu werden Zwischenziele zur Prognose der Wird-Werte gebildet. Bei erkennbaren Abweichungen können früh genug Korrekturmaßnahmen erfolgen.
- Ergebniskontrolle (Soll-Ist-Vergleich): Die geplante Größe wird in der Ergebniskontrolle dem Resultat gegenübergestellt. Abweichungen lassen auf das Ausmaß der Verfehlung schließen (vgl. Bea/Haas, 2017, S. 247).
- Prognosekontrolle (Wird-Wird-Vergleich): Bei der Prognosekontrolle werden vorhergesagte Werte (z. B. Marktentwicklung) (vgl. Kreikebaum/Gilbert/Behnam, 2018, S. 109) auf ihre Verträglichkeit untereinander hin analysiert (vgl. Bea/Haas, 2017, S. 247).
- Prämissenkontrolle (Wird-Ist-Vergleich): Die Annahmen über zukünftige Entwicklungen werden innerhalb der Prämissenkontrolle mit dem tatsächlichen Ergebnis abgeglichen (vgl. Steinmann/Schreyögg/Koch, 2013, S. 254), um eine notwendige Korrektur der Planmaßnahmen aufzuzeigen (vgl. Bea/Haas, 2017, S. 247).

Strategische Kontrolle Im Hotel Auf Der Wartburg

Die Verantwortlichen des Eisenacher Hotels auf der Wartburg entschlossen sich aus Vertriebs- und Kommunikationsgesichtspunkten zu einer Mitgliedschaft bei den Romantik Hotels & Restaurants und verfolgen damit eine Kooperationsstrategie. Seit dem Jahr 2001 betreiben die arcona Hotels & Resorts das Hotel auf der Wartburg und unterzogen es zuletzt 2011 einer umfangreichen Renovierung. Seit November 2014 ist das Hotel auf der Wartburg ein Mitglied bei Romantik und nennt sich nun Romantik Hotel auf der Wartburg.

Während der Einbindungszeit in die Romantik Hotels wurde kontrolliert, ob die Strategie wie erwartet in der Qualität verwirklicht wurde (Planfortschrittskontrolle mit Soll-Wird-Vergleich). Kontinuierlich wird nun geprüft, ob die Annahmen über die zukünftigen Entwicklungen, die man sich mit der Mitgliedschaft erhoffte (Mehrbuchungen, Steigerung der Durchschnittsrate, Erhöhung der Markenwahrnehmung), mit den tatsächlichen Ergebnissen korrelieren (Prämissenkontrolle mit Wird-Ist-Vergleich).

Quelle: Hotel auf der Wartburg.

7.2.4 Umgang mit den Ergebnissen der Strategischen Kontrolle

Eine mögliche Gefahr bei der Strategischen Kontrolle ist, dass sie aufgrund des operativen Geschäfts vernachlässigt wird. Daher müssen die Resultate zwingend an die Mitarbeiter kommuniziert werden, sodass diese entsprechend handeln können. Periodische Mitarbeitergespräche sollten zur direkten Implementierung von Sofortmaßnahmen bzw. Projekten genutzt werden und gleichzeitig als Basis für anstehende Planungsworkshops dienen.

Die Strategiekontrolle ist ein Hilfsmittel für zukünftige Strategieprozesse (vgl. Hungenberg, 2014, S. 372), die Zukunftsgestaltung des Unternehmens (vgl. Lombriser/Abplanalp, 2015, S. 443) und die Entwicklung neuer Denk- und Lernweisen im Unternehmen, sog. organisationales Lernen (vgl. Hinterhuber, 2015, S. 336). Zum organisationalen Lernen zählen Gespräche und Workshops zur Feststellung von Diskrepanzen und eine anschließende Analyse. Ziel ist es, Entwicklungsprozesse zu initiieren und zukünftig zeitnahe Reaktionen zu verwirklichen (vgl. Lombriser/Abplanalp, 2015, S. 444 f).

7.3 Strategisches Controlling

Im Kapitel 7.2 fand bereits Erwähnung, dass das Strategische Controlling als eigenständige Führungsaufgabe die Strategische Kontrolle übersteigt (vgl. Bea/Haas, 2017, S. 249). Es ist dabei ebenfalls zukunftsgerichtet und auch hier werden für die Informationsgewinnung sowohl interne als auch externe Quellen herangezogen (vgl. Hermanni, 2016, S. 48).

Controlling beschäftigt sich im Allgemeinen mit der wirtschaftlichen Begründung von unternehmerischen Entscheidungen sowie mit der Kontrolle der Resultate (vgl. Hungenberg/Wulf, 2015, S. 377). Daraus ergeben sich vier Aufgabenbereiche für das Strategische Controlling. Diese sind die Planung eines Kontrollsystems, die Steuerung der Strategischen Planung, die Umsetzung und Kontrolle von finanziellen Planungen und Überwachungen sowie die Kommunikation der Ergebnisse an die Unternehmensleitung (vgl. Hungenberg/Wulf, 2015, S. 380).

Eine klare Unterscheidung zwischen Operativem und Strategischem Controlling ist nicht möglich. Allerdings lassen sich in der Theorie Hauptunterschiede feststellen. Diese bestehen im Zeitbezug (beim Operativen Controlling werden vorwiegend Gegenwart und nahe Zukunft beleuchtet) und in der Art der Informationen, die ausgewertet werden, welche im Strategischen Controlling meist qualitativer Natur und im operativen Controlling quantitativer Natur sind (vgl. Welge/Al-Laham/Eulerich, 2017, S. 962).

Controlling-Instrumente werden in methodische und sachliche Instrumente unterteilt. Beim Strategischen Controlling zählt bspw. die Balanced Scorecard, die im

Vorangegangenen bereits näher beleuchtet wurde, zu den methodischen Instrumenten. Bei den sachlichen Instrumenten wird nochmals unterschieden in:
- analytische Instrumente: z. B. SWOT-Analyse
- Bewertungs- und Entscheidungsinstrumente: z. B. Kennzahlensysteme, Früherkennungssysteme
- heuristische und prognostische Instrumente: z. B. Industriekostenkurve
- prognostische Instrumente: z. B. Simulationsmodelle, Lebenszyklusanalyse

Das unter 7.2.4 erläuterte organisationale Lernen spielt nicht nur bei der Strategischen Kontrolle, sondern auch im Strategischen Controlling eine entscheidende Rolle. Es ist von großer Wichtigkeit, dass das Personal Impulse erhält und andererseits auch Impulse gibt. Dadurch können die Ergebnisse aus der Strategieentwicklung aufgezeigt werden und die Mitarbeiter können sich weiterentwickeln (vgl. Hinterhuber, 2015, S. 336).

Es lässt sich festhalten, dass mittels Strategischem Controlling das Strategische Management kein statischer Prozess bleibt, sondern dynamisch ist. Hoteliers wie Verantwortliche von Hotelgesellschaften erreichen so langfristig Erfolg.

Fragen und Aufgaben zu Kapitel 7

1. Was versteht man unter Strategieimplementierung?
2. Was sind entscheidende Erfolgsfaktoren der Strategischen Implementierung?
3. In welche drei Teilbereiche lassen sich Aufgaben der Strategieimplementierung gliedern?
4. Wie lassen sich Strategien absichern?
5. Wodurch können Strategien operationalisiert werden?
6. Welche Aufgaben umfasst das Personalmanagement?
7. Welche Aspekte umfasst die Aufgabe der Durchsetzung?
8. Was versteht man unter dem sog. Deming-Kreis?
9. Beschreiben Sie das 7-S-Modell.
10. Welches Ziel wird beim Six-Sigma-Modell verfolgt?
11. Was ist eine Balanced Scorecard (BSC)?
12. Skizzieren Sie eine BSC für ein Hotelunternehmen.
13. Welche weiteren Instrumente der Strategieimplementierung gibt es?
14. Welche drei Phasen werden beim Changemanagement durchlaufen?
15. Welches Ziel wird mit der Strategischen Kontrolle verfolgt?
16. Nennen Sie vier Merkmale der Strategischen Kontrolle.
17. Welche Bestandteile sind in einem strategischen Kontrollsystem zu berücksichtigen?

18. Nennen und charakterisieren Sie die drei Ebenen einer Strategiekontrolle.
19. Weshalb ist die Früherkennung von großer Bedeutung für den Kontrollprozess?
20. Welche Kontrollarten gibt es und welche Werte werden innerhalb dieser jeweils beleuchtet?
21. Weshalb ist die rechtzeitige Kommunikation der Ergebnisse aus der Strategischen Kontrolle besonders wichtig?
22. Was versteht man unter organisationalem Lernen?
23. Nennen Sie Arten und Beispiele für Instrumente des Strategischen Controllings.

Literatur

Monografien

Aaker, David A. (2010): Building strong brands. London: Pocket Books.

Aaker, David A.; Joachimsthaler, Erich (2000): Brand leadership. New York: Free Press.

Abell, Derek F. (1980): Defining the business: the starting point of strategic planning. Eaglewood Cliffs, NJ: Prentice Hall.

Andrews, Kenneth R. (1971): The concept of corporate strategy. Homewood, Illinois: Dow Jones-Irwin.

Ansoff, H. Igor (1965): Corporate Strategy. An Analytic Approach to Business Policy for Growth and Expansion. New York: MacGraw-Hill.

Ansoff, H. Igor (1988): The new corporate strategy. New York: Wiley.

Abplanalp, Peter A.; Lombriser, Roman (2013): Strategien verstehen. Begriffe, Konzepte und Instrumente des Strategischen Managements. Zürich: Versus.

Bain, Joe S. (1968): Industrial organization. 2. Aufl., New York: Wiley.

Bamberger, Ingolf; Wrona, Thomas (2004): Strategische Unternehmensführung. Strategien, Systeme, Prozesse. München: Vahlen.

Barney, Jay B. (2011): Gaining and Sustaining Competitive Advantage. 4. Aufl., Upper Saddle River, N.J: Prentice Hall; Pearson Education.

Barth, Klaus; Theis, Hans-Joachim (1998): Hotel-Marketing. Strategien, Marketing-Mix, Planung, Kontrolle. 2., überarb. u. erw. Aufl., Wiesbaden: Gabler.

Bea, Franz X.; Haas, Jürgen (2009): Strategisches Management. 5., neu bearb. Aufl., Stuttgart: Lucius & Lucius.

Bea, Franz X.; Haas, Jürgen (2017): Strategisches Management. 9., überarb. Aufl., Konstanz und München: UVK.

Becker, Fred G. (2011a): Strategische Unternehmungsführung. Eine Einführung mit zahlreichen Abbildungen, Aufgaben und Lösungen. 4., neu bearb. Aufl., Berlin: Erich Schmidt.

Becker, Fred G. (2011b): Grundlagen der Unternehmungsführung. Einführung in die Managementlehre. Unter Mitarbeit von Ellena Werning. Berlin: Erich Schmidt.

Becker, Fred G.; Fallgatter, Michael J. (2007): Strategische Unternehmungsführung. Eine Einführung; mit zahlreichen Abbildungen, Aufgaben und Lösungen. 3., neu bearb. Aufl., Berlin: Erich Schmidt.

Becker, Jochen (2009): Marketing-Konzeption. Grundlagen des zielstrategischen und operativen Marketing-Managements. 9., aktual. u. erg. Aufl., München: Vahlen.

Becker, Jochen (2010): Das Marketingkonzept. Zielstrebig zum Markterfolg! 4., aktual. u. erg. Aufl., München: Dt. Taschenbuch-Verlag.

Bergmann, Rainer; Bungert, Michael (2011): Strategische Unternehmensführung. Perspektiven, Konzepte, Strategien. Berlin, Heidelberg: Springer.

Bieberstein, Ingo (2001): Dienstleistungs-Marketing. Modernes Marketing für Studium und Praxis. 3., überarb. u. aktual. Aufl., Ludwigshafen (Rhein): Kiehl (Modernes Marketing für Studium und Praxis).

Bleicher, Knut (1999): Das Konzept integriertes Management: Visionen – Missionen – Programme. 5., rev. und erw. Aufl., Frankfurt/Main: Campus Verlag (St. Galler Management-Konzept, Band 1).

Bleicher, Knut (2004): Das Konzept integriertes Management. Visionen – Missionen – Programme. 7., überarb. u. erw. Aufl., Frankfurt/Main: Campus Verlag (St. Galler Management-Konzept, Band 1).

Boston Consulting Group (1988): Vision und Strategie. Die 34. Kronberger Konferenz. München.
Bruhn, Manfred; Meffert, Heribert (2012): Handbuch Dienstleistungsmarketing. Planung, Umsetzung, Kontrolle. Wiesbaden: Springer, Gabler.
Buzzell, Robert D.; Gale, Bradley T. (1987): The PIMS principles. Linking strategy to performance. New York: Free Press, Collier Macmillan.
Camphausen, Bernd (2007): Strategisches Management. Planung, Entscheidung, Controlling. 2., überarb. u. erw. Aufl., München: Oldenbourg.
Camphausen, Bernd (2013): Strategisches Management. Planung, Entscheidung, Controlling. 3., überarb. u. erw. Aufl., München: De Gruyter Oldenbourg.
Chandler, Alfred D. (1962): Strategy and Structure. Chapters in the History of the Industrial Enterprise. Cambridge, MA: The M.I.T. Press.
Clausewitz, Carl von (1867): Hinterlassene Werke über Krieg und Kriegführung des Generals Carl von Clausewitz (Vom Kriege, Band 1). 3. Aufl., Berlin: Dümmler's Verlagsbuchhandlung.
Coenenberg, Adolf G.; Salfeld, Rainer (2007): Wertorientierte Unternehmensführung. Vom Strategieentwurf zur Implementierung. 2., überarb. Aufl., Stuttgart: Schäffer-Poeschel.
Collins, James C.; Porras, Jerry I. (2002): Built to last. Successful habits of visionary companies. New York: HarperBusiness Essentials.
Daschmann, Hans-Achim (1994): Erfolgsfaktoren mittelständischer Unternehmen. Ein Beitrag zur Erfolgsfaktorenforschung. Stuttgart: Schäffer-Poeschel.
Deal, Terrence E.; Kennedy, Allan A. (1982): Corporate cultures. The rites and rituals of corporate life. Reading, Mass [u. a.]: Addison-Wesley Pub. Co.
Dettmer, Harald; Hausmann, Thomas (2008): Betriebswirtschaftslehre für das Gastgewerbe. Managementorientiert. 5., überarb., aktual. u. erg. Aufl., Hamburg: Verl. Handwerk und Technik.
Dillerup, Ralf; Stoi, Roman (2011): Unternehmensführung. 3., überarb. Aufl., München: Vahlen.
Dillerup, Ralf; Stoi, Roman (2013): Unternehmensführung. 4., komplett überarb. u. erw. Aufl., München: Vahlen.
Dillerup, Ralf; Stoi, Roman (2016): Unternehmensführung. Management & Leadership. Strategien – Werkzeuge – Praxis. 5., komplett überarb. u. erw. Aufl., München: Vahlen.
Drucker, Peter F. (1999): Management: tasks, responsibilities, practices. An abridged and rev. version of Management: tasks, responsibilities, practices (1974). Oxford: Butterworth-Heinemann (Drucker series).
Enz, Cathy A. (2010): Hospitality Strategic Management. Concepts and Cases. 2. Aufl., Hoboken, N.J: John Wiley & Sons.
Esch, Franz-Rudolf (2012): Strategie und Technik der Markenführung. 7., vollst. überarb. u. erw. Aufl., München: Vahlen.
Eschenbach, Rolf; Eschenbach, Sebastian; Kunesch, Hermann (2003): Strategische Konzepte. Management-Ansätze von Ansoff bis Ulrich. 4., überarb. u. erw. Aufl., Stuttgart: Schäffer-Poeschel.
Farmer, Richard N.; Richman, Barry M. (1965): Comparative management and economic progress. Homewood, Ill: R. D. Irwin (Irwin series in management).
Freeman, R. Edward (1984): Strategic management. A stakeholder approach. Boston: Pitman (Pitman series in business and public policy).
Freyberg, Burkhard von; Gruner, Axel; Lang, Marina (2012): ErfolgReich in der Privathotellerie. Impulse für Profilierung und Profit. Stuttgart: Matthaes Verlag.
Freyberg, Burkhard von; Gruner, Axel; Lang, Marina (2018): ErfolgReich in der Privathotellerie. Impulse für Profilierung und Profit. 2., vollst. überarb. Aufl., Stuttgart: Matthaes Verlag.
Freyer, Walter (2011): Tourismus-Marketing. Marktorientiertes Management im Mikro- und Makrobereich der Tourismuswirtschaft. 7. Aufl., München: Oldenbourg.

Gardini, Marco A. (2015): Marketing-Management in der Hotellerie. 3., überarb. und akt. Aufl., München: De Gruyter Oldenbourg.
Gardini, Marco A. (2014): Grundlagen der Hotellerie und des Hotelmanagements. Hotelbranche – Hotelbetrieb – Hotelimmobilie. 2. Aufl., München: De Gruyter Oldenbourg.
Gatterer, Harry; Rützler, Hanni (2012): Hotel der Zukunft. Die wichtigsten Trendfelder für die Hotellerie. Stuttgart: Matthaes Verlag.
Gewald, Stefan (2001): Hotel-Controlling. 2., bearb. Aufl., München: Oldenbourg (Edition Dienstleistungsmanagement).
Grant, Robert M.; Nippa, Michael (2006): Strategisches Management. Analyse, Entwicklung und Implementierung von Unternehmensstrategien. 5., aktual. Aufl., [der engl. Ausg., 1. dt.-sprachige Ausg.], München: Pearson Studium.
Hahn, Dietger; Hungenberg, Harald (2001): PuK. Planung und Kontrolle, Planungs- und Kontrollsysteme, Planungs- und Kontrollrechnung. Wertorientierte Controllingkonzepte. 6., vollst. überarb. u. erw. Aufl., Wiesbaden: Gabler.
Hammer, Richard (2011): Planung und Führung. 8. Aufl., München: Oldenbourg.
Hanschke, Inge; Lorenz, Rainer (2012): Strategisches Prozessmanagement – einfach und effektiv. Ein praktischer Leitfaden. München: Hanser.
Hartauer, Hans-Jürgen, Grudda, Andrea (2012): Power Briefing. Stuttgart: Matthaes Verlag.
Henschel, Karla; Gruner, Axel; Freyberg, Burkhard von (2018): Hotelmanagement. 5. Aufl., München: De Gruyter Oldenbourg.
Henselek, Hilmar F. (1999): Hotelmanagement. Planung und Kontrolle. München: Oldenbourg.
Hill, Charles W. L.; Jones, Gareth R. (2012): Strategic Management Theory. An Integrated Approach. 10. Aufl., Mason, OH: South-Western/Cengage Learning.
Hinterhuber, Hans H. (2004): Strategische Unternehmungsführung. I. Strategisches Denken. Vision – Unternehmenspolitik – Strategie. 7., grundlegend neu bearb. Aufl., Berlin: Walter de Gruyter (Band 1).
Hinterhuber, Hans H. (2011): Strategische Unternehmensführung. I. Strategisches Denken. Vision – Ziele – Strategie. 8., neu bearb. u. erw. Aufl., Berlin: Erich Schmidt.
Hinterhuber, Hans H. (2015): Strategische Unternehmensführung. Das Gesamtmodell für nachhaltige Wertsteigerung. 9., völlig neu bearb. Aufl., Berlin: Erich Schmidt.
Hoeth, Ulrike; Schwarz, Wolfgang (2002): Qualitätstechniken für die Dienstleistung. Die D7. 2. Aufl., München; Wien: Carl Hanser.
Hofstetter, Helmut (2012): Dienen und leisten – Welcome to Service Science. Ein Kompendium für Studium und Praxis. München: Oldenbourg.
Hungenberg, Harald (2011): Strategisches Management in Unternehmen. Ziele – Prozesse – Verfahren. 6. Aufl., Wiesbaden: Gabler.
Hungenberg, Harald (2014): Strategisches Management in Unternehmen. Ziele – Prozesse – Verfahren. 8. aktual. Aufl., Wiesbaden: Springer.
Hungenberg, Harald; Wulf, Torsten (2011): Grundlagen der Unternehmensführung. Einführung für Bachelorstudierende. 4., aktual. u. erw. Aufl., Berlin [u. a.]: Springer.
Hungenberg, Harald; Wulf, Torsten (2015): Grundlagen der Unternehmensführung. Einführung für Bachelorstudierende. 5., aktual. Aufl., Berlin, Heidelberg: Springer.
Hutzschenreuter, Thomas (1998): Unternehmensverfassung und Führungssystem. Gestaltung unternehmensinterner Institutionen. Wiesbaden: Dt. Univ.-Verl.; Gabler.
Johnson, Gerry; Scholes, Kevan; Whittington, Richard (2011): Strategisches Management – Eine Einführung. Analyse, Entscheidung und Umsetzung. 9., aktual. Aufl., München: Pearson Education.

Jung, Rüdiger H.; Bruck, Jürgen; Quarg, Sabine (2011): Allgemeine Managementlehre. Lehrbuch für die angewandte Unternehmens- und Personalführung. 4., neu bearb. Aufl., Berlin: Erich Schmidt.

Kapferer, Jean-Noël (2012): The new strategic brand management. Advanced insights and strategic thinking. 5. Aufl., London, Philadelphia: Kogan Page.

Kaplan, Robert S.; Norton, David P. (1997): Balanced scorecard. Strategien erfolgreich umsetzen. Stuttgart: Schäffer-Poeschel (Handelsblatt-Reihe).

Kaspar, Claude (1995): Management im Tourismus. Eine Grundlage für das Management von Tourismusunternehmungen und -organisationen. 2., vollst. überarb. u. erg. Aufl., Bern [u. a.]: Haupt.

Kerth, Klaus; Asum, Heiko; Stich, Volker (2011): Die besten Strategietools in der Praxis. Welche Werkzeuge brauche ich wann? Wie wende ich sie an? Wo liegen die Grenzen? 5. erw. Aufl., München: Hanser.

Kirsch, Werner (1997): Wegweiser zur Konstruktion einer evolutionären Theorie der strategischen Führung. Kapitel eines Theorieprojektes. 2., überarb. u. erw. Fassung. Herrsching: Kirsch.

Knyphausen-Aufsess, Dodo zu (1995): Theorie der strategischen Unternehmensführung. State of the Art und neue Perspektiven. Wiesbaden: Gabler.

Kobjoll, Klaus (2000): Abenteuer European Quality Award. 2. Aufl., Zürich: Orell Füssli.

Koontz, Harold; O'Donnell, Cyril (1955): Principles of Management. An analysis of managerial functions. New York: McGraw-Hill.

Kotler, Philip; Keller, Kevin L.; Bliemel, Friedhelm (2007): Marketing-Management. Strategien für wertschaffendes Handeln. 12., aktual. Aufl., München: Pearson Studium.

Kreikebaum, Hartmut; Gilbert, Dirk Ulrich; Behnam, Michael (2018): Strategisches Management. 8., überarb. Aufl., Stuttgart: Kohlhammer.

Kuhn, Axel; Hellingrath, Bernd (2002): Supply Chain Management. Optimierte Zusammenarbeit in der Wertschöpfungskette. Berlin, Heidelberg: Springer.

Learned, Edmund P.; Christensen, C. Roland; Andrews, Kenneth R.; Guth, William D. (1965): Business Policy. Text and Cases. Homewood, Ill: R. D. Irwin.

Lombriser, Roman; Abplanalp, Peter A. (2005): Strategisches Management. Visionen entwickeln, Strategien umsetzen, Erfolgspotentiale aufbauen. 4. Aufl., Zürich: Versus.

Lombriser, Roman; Abplanalp, Peter A. (2015): Strategisches Management. Visionen entwickeln, Erfolgspotentiale aufbauen, Strategien umsetzen. 6., vollst. überarb. u. aktual. Aufl., Zürich: Versus.

Macharzina, Klaus; Wolf, Joachim (2008): Unternehmensführung. Das internationale Managementwissen; Konzepte – Methoden – Praxis. 6., vollst. überarb. u. erw. Aufl., Wiesbaden: Gabler.

Meyer, Hartmut (2011): Management in der Gastronomie. Gründung, Steuerung und Finanzierung von Familienbetrieben. München: Oldenbourg.

Miller, Georg J. (2009): Von der Schnitzel-Wirtschaft zum Rhönschaf-Hotel. So gelingt Erfolg. Thalhofen: Bauer-Verlag.

Mintzberg, Henry; Ahlstrand, Bruce; Lampel, Joseph (1999): Strategy Safari. Eine Reise durch die Wildnis des strategischen Managements. Wien: Ueberreuter.

Müller-Stewens, Günter; Lechner, Christoph (2016): Strategisches Management. Wie strategische Initiativen zum Wandel führen. Der Strategic Management Navigator. 5., überarb. Aufl., Stuttgart: Schäffer-Poeschel.

Nagel, Reinhart; Wimmer, Rudolf (2009): Systemische Strategieentwicklung. Modelle und Instrumente für Berater und Entscheider. 5., aktual. u. erw. Aufl., Stuttgart: Schäffer-Poeschel.

Neumann, John von; Morgenstern, Oskar (1973): Spieltheorie und wirtschaftliches Verhalten. 3. Aufl., Würzburg: Physica-Verlag.

Ohmae, Kenichi (1986): Japanische Strategien. Hamburg: McGraw-Hill.

Okumus, Fevzi; Altinay, Levent; Chathoth, Prakash (2010): Strategic Management for Hospitality and Tourism. Oxford, UK: Butterworth-Heinemann.
Paul, Herbert; Wollny, Volrad (2011): Instrumente des strategischen Managements. Grundlagen und Anwendung. München: Oldenbourg.
Paul, Herbert; Wollny, Volrad (2014): Instrumente des strategischen Managements. Grundlagen und Anwendungen. 2., aktual. u. erw. Aufl., München: De Gruyter Oldenbourg.
Penrose, Edith T. (1959): The theory of the growth of the firm. Oxford: Blackwell.
Pepels, Werner (2011): Strategisches Management. Grundlagen, Stellgrößen, Erfolgsfaktoren, Planung, Ausführung aus marktorientierter Sicht. 2. Aufl., Berlin: Berliner Wissenschafts-Verlag.
Peters, Thomas J.; Waterman, Robert H., JR. (1982): In search of excellence. Lessons from America's best-run companies. New York: Harper & Row.
Peters, Thomas J.; Waterman, Robert H., JR. (2006): In search of excellence. Lessons from America's best-run companies. First Collins Business Essentials edition. New York: HarperCollins.
Pfohl, Hans-Christian (1981): Planung und Kontrolle. Stuttgart [u. a.]: Kohlhammer.
Pircher-Friedrich, Annemarie (2000): Strategisches Management in der Hotellerie. Planung, Organisation, Kontrolle. Frankfurt/Main: Dt. Fachverl.
Porter, Michael E. (1980): Competitive strategy. Techniques for analyzing industries and competitors. New York: Free Press.
Porter, Michael E. (1983): Wettbewerbsstrategie. Methoden zur Analyse von Branchen und Konkurrenten. Frankfurt/Main: Campus Verlag.
Porter, Michael E. (1986): Wettbewerbsvorteile (Competitive advantage). Spitzenleistungen erreichen und behaupten. Frankfurt/Main, New York: Campus Verlag.
Porter, Michael E. (2008): Wettbewerbsstrategie (Competitive Strategy). Methoden zur Analyse von Branchen und Konkurrenten. 11. durchgesehene Aufl., Frankfurt/Main: Campus Verlag.
Probst, Hans-Jürgen (2007): Balanced Scorecard leicht gemacht. Zielgrössen entwickeln und Strategien erfolgreich umsetzen. 2., aktual. u. überarb. Neuaufl., Heidelberg: Redline Wirtschaft.
Quinn, James Brian (1980): Strategies for change. Logical incrementalism. Homewood, Ill: R. D. Irwin.
Rappaport, Alfred (1999): Shareholder-Value. Ein Handbuch für Manager und Investoren. 2. Aufl., Stuttgart: Schäffer-Poeschel.
Raps, Andreas (2008): Erfolgsfaktoren der Strategieimplementierung. Konzeption, Instrumente und Fallbeispiele. 3. Aufl., Wiesbaden: Gabler.
Schein, Edgar H. (1992): Organizational culture and leadership. 2. Aufl., San Francisco: Jossey-Bass.
Scheuss, Ralph (2008): Handbuch der Strategien. 220 Konzepte der weltbesten Vordenker. 1. Aufl., Frankfurt/Main: Campus Verlag.
Scheuss, Ralph (2012): Handbuch der Strategien. 220 Konzepte der weltbesten Vordenker. 2., aktual. u. erw. Aufl., Frankfurt/Main: Campus Verlag.
Schreyögg, Georg; Koch, Jochen (2015): Grundlagen des Managements. Basiswissen für Studium und Praxis. 3., überarb. u. erw. Aufl., Wiesbaden: Springer.
Seitz, Georg (1997): Hotelmanagement. Berlin, Heidelberg: Springer.
Staehle, Wolfgang H. (1999): Management. Eine verhaltenswissenschaftliche Perspektive. 8. Aufl., überarb. von Peter Conrad und Jörg Sydow. München: Vahlen.
Steinmann, Horst; Schreyögg, Georg; Koch, Jochen (2013): Management. Grundlagen der Unternehmensführung; Konzepte – Funktionen – Fallstudien. 7., vollst. überarb. Aufl., Wiesbaden: Springer.
Sun Tzu (2007): Sun-Tzu on the Art of War: The Oldest Military Treatise in the World. Übersetzt von Lionel Giles, Toronto: Global Language Press.

Thommen, Jean-Paul; Achleitner, Ann-Kristin (2009): Allgemeine Betriebswirtschaftslehre. Umfassende Einführung aus managementorientierter Sicht. 6., überarb. u. erw. Aufl., Wiesbaden: Gabler.

Ulrich, Hans (1984): Management. In: Thomas Dyllick und Gilbert Probst (Hg.): Haupt-Schriftenreihe Unternehmung und Unternehmensführung, 13, Bern: Hauptverlag.

Van der Wagen, Lynn; Goonetilleke, Anne (2004): Hospitality management. Strategy and operations. Frenchs Forest, N.S.W: Pearson Education Australia.

Venzin, Markus; Rasner, Carsten; Mahnke, Volker (2011): Der Strategieprozess. Praxishandbuch zur Umsetzung im Unternehmen. Limitierte Sonderausgabe. Frankfurt/Main: Campus Verlag (Zukunftsstrategien für Unternehmer, 5).

Welge, Martin K.; Al-Laham, Andreas (2012): Strategisches Management. Grundlagen – Prozess – Implementierung. 6., aktual. Aufl., Wiesbaden: Springer Gabler.

Welge, Martin K.; Al-Laham, Andreas; Eulerich, Marc (2017): Strategisches Management. Grundlagen – Prozess – Implementierung. 7., überarb. u. aktual. Aufl., Wiesbaden: Springer Gabler.

Wheelen, Thomas L.; Hunger, J. David (2012): Strategic Management and Business Policy. Toward global sustainability. International Edition. 13. Aufl., Upper Saddle River, N.J: Pearson Prentice Hall.

Wolf, Kurt; Heckmann, Roland (2008): Marketing für Hotellerie und Gastronomie. Konzepte zur marktorientierten Unternehmensführung. Stuttgart: Matthaes Verlag.

Sammelbände, Lexika sowie Beiträge in Sammelbänden und Monografien

Ansoff, H. Igor; Declerck, Roger P.; Hayes, Robert L. (Hg.): From strategic planning to strategic management. A Wiley-Interscience Publication. London, New York: John Wiley & Sons.

Fantapié Altobelli, Claudia; Bouncken, Ricarda B. (1998): Wertkettenanalyse von Dienstleistungs-Anbietern. In: Anton Meyer (Hg.): Handbuch Dienstleistungs-Marketing. Band 1: Grundlagen und Rahmenbedingungen des Dienstleistungs-Marketing; Managementaspekte von Dienstleistungsanbietern; Programmatische Aspekte des externen Marketing; Programmatische Aspekte des internen Marketing, (Band 1). Stuttgart: Schäffer-Poeschel, S. 282–296.

Freyberg, Burkhard von (Hg.) (2014): Hospitality Controlling. Erfolgreiche Konzepte für die Hotellerie. Berlin: Erich Schmidt.

Gardini, Marco A. (Hg.) (2009b): Handbuch Hospitality Management. Managementkonzepte, Wettbewerbskontext, Unternehmerpraxis. Frankfurt/Main: Dt. Fachverl.

Gardini, Marco A. (Hg.) (2011): Mit der Marke zum Erfolg. Markenmanagement in Hotellerie und Gastronomie. Stuttgart: Matthaes Verlag.

Gardini, Marco A. (2011): Grundlagen und Herausforderungen des Markenmanagements in Hotellerie und Gastronomie. In: Marco A. Gardini (Hg.): Mit der Marke zum Erfolg. Markenmanagement in Hotellerie und Gastronomie. Stuttgart: Matthaes Verlag, S. 12–67.

Gilg, Michaela; Gädecken, Regine (2009): Qualitätsmanagement der The Ritz-Carlton Hotel Company, L.L.C. In: Marco A. Gardini (2009a): Marketing-Management in der Hotellerie. 2., vollst. überarb. und erw. Aufl., München: Oldenbourg, S. 254–260.

Gruner, Axel (Hg.) (2008): Management-Lexikon. Hotellerie & Gastronomie. Unter Mitarbeit von Waldemar Berg, Christian Buer, Marco A. Gardini und Mario Maxeiner. Frankfurt/Main: Dt. Fachverl.

Hahn, Dietger; Taylor, Bernard (Hg.) (2006): Strategische Unternehmungsplanung – strategische Unternehmungsführung. Stand und Entwicklungstendenzen. 9., überarb. Aufl., Berlin, Heidelberg: Springer.

Hahn, Dietger (2006): Strategische Unternehmensführung – Grundkonzept. In: Dietger Hahn und Bernard Taylor (Hg.): Strategische Unternehmungsplanung – strategische Unternehmungsführung. Stand und Entwicklungstendenzen. 9., überarb. Aufl., Berlin, Heidelberg: Springer, S. 29–50.

Hahn, Dietger (2006): US-amerikanische Konzepte strategischer Unternehmensführung. In: Dietger Hahn und Bernard Taylor (Hg.): Strategische Unternehmungsplanung – strategische Unternehmungsführung. Stand und Entwicklungstendenzen. 9., überarb. Aufl., Berlin, Heidelberg: Springer, S. 51–71.

Hammann, Peter; Freiling, Jörg (Hg.) (2000): Die Ressourcen- und Kompetenzperspektive des Strategischen Managements. Arbeitstagung. Wiesbaden: Dt. Univ.-Verl. (Strategisches Kompetenz-Management).

Hänssler, Karl Heinz (Hg.) (2011): Management in der Hotellerie und Gastronomie. Betriebswirtschaftliche Grundlagen. 8., vollst. aktual. u. überarb. Aufl., München: Oldenbourg.

Hänssler, Karl Heinz (Hg.) (2016): Management in der Hotellerie und Gastronomie. Betriebswirtschaftliche Grundlagen. 9. Aufl., Berlin, Boston: Walter de Gruyter.

Hänssler, Karl Heinz (2011): Die gastgewerbliche Leistung als Dienstleistung (Leistung und Leistungserstellung in der Hotellerie, Kapitel 1). In: Karl Heinz Hänssler (Hg.): Management in der Hotellerie und Gastronomie. Betriebswirtschaftliche Grundlagen. 8., vollst. aktual. u. überarb. Aufl., München: Oldenbourg, S. 78–86.

Hänssler, Karl Heinz; Schlieper, Thomas (2016): Das Marktkonzept von Hotelbetrieben (Konstitutive Entscheidungen, Kapitel 2). In: Karl Heinz Hänssler (Hg.): Management in der Hotellerie und Gastronomie. Betriebswirtschaftliche Grundlagen. 9. Aufl., Berlin, Boston: Walter de Gruyter, S. 21–47.

Harvard Business Review (Hg.) (2011): HBR's 10 must reads on strategy. Boston, Mass: Harvard Business Review Press (HBR's 10 must reads: General management).

Hinterhuber, Hans H.; Matzler, Kurt (Hg.) (2009): Kundenorientierte Unternehmensführung. Kundenorientierung – Kundenzufriedenheit – Kundenbindung. 6. Aufl., Wiesbaden: Gabler.

Hommelhoff, Peter; Hopt, Klaus J.; Werder, Axel von (Hg.) (2009): Handbuch Corporate Governance. Leitung und Überwachung börsennotierter Unternehmen in der Rechts- und Wirtschaftspraxis. 2., überarb. Aufl., Stuttgart: Schäffer-Poeschel, Schmidt.

Jaeschke, Arndt M.; Fuchs, Wolfgang (2011): Zusammenarbeit in der Hotellerie – Funktionelle Entkoppelung, Betreiberformen und Kooperationen (Konstitutive Entscheidungen, Kapitel 4). In: Karl Heinz Hänssler (Hg.): Management in der Hotellerie und Gastronomie. Betriebswirtschaftliche Grundlagen. 8., vollst. aktual. u. überarb. Aufl., München: Oldenbourg, S. 56–69.

Jaeschke, Arndt M.; Fuchs, Wolfgang (2016): Zusammenarbeit in der Hotellerie – Funktionelle Entkoppelung, Betreiberformen und Kooperationen (Konstitutive Entscheidungen, Kapitel 4). In: Hänssler, Karl Heinz (Hg.): Management in der Hotellerie und Gastronomie. Betriebswirtschaftliche Grundlagen. 9. Aufl., Berlin, Boston: Walter de Gruyter, S. 75–91.

Kappler, Ekkehard (1975): Zielsetzungs- und Zieldurchsetzungsplanung in Betriebswirtschaften. In: Hans Ulrich (Hg.): Unternehmensplanung. Bericht von d. wiss. Tagung d. Hochschullehrer f. Betriebswirtschaft in Augsburg vom 12.6.–16.6.1973. Wiesbaden: Betriebswirtschaftlicher Verlag Gabler, S. 83–102.

Kobjoll, Klaus (2009): Mitarbeiter – Das Kapital der Zukunft. In: Marco A. Gardini (Hg.) (2009b): Handbuch Hospitality Management. Managementkonzepte, Wettbewerbskontext, Unternehmerpraxis. Frankfurt/Main: Dt. Fachverl., S. 697–715.

Laux, Silke; Soller, Jörg (2008): Der Hotelmarkt in Deutschland und die Strukturmerkmale der Mittelstandshotellerie. In: Jörg Soller (Hg.): Finanzierungsleitfaden Mittelstandshotellerie. Strategien und Konzepte für dauerhaften Erfolg. Berlin: Erich Schmidt, S. 11–20.

Laux, Silke; Soller, Jörg (2008): Aktuelle Trends als Basis für die Spezialisierung auf Nischenmärkte. In: Jörg Soller (Hg.): Finanzierungsleitfaden Mittelstandshotellerie. Strategien und Konzepte für dauerhaften Erfolg. Berlin: Erich Schmidt, S. 21–43.

Mankins, Michael C.; Steele, Richard (2011): Turning Great Strategy into Great Performance. In: Harvard Business Review (Hg.): HBR's 10 must reads on strategy. Boston, Mass: Harvard Business Review Press (HBR's 10 must reads: General management), S. 209–228.

Matzler, Kurt; Stahl, Heinz K.; Hinterhuber, Hans H. (2009): Die Customer-based View der Unternehmung. In: Hans H. Hinterhuber und Kurt Matzler (Hg.): Kundenorientierte Unternehmensführung. Kundenorientierung – Kundenzufriedenheit – Kundenbindung. 6. Aufl., Wiesbaden: Gabler, S. 4–31.

Meffert, Heribert (1998): Dienstleistungsphilosophie und -kultur. In: Anton Meyer (Hg.): Handbuch Dienstleistungs-Marketing. Band 1: Grundlagen und Rahmenbedingungen des Dienstleistungs-Marketing; Managementaspekte von Dienstleistungsanbietern; Programmatische Aspekte des externen Marketing; Programmatische Aspekte des internen Marketing. 2 Bände. Stuttgart: Schäffer-Poeschel, S. 121–138.

Meyer, Anton (Hg.): Handbuch Dienstleistungs-Marketing. Band 1: Grundlagen und Rahmenbedingungen des Dienstleistungs-Marketing; Managementaspekte von Dienstleistungsanbietern; Programmatische Aspekte des externen Marketing; Programmatische Aspekte des internen Marketing (2 Bände). Stuttgart: Schäffer-Poeschel.

Meyer, Anton; Blümelhuber, Christian (1998): Leistungsziele – Orientierungsgröße, Effektivitäts- und Effizienzmaßstab für Management und Mitarbeiter. In: Anton Meyer (Hg.): Handbuch Dienstleistungs-Marketing. Band 1: Grundlagen und Rahmenbedingungen des Dienstleistungs-Marketing; Managementaspekte von Dienstleistungsanbietern; Programmatische Aspekte des externen Marketing; Programmatische Aspekte des internen Marketing (Band 1). Stuttgart: Schäffer-Poeschel, S. 174–199.

Oetinger, Bolko von (Hg.) (1994): Das Boston-Consulting-Group-Strategie-Buch. Die wichtigsten Managementkonzepte für den Praktiker. 2. Aufl., Düsseldorf [u. a.]: ECON-Verl.

Oetinger, Bolko von (2003): Die Fundamente der Strategie – Carl von Clausewitz' Begriff der Strategie als Maßstab für Unternehmensstrategie. In: Max J. Ringlstetter, Herbert A. Henzler und Michael Mirow (Hg.): Perspektiven der Strategischen Unternehmensführung. Theorien, Konzepte, Anwendungen. Wiesbaden: Gabler, S. 3–23.

Ringlstetter, Max J.; Henzler, Herbert A.; Mirow, Michael (Hg.) (2003): Perspektiven der Strategischen Unternehmensführung. Theorien, Konzepte, Anwendungen. Wiesbaden: Gabler.

Schendel, Dan; Hofer, Charles W. (Hg.) (1979): Strategic Management. A New View of Business Policy and Planning. Boston: Little, Brown.

Schneider, Dieter (1998): Oberziele von Dienstleistungs-Anbietern. In: Anton Meyer (Hg.): Handbuch Dienstleistungs-Marketing. Band 1: Grundlagen und Rahmenbedingungen des Dienstleistungs-Marketing; Managementaspekte von Dienstleistungsanbietern; Programmatische Aspekte des externen Marketing; Programmatische Aspekte des internen Marketing (Band 1). Stuttgart: Schäffer-Poeschel, S. 163–173.

Schrand, Axel; Schlieper, Thomas (2011): Informationsgrundlagen und Entscheidungsrahmen (Hotel-Marketing, Kapitel 1). In: Karl Heinz Hänssler (Hg.): Management in der Hotellerie und Gastronomie. Betriebswirtschaftliche Grundlagen. 8., vollst. aktual. u. überarb. Aufl., München: Oldenbourg, S. 183–194.

Schrand, Axel; Schlieper, Thomas (2016): Informationsgrundlagen und Entscheidungsrahmen (Hotel-Marketing, Kapitel 1). In: Karl Heinz Hänssler (Hg.): Management in der Hotellerie und Gastronomie. Betriebswirtschaftliche Grundlagen. 9. Aufl., Berlin, Boston: Walter de Gruyter, S. 237–252.

Schrand, Axel; Schlieper, Thomas (2011): Strategisches Hotel-Marketing (Hotel-Marketing, Kapitel 2). In: Karl Heinz Hänssler (Hg.): Management in der Hotellerie und Gastronomie. Betriebswirtschaftliche Grundlagen. 8., vollst. aktual. u. überarb. Aufl., München: Oldenbourg, S. 195–212.

Schrand, Axel; Schlieper, Thomas (2016): Strategisches Hotel-Marketing (Hotel-Marketing, Kapitel 2). In: Karl Heinz Hänssler (Hg.): Management in der Hotellerie und Gastronomie. Betriebswirtschaftliche Grundlagen. 9. Aufl., Berlin, Boston: Walter de Gruyter, S. 253–276.

Schrand, Axel; Schlieper, Thomas (2016): Kommunikationspolitik (Hotel-Marketing, Kapitel 6). In: Karl Heinz Hänssler (Hg.): Management in der Hotellerie und Gastronomie. Betriebswirtschaftliche Grundlagen. 9. Aufl., Berlin, Boston: Walter de Gruyter, S. 315–324.

Schwerdtel, Lothar; Haas, Oliver (2014): Angewandtes Controlling in der Hotellerie – von der Konzeption bis zur Umsetzung moderner Controllinginstrumente. In: Burkhard von Freyberg (Hg.): Hospitality Controlling. Erfolgreiche Konzepte für die Hotellerie. Berlin: Erich Schmidt, S. 69–94.

Simon, Hermann (Hg.) (1988): Wettbewerbsvorteile und Wettbewerbsfähigkeit. Unter Mitarbeit von Jörg Bohnenkamp. Stuttgart: Fachverl. für Wirtschaft u. Steuern Schäffer (USW-Schriften für Führungskräfte, 16).

Simon, Hermann (1988): Management strategischer Wettbewerbsvorteile. In: Hermann Simon (Hg.): Wettbewerbsvorteile und Wettbewerbsfähigkeit. Unter Mitarbeit von Jörg Bohnenkamp. Stuttgart: Fachverl. für Wirtschaft u. Steuern Schäffer (USW-Schriften für Führungskräfte, 16), S. 1–17.

Simon, Volker (2014): Herausforderungen des Controlling in der Hotellerie. In: Burkhard von Freyberg (Hg.): Hospitality Controlling. Erfolgreiche Konzepte für die Hotellerie. Berlin: Erich Schmidt, S. 27–46.

Soller, Jörg (Hg.) (2008): Finanzierungsleitfaden Mittelstandshotellerie. Strategien und Konzepte für dauerhaften Erfolg. Berlin: Erich Schmidt.

Ulrich, Hans (Hg.) (1975): Unternehmensplanung. Bericht von d. wiss. Tagung d. Hochschullehrer f. Betriebswirtschaft in Augsburg vom 12.6.–16.6.1973. Verband der Hochschullehrer für Betriebswirtschaft. Wiesbaden: Betriebswirtschaftlicher Verlag Gabler.

Werder, Axel von (2009): Ökonomische Grundfragen der Corporate Governance. In: Peter Hommelhoff, Klaus J. Hopt und Axel von Werder (Hg.): Handbuch Corporate Governance. Leitung und Überwachung börsennotierter Unternehmen in der Rechts- und Wirtschaftspraxis. 2., überarb. Aufl., Stuttgart: Schäffer-Poeschel, Schmidt, S. 3–37.

Wittek, Burkhard F. (1994): Organisation für mehr Kundennutzen. In: Bolko von Oetinger (Hg.): Das Boston-Consulting-Group-Strategie-Buch. Die wichtigsten Managementkonzepte für den Praktiker. 2. Aufl., Düsseldorf [u. a.]: ECON-Verl., S. 147–151.

Zahn, Erich; Foschiani, Stefan; Tilebein, Meike (2000): Wissen und Strategiekompetenz als Basis für die Wettbewerbsfähigkeit von Unternehmen. In: Peter Hammann und Jörg Freiling (Hg.): Die Ressourcen- und Kompetenzperspektive des Strategischen Managements. Wiesbaden: Dt. Univ.-Verl. (Strategisches Kompetenz-Management), S. 47–68.

Zehle, Frank (2009): Markenführung und Hotel Business Positionierung am Beispiel von Marriott International. In: Marco A. Gardini (Hg.) (2009b): Handbuch Hospitality Management. Managementkonzepte, Wettbewerbskontext, Unternehmerpraxis. Frankfurt/Main: Dt. Fachverl., S. 189–209.

Reports, Berichte

Bauer, Wilhelm; Borkmann, Vanessa; Rieck, Alexander; Stumpp, Eva-Maria (2009): FutureHotel Basics. Grundlagenwissen zur Hotellerie in Deutschland. In: Dieter Spath (Hg.): Bericht aus dem Forschungsprojekt FutureHotel. Stuttgart: Fraunhofer-Verlag.

Borkmann, Vanessa; Rief, Stefan; Weber, Clara (2011): FutureHotel Hoteliersbefragung. Eine Erhebung zu innovativen Lösungen für die Hotellerie: Status Quo und zukünftige Entwicklungen: Studie aus dem Forschungsprojekt FutureHotel. Stuttgart: Fraunhofer-Verlag.

Borkmann, Vanessa; Rief, Stefan; Iber, Benjamin (2014): FutureHotel Gastbefragung. Eine Erhebung zu innovativen Lösungen für die Hotelgäste der Hotellerie im Dach-Markt. Studie aus dem Forschungsprojekt FutureHotel. Stuttgart: Fraunhofer-Verlag.

Borkmann, Vanessa; Klein, Sascha; Lambertus, Janina (2016): FutureHotel Building 2052. Visionen und Lösungen für das Hotelgebäude der Zukunft. Stuttgart: Fraunhofer-Verlag.

IHA, Hotelverband Deutschland (2012): Hotelmarkt Deutschland 2012. Branchenreport. Bonn.

IHA, Hotelverband Deutschland (2017): Hotelmarkt Deutschland 2017. Branchenreport. Berlin.

IHA, Hotelverband Deutschland (2018): Hotelmarkt Deutschland 2018. Branchenreport. Berlin.

Spath, Dieter (Hg.) (2011): Mit Ideen zum Erfolg. Technologiemanagement in der Praxis – 30 Jahre Fraunhofer IAO. Fraunhofer-Institut für Arbeitswirtschaft und Organisation. Stuttgart: Fraunhofer-Verlag.

TREUGAST International Institute of Applied Hospitality Sciences (Hg.) (2016): Treugast Investment Ranking Hotellerie 2016. München.

Beiträge in wissenschaftlichen Zeitschriften

AHGZ, o.V (2017): AHGZ-Ranking der 200 umsatzstärksten Hotels in Deutschland. In: *AHGZ – Allgemeine Hotel- und Gastronomie-Zeitung*, Der Hotelier – Das Ideenmagazin der AHGZ (Nr. 20), S. 2–4.

Campbell, Andrew (1997): Mission Statements. In: *Long Range Planning* (Vol. 30, No. 6), S. 931–932.

Denton, Gregory A.; White, Bruce (2000): Implementing a balanced-scorecard approach to managing hotel operations. In: *Cornell Hotel and Restaurant Administration Quarterly* (Vol. 41, No. 1), S. 94–107.

Doran, Martha F.; Haddad, Kamal; Chow, Chee W. (2002): Maximizing the success of balanced scorecard implementation in the hospitality industry. In: *International Journal of Hospitality and Tourism Administration* (Vol. 3, No. 3), S. 33–58.

Evered, Roger (1983): So What is Strategy? In: *Long Range Planning* (Vol. 16, No. 3), S. 57–72.

Feyerherd, Martina (2011): Gezielt in Europa wachsen. In: *fvw Das Magazin für Touristik und Business Travel* (45. Jg., Nr. 14), S. 42–43.

Gluck, Frederick W.; Kaufman, Stephen P.; Walleck, A. Steven (1980): Strategic management for competitive advantage. In: *Harvard Business Review* (Vol. 58, No. 4), S. 154–161.

Harvard Businessmanager (Hg.) (2009): Balanced scorecard – Unternehmen erfolgreich steuern. Das Beste aus dem Harvard Businessmanager, mit Fallstudie. *Harvard Businessmanager*, 2., erw. u. aktual. Neuaufl. (Edition 1/2009), Hamburg: Manager Magazin Verlagsgesellschaft.

Horváth, Péter; Kaufmann, Lutz (2009): Balanced Scorecard – ein Werkzeug zur Umsetzung von Strategien. In: Harvard Businessmanager (Hg.): Balanced scorecard – Unternehmen erfolgreich steuern. Das Beste aus dem Harvard Businessmanager, mit Fallstudie. *Harvard Businessmanager*, 2., erw. u. aktual. Neuaufl. (Edition 1/2009), Hamburg: Manager Magazin Verlagsgesellschaft, S. 17–26.

Kaplan, Robert S.; Norton, David P. (1996): Using the Balanced Scorecard as a Strategic Management System. In: *Harvard Business Review* (Vol. 74, No. 1), S. 75–85.
Kinkopf, Heike (2012): Top 200 halten Kurs. In: *AHGZ – Allgemeine Hotel- und Gastronomie-Zeitung*, Der Hotelier – Das Ideenmagazin der AHGZ (Nr. 22), S. 1–6.
Mason, Edward S. (1939): Price and production policies of large-scale entreprise. In: *American Economic Review* (Vol. 29, Supplement), S. 61–74.
Mintzberg, Henry (1978): Patterns in Strategy Formation. In: *Management Science* (Vol. 24, No. 9), S. 934–948.
Mintzberg, Henry (1987): The Strategy Concept I. Five Ps For Strategy. In: *California Management Review* (Vol. 30, No. 1), S. 11–24.
Peng, Wie; Littlejohn, David (2001): Organisational communication and strategy implementation – a primary inquiry. In: *International Journal of Contemporary Hospitality Management* (Vol. 13, No. 7), S. 360–363.
Pracht, Sabine (2011): Anonym schlafen. In: *fvw Das Magazin für Touristik und Business Travel* (45. Jg., Nr. 14), S. 72–73.
Prahalad, C.K; Hamel, Gary (1990): The Core Competence of the Corporation. In: *Harvard Business Review* (Vol. 68, No. 3), S. 79–91.
Weihrich, Heinz (1982): The TOWS-Matrix. A Tool for Situational Analysis. In: *Long Range Planning* (Vol. 15, No. 2), S. 54–66.
Wernerfelt, Birger (1984): A Resource-Based View of the Firm. In: *Strategic Management Journal* (Vol. 5, No. 2), S. 171–180.

Elektronische Medien

25hours (2018). Online verfügbar unter https://www.25hours-hotels.com/company/entwicklung, zuletzt geprüft am 12.03.2018.
Accor (2011): 2011 Registration Document and Annual Financial Report. Online verfügbar unter http://www.accor.com/fileadmin/user_upload/Contenus_Accor/Finance/Documentation/2012/EN/2011_registration_document.pdf, zuletzt geprüft am 06.10.2012.
Accor (2012): Accor: Motel 6 disposal completed. Paris (02. Oktober 2012). Online verfügbar unter http://www.accor.com/fileadmin/user_upload/Contenus_Accor/Finance/Pressreleases/2012/EN/pr_closing_motel_6.pdf, zuletzt geprüft am 05.10.2012.
Accor (2018a). Online verfügbar unter http://press.accorhotels.group/continental-europe/static/document/PressKit%20Stand%20Oktober%202015.pdf, zuletzt geprüft am 24.03.2018.
Accor (2018b). Online verfügbar unter http://www.accorhotels.group/en/group/our-brands-and-services/our-portfolio, zuletzt geprüft am 24.03.2018.
AHGZ, o. V. (2006): Bestes Bonusprogramm in Deutschland. In: *AHGZ – Allgemeine Hotel- und Gastronomie-Zeitung* 2006, 01.07.2006 (AHGZ-Duckausgabe Nr. 2006/26). Online verfügbar unter http://www.ahgz.de/maerkte-und-unternehmen/bestes-bonusprogramm-in-deutschland,6069291727.html, zuletzt geprüft am 24.09.2012.
AHGZ, o. V. (2013b): Das erste Moxy-Hotel soll Anfang 2014 eröffnen. In: *AHGZ – Allgemeine Hotel- und Gastronomie-Zeitung* 2013, 07.06.2013. Online verfügbar unter http://www.ahgz.de/unternehmen/das-erste-moxy-hotel-soll-anfang-eroeffnen,200012204333.html, zuletzt geprüft am 20.09.2013.
AHGZ, o. V. (2016): Accorhotels kauft Fairmont, Raffles und Swissôtel. In: *AHGZ – Allgemeine Hotel- und Gastronomie-Zeitung* 2016, 16.07.2016. Online verfügbar unter https://www.ahgz.de/unternehmen/umstrukturierung-accorhotels-kauft-fairmont-raffles-und-swissotel,200012232354.html, zuletzt geprüft am 10.03.2018.

AHGZ, o. V. (2018a): Maxx by Steigenberger geht an den Start. In: *AHGZ – Allgemeine Hotel- und Gastronomie-Zeitung* 2018, 10.03.2018. Online verfügbar unter https://www.ahgz.de/news/neue-marke-maxx-by-steigenberger-geht-an-den-start,200012246317.html, zuletzt geprüft am 10.03.2018.

AHGZ, o. V. (2018b): Hirmer Gruppe übernimmt Travel Charme. In: *AHGZ – Allgemeine Hotel- und Gastronomie-Zeitung* 2018, 24.03.2018. Online verfügbar unter https://www.ahgz.de/news/personalie-hirmer-gruppe-uebernimmt-travel-charme,200012246808.html?, zuletzt geprüft am 26.03.2018.

A-Ja Resorts (2018). Online verfügbar unter http://www.ajaresorts.de/, zuletzt geprüft am 12.03.2018.

Althoff (2018). Online verfügbar unter https://www.althoffhotels.com/de, zuletzt geprüft am 18.03.2018.

Bayerischer Hof (2018). Online verfügbar unter https://www.bayerischerhof.de/de/eine-welt-fuer-sich/das-haus.html, zuletzt geprüft am 18.03.2018.

Best Western (2018). Online verfügbar unter https://www.bestwestern.de/seiten/best-western-zahlen-und-fakten.html, zuletzt geprüft am 19.03.2018.

Block Menü (2018). Online verfügbar unter https://www.block-menue.de/de/, zuletzt geprüft am 15.05.2018.

Birke, Elke (2009): Starke Marken machen Märkte. Der Hotelier – Das Ideenmagazin der AHGZ. In: *AHGZ – Allgemeine Hotel- und Gastronomie-Zeitung* 2009, 14.03.2009 (AHGZ-Duckausgabe Nr. 2009/11). Online verfügbar unter http://www.ahgz.de/hotelier/starke-marken-machen-maerkte,200012161587.html, zuletzt geprüft am 01.10.2012.

Buddy Hotel (2018). Online verfügbar unter http://www.hotel-buddy.de/, zuletzt geprüft am 19.03.2018.

Citizen M (2018). Online verfügbar unter https://www.citizenm.com/jobs/joblisting/ambassadorrtm, zuletzt geprüft am 19.05.2018.

Coca-Cola Deutschland (2009): Mythos Coca-Cola. Die Coke Story. Online verfügbar unter http://assets.coca-colacompany.com/92/4b/944a36c547c0a81ae3a012df7279/cc-coke-story.pdf, zuletzt geprüft am 09.04.2018.

Coca-Cola Deutschland (2011): 125 Jahre Lebensfreude. Coca-Cola feiert Jubiläum (18. März 2011). Online verfügbar unter https://www.coca-cola-deutschland.de/media-newsroom/pressemitteilungen/125-jahre-lebensfreude-coca-cola-feiert-jubilaum, zuletzt geprüft am 09.04.2018.

Coca-Cola Company (2013): Coca-Cola Starts Local Production in Myanmar (03. Juni 2013). Online verfügbar unter http://www.coca-colacompany.com/press-center/press-releases/coca-cola-starts-local-production-in-myanmar, zuletzt geprüft am 09.04.2018.

Coca-Cola Deutschland (2017a): Die PET-Verpackung der Zukunft: Lerne die PlantBottle™ kennen (16. Mai 2017). Online verfügbar unter https://de.coca-cola.ch/stories/plantbottle-pet-flasche, zuletzt geprüft am 09.04.2018.

Coca-Cola Deutschland (2017b): Richtigstellung: Coca-Cola Zero Sugar bleibt (12. Juni 2017). Online verfügbar unter https://www.coca-cola-deutschland.de/media-newsroom/coca-cola-zero-sugar-bleibt, zuletzt geprüft am 09.04.2018.

Coca-Cola Deutschland (2017c): Wer ist dieser Mann? Die Wahrheit über Santa Claus (18. Dezember 2017). Online verfügbar unter https://www.coca-cola-deutschland.de/wer-ist-dieser-mann-die-wahrheit-ueber-santa-claus, zuletzt geprüft am 09.04.2018.

Coca-Cola Deutschland (2018a). Online verfügbar unter https://www.coca-cola-deutschland.de/unternehmen/coca-cola-weltweit, zuletzt geprüft am 09.04.2018.

Coca-Cola Deutschland (2018b). Online verfügbar unter https://www.coca-cola-deutschland.de/brands/coca-cola-light, zuletzt geprüft am 09.04.2018.

Coca-Cola Deutschland (2018c). Online verfügbar unter https://www.coca-cola-deutschland.de/marken/all, zuletzt geprüft am 09.04.2018.

Coca-Cola European Partners (2018). Online verfügbar unter https://www.cceag.de/kundenservice/vending/, zuletzt geprüft am 09.04.2018.

Coca-Cola Store (2018). Online verfügbar unter https://us.coca-cola.com/store/, zuletzt geprüft am 09.04.2018.

DEHOGA (2012): Hotel-Definition (Betriebsarten). Online verfügbar unter http://www.dehoga-bundesverband.de/daten-fakten-trends/betriebsarten/, zuletzt geprüft am 20.10.2012.

Deutsche Hospitality (2018). Online verfügbar unter https://www.deutschehospitality.com/marken/jaz-in-the-city, zuletzt geprüft am 18.03.2018.

Eckelmann Hotels (2018). Online verfügbar unter http://www.eckelmann-hotels.de/, zuletzt geprüft am 18.03.2018.

Edition (2018). Online verfügbar unter https://www.marriott.de/edition-hotel/travel.mi, zuletzt geprüft am 14.03.2018.

Elisabeth (2018). Online verfügbar unter https://www.hotel-elisabeth-tirol.com/kaeserei-kasplatzl-kitzbuehel.html, zuletzt geprüft am 14.03.2018.

Explorer (2018). Online verfügbar unter https://www.explorer-hotels.com/?gclid=EAIaIQobChMI076E3_L32QIV7rvtCh07VAoLEAAYASABEgL2DfD_BwE, zuletzt geprüft am 14.03.2018.

Familienhotel Kreuzwirt (2018). Online verfügbar unter http://www.hotelkreuzwirt.at/de/kinderhotel-k%C3%A4rnten/1-0.html, zuletzt geprüft am 12.03.2018.

Gabler, Karin (2007): Münchner Notizen. In: *AHGZ – Allgemeine Hotel- und Gastronomie-Zeitung* 2007, 27.10.2007 (AHGZ-Duckausgabe Nr. 2007/43). Online verfügbar unter www.ahgz.de/regional-und-lokal/muenchner-notizen,710252027.html, zuletzt geprüft am 05.08.2012.

Gabler, Karin (2012): Schlafen unter der gelben Sonne. Konzepte: Letomotel in München. In: *AHGZ – Allgemeine Hotel- und Gastronomie-Zeitung* 2012, 14.04.2012 (AHGZ-Druckausgabe Nr. 2012/16). Online verfügbar unter http://www.ahgz.de/unternehmen/schlafen-unter-der-gelben-sonne,200012195034.html, zuletzt geprüft am 22.03.2018.

Geisel Privathotels (2018). Online verfügbar unter https://www.geisel-privathotels.de/, zuletzt geprüft am 18.03.2018.

Goebel Hotels (2018). Online verfügbar unter https://www.goebel-hotels.com/hotels/, zuletzt geprüft am 18.03.2018.

Hilton (2018). Online verfügbar unter http://www.hiltonworldwide.com/portfolio/, zuletzt geprüft am 18.03.2018.

Hospitality Inside (2018). Online verfügbar unter http://www.hospitalityinside.com/articles/citizenm-expandiert-in-asien-mit-starkem-partner,31932,284.html, zuletzt geprüft am 14.03.2018.

Hotel Indigo (2018). Online verfügbar unter https://www.ihg.com/hotelindigo/content/de/de/explore-hotels/our-story, zuletzt geprüft am 14.03.2018.

Hotel Online (2004): Barry Sternlicht: "The Hotel Industry Thought We Were Nuts When We Introduced this Fluffy, All-white Bed". Five Years Later Westin Has Sold Almost 4,000 Heavenly Beds and 30,000 Sheets and Pillows. (Special Report). White Plains, N.Y. (30. August 2004). Online verfügbar unter http://www.hotel-online.com/News/PR2004_3rd/Aug04_WestinBed.html, zuletzt geprüft am 09.04.2018.

Hyatt (2018). Online verfügbar unter https://world.hyatt.com/content/gp/de/home.html, zuletzt geprüft am 09.04.2018.

Ibis (2018). Online verfügbar unter http://ibishotel.ibis.com/de/discovering-ibis-hotel/index.shtml, zuletzt geprüft am 09.03.2018.

Ibis (2014). Online verfügbar unter http://www.ibis.com/de/discovering-ibis/index.shtml, zuletzt geprüft am 19.01.2014.

Intercity Hotel (2018). Online verfügbar unter https://www.intercityhotel.com/hotels/alle-hotels/deutschland/muenchen/intercityhotel-muenchen, zuletzt geprüft am 26.03.2018.

InterContinental Hotels Group (2018). Online verfügbar unter http://www.ihg.com/hotels/de/de/global/about/brands, zuletzt geprüft am 19.03.2018.

Kempinski (2018). Online verfügbar unter https://www.kempinski.com/de/hotels/ueber-uns/, zuletzt geprüft am 19.03.2018.

Leading Hotels of the World (2018): Online verfügbar unter https://de.lhw.com/Corporate/about-us, zuletzt geprüft am 16.03.2018.

Lindner (2018): Lindner Unternehmensgruppe. Online verfügbar unter https://www.lindner.de/unternehmen/lindner-gruppe.html, zuletzt geprüft am 27.03.2018.

Mandarin Oriental (2018a). Online verfügbar unter https://www.mandarinoriental.com/about-us/mission/, zuletzt geprüft am 11.03.2018.

Mandarin Oriental (2018b). Online verfügbar unter https://www.mandarinoriental.com/about-us/, zuletzt geprüft am 11.03.2018.

Mandarin Oriental (2018c). Online verfügbar unter https://www.mandarinoriental.com/about-us/history/, zuletzt geprüft am 11.03.2018.

Marriott (2018a). Online verfügbar unter http://www.marriott.de/marriott-brands.mi, zuletzt geprüft am 11.03.2018.

Marriott (2018b). Online verfügbar unter http://www.marriott.de/hotel-search/germany, zuletzt geprüft am 11.03.2018.

Marriott (2018c). Online verfügbar unter https://www.marriott.co.uk/hotel-search/europe.hotels.residence-inn/, zuletzt geprüft am 10.04.2018.

Melia (2018). Online verfügbar unter https://www.melia.com/de/home.htm, zuletzt geprüft am 11.03.2018.

Motel One Group (2018a). Online verfügbar unter http://www.motel-one.com/de/group/company/strategie/, zuletzt geprüft am 29.07.2018.

Motel One Group (2018b). Online verfügbar unter https://www.motel-one.com/de/hotels/barcelona/hotel-barcelona-ciutadella/, zuletzt geprüft am 10.03.2018.

Motel One Group (2018c). Online verfügbar unter https://www.motel-one.com/de/corporate/development/, zuletzt geprüft am 29.07.2018.

NH (2018). Online verfügbar unter https://www.nh-hotels.de/, zuletzt geprüft am 18.03.2018.

Novum Group (2018). Online verfügbar unter https://www.novum-hospitality.com/, zuletzt geprüft am 22.03.2018.

Prizeotel (2018). Online verfügbar unter https://www.prizeotel.com/de/services/presse/, zuletzt geprüft am 18.03.2018.

Radisson (2018). Online verfügbar unter https://www.radissonhotelgroup.com/, zuletzt geprüft am 18.03.2018.

Rhön (2018). Online verfügbar unter https://rhoenerlebnis.de/, zuletzt geprüft am 18.03.2018.

Ringhotels (2018). Online verfügbar unter https://www.ringhotels.de/, zuletzt geprüft am 16.03.2018.

Ritz-Carlton (2018): Gold Standards. Online verfügbar unter http://www.ritzcarlton.com/en/about/gold-standards, zuletzt geprüft am 11.03.2018.

Rocco Forte (2018). Online verfügbar unter https://www.roccofortehotels.com/, zuletzt geprüft am 13.03.2018.

Romantik Hotels (2018). Online verfügbar unter https://www.romantikhotels.com/de/presse/pressemeldungen/romantik-waechst-international/, zuletzt geprüft am 16.03.2018.

Rosewood (2018). Online verfügbar unter https://www.rosewoodhotels.com/en/about/culture, zuletzt geprüft am 18.03.2018.
Ruby Works (2018). Online verfügbar unter https://www.ruby-works.net/office-solutions, zuletzt geprüft am 19.04.2018.
Schindlerhof (2018): Spielkultur. Online verfügbar unter http://www.schindlerhof.de/de/schindlerhof/grundsaetzespielkultur, zuletzt geprüft am 10.03.2018.
Seewirt Mattsee (2018). Online verfügbar unter http://www.seewirt-mattsee.at/, zuletzt geprüft am 12.03.2018.
Sheraton Store (2018). Online verfügbar unter https://europe.sheratonstore.com/de/?___store=sheu_de, zuletzt geprüft am 08.03.2018.
Sorat (2018). Online verfügbar unter http://www.sorat-hotels.com/de/unternehmen.html, zuletzt geprüft am 19.03.2018.
Stanglwirt (2018). Online verfügbar unter http://www.stanglwirt.com/de/stanglwirts-landwirtschaft-kaeseproduktion.html, zuletzt geprüft am 17.03.2018.
Stock (2018). Online verfügbar unter https://www.stock.at/, zuletzt geprüft am 17.03.2018.
Tchibo (2018): Die Tchibo Historie. Online verfügbar unter https://www.tchibo.com/servlet/content/309018/-/starteseite-deutsch/tchibo-unternehmen/ueber-tchibo/historie.html, zuletzt geprüft am 09.04.2018.
Thurnhers (2018). Online verfügbar unter https://www.thurnhers.com/de, zuletzt geprüft am 18.03.2018.
Traube Tonbach (2018). Online verfügbar unter https://www.traube-tonbach.de/de/familie-team, zuletzt geprüft am 18.03.2018.
TUI (2018). Online verfügbar unter http://www.tui-group.com, zuletzt geprüft am 26.03.2018.
Welcome Hotels (2018). Online verfügbar unter https://www.welcome-hotels.com/unsere-hotels/, zuletzt geprüft am 18.03.2018.
Westin (2018). Online verfügbar unter http://www.starwoodhotels.com/westin/about/sleep-well.html, zuletzt geprüft am 16.03.2018.
Westin Home Collection (2018). Online verfügbar unter https://europe.westinstore.com/de/, zuletzt geprüft am 08.03.2018.
WHotels (2018). Online verfügbar unter http://www.starwoodhotels.com/whotels/about/index.html, zuletzt geprüft am 14.03.2018.
WHotels Store (2018). Online verfügbar unter https://europe.whotelsthestore.com/en/?___store=wheu_en, zuletzt geprüft am 08.03.2018.
Wyndham (2018a). Online verfügbar unter https://corporate.wyndhamhotels.com/news-releases/wyndham-hotels-resorts-debuts-as-independent-public-company/, zuletzt geprüft am 29.07.2018.
Wyndham (2018b). Online verfügbar unter https://www.wyndhamhotels.com/de-de/about-us, zuletzt geprüft am 29.07.2018.
Wyndham (2018c). Online verfügbar unter http://www.wyndhamdestinations.com/wd/home.page, zuletzt geprüft am 29.07.2018.

Stichwortverzeichnis

Ablauforganisation der Kontrolle 209
Allgemeinziele 89
Analyse strategischer Gruppen 41
Autonomiestrategie 99, 138

Balanced Scorecard 202
BCG-Portfolio 105
Beherbergungsgewerbe 21
Beherbergungsleistungen 20
Benchmarking 41, 58
Bereichsstrategie 39
Beschaffungsstrategien 99, 181
Bewirtungsleistungen 20
Branchenstrukturanalyse 41, 47

Corporate Behaviour 77
Corporate Communications 77
Corporate Design 77
Corporate Governance 74
Corporate Identity 77
Corporate Image 77
Customer Based View 11

Dachmarkenstrategie 99, 117
Defensivstrategien 99, 150, 180
Deming-Kreis 198
Demografischer Wandel 29
Detaillierungsfunktion 181
Dienstleistung 22
Dienstleistungsmerkmale 22
Dienstleistungsprozess 27
Dienstleistungsqualität 161
Differenzierung 154
Differenzierungsstrategie 99, 150, 157
Differenzierungsvorteile 17
Digitalisierung 30
Discounted-Cashflow-Methode 188
Diversifikation 126
Diversifikationsstrategie 99, 126, 133
Drei-Phasen-Modell 206
Durchführungskontrolle 38, 209

Economic-Value-Added-Methode 188
EFQM-Modell 201
Einzelmarkenstrategie 99, 114

Entwicklungsstrategien 99, 101
Erfahrungseigenschaften 23
Erfolgsfaktoren 15
Ergebniskontrolle 38, 211
Ergebnisqualität 28
Erlebnisökonomie 30
Evolutionstheorien 11

Finanzierungsstrategien 99, 181
Finanzziele 89
Five-Forces-Modell 47
Fokusstrategie 99, 150, 166, 168
Folgerstrategien 99, 150, 178
Franchising 140
Funktionsbereichsstrategien 97, 99, 180

GAP-Modell 32
Gebietsstrategie 99, 133
Geschäftsbereichsstrategien 97, 99, 149
Geschäftsfeldstrategie 39
Gesundheit 30
Gewinnstrategie 102
Glaubenseigenschaften 23
Globalisierung 29

Heterogenität 23
Horizontale Diversifikation 127
Hotel 20
Hotelgesellschaften 143
Hotelkooperationen 141
Hotellerie 20

Immaterialität 23
Individualhotels 143
Inkrementalmodell 37
Intangibilität 23
Integrationsstrategien 99, 146
Integrativität 23

Joint Venture 140

Kernkompetenzen 53
Kernphasen des Strategischen
 Managementprozesses 37
Knowledge Based View 10
Kompetenzen 53

Kompetenz-Markt-Portfolio 148
Komplementärleistungen 20
Konkurrenzanalyse 41, 49, 57
Konstitutive Merkmale 23
Kontrollbereiche 208
Kontrollprozess 208
Kontrolltechniken 208
Kontrollträger 208
Konzentrationsstrategie 169
Kooperationsstrategien 99, 139
Koordinationsfunktion 181
Kostenführerschaft 154
Kostenführerstrategie 99, 150
Kostenvorteile 17, 155
Kundenanalyse 41, 49

Laterale Diversifikation 131
Leistungsführerschaft 153
Leistungsziele 89
Leitbild 66, 82

Makroökonomische Umwelt 43
Management 4
Management by Objectives 201
Marke 163
Markenarchitekturen 118, 119
Markenfamilienstrategie 99, 115
Markenidentität 163
Markenkombinationen 118
Markenportfolios 110
Markenstrategien 99, 113
Market Based View 9
Marketingstrategien 99, 181
Marktanalyse 41, 46
Marktattraktivität 107
Marktaustrittsstrategie 102
Marktbearbeitungsstrategien 99, 150
Marktbehauptungsstrategie 102
Marktdurchdringung 121
Marktdurchdringungsstrategie 99, 121, 133
Markteintrittsbarrieren 176
Marktentwicklung 123
Marktentwicklungsstrategie 99, 123, 133
Marktorientierter Ansatz 9
Marktsegmentierungsstrategien 99, 150, 151
Massenmarktstrategie 99, 150, 151
Maßnahmenplan 39
McKinsey-Portfolio 106
Mehrmarkenstrategie 114

Mission 39, 66, 67, 72
Mystery-Check 56

Nachhaltigkeit 30
Nicht-Lagerfähigkeit 25
Nutzwertanalyse 190

Offensivstrategien 99, 150, 180
Ökologische Umwelt 43
Operatives Management 18
Organisationskultur 196

Personalbedarfsbestimmung 197
Personalbeschaffung 197
Personalbeurteilung 197
Personaleinsatzplanung 197
Personalentwicklung 197
Personalfreisetzung 197
Personalmanagement 34
Personalstrategien 99, 181, 182
Personalvergütung 197
Personalziele 89
PEST-Analyse 41, 43, 44
PEST-Modell 42
Phasenmodell 38
PIMS-Studie 16
Pionierstrategie 99, 150, 176
Planfortschrittskontrolle 211
Planungsmodell 37
Politisch-rechtliche Umwelt 43
Portfolioanalyse 41, 57
Portfoliokonzept 104
Portfoliostrategien 99, 103
Potenziale 57
Potenzialqualität 28
Prämissenkontrolle 38, 209, 211
Preisführerschaft 153
Principal-Agent-Theorie 11
Produktdifferenzierung 125
Produktentwicklung 125
Produktentwicklungsstrategie 99, 125, 133
Produktionsstrategien 99, 181
Produkt-Markt-Matrix 121
Produkt-Markt-Strategien 99, 120, 132
Prognosekontrolle 211
Property-Rights-Theorie 11
Prozessmanagement 35
Prozessqualität 28

Qualitätsdimensionen 28
Qualitätsmanagement 32

Resource Based View 10
Ressourcenanalyse 41, 52
Ressourcenorientierter Ansatz 10
Ressourcenstrategien 99, 147
Rückwärtsdiversifikation 129

Schnittstellenfunktion 181
Schrumpfungsstrategien 99, 102
Sicherheit 29
7-S-Modell 200
Situationsanalyse 59
Six-Sigma-Modell 201
Sozialziele 89
Sozio-kulturelle Umwelt 43
Spezialisierungsvorteile 168
Stabilisierungsstrategien 99, 101
Stakeholder 46
Stakeholder-Analyse 41
Stakeholder-Map 45
Stärken-Schwächen-Profil 60
Status-Quo-Strategie 102
STEEP-Analyse 41, 43
Strategie 1
Strategiebewertung 38, 93
Strategieformulierung 38, 62, 93
Strategieimplementierung 194
Strategieinhaltsforschung 9
Strategien der Zusammenarbeit 99
Strategieprozessforschung 8
Strategietypologien 96
Strategieumsetzung 38
Strategiewahl 191
Strategische Allianzen 139
Strategische Analyse und Prognose 38
Strategische Ausrichtung 91
Strategische Frühaufklärung 41
Strategische Richtung 65
Strategische Zielbildung 38
Strategische Ziele 39
Strategisches Dreieck 15, 17
Strategisches Geschäftsfeld 103
Strategisches Management 5, 8, 12, 14
Substituierbarkeit 24
SUCCESS-Modell 16
Sucheigenschaften 23

SWOT-Analyse 41, 62, 94
SWOT-Normstrategien 94
Szenario-Technik 41

Tech Dimension 28
Technologische Umwelt 43
Timing-Strategien 99, 150, 176
Total-Quality-Management 201
Touch Dimension 28
TOWS-Matrix 95
Transaktionskostentheorie 11

Übergangsstrategie 102
Umweltanalyse 39, 41, 51
Uno-Actu-Prinzip 23
Unternehmensanalyse 39, 52
Unternehmensgrundsätze 82
Unternehmenskultur 74
Unternehmensphilosophie 76
Unternehmenspolitik 39, 66, 73
Unternehmensstrategie 39, 97, 100
Unternehmensverfassung 74
Unternehmenswerte 77, 78
Unternehmensziele 87

Value Based View 11
Vertikale Diversifikation 128
Vision 39, 66, 67, 69, 72
Volatilität 23
Vorwärtsdiversifikation 129

Wachstumsstrategien 99, 101
Werte 66
Wertesystem 67
Wertkette 55
Wertkettenanalyse 41, 54
Wertorientierte Unternehmensführung 11
Wettbewerbsposition 61
Wettbewerbsstrategien 99, 150, 152, 173
Wettbewerbsvorteile 10, 93, 154
Wirksamkeitskontrolle 209

Yield-Management 199

Zielinhalte 88
Zielkontrolle 210
Zielpyramide 88
Z-Strategie 133

www.ingramcontent.com/pod-product-compliance
Lightning Source LLC
Chambersburg PA
CBHW081945230426
43669CB00019B/2933